TEORIA INSTITUCIONAL DA PRATICABILIDADE TRIBUTÁRIA

CIP-BRASIL. CATALOGAÇÃO NA PUBLICAÇÃO

SINDICATO NACIONAL DOS EDITORES DE LIVROS, RJ

R572t

Rocha, Eduardo Morais da

Teoria institucional da praticabilidade tributária / Eduardo Morais da Rocha. - 1. ed. - São Paulo : Noeses, 2016.

480 p. ; 23 cm.

Inclui bibliografia

ISBN 978-85-8310-061-4

1. Direito tributário. I. Título.

16-3318

CDU: 34:351.713

EDUARDO MORAIS DA ROCHA

Pós-doutor em Ciências Jurídico-Políticas pela Faculdade de Direito da Universidade de Lisboa (FDUL), Doutor em Direito e Justiça pela Faculdade de Direito da Universidade Federal de Minas Gerais (UFMG), Mestre em Direito Tributário pela Faculdade de Direito da Universidade de Minas Gerais (UFMG), Graduado em Direito pela Universidade de Brasília (UNB), Membro da Associação Brasileira de Direito Tributário (ABRADT), ex-Promotor de Justiça no Ministério Público do Distrito Federal e Territórios (MPDFT) e Juiz Federal nas Seções Judiciárias do Distrito Federal (SJDF) e do Piauí (SJPI), sendo atualmente Juiz Federal Titular na Seção Judiciária de Minas Gerais (SJMG).

TEORIA INSTITUCIONAL DA PRATICABILIDADE TRIBUTÁRIA

2016

Copyright 2016 By Editora Noeses
Fundador e Editor-chefe: Paulo de Barros Carvalho
Gerente de Produção Editorial: Rosangela Santos
Arte e Diagramação: Renato Castro
Designer de Capa: Aliá3 - Marcos Duarte
Revisão: Equipe Editorial Noeses

TODOS OS DIREITOS RESERVADOS. Proibida a reprodução total ou parcial, por qualquer meio ou processo, especialmente por sistemas gráficos, microfílmicos, fotográficos, reprográficos, fonográficos, videográficos. Vedada a memorização e/ou a recuperação total ou parcial, bem como a inclusão de qualquer parte desta obra em qualquer sistema de processamento de dados. Essas proibições aplicam-se também às características gráficas da obra e à sua editoração. A violação dos direitos autorais é punível como crime (art. 184 e parágrafos, do Código Penal), com pena de prisão e multa, conjuntamente com busca e apreensão e indenizações diversas (arts. 101 a 110 da Lei 9.610, de 19.02.1998, Lei dos Direitos Autorais).

2016

Editora Noeses Ltda.
Tel/fax: 55 11 3666 6055
www.editoranoeses.com.br

*À memória de minha tia Francisca Joaquina da Rocha
e, em especial, de meu irmão Antônio Geraldo da Rocha Júnior,
que tão cedo partiu e, inesperadamente, nos deixou,
ficando somente a saudade e as lembranças dos momentos felizes.*

Não merece o privilégio de viver o seu tempo quem não é capaz de ousar.

Eros Roberto Grau, 2011.

LISTA DE SIGLAS

ABRADT — Associação Brasileira de Direito Tributário
ABNT — Associação Brasileira de Normas Técnicas
ADI — Ação Direta de Inconstitucionalidade
Ag — Agravo
AgRg — Agravo Regimental
ANVISA — Agência Nacional de Vigilância Sanitária
AP — Administração Pública
CDA — Certidão de Dívida Ativa
CF — Constituição Federal
CPC — Código de Processo Civil
CSLL — Contribuição Social sobre o Lucro Líquido
CTN — Código Tributário Nacional
DCTF — Declaração de Débitos e Créditos Tributários Federais
DJe — Diário da Justiça Eletrônico
DJU — Diário da Justiça da União
DNRC — Departamento Nacional de Registro do Comércio
DREI — Departamento de Registro Empresarial e Integração

EAg	—	Embargos de Divergência em Agravo
EREsp	—	Embargos de Divergência em Recurso Especial
GFIP	—	Guia de Recolhimento do FGTS e Informações à Previdência Social
IBAPE	—	Instituto Brasileiro de Avaliações e Perícias de Engenharia
ICMS	—	Imposto sobre a Circulação de Mercadorias e Prestação de Serviços de Transporte Interestadual e Intermunicipal e de Comunicação
IN	—	Instrução Normativa
INSS	—	Instituto Nacional do Seguro Social
IPTU	—	Imposto Predial e Territorial Urbano
IR	—	Imposto de Renda
IRPF	—	Imposto de Renda de Pessoa Física
IRPJ	—	Imposto de Renda de Pessoa Jurídica
ISS	—	Imposto Sobre Serviços de Qualquer Natureza
ISSQN	—	Imposto Sobre Serviços de Qualquer Natureza
ITR	—	Imposto Sobre a Propriedade Territorial Rural
NBR	—	Norma Brasileira
OAB	—	Ordem dos Advogados do Brasil
OCDE	—	Organização para a Cooperação e Desenvolvimento Econômico
PIB	—	Produto Interno Bruto
PRL	—	Preço de Revenda Menos Lucro
RE	—	Recurso Extraordinário
REsp	—	Recurso Especial
RFB	—	Receita Federal do Brasil
SAT	—	Seguro de Acidentes do Trabalho
SRF	—	Secretaria da Receita Federal

STF — Supremo Tribunal Federal
STJ — Supremo Tribunal de Justiça
UFMG — Universidade Federal de Minas Gerais
UFRJ — Universidade Federal do Rio de Janeiro
USP — Universidade de São Paulo

LISTA DE SÍMBOLOS

+	acrescida
=	corresponde a
.	na proporção de
C	Condições concretas
C_o	Condições com princípios
C_s	Confiança sistêmica
D_s	Desconfiança sistêmica
P	Precedência condicionada
P_1	Princípio
P_2	Princípio
Pr_1	Praticabilidade acrescida de desconfiança sistêmica
Pr_2	Praticabilidade acrescida de confiança sistêmica
R_1	Racionalidade instrumental

SUMÁRIO

PREFÁCIO... **XXI**

APRESENTAÇÃO...**XXVII**

1. INTRODUÇÃO.. **01**

   1.1. Metodologia 05

2. DA TEORIA TRADICIONAL X TEORIA INSTITUCIONAL... **13**

   2.1. A abordagem tradicional da praticabilidade.......... 14

      2.1.1. A perspectiva horizontal da execução simplificadora 16

         2.1.1.1. Pensamento conceitual e tipológico 22

      2.1.2. A perspectiva vertical da execução simplificadora 26

         2.1.2.1. O modo de pensar tipificante............ 27

         2.1.2.2. Justificativas para esse modo de pensar e limites 30

2.2. A natureza jurídica da praticabilidade na teoria tradicional 34

2.2.1. A natureza principiológica da praticabilidade 34

2.2.2. A natureza de técnica jurídica da praticabilidade 37

2.2.3. Críticas 38

2.2.3.1. Da impossibilidade de enquadramento da praticabilidade como mera técnica 39

2.2.3.2. Da impossibilidade de enquadramento da praticabilidade como princípio na perspectiva de Dworkin 47

2.2.3.2.1. Da distinção entre princípios e regras 48

2.2.3.2.2. Da distinção entre princípio e *policy* 56

2.2.3.2.3. Da impossibilidade de enquadramento da praticabilidade como *policy* 58

2.3. Teoria institucional da praticabilidade 62

2.3.1. A concepção de instituição em Santi Romano 63

2.3.2. A concepção de instituição em Maurice Hauriou 68

2.3.3. A teoria da instituição normativa de Neil MacCormick 74

TEORIA INSTITUCIONAL DA PRATICABILIDADE TRIBUTÁRIA

2.3.4. Das razões para a adoção da concepção de instituição de Maurice Hauriou, e não a de Santi Romano ou de Neil MacCormick 82

3. DA PRATICABILIDADE COMO IDEIA EM ESTADO OBJETIVO 87

3.1. A praticabilidade como uma subinstituição-coisa 90

3.2. Da ideia que decorre da regra de direito 93

3.2.1. Da praticabilidade como instrumento para a exequibilidade da regra de direito 103

3.3. Da confiança e da desconfiança objetivada no sistema jurídico na concepção de Luhmann 108

3.3.1. Da praticabilidade como subideia racionalmente construída que absorve a desconfiança e a confiança sistêmicas 112

3.3.2. Exemplos da ideia que decorre da praticabilidade absorvendo a desconfiança no direito tributário 120

3.3.2.1. Dos preços de transferência 121

3.3.2.2. Da substituição tributária progressiva 128

3.3.2.3. Das plantas fiscais genéricas de imóveis 137

3.3.2.4. Das limitações às deduções nos gastos com educação 143

3.3.2.5. Da lista de serviços no imposto sobre serviço de qualquer natureza 147

XVII

3.3.3. Exemplos da ideia que decorre da praticabilidade absorvendo a confiança no direito tributário 154

3.3.3.1. Do lançamento por homologação..... 155

3.3.3.2. Da substituição tributária regressiva 159

3.3.3.3. Do Simples 163

3.3.3.4. Da dedução simplificada no Imposto de Renda das Pessoas Físicas 167

3.3.3.5. Do lucro presumido das pessoas jurídicas.. 170

3.3.3.6. Do tributo retido na fonte................. 176

3.3.3.7. Da manifestação de vontade do contribuinte nas relações tributárias..... 181

3.3.4. Do contraponto entre a desconfiança e a confiança sistêmica na ideia objetiva de praticabilidade.. 185

4. DO ASSENTIMENTO DA COMUNIDADE À IDEIA OBJETIVA DE PRATICABILIDADE............................. 189

4.1. Das teorias consequencialistas x teorias deontológicas 195

4.2. Da comunidade benthamista............................... 202

4.2.1. Da análise econômica do direito na perspectiva positiva de Richard Posner 207

4.2.2. Da legitimação da ideia objetiva de praticabilidade pela análise econômica do direito na comunidade benthamista.......................... 214

TEORIA INSTITUCIONAL DA PRATICABILIDADE TRIBUTÁRIA

4.2.3. Das críticas à comunidade benthamista 218

4.3. A comunidade personificada e o pragmatismo 225

4.3.1. A comunidade personificada e o convencionalismo 232

4.3.2. A comunidade personificada pelos princípios na perspectiva de Ronald Dworkin 241

4.3.2.1. A legitimidade do direito na comunidade personificada 248

4.3.2.2. A integridade e a construção do direito na comunidade personificada 255

4.3.2.3. Das políticas em geral de eficiência administrativa na comunidade personificada 261

4.3.2.4. Da ideia objetiva de praticabilidade como meio para a consecução das políticas tributárias de eficiência na comunidade personificada 282

4.4. Da diferenciação da legitimação da praticabilidade entre a comunidade benthamista e o garantismo do libertarismo 294

4.4.1. Da opção pela comunidade personificada como meio de assentimento comunitário à ideia objetiva de praticabilidade 303

5. DOS ÓRGÃOS DE PODER ORGANIZADOS PARA A EXECUÇÃO DA PRATICABILIDADE 313

5.1. A economia da confiança para Scott Shapiro 319

XIX

5.2. A distribuição da economia da confiança no sistema jurídico e a integridade dos princípios 326

5.2.1. Da economia da confiança atribuída aos órgãos de poder organizados 341

5.2.1.1. A economia de confiança atribuída ao Legislativo e ao Executivo para a execução da praticabilidade no subsistema tributário 346

5.2.2. Da ausência de confiança sistêmica no Judiciário para recorrer positivamente à praticabilidade 361

5.2.2.1. Da economia da confiança atribuída ao Judiciário para negativamente operar a praticabilidade 380

5.3. Limitações aos órgãos de poder no emprego da praticabilidade 388

6. CONCLUSÃO 419

REFERÊNCIAS BIBLIOGRÁFICAS 431

PREFÁCIO

Quanto mais complexas as funções que se atribuam ao sistema jurídico, mais necessária se faz a denominada "execução simplificadora da lei", que se materializa por meio de presunções, esquemas gerais, padrões generalizantes e outras técnicas de aplicação do direito em massa.

Enquanto forma de regulação jurídica tendente a desconsiderar certas particularidades de cada caso concreto e certos aspectos individualizadores de cada sujeito de direito, esse modo de pensar tipificante é considerado uma técnica (ou mais uma) que torna a lei exequível para grandes massas, em relações jurídicas seriadas que exigem a fixação de um padrão objetivo para a uniformização do direito.

Onde a coordenação social segundo uma pauta única, dotada de autoridade perante os destinatários do sistema jurídico, se mostra um propósito fundamental do direito, a ação estatal se faz necessária segundo mecanismos, procedimentos e regras capazes de promover uma aplicação simplificada e uniforme da lei.

Como já tive oportunidade de salientar, esse modo de pensar por vezes chamado (ainda que impropriamente) "tipificante" se desenvolveu, no Estado moderno, a partir das práticas desenvolvidas pela Administração na execução das leis fiscais que ensejam aplicação jurídica em massa e da ciência do direito alemã.[1]

---

1. Derzi, Misabel Abreu Machado. *Direito tributário, direito penal e tipo*, 2. ed. São

Em sentido lato, o modo de pensar tipificante é considerado uma técnica que torna a lei exequível. Está a serviço da *praticidade* ou *praticabilidade*, nome que designa, como lembra Isensee, a totalidade das condições que garantem uma execução legal eficiente e econômica.[2]

Ressalta, portanto, um *aspecto instrumental* do direito que tem ocupado um lugar central nas reflexões contemporâneas sobre a natureza do direito. Nesse sentido, ninguém menos que Hans Kelsen considerava o direito uma "técnica social específica", cuja particularidade reside no seu caráter coercitivo e no uso de sanções como instrumentos motivacionais para dirigir a conduta dos indivíduos sujeitos ao império da lei.[3]

Esse aspecto instrumental não é novidade. Na ciência do direito alemã, por exemplo, ele já se encontrava expresso nas críticas desenvolvidas por Jhering e, logo em seguida, pela "jurisprudência dos interesses" contra a denominada "jurisprudência dos conceitos", que desenvolvia um modelo de pensamento jurídico baseado exclusivamente na "subsunção lógica da matéria de fato nos conceitos jurídicos". Com Jhering se deu, na ciência jurídica alemã, uma autêntica virada pragmática, já que a ciência do direito se transforma em uma "ciência prática" cuja missão "é facilitar a função do juiz, de sorte que a investigação tanto da lei como das relações da vida prepare a decisão objetivamente adequada".[4]

Compreender esse aspecto instrumental do direito é uma peça chave para qualquer teoria do direito que pretenda explicar o funcionamento das instituições e a atividade administrativa no

---

Paulo: Revista dos Tribunais, 2007, esp. p. 318-362.

2. Isensee, Joseph. *Die Typisierende Verwaltung*. Berlim: Duncker & Humblot, 1976, p. 162-3.

3. Para uma exposição clara e simplificada desse argumento, ver: Kelsen, Hans. "O direito como técnica social específica" *in* Kelsen, Hans, *O que é justiça?*. Trad. Luís Carlos Borges. São Paulo: Martins Fontes, 2001.

4. Cf. Larenz, Karl, *Metodologia da ciência do direito*. Trad. José Lamego. 3. ed. Lisboa: Fundação Calouste Gulbenkian, 1997, p. 64.

TEORIA INSTITUCIONAL DA PRATICABILIDADE TRIBUTÁRIA

âmbito do direito tributário (e, quem sabe, em qualquer âmbito da atividade da administração pública). No pensamento jurídico mais contemporâneo, aliás, há quem defenda, com argumentos dignos de nota, que todo o direito obedece a uma lógica própria dos planos ou das normas que regulam o planejamento social. "A função delas [das normas jurídicas] é guiar e organizar a conduta dos membros da comunidade da mesma forma que os planos fazem, nomeadamente, ao eliminar a necessidade de deliberação e direcionar o sujeito para agir de acordo com o plano".[5] Nesse sentido, Scott Shapiro sustenta que "ao fixar determinadas matérias em favor de determinada ação social, as leis eliminam os custos da deliberação e da negociação, e oferecem uma compensação para as incapacidades cognitivas e as assimetrias informacionais, permitindo, dessa forma, que os membros da comunidade alcancem objetivos e realizem valores que eles dificilmente conseguiriam realizar de outra maneira".[6]

Ainda que restem dúvidas sobre se podemos levar o alcance do pragmatismo jurídico ao extremo proposto por Shapiro, que atribui esse caráter instrumental a toda e qualquer atividade jurídica (e não apenas à atividade administrativa em sentido estrito), a doutrina nacional tem reconhecido, a meu ver com razão, que essa função instrumental do direito é imprescindível para a coordenação social e para a aplicação adequada dos princípios políticos e morais materializados na Constituição.

O denominado "modo de pensar tipificante" é, portanto, mais do que um detalhe ou uma dentre várias maneiras de regular a atividade administrativa no âmbito estatal. Está a serviço de um princípio de grande valia em qualquer ordem jurídica que se pretenda minimamente eficaz: o princípio da praticidade.

Tal como a doutrina que se desenvolveu sobre a praticidade no Brasil até o momento, tendo a entender a praticidade como um autêntico *princípio jurídico*, é dizer, como uma grande pauta

---

5. Shapiro, Scott, *Legality*. Cambridge, MA: Belknap, 2011, 274.

6. Idem, ibidem, 275.

XXIII

moral ordenadora que dirige o processo de interpretação, desenvolvimento e aplicação das normas jurídicas em geral.

Nesse sentido, Thomas Bustamante vê a praticidade como um "princípio que informa o modo de construção do fato gerador tributário, que contribui para a produção de normas gerais, de modo a atender às suas finalidades pragmáticas".[7] E, de modo mais específico, Regina Helena Costa salienta que a praticidade "representa limite objetivo destinado à realização de diversos valores, podendo ser apresentado com a seguinte formulação: as leis tributárias devem ser exequíveis, propiciando o atingimento dos fins de interesse público por elas objetivado, quais sejam, o adequado cumprimento dos seus comandos pelos administrados, de maneira simples e eficiente, bem como a devida arrecadação dos tributos".[8]

Essa concepção da praticidade como princípio jurídico, até o presente momento, permanecia inquestionada no âmbito da teoria geral do direito e do direito tributário brasileiro. Vislumbrava-se a praticidade como um princípio voltado para a ação do legislador e da administração pública, que funcionava como um valor a ser buscado na máxima medida, ou como um "mandamento de otimização" no sentido de Robert Alexy.[9] Enfim, como princípio jurídico, a praticidade entra no jogo complexo dos demais princípios e normas do sistema, a serviço da legalidade, não se sobrepondo, de modo algum, à justiça e à igualdade.

O livro que o leitor tem em mãos, no entanto, questiona essa premissa. Constitui, em minha opinião, a crítica mais bem

---

7. Bustamante, Thomas. "Súmulas, praticidade e justiça: um olhar crítico sobre o direito sumular e a individualização do direito à luz do pensamento de Misabel Abreu Machado Derzi" in Coêlho, Sacha Calmon Navarro (org.), *Segurança jurídica:irretroatividade das decisões judiciais prejudiciais ao contribuinte*. Rio de Janeiro: Gen/Forense, 2013, p. 70.

8. Costa, Regina Helena. *Praticabilidade e justiça tributária*. São Paulo: Malheiros, 2007, p. 93.

9. Alexy, Robert. *Teoria dos direitos fundamentais*. Trad. Virgílio Afonso da Silva. São Paulo: Malheiros, 2008.

construída já realizada pela doutrina nacional a essa concepção, e abre caminho para uma série de novas perguntas e reflexões sobre a natureza da praticidade e sobre como esse instituto opera no desenvolvimento do direito e na formulação de regras jurídicas e políticas públicas no âmbito da administração tributária. Por outro lado, embora afastando a visão principiológica, a tese deste livro notável rejeita igualmente a solução fácil de se converter a **praticidade** em mera técnica instrumental.

O jovem e brilhante autor do livro, que temos em mãos, nos convida a entender a praticidade sob as lentes da teoria institucionalista do direito de Maurice Hauriou, que estava imerecidamente esquecida entre nós. Com base no institucionalismo de Hauriou, que é cuidadosamente comparado a outras importantes teorias institucionalistas, como as de Santi Romano e, mais recentemente, Neil MacCormick, Eduardo Rocha abandona a compreensão de que a praticidade poderia ser classificada como um princípio e passa a defender a ideia de que ela deve ser caracterizada como uma **instituição**, especificamente uma **subinstituição-coisa**. Como explica o autor, na anatomia de toda instituição, para Hauriou, estão presentes invariavelmente os seguintes elementos caracterizadores: a) uma ideia existente em determinado grupo social; b) manifestações de comunhão de vontade no grupo social acerca dessa ideia; e c) um poder organizado para a consecução de tal ideia.[10]

Nesse sentido, a praticidade é reconfigurada não mais como um princípio – no sentido em que Ronald Dworkin emprega esse conceito –, mas como uma instituição que compreende cada um desses elementos caracterizadores:

> "No caso da praticabilidade, os três elementos imperativos para o seu enquadramento como uma submodalidade de instituição-coisa, na concepção de Hauriou, estão presentes, já que a ela, como se verá oportunamente, subjaz uma ideia metódica, racionalmente construída e comungada por uma determinada comunidade".

---

10. Hauriou, Maurice, *Teoria da Instituição e da fundação – ensaio de vitalismo social*. Trad. José Ignácio Coelho Mendes Neto. Porto Alegre: Safes, 2009, p. 21.

Nas próximas páginas deste importante trabalho de reflexão jurídico-filosófica sobre a praticidade no âmbito do direito tributário, encontraremos, portanto, uma nova teoria, cuidadosamente construída à luz de uma tradição jurídica forte na investigação sociológica sobre os fundamentos do direito positivo.

E mais, ao modelar a **praticidade** como subinstituição-coisa, o autor estabelece os seus limites em relação ao Poder Judiciário que, sendo responsável, em regra, pela justiça individual no caso concreto, jamais poderá massificar as suas decisões em nome da praticabilidade. É-lhe vedado o uso utilitário da praticabilidade em detrimento da justiça individual. Por outro lado, sendo a **praticidade** uma **subinstituição-coisa** em relação à própria lei, que configura a **instituição-coisa** por excelência de Hauriou, apesar da incompletude do sistema em face da realidade fática, a visão utilitária da praticidade não poderá servir de pretexto para a criação de tributo sem lei e a implementação de cláusula geral antielisiva.

Eduardo Rocha nos apresenta uma valiosa contribuição, que seguramente cumprirá a tarefa de todo bom trabalho acadêmico na área do direito: fomentar novas reflexões sobre a natureza dos institutos e conceitos jurídicos, com vistas ao aprimoramento das nossas interpretações da prática jurídica e ao desenvolvimento de novos argumentos para o seu desenvolvimento.

Belo Horizonte, fevereiro de 2016.

Misabel Abreu Machado Derzi

Professora Titular de Direito Tributário e Financeiro da UFMG e das Faculdades Milton Campos.

APRESENTAÇÃO

Foi com um misto de grata surpresa e prazer que aceitei o convite da admirável professora Misabel Derzi para integrar a banca de Doutorado de seu orientando Eduardo Morais da Rocha, ao lado dos ilustres professores Onofre Alves Batista Júnior, Eduardo Maneira e Thomas da Rosa de Bustamante, realizada na Universidade Federal de Minas Gerais, no dia 7 de agosto de 2015.

Surpresa porque, em muitos anos de atividade acadêmica, não havia ainda tido a oportunidade de examinar tese sobre o tema de praticabilidade tributária, estudado com mestria pela douta professora, pela vez primeira no país, em sua própria tese de Doutorado, posteriormente estampada no indispensável livro *Direito Tributário, Direito Penal e Tipo* (1ª edição, 1988).

Anos mais tarde, inspirada por essa obra, escolhi o tema para minha tese de livre-docência (*Praticabilidade e Justiça Tributária – Exequibilidade de Lei Tributária e Direitos do Contribuinte*, 2007).

Quanto ao prazer, se sempre que examinamos trabalhos acadêmicos em cursos de Pós-graduação e participamos das respectivas bancas – seja em especialização, mestrado ou doutorado – temos ocasião de ampliar nosso conhecimento, observando novos enfoques na multifacetada análise de diversos temas, na arguição de Eduardo tive a feliz oportunidade

XXVII

de, reencontrando objeto de minhas reflexões há muitos anos, viver essa experiência de maneira estimulante e intensa.

Seu bem desenvolvido trabalho traz um sopro de originalidade no trato da praticabilidade tributária, assunto ainda bastante carente de atenção dos doutrinadores e do Judiciário brasileiros, razão pela qual este livro revela-se leitura fundamental a todos aqueles que cultivam o gosto pelos estudos de Direito Tributário.

Brasília, 10 de fevereiro de 2016.

Regina Helena Costa

Livre-docente em Direito Tributário pela PUC/SP

Professora de Direito Tributário dos cursos de graduação e pós-graduação em Direito da PUC/SP

Ministra do Superior Tribunal de Justiça

1. INTRODUÇÃO

Na presente pesquisa, a hipótese que se pretende provar verdadeira é a de que a praticabilidade é uma instituição-coisa de natureza instrumental que serve a uma racionalidade de, coerentemente, dar exequibilidade a uma outra instituição-coisa, no caso, a regra de direito – ou, mais especificamente no direito tributário, a regra-matriz de incidência –, e aos grandes princípios a ela pressupostos e compartilhados comunitariamente.

O ineditismo desta tese consiste, basicamente, na abordagem da questão pelo enfoque institucional da praticabilidade. Isso porque a sua natureza jurídica é somente compreendida na doutrina tributária, tanto nacional quanto estrangeira, quer como princípio, quer como mera técnica, o que se acredita não solucionar de forma adequada os seguintes problemas, rotineiramente postos no meio jurídico:

a) o motivo pelo qual, ao recorrer à praticabilidade, o Estado imprime ora ações de desconfiança, ora ações de confiança em relação aos seus contribuintes e mesmo a outros entes federativos;

b) as razões pelas quais determinadas comunidades legitimam, em nome da eficiência, a praticabilidade com um veio puramente utilitário, ao passo que, em outros meios comunitários, tais atitudes não são toleradas, seja porque se colocam peias a ela, exigindo uma conduta mais íntegra do Estado, seja porque, em outros casos, dá-se primazia a um garantismo exacerbado e ineficiente que com ela não se compatibiliza de modo algum;

c) e, por fim, o porquê de determinado órgão estatal de poder organizado não se valer da praticabilidade positivamente, mas somente num juízo eminentemente negativo, ou seja, limitando a sua utilização, enquanto outros, que dela podem fazer uso mais regular para criar padrões, por exemplo, têm margens de confiabilidade sistêmicas distintas, com diversas restrições à sua aplicabilidade em maior ou em menor escala.

No desenvolvimento deste trabalho, pretendeu-se solucionar esses problemas a partir da demonstração de que o enfoque da praticabilidade como instituição revela-se mais plausível e viável juridicamente, pois o perfil principiológico ou técnico pelo qual se tentou, até o momento, doutrinariamente, definir a sua natureza jurídica não conseguiu dar respaldo mais adequado e completo à resolução conjunta de todos os problemas acima aventados.

De modo contrário, a abordagem institucional do tema permite dar um deslinde juridicamente coerente para os problemas acima elencados de forma conjunta, e não isolada, pelo fato de toda instituição, seja coisa ou corporativa, desdobrar-se, necessariamente, em três requisitos imprescindíveis, cada qual servindo para a resolução dessas tormentosas questões jurídicas postas.

Para justificar a natureza institucional da praticabilidade, adotou-se, como marco teórico, a teoria da instituição de Maurice Hauriou, que impõe a toda instituição, seja coisa ou corporativa, a existência de três requisitos específicos, a saber:

a) uma ideia a ser realizada;

b) uma comunidade que dela comungue e a legitime;

c) e, por fim, a existência de poderes organizados para a sua consecução.

Como complemento àquele marco teórico, no sentido de demonstrar a impossibilidade do enquadramento da praticabilidade como princípio, *policy* ou técnica, adotou-se, também, a teoria da integridade, de Ronald Dworkin, que afirma ser o princípio um *standard* para a tutela dos direitos do indivíduo, e não para a consecução das metas políticas da coletividade. E, justificando a adoção desse marco teórico complementar, ao invés de diversos outros modelos propostos para a definição do que seja princípio, recorreu-se ao modelo principiológico dworkiano, na sua concepção construtivista-interpretativa e contramajoritária.

Ao se demonstrar que o enfoque da natureza jurídica da praticabilidade deve ser analisado pelo prisma de uma instituição instrumental – sendo que, nesta pesquisa, atualizou-se a concepção teórica de Hauriou por meio do moderno institucionalismo-normativo de Neil MacCormick –, e não de um princípio ou técnica, torna-se possível justificar o seu primeiro requisito institucional e, com isso, deixar claro ser ela uma ideia em estado objetivo ou, na denominação preferida pelos alemães, um "modo de pensar" capaz de impor ao Estado, na seara tributária, não apenas ações de desconfiança, mas também de confiança em relação aos contribuintes. Para tanto, como pressuposto conceitual do que seja a confiança e a desconfiança objetivada no sistema jurídico, adotou-se a teoria funcional da confiança sistêmica de Niklas Luhmann.

Outro pressuposto conceitual importante para fundamentar o segundo requisito institucional da praticabilidade – consistente na sua legitimação pelos membros da comunidade – foi a adoção de uma vertente do utilitarismo na toada não somente benthamista, mas também do pragmatismo próprio da análise econômica do direito na perspectiva positiva de Richard Posner.

O utilitarismo, apesar de não ser o formato de comunidade

ideal que tenha o agir mais íntegro para com os seus membros, serviu de substrato para a sua contraposição com o perfil de uma comunidade personificada e informada pela integridade dentro dos parâmetros dworkianos, considerados os mais coerentes e capazes de aliar eficiência econômica aos princípios pressupostos e compartilhados comunitariamente.

Por fim, o terceiro e último requisito institucional da praticabilidade – existência de poderes legitimados para a sua aplicação – teve como pressuposto conceitual para o seu desenvolvimento e aprofundamento além da teoria funcional dos sistemas luhmanniana, já referida, também a economia da confiança depositada nesses órgãos de poder, decorrente da juridicidade da teoria do planejamento de Scott Shapiro. Com isso, foi possível entender por que o Executivo e o Legislativo têm margens de confiabilidade sistêmica distintas para operar a praticabilidade positivamente, a par de demonstrar as razões pelas quais se afirma que o Judiciário não pode recorrer a essa ideia objetiva num juízo tipicamente positivo, no sentido de massificar as suas decisões, mas, unicamente, negativo, no intento de controlar e limitar, contramajoritariamente, as ações dos demais órgãos de poder.

Os pressupostos conceituais citados acima não se confundem com os dois marcos teóricos complementares adotados nesta pesquisa – HAURIOU e DWORKIN –, pois, enquanto estes serviram de ponto de partida para o controle metodológico definidor do resultado, no que diz respeito à resolução dos problemas postos, aqueles são conceitos que deram, aprioristicamente, suporte e substrato (GUSTIN; DIAS; 2013, p. 37) para o aprofundamento da discussão a respeito de cada um dos três requisitos imperativos para que a praticabilidade seja considerada, racionalmente, como tendo uma natureza jurídica institucional, e não principiológica ou de simples técnica, como quer a uníssona doutrina.

1.1. Metodologia

Para desvendar o objeto deste trabalho, fez-se uma coordenação entre os conteúdos de disciplinas de setores do conhecimento referentes ao campo do direito tributário, pelo estudo da praticabilidade, bem como da sociologia jurídica, por intermédio da teoria dos sistemas de Niklas Luhmann, e da filosofia do direito, por meio da teoria da instituição de Maurice Hauriou e Neil MacCormick, da teoria do planejamento de Scott Shapiro, do conceito de direito de Hart, do direito como integridade de Ronald Dworkin e da ponderação dos direitos fundamentais em Robert Alexy, além, é claro, do utilitarismo e da análise econômica do direito, respectivamente, nas perspectivas de Jeremy Bentham e de Richard Posner, dando-se à presente pesquisa um nítido caráter interdisciplinar.

Aliás, esta poderá ser a grande crítica à metodologia aqui adotada: acusar o seu autor de, na busca por essa interdisciplinaridade, pretender adotar uma postura completamente ecumênica, que não se compatibilizaria com uma pesquisa jurídico-científica. Todavia, já antevendo tal crítica, vale aqui, como defesa prévia, a advertência feita por Neil MacCormick (2011, 374, tradução nossa):[1]

> É fácil prever neste ponto, em consequência, uma crítica às teses deste livro que o acusará de um fácil ecletismo ou sincretismo metodológico. Os críticos poderiam dizer que se trata de somente um jurista passando, frivolamente, de uma teoria incompatível a outra teoria incompatível, adotando as porções que resultam atrativas e ajuntando-as com completa indiferença a sua profunda incompatibilidade. Estas críticas estariam, sem embargo, mal encaminhadas. Deixar-se impressionar com tais acusações

---

1. Es fácil prever en este punto, en consecuencia, una crítica a las tesis de este libro que lo acusará de un fácil eclecticismo o sincretismo metodológico. Los críticos podrían decir que se trata de sólo de um jurista pasando frívolamente de una teoría a otra teoría incompatible, adoptando las porciones que le resultan atractivas y amontonándolas juntas con completa indiferencia a su profunda incompatibilidad. Estas críticas estarian, sin embargo, mal encaminadas. Dejarse impresionar con tales acusaciones implicaría replegarse a un tipo de asilamiento teórico como el que ha reprochado Roger Cotterrell.

implicaria retroceder-se a um tipo de isolamento teórico como o que censurou Roger Cotterrell.

E é justamente nessa mesma toada de MacCormick que se faz a defesa do caráter interdisciplinar desta pesquisa contra eventuais acusações de um suposto sincretismo metodológico incompatível com as exigências de cientificidade, pois o direito, hodiernamente, não admite mais uma postura simploriamente positivista exclusiva e neutra em relação a qualquer tipo de substrato moral mínimo que seja, sendo imperativo, apesar do seu caráter autopoiético, uma constante comunicação entre os diversos outros sistemas que compõem o ambiente exterior, como o social, o político e o econômico.

Até porque, como lembra Misabel Derzi, prefaciando obra de Onofre Alves Batista Júnior, "[...] a filosofia do direito já não é coisa de filósofos. Vivemos um momento de entrelaçamento entre a filosofia do direito, a moral e a política, em que cada vez mais a produção legítima do direito depende de um discurso moral [...]." (BATISTA JÚNIOR, 2015, p. 5). E foi exatamente o que se buscou fazer nesta pesquisa: aliar, interdisciplinarmente, para os problemas a serem aqui solucionados, conhecimentos não meramente dogmáticos, mas também sociológicos, filosóficos e morais, muitas vezes, inclusive, alicerçados em autores e filósofos que, à primeira vista, parecem até mesmo ter argumentos moralmente contraditórios, contradições essas, porém, que, no mais das vezes, são meramente aparentes, e não reais.

Em que pese seu caráter interdisciplinar, o processo de estudo deu-se, também, pela vertente jurídico-dogmática e pelo tipo de investigação jurídico-descritiva, ao se descrever, delimitar e diferenciar o enfoque tradicional daquele outro enquadramento institucional da praticabilidade no direito tributário, bem como pelo tipo de investigação jurídico-interpretativa, ao se propor interpretações que possam adequar a utilização eficiente da praticabilidade ao modelo de integridade proposto. Para isso, o raciocínio utilizado no discurso argumentativo, para testar e comprovar a hipótese, foi feito de forma indutiva e também dedutiva.

A natureza dos dados e fontes incorporados à pesquisa foi tanto primária quanto secundária. Os dados primários foram aqueles extraídos da legislação que se refere ao tema praticabilidade no direito tributário, bem como da jurisprudência dos tribunais que tratam da matéria. Já os dados secundários foram os conteúdos de livros, artigos de revistas especializadas, doutrina e legislações interpretadas que abordam o tema em voga.

Por ser inviável o estudo de todo o universo de casos em que o Estado se utiliza da praticabilidade no direito tributário, com desconfiança ou confiança em relação ao contribuinte, delimitou-se a pesquisa, quanto ao grau de generalização da investigação, a alguns exemplos do seu uso estatal. A escolha, dentre as diversas espécies de abstrações padronizantes e demais generalizantes, foi por amostragem intencional ou não probabilística, tendo em vista que são infindáveis as possibilidades de o Estado recorrer às mais diversas formas de praticabilidade para dar aplicação mais cômoda e eficiente às regras de direito e aos grandes princípios a elas pressupostos.

A partir dos dois marcos teóricos adotados (HAURIOU e DWORKIN), que, como se verá adiante, podem ser complementares, foi possível demonstrar ser verdadeira a hipótese de que a praticabilidade – ao invés de princípio ou técnica – é melhor enquadrada como uma instituição-coisa instrumental que impõe ao Estado ora ações de desconfiança, ora ações de confiança, para, superando a complexidade premente do subsistema tributário, dar exequibilidade eficiente às regras jurídicas, de forma coerente com os princípios que conformam a moral política comunitária.

Para alcançar esse desiderato, o desenvolvimento do trabalho foi dividido em cinco seções, incluindo a presente introdução.

Na segunda seção, procurou-se delinear os principais contornos atribuídos à praticabilidade pela doutrina tradicional. Isso foi importante para distinguir a visão institucional da praticabilidade, que se propôs fazer nesta pesquisa, da abordagem que lhe confere ora a natureza jurídica de princípio, ora a de técnica.

Para isso, além da teoria do direito como integridade, de Ronald Dworkin, utilizada com o desiderato de demonstrar não ser a praticabilidade um princípio ou técnica, também foi trabalhada a teoria da instituição, de Maurice Hauriou, atualizada pelo institucionalismo-normativo de MacCormick, visando demonstrar que a praticabilidade preenche todos os três requisitos para ser considerada uma instituição-coisa instrumental, por nela existir uma ideia objetiva de racionalidade instrumental na aplicação coerente do direito, a qual é comungada pela coletividade e executada, positivamente, pelos órgãos Legislativo e Executivo, dentro dos limites de controle negativo do Judiciário.

Feito o contraponto entre a teoria tradicional e a institucional da praticabilidade, nas seções seguintes, estudou-se, isoladamente, cada um dos elementos imperativos que caracterizam uma instituição-coisa e como eles, respectivamente, servem para solucionar os problemas que se pretendia resolver de forma mais satisfatória no presente trabalho.

Na terceira seção, estudou-se, unicamente, o requisito institucional da ideia – principal elemento de toda instituição, seja coisa ou corporativa. Ele serve para demonstrar que a praticabilidade, como um "modo de pensar", na conotação vertical dos germânicos, torna-se, como toda ideia, mesmo em estado objetivo, passível, na sua construção comunitária, de absorver não somente a desconfiança, mas também a confiança sistêmica, elementos altamente potencializadores dos efeitos simplificadores já provocados pelo próprio sistema jurídico como um todo.

Para uma melhor observação desse fenômeno, além de

delimitar o núcleo duro dessa ideia objetivada não somente na regra de direito – compreendida como o conjunto de normas institucionalmente postas, que formam o direito objetivo –, mas também na própria praticabilidade, foram colacionados tanto exemplos de seu uso pelo Estado como sinônimo de desconfiança em relação aos contribuintes e a outros entes federativos, o que é mais usual e recorrente na doutrina, quanto o uso dessa forma de racionalidade como sinônimo de confiança, o que é menos discutido e debatido no meio jurídico.

Isso porque, diante de um problema tributário qualquer colocado para o Estado, ele, para simplificar e facilitar, de forma coerente, a execução ou a fiscalização da ocorrência de uma regra-matriz de incidência qualquer, por razões de economicidade ou eficiência, pode se socorrer dessa ideia, imprimindo também ações de confiança, como acontece no Simples, na substituição tributária regressiva ou no lançamento por homologação, por exemplo.

É claro que não se olvida que, no direito tributário, assim como no penal, devem predominar as ações de desconfiança em relação aos indivíduos em geral. Todavia, o que se refuta no desenvolvimento da presente pesquisa é o posicionamento de determinados juristas que tentam reduzir a praticabilidade a uma dimensão única de desconfiança.

Na quarta seção, trabalhou-se outro requisito institucional, qual seja a forma pela qual a comunidade comunga daquela ideia que subjaz de toda instituição, seja coisa ou corporativa. No caso da praticabilidade, ao analisar tal elemento, foi possível aferir como diferentes comunidades a legitimam ou não, sob prismas morais, jurídicos ou econômicos totalmente distintos.

E isso pelo fato de os benefícios globais decorrentes da redução de custos de aplicação e fiscalização da lei e da otimização dos resultados arrecadatórios gerados pela praticabilidade fazerem com que certas comunidades, numa concepção mais benthamista, comunguem de sua ideia objetiva, mesmo que tal fato, incoerentemente, acarrete um sacrifício demasiado para alguns indivíduos. Nessa vertente mais utilitarista, a praticabilidade tem um cunho nitidamente consequencialista-pragmático, e não deontológico, prevalecendo nela somente os critérios de eficiência e economicidade próximos da concepção positiva da análise econômica do direito, em detrimento dos valores morais da justiça individual e da igualdade material. Em outras comunidades, por seu turno, presas a um garantismo altamente arraigado e formalista, a praticabilidade sequer é legitimada pela comunidade, não havendo espaço para que essa instituição-coisa instrumental possa ser utilizada pelo Estado para superar a alta complexidade sistêmica fática ou jurídica, o que o torna altamente ineficiente.

Todavia, por não se coadunarem com o marco teórico do direito como integridade, defendido por Dworkin, nenhuma dessas concepções de comunidade serve de modelo para a pretendida legitimação institucional da praticabilidade. Por isso, a comunidade que comungará dela como ideia construída comunitariamente em estado objetivo, dentro dos parâmetros propostos nesta pesquisa, é não aquela utilitária ou exacerbadamente garantista, mas a personificada pela integridade, a qual permite compatibilizar as metas políticas de eficiência econômica com aqueles princípios morais pressupostos e compartilhados comunitariamente, fazendo com que o direito sempre respeite a sua pretensão implícita de justiça, dentro da concepção institucionalista de MacCormick.

Por fim, na quinta seção, tratou-se do último requisito institucional para que a praticabilidade seja concebida como uma instituição, qual seja, a existência de órgãos de poder organizados. Isso porque é imperativo que haja poderes que, por meio de um procedimento próprio, coordenem e conformem as diversas vontades individuais existentes numa coletividade e assim deem efetivação a essa ideia. Para tanto, impende destacar que, dentre os poderes constituídos, somente o Executivo e o Legislativo podem levar a cabo, positivamente, tal ideia, não tendo o Judiciário legitimidade ou confiabilidade sistêmica para tal mister, por estar vinculado à "senda da casuística."

A economia de confiança do Judiciário para operar a praticabilidade, como se tentou provar, ficou restrita, somente, a um juízo negativo, por meio do qual esse órgão controla o âmbito de ação do Legislativo e do Executivo no recurso positivo a essa instituição instrumental, de acordo com o grau de confiabilidade que lhes foi outorgado, de forma que a atuação deles esteja sempre limitada, é claro, por princípios políticos morais compartilhados comunitariamente e que são passíveis, inclusive, de ser judicializados por qualquer membro da comunidade que se sentir ofendido, por meio de argumentos de princípio.

Cabe ainda ressaltar, que, no tópico em questão, além das limitações à praticabilidade, a pesquisa procurou demonstrar que, dentre os órgãos Executivo e Legislativo, este último tem um maior grau de confiabilidade sistêmica do que aquele para a consecução dessa ideia objetiva, na medida em que, no legislador, há uma maior capitalização de confiança e uma menor compensação de desconfiança, para que ele, por meio de padronizações e de outras abstrações generalizantes, procure dar exequibilidade não somente às suas regras de direito, mas também aos grandes princípios pressupostos a elas.

Diante deste breve introito, espera-se ter mostrado um panorama geral do que se desenvolveu no curso desta pesquisa para, com isso, provar a tese de que a praticabilidade deve ser enquadrada como uma instituição-coisa instrumental, ou mais precisamente, como se verá adiante, uma subinstituição-coisa, que o Estado pode, racionalmente, utilizar por razões de eficiência e de economicidade, com maior ou menor grau de discrição, diante de um problema tributário, visando superar a complexidade premente do subsistema tributário e podendo, para tal mister, imprimir tanto ações de desconfiança quanto de confiança em relação ao contribuinte para dar exequibilidade a outra instituição-coisa de forma coerente com os princípios que lhe são pressupostos.

2. DA TEORIA TRADICIONAL X TEORIA INSTITUCIONAL

A presente seção traz um breve panorama do tratamento tradicional dado à praticabilidade pela doutrina em geral, seja como princípio, seja como técnica, para, posteriormente, de posse dos elementos apropriados, fazer o devido contraponto com a tese ora defendida: a de uma teoria, propriamente dita, de caráter institucional, na qual se propugna pela abordagem da praticabilidade por outro prisma que não o principológico ou tecnicista.

Isso porque o enquadramento do tema sob o viés de uma instituição instrumental permite que, dissecando cada um dos três elementos que a compõem, resolvam-se, respectivamente, de forma conjunta, problemas como: a) a razão pela qual a ideia objetivada na praticabilidade pode absorver ora confiança, ora desconfiança em relação aos contribuintes e a outros entes federativos; b) os motivos pelo quais certas comunidades tentam legitimá-la por um veio utilitário, enquanto outras não a admitem ou, quando as legitimam, o fazem respeitando a dignidade da pessoa humana; c) e, por fim, o porquê de, ao Judiciário, não ter sido outorgada economia de confiança sistêmica para utilizar a praticabilidade num juízo positivo, mas somente na perspectiva negativa, impondo limites aos demais órgãos de poder, ao passo que ao Legislativo e ao Executivo foi outorgada, positivamente pelo sistema, atribuição para tanto, gozando eles de confiabilidade sistêmica em graus distintos.

Todavia, antes de se aprofundar no enfoque da racionalidade instrumental, própria da ideia institucional de praticabilidade, urge trazer à colação o enquadramento do tema pelo veio de técnica ou de princípio, como o faz a doutrina em geral.

2.1. A abordagem tradicional da praticabilidade

Como meio de redução da crescente complexidade do ambiente social, é cada vez mais usual o recurso do Estado à praticabilidade para possibilitar uma execução das regras jurídicas que seja, ao mesmo tempo, mais econômica e eficiente.

Todavia, cabe ressaltar que os estudos e as pesquisas acerca da praticabilidade ou da praticidade, como alguns preferem denominá-la,[2] ao contrário da Alemanha, não são tão desenvolvidos no Brasil, sendo que, quem primeiramente tratou, especificamente, desse tema em território nacional, com grande profundidade e rigor metodológico, e fundamentada em sólida doutrina germânica, foi Misabel de Abreu Machado Derzi (2007, p. 318-362) na década de oitenta e, posteriormente, em data mais recente, Regina Helena Costa (2007, p. 53), para quem a praticabilidade é uma "[...] categoria lógico-jurídica, e não jurídico-positiva, na medida em que [...] essa noção antecede o próprio Direito posto [...]."

Nessa abordagem tradicional, a praticabilidade nada mais é do que a criação, pelo Estado, de meios jurídicos que

---

2. Regina Helena Costa (2007, p. 53) esclarece ser a praticabilidade "[...] também conhecida como praticidade, pragmatismo ou factibilidade." Apesar disso, é imperativo esclarecer que o termo pragmatismo, em sua concepção mais técnica, não pode ser confundido com praticabilidade ou praticidade, eis que o movimento chamado pragmatismo não abrange unicamente uma escola filosófica, mas várias, algumas até mesmo divergentes, como a Escola de Chicago, a Escola das Escolhas Públicas e a Escola da Nova Economia Institucionalista (CALIENDO, 2009a, p.14).

TEORIA INSTITUCIONAL DA PRATICABILIDADE TRIBUTÁRIA

facilitem a execução das regras em geral, de forma a tornar a aplicação ou a fiscalização do programa normativo mais cômodo e econômico e, consequentemente, mais eficiente, dando, com isso, uma maior exequibilidade aos seus comandos. Por meio dela, órgãos estatais do Legislativo e do Executivo instituem, positivamente, diversos mecanismos, tais como somatórios, padrões generalizantes, pautas de valores, conceitos indeterminados, cláusulas gerais e normas em branco, dentre outros, que tornam a execução das disposições legais mais prática e, no mais das vezes, com maior economicidade para o Estado.

Aliás, pelo fato de as leis terem um caráter de generalidade, seria impraticável que o legislador previsse, exaustivamente, para cada caso concreto, um fato jurígeno com todas as suas nuances individuais, como bem adverte Humberto Ávila (2009, p. 81):

> As leis são, pois instrumentos gerais de regulação, justamente, porque é inviável 'promulgar qualquer simples regra para tudo e para todo o tempo. Daí atribuírem elas 'igual exercício para todas as classes'. O legislador, porque legisla para a maioria' (*legislate for the majority*), irá 'olhar para as multidões' (*watch over the herds*), e 'jamais poderá ser capaz, ao fazer leis para toda a coletividade, de prover exatamente o que é melhor para cada indivíduo' (*will never be able by making laws for all collectively to provide exactly that which is a proper for each individual*).

Por ser a lei geral, abstrata e indeterminada, não pode o legislador, em qualquer situação, pretender a sua aplicação individualizada, de forma a atender a todas as vicissitudes do caso concreto. Por isso, na maior parte das vezes, é imperativo que ele opere com abstrações, por meio de esquemas, métodos, padrões e somatórios que, desconsiderando algumas particularidades e considerando outras, selecionem a média dos acontecimentos fáticos.

Desse modo, segundo Onofre Alves Batista Júnior, fica bastante nítido que a praticabilidade "[...] tem relação com técnicas de execução simplificadora do Direito, exatamente

15

para se evitar a investigação exaustiva do caso isolado e dispensar a coleta das provas difíceis em cada caso concreto." (BATISTA JÚNIOR; SANTOS, 2013, p. 9).

Essa execução simplificadora das regras jurídicas pode, segundo Misabel Derzi, ser analisada sob uma perspectiva tanto horizontal quanto vertical (DERZI, 2007, p. 320).

2.1.1. A perspectiva horizontal da execução simplificadora

Na dimensão horizontal, a praticabilidade decorre da criação, pelo próprio legislador constitucional ou infraconstitucional, de presunções, somatórios, ficções, conceitos indeterminados e normas em branco para facilitar o cumprimento dos preceitos normativos por ele próprio estabelecidos.

Tanto é assim que Regina Helena Costa (2007, p. 224) assevera:

> [...] tanto o legislador constituinte quanto o infraconstitucional podem utilizar diversas modalidades de abstrações generalizantes, modulando a abertura e o fechamento conceitual dos enunciados normativos, bem como empregar outros recursos que servem à idéia de praticabilidade.

Desse modo, na praticabilidade, o legislador trabalha com diversas formas de abstrações que permitem que as regras, postas por ele, sejam executadas de maneira mais simplificada. As abstrações mais relevantes operadas, no plano legislativo, são, sem dúvida, as padronizantes, embora, também, possam ser empregadas outras formas de abstrações generalizantes.

Ao trabalhar com as denominadas abstrações padronizantes, Humberto Ávila (2009, p. 79) ressalta que "[...] a lei operou com classes de contribuintes e, por isso mesmo, selecionou algumas propriedades em detrimento de outras, por meio da fixação de padrões (*Pauschalierungen*) [...]."

Tais padrões impõem uma concepção de igualdade geral em detrimento de uma igualdade individual, conforme adverte Humberto Ávila (2009, p. 84):

> As considerações feitas até aqui expõem claramente o conflito entre a igualdade geral e a igualdade individual. A concepção generalista de igualdade propõe a desconsideração de elementos particulares em favor da avaliação das propriedades existentes na maioria dos casos. Isso é feito com a finalidade de alcançar uma solução previsível, eficiente e geralmente equânime na solução de conflitos sociais.

Essas abstrações padronizantes poderão tanto operar por meio de ficções quanto de presunções. As primeiras são criações sem liame algum na realidade, sendo produto da criatividade do legislador, enquanto as segundas são meras constatações de fatos com base no que comumente ocorre. Assim, "[...] as presunções se referem à teoria da prova, e as ficções à teoria do âmbito da norma jurídica." (DERZI; COÊLHO; BUSTAMANTE, 2012, p. 247).

Por guardarem consonância com o campo probatório, quando não se tem certeza da existência de certos fatos, as presunções tornam-se o recurso de que o Estado lança mão, por meio de regras jurídicas, para resolver, de forma concreta e com base no que ordinariamente acontece – ou seja, empiricamente –, uma determinada situação que, em tese, não poderia ser resolvida satisfatoriamente sem que se recorresse a elas. Exatamente em razão disso, citando Scherkerkewitz, Thomas Bustamante adverte que, na norma que reflete uma presunção, "[...] deve haver uma causalidade entre o fato conhecido e o fato desconhecido." (DERZI; COÊLHO, BUSTAMANTE, 2012, p. 248).

Por isso mesmo, tais presunções normativas devem ter lastro na realidade de um fato conhecido, para que as consequências imputadas pelas condições presumidas da hipótese de sua regra sejam juridicamente válidas, ou seja, "[...] a questão da validade de uma presunção jurídica concerne, portanto, invariavelmente à validade de uma norma jurídica que estabelece que determinado estado de coisas 'é presumível' com todos os efeitos jurídicos que isso acarreta." (DERZI; COÊLHO; BUSTAMANTE, 2012, p. 249).

Cabe ressaltar, todavia, que tais presunções, enquanto normas jurídicas que estabelecem padrões, podem ser divididas em *relativas* e *absolutas*. Estas seriam *jure et de jure*, ou seja, não permitiriam a produção probatória em contrário, o que poderia levá-las, em certas ocasiões, a divorciar-se da realidade e a aproximar-se das ficções; aquelas, *juris tantum*, por admitirem prova em contrário, dando azo à inversão do ônus *probandi* e, assim, tornando-se passíveis de serem "superáveis" ou "derrotáveis" (*defeasible*), caso se faça prova em sentido contrário (DERZI; COÊLHO; BUSTAMANTE, 2012, p. 249).

Em razão disso, Alfredo Becker ressalta que "Na presunção, a lei estabelece como verdadeiro um fato que, provavelmente, é verdadeiro. Na ficção, a lei estabelece como verdadeiro um fato que, provavelmente ou com toda certeza, é falso." (BECKER, 2002, p. 522).

Sacha Calmon Navarro Coêlho (2002, p. 573-574) também procede a uma aproximação entre a presunção absoluta e a ficção, por não haver uma diferença substancial de efeitos entre elas. Isso porque, embora a ficção não tenha parâmetro na realidade, diversamente da presunção absoluta, ambas, ao contrário da presunção relativa, impossibilitam a sua superação pela demonstração de que a realidade fática destoa de determinada padronização.

Portanto, a estruturação jurídica de uma regra que contenha uma presunção absoluta será similar a daquela que porta uma ficção, já que ambas, por não serem derrotáveis, tornam-se passíveis de se dissociarem da realidade.

Exatamente para evitar essa questão, Thomas Bustamante condiciona a validade jurídica das presunções, no direito tributário em especial, a um liame imperativo do fato presumido com a realidade, de modo que não se desnature o seu fato gerador (DERZI; COÊLHO; BUSTAMANTE, 2012, p. 250).

O fato gerador presumido, pois, refletido numa padronização, não pode se dissociar da normalidade dos casos medianos para alcançar situações atípicas que fujam da ordem natural dos acontecimentos (ÁVILA, 2009, p. 95).

Ocorre, todavia, que, embora sejam os mais difundidos, os ditos padrões, que estabelecem presunções ou ficções, não encerram em si a ideia de praticabilidade, já que, muitas vezes, o legislador pode preferir se utilizar de abstrações generalizantes como as cláusulas gerais,[3] os conceitos indeterminados[4] ou as normas em branco para tornar a aplicação ou a fiscalização da regra de direito mais prática e, com isso dar exequibilidade ao seu comando normativo, em que pese, nesse caso, verificar-se uma nítida flexibilização da lei.

Essa flexibilização no programa da norma posta pelo próprio legislador, no caso do uso de cláusulas gerais, de conceitos indeterminados ou de normas em branco, não visa desnaturar o princípio da legalidade, mas, unicamente, demonstrar a sua insuficiência fenomenológica para regular, de forma plena, todas as vicissitudes das relações sociais.

---

3. Segundo Judith Martins-Costa (1999, p. 303) a cláusula geral é "[...] uma disposição normativa que utiliza, no seu enunciado, uma linguagem de tessitura intencionalmente 'aberta', 'fluida' ou 'vaga', caracterizando-se pela ampla extensão do seu campo semântico."

4. Por meio da cláusula geral o legislador outorga ao executor do programa normativo uma procuração para que, diante de casos concretos, integre o conteúdo daquela norma, conferindo a ele a possibilidade de não somente delimitar os contornos da hipótese de aplicação da norma, como também definir as suas consequências e seus efeitos no caso concreto. Já no conceito indeterminado, seu alcance é mais restrito, pois apesar de também ser dotado de vagueza de sentido, na medida em que aqui cabe ao executor da norma delimitar e integrar os contornos da sua hipótese ao fato concreto, a consequência e os seus efeitos já foram totalmente determinados, previamente e juridicamente, pelo legislador que editou o seu programa normativo (DERZI, 2007, p. 374-375).

Essa insuficiência de qualquer sistema, dentre os quais se situa o jurídico, para abarcar todos os dados da realidade revela e desnuda, por completo, a sua incompletude, dando azo àquilo que Misabel Derzi chama de o "buraco do real", como se observa na seguinte passagem de sua obra (DERZI, 2009, p. 30):

> Diz DÉLIA ELMER que a rigor, GÖDEL provou que "houve um buraco do sistema, e aqui situamos o real." Logicamente, o sistema consistente tem um furo, sua incompletude. Enfim, conclui: "dizemos desta impossibilidade de qualquer sistema recobrir o que é real. O buraco do sistema é o real".

Para superar esse "buraco do real" – que, além de revelar, demonstra toda a incompletude do sistema jurídico para regular, integralmente, todas as relações sociais –, o legislador, horizontalmente, cria mecanismos, como as abstrações generalizantes, para conferir praticabilidade aos seus comandos, dentre as quais, por exemplo, situam-se as cláusulas gerais, os conceitos indeterminados e as normas em branco.

Esse fenômeno operado pela praticabilidade, com o escopo de tornar a lei exequível e mais prática, embora não macule, traz consigo, no mais das vezes, a mitigação dos princípios da legalidade e da segurança jurídica e, consequentemente, do modelo clássico de separação dos poderes, na forma preconizada por Montesquieu. Isso porque, nesse novo modelo contemporâneo[5] cada vez mais complexo, de acordo com Misabel Derzi (2004a, p. 67-68), antagonicamente se enfraquecem os paradigmas da "certeza científica", "racionalidade", "abstração" e "axiomatização", mudando-se para outros, que são os da "informalidade", da "deslegalização" e da "incerteza".

---

5. Aliás, como bem observa Helenílson Cunha Pontes (2004, p. 55), em palestra na Associação Brasileira de Direito Tributário (ABRADT), "[...] não é possível tratar a realidade a partir de um ponto de vista oitocentista, onde as coisas estavam perfeitamente organizadas dentro de pequenas caixinhas. A vida moderna é tão dinâmica que não admite mais as caixinhas."

TEORIA INSTITUCIONAL DA PRATICABILIDADE TRIBUTÁRIA

A essa mudança de paradigma, J. J. Gomes Canotilho (1993) denomina de processo de dessubstantivização do direito constitucional, causado por uma flexibilização da lei ou da Constituição em decorrência da maior porosidade do seu programa normativo para abarcar toda a crescente complexidade dos problemas sociais, nos quais princípios como os da segurança jurídica, legalidade e força normativa da Constituição, que gozavam de certeza e solidez, são esvaziados e substancialmente enfraquecidos.

Assim, essa abertura horizontal – promovida no programa da norma pelo próprio legislador constituinte ou ordinário por meio de conceitos indeterminados, cláusulas gerais e normas em branco, em razão da incompletude do sistema e da maior complexidade social, visando tornar mais prática a legislação e mitigando o princípio da legalidade, numa concepção mais clássica[6] –, tem o desiderato de permitir que os órgãos executivos do Estado implementem as suas políticas com o máximo de resultados para a comunidade e menor dispêndio de recursos para os cofres públicos.

Isso porque o legislador, ao flexibilizar para os órgãos executivos a execução do programa normativo por meio de abstrações generalizantes, pode impedir a "hipercomplicação e intramitabilidade das leis" (TIPKE; LANG, 2008, p. 233) numa sociedade contemporânea tida como cada vez mais complexa.

Impende enfatizar que a faceta horizontal da praticabilidade se revela na própria lei, seja ela constitucional ou infraconstitucional, por meio de abstrações generalizantes ou padronizantes, pois o legislador, ao estabelecer critérios que

---

6. Cabe ressaltar aqui a advertência de Misabel Derzi (2007, p. 370) de que "[...] essas constatações em nada invalidam o fechamento operacional do sistema do direito, como quer Niklas Luhmann." Isso porque, segundo a nominada jurista, a abertura promovida pelos conceitos indeterminados e pelas cláusulas gerais é somente de ordem semântica e cognitiva, mas não operacional, não permitindo que o operador do sistema jurídico absorva informações diretamente de outros ambientes exteriores, como o econômico e o político sem que elas sejam processadas pelos conversores internos próprios do sistema.

facilitem a aplicação e a fiscalização da regra jurídica que editou, torna mais prático o seu comando e, consequentemente, exequível todo o seu programa normativo.

Por tal motivo, Regina Helena Costa (2007, p. 388) assevera ser o ato normativo lei "[...] o instrumento de praticabilidade por excelência, com vistas à viabilização do cumprimento da vontade estatal, porque dela dependente a realização das diretrizes constitucionais."

Assim, nesse processo de simplificação horizontal da execução das leis, o legislador, no subsistema tributário, poderá operar não somente com abstrações padronizantes, mas também com abstrações generalizantes outras, as quais, muitas vezes, não se cerram em conceitos classificatórios totalmente fechados, mas em resíduos tipológicos, próximos da zona cinzenta dos tipos abertos.

Para uma melhor compreensão dessa questão, é imperativo que se explique, com mais vagar, como, na lei, tais generalizações e abstrações operam, formando-se ora conceitos, ora tipos.

2.1.1.1. Pensamento conceitual e tipológico

As generalizações e abstrações postas pelo legislador podem abarcar conceitos ou tipos, conforme o caso.

Fazendo alusão à doutrina germânica dominante, Misabel Derzi (2007, p. 86) cita que aquilo que se denomina, usualmente, de tipologia ou de tipicidade teria relação mais direta não com os tipos, propriamente ditos, mas com o que se denomina de princípio da especificação conceitual. Assim é porque, na concepção aristotélica, o conceito é que traria consigo a noção de "essência das coisas", reunindo determinados objetos em classe e diferenciando-os segundo a espécie, ou seja, "[...] o conceito secciona, seleciona." (DERZI, 2007, p. 52).

Exatamente por isso, não se aceita que a delimitação rígida da hipótese de incidência tributária, do *tatbestand* penal

TEORIA INSTITUCIONAL DA PRATICABILIDADE TRIBUTÁRIA

dos germânicos ou do *fattispecie* dos italianos, seja aproxima-
da da abstração generalizante dos tipos, pois, ao assim se proceder, estar-se-ia alterando, de forma não adequada e equivocada, o seu real significado (DERZI, 2007, p. 66).

Ao selecionar e seccionar de forma cerrada os objetos,
os conceitos mais gerais e abrangentes permitem estabelecer
um gênero, enquanto aqueles menos gerais e, portanto, mais
específicos, que pertencem àquele mesmo gênero, podem ser
distinguidos em espécie: "Definir será determinar um gênero
a um conceito e acrescentar a diferença à espécie." (DERZI,
2007, p. 52).

Por ter notas bem definidas, em características determinadas especificamente, ao conceito se aplicam o raciocínio
excludente do *tertium non datur*, como bem explica Misabel
Derzi (2007, p. 52-53):

> Se o conceito A possui as notas "a, b, c", na investigação jurídica,
> somente se afirma o conceito A, se o conceito do fato contiver as
> mesmas características "a, b, e c". Diz-se, então, que há subsun-
> ção. Para o conceito de classe vale a proposição lógica do tercei-
> ro excluído: "cada X é A ou não-A". *Tertium non datur*. Não tem
> cabida aqui o mais ou menos, mas a relação de exclusão "ou um,
> ou outro". Porque ou o conceito do objeto corresponde integral-
> mente às características do conceito abstrato nele subsumido, ou
> não.

Em razão disso, no pensamento conceitual não se admitem transições fluidas, ordenadas por uma relação de adequação pela regra do mais ou menos, pois todas as notas abstratas
do conceito devem se subsumir, integralmente, ao fato. Caso
contrário, se uma única característica, dentre todas as outras,
não se adequar, não poderá ocorrer a sua subsunção; e a sua
aplicação restará totalmente excluída e, portanto, frustrada.

No raciocínio por tipos, as abstrações generalizantes são
colocadas de forma completamente distinta. Para demonstrar
isso, citando Erich Heyde, Misabel Derzi (2007, p. 35) começa
ressaltando que a palavra latina *typus* tem origem grega e,

originariamente, tinha dois sentidos principais de molde e de modelo. Na botânica e na zoologia, também, "[...] passou-se da rígida distinção entre si das espécies ou gêneros animais ou vegetais [...] até que se buscou um 'sistema natural', com transições graduais entre os tipos isolados." (DERZI, 2007, p. 37).

Na botânica, fazendo alusão novamente a Heyde, Misabel Derzi esclarece que o pensamento passou a ser, nos casos em que a classificação não se mostrava suficiente, mais comparativo e menos classificatório, de modo que permitia anotar características marcantes de um tipo-padrão, mais ou menos próximas, porém não perfeitamente conceituadas, admitindo as transições graduais entre elas, como a tulipa, representante das monocotiledônias (DERZI, 2007, p. 37). Mas é somente no século XIX, no terreno das ciências naturais, e no século XX, nas ciências sociais, que passou a ser aceita a concepção de tipo "[...] como forma de ordenação lógica do conhecimento que admitia, por comparação, as transições fluídas e contínuas [...]." (DERZI, 2007, p. 38).

Os tipos abertos surgem, assim, como uma forma de superar as limitações dos conceitos classificatórios fechados, transpondo-os para conceitos não cerrados, pois as suas notas podem ser graduadas em intensidade maior e menor, conforme o caso concreto. "Ao contrário dos conceitos de classe, os tipos se interpenetram em ordenação gradativa, sem limites rigorosos; os conceitos de classe dividem, os tipos unem." (DERZI, 2007, p. 57).

Por isso, baseada nos escólios de Detlev Leenen, Misabel Derzi destaca que, em relação aos conceitos (*Tatbestand*), o tipo "[...] permite maior aproximação com a realidade jurídica, por se tratar de uma abstração rica de conteúdo, uma descrição plena de dados referenciais ao objeto." (DERZI, 2007, p. 76). O tipo tem uma maior proximidade do fato real e, por tal motivo, suas notas descritivas têm uma maior riqueza de detalhes, tornando-o "[...] uma abstração mais concreta do que o conceito classificatório, estruturada de forma mais flexível, aberta e graduável." (DERZI, 2007, p. 76).

É o caso, por exemplo, dos contratos, em que sobressai o método tipológico, e não o conceitual-classificatório, já que eles admitem uma gradação para a absorção de notas que lhe não são fixas e, portanto, renunciáveis, podendo os contratantes excluir de um contrato determinadas características típicas e acrescentar nele outras, acompanhando a evolução econômica do tráfego negocial.

Nesse sentido, vale o seguinte exemplo da já citada autora mineira (DERZI, 2007, p. 76):

> Diante do fato jurídico, Shopping Center, será utilizado o método tipológico, se o jurista não tender a classificá-lo, segundo notas clássicas e rígidas que, conceitualmente, se atribuam a uma espécie jurídica, mas ao contrário, concebê-lo como misto de locação e sociedade, p. ex., ou administração de condomínio, ou, ainda, dentro do tipo, locação, graduá-lo como menos típico ou representativo.

Por isso, citando novamente Leenen, Misabel Derzi assevera que o melhor caminho metodológico distintivo entre conceito e tipo é "[...] quanto mais irrenunciável e necessária se torna uma característica, mais perto estamos do conceito fechado. Se, ao contrário, as características são renunciáveis e graduáveis, falamos de tipo." (DERZI, 2007, p. 92-93).

Concluindo, deve-se deixar marcada a advertência feita por Misabel Derzi, apoiada nas lições de Leenen, no sentido de que haverá casos em que se poderá defrontar com formas mistas, nas quais os tipos, ao invés de abertos, estarão parcialmente fechados, ou mesmo indeterminações ou imperfeições legislativas, que poderão deixar os conceitos abertos, não se sabendo com precisão identificá-los como conceitos ou tipos (DERZI, 2007, p. 109-110).

Cabe ressaltar, ainda, por fim, que, no subsistema tributário – que mais interessa ao objeto desta pesquisa –, sempre prevalecerá o pensamento conceitual, em razão da predominância, nessa seara, de princípios como os da legalidade estrita e da segurança jurídica, embora não se desconheça a existência, aqui, de alguns resíduos tipológicos, como se observará, com mais vagar, na seção 5.2.1.1.

2.1.2. A perspectiva vertical da execução simplificadora

Compreendida a perspectiva horizontal da execução simplificadora da lei e suas nuances classificatórias ou comparativas, cabe agora analisá-la no plano vertical. Aqui, a criação de tais presunções, somatórios, esquemas e demais abstrações é feita não pelo órgão que editou a lei, mas pelo órgão executivo incumbido da sua aplicação ou da sua fiscalização, ou seja, a norma exequente cria esquemas e abstrações generalizantes não previstas, originariamente, na norma que se deseja executar.

Neste ponto, é imperativa a alusão aos escólios de Hans Kelsen (1987, p. 363-371) no sentido de que toda norma jurídica é, ao mesmo tempo, aplicação de uma norma de grau superior, que fundamenta a sua validade, e criação jurídica de um preceito de grau inferior, já que o aplicador da norma, segundo a concepção filosófica desse autor, discricionariamente, escolhe um dos sentidos dentre aqueles possíveis estabelecidos no quadro normativo. Daí surge a famosa pirâmide normativa de Kelsen (1987, p. 240), na qual a norma inferior retira a sua validade de uma norma hierarquicamente superior.

Deve-se deixar claro, contudo, que, quando se refere à praticabilidade, na dimensão vertical, não se está falando em interpretação, pois, na relação entre a norma exequente e a norma executada, muitas vezes, são criados *standards*, esquemas e presunções não previstos, originariamente, na norma hierarquicamente superior, mas que, ao mesmo tempo, são imperativos à sua execução.

Por isso, citando Eberhard Wennrich, Misabel Derzi afirma que, na concepção do aludido jurista tedesco, o que ocorre, na verdade, é uma "[...] *interpretação contra texto claro da lei.*" (DERZI, 2007, p. 333).

A praticabilidade, em sua faceta vertical, extrapola em muito a mera atividade interpretativa, na concepção Kelseniana,[7] pois, aqui, o aplicador da norma não fica adstrito a um dos sentidos possíveis contido no seu programa, mas, ao contrário, ele cria estandardizações não previstas, originariamente, na lei, para, dessa forma, proporcionar uma execução ou uma fiscalização mais cômoda e econômica, que torne mais eficientes os comandos legais.

Segundo Misabel Derzi, citando a doutrina alemã, na perspectiva vertical da execução simplificadora da lei, a praticabilidade, ou praticidade, em si, representaria um "[...] arranhão na legalidade, embora alguns achem necessário e inevitável, pois não é interpretação, mas criação na norma executiva destinada a simplificar a execução da norma superior." (DERZI, 2007, p. 320-321).

2.1.2.1. O modo de pensar tipificante

Na Alemanha, país onde se desenvolveram os estudos mais aprofundados sobre o tema em voga, costuma-se chamar a execução simplificadora da lei, na dimensão vertical da praticabilidade, de "modo de pensar tipificante."[8] (DERZI, 2007, p. 318-321).

---

7. Na concepção de norma jurídica, Kelsen procurou separar o ato produtor da norma de seu significado, ou melhor, distinguiu o plano do "ser" do "dever-ser". A norma seria posta no ordenamento jurídico por meio de um ato de vontade, sendo, portanto, o significado desse ato. No campo jurídico, o significado de determinado ato de vontade não é perceptível por meio dos sentidos, como ocorre no campo da natureza (KELSEN, 1987, p. 3-4). A norma jurídica kelseniana, assim, é o significado de certo ato. A norma, embora nasça de um ato de vontade, com este não se confunde, pois ele é somente um ponto de partida do qual a norma é o seu resultado final.

8. Para Thomas Bustamante (2013, p. 79), a praticidade não se confunde com a execução simplificadora da lei, na perspectiva vertical, ou com o modo de pensar

Esse modo de pensar é chamado de tipificante, pois estabelece tipos que se aproximam dos casos medianos, ou seja, daquilo que é mais comum, sem atentar para as particularidades do caso concreto. Cria-se um padrão, ou um esquema generalizante, com base nas características comuns dos acontecimentos, renunciando-se às particularidades dos casos isolados e, com isso, se possibilita a aplicação em massa da lei em detrimento da sua aplicação individual, na qual tais diferenças seriam respeitadas.

Misabel Derzi chama esse fenômeno de "modo de pensar impropriamente tipificante", porque os tipos que são aqui criados e estabelecidos pelo órgão executor da regra não correspondem ao modelo estatuído, ordinariamente, pela metodologia, na qual os verdadeiros tipos "[...] são ordens fluidas, que colhem, através da comparação, características comuns, nem rígidas, nem limitadas, onde a totalidade é critério decisivo para ordenação dos fenômenos aos quais se estende." (DERZI, 2007, p. 70).

No "modo de pensar tipificante", os tipos existem somente no momento pré-jurídico (DERZI, 2007, p. 336), ou seja, quando o aplicador da lei formula o padrão generalizante com base na média de uma multiplicidade de eventos. Todavia, posteriormente, aquele padrão é cerrado em um conceito fechado, que evita qualquer forma de aplicação individual. Aliás, como adverte Josef Isensee, citado por Misabel Derzi (2007, p. 335-336), o verdadeiro conceito de tipo decorre de burilado trabalho de metodologia científica e de profunda teorização da doutrina, enquanto aquele modo de pensar tem seu matiz eminentemente prático, decorrendo de necessidades

---

tipificante, pois para ele "[...] a praticidade, em suma, é princípio que informa todo o modo de construção do fato gerador tributário, que contribui para a produção de normas gerais, de modo a atender às suas finalidades pragmáticas. Por outro lado, o modo de pensar impropriamente denominado tipificante – ou 'a execução simplificadora da lei' – dá um passo além do princípio da praticidade isoladamente considerado, pois ele constitui forma específica de aplicação da lei que flexibiliza o princípio da legalidade e evita o que Kelsen chamou de 'individualização do direito' com vistas à sua aplicação massificada."

da própria administração pública, sem o correlato refinamento técnico e teórico.

Assim, no "modo de pensar tipificante" (DERZI, 2007, p. 332), o aplicador utiliza-se de um padrão pronto para ser subsumido ao caso concreto, ao invés de despir um fato concreto de sua complexidade para, então, o subsumir à lei.

Cabe ressaltar que tanto o Executivo quanto o Legislativo fazem uso do "modo de pensar tipificante" – uma faceta vertical da praticabilidade. Isso acontece, por exemplo, quando o Executivo edita um regulamento, um decreto ou uma instrução normativa, criando padrões para possibilitar a aplicação em massa de um determinado preceito contido numa lei, ou quando o legislador edita uma determinada lei, estabelecendo presunções ou ficções para dar aplicação a uma disposição constitucional de eficácia limitada ou contida.

Segundo Misabel Derzi (2007, p. 330-331), podem-se citar, como exemplos de execução simplificadora nos regulamentos, orientações e práticas administrativas:

a) o lançamento do imposto por estimativa;

b) a substituição tributária chamada 'para frente';

c) os regimes especiais, em que se delegam ao Executivo a criação de pautas em substituição aos preços reais;

d) as pautas de valores fixadas pelo Executivo, que estabelecem o valor tributável com base no preço médio para fatos geradores do imposto sobre operações de circulação de certas mercadorias (gado, café, minerais etc.);

e) as tabelas ou o quadro de valores de imóveis urbanos;

f) as tabelas de valores de veículos automotores;

g) os lançamentos baseados em índices artificiais de produtividade (aplicados especialmente no Imposto sobre a Circulação de Mercadorias e Prestação de Serviços de Transporte Interestadual e Intermunicipal e de Comunicação – ICMS), deduzidos a partir do levantamento dos insumos, matérias-primas e produtos intermediários adquiridos pelo produtor.

Assim, embora sejam infindáveis os exemplos em que os órgãos executivos podem lançar mão do expediente da praticabilidade, na dimensão vertical, existem justificativas bastante plausíveis e as mais diversas possíveis para que se recorra a essa forma de pensar na execução e aplicação das regras de direito objetivo.

2.1.2.2. Justificativas para esse modo de pensar e limites

Em que pese a maioria dos doutrinadores alemães rechaçarem o recurso ao "modo de pensar tipificante", existem justificativas, nessa forma de abordagem tradicional do tema, para o seu uso, tais como a defesa da esfera privada, a uniformidade da tributação e o estado de necessidade administrativo (DERZI, 2007, p. 336-340).

Com as normas de simplificação, que criam padrões generalizantes, evitam-se indevidas intromissões estatais na vida privada dos contribuintes e, com isso, respeita-se a sua esfera íntima, uma vez que as estandardizações dispensam "[...] a investigação exaustiva do caso concreto." (DERZI, 2007, p. 337).

No mesmo sentido, Humberto Ávila (2009, p. 81-83) admite o estabelecimento de "regras gerais padronizantes", desde que estabelecidas por lei, na medida em que afastar as incertezas acerca de sua aplicação garante maior segurança jurídica e reduz o grau de discricionariedade do aplicador da norma, mitigando eventuais arbitrariedades que poderiam ser cometidas contra os particulares.

A justificativa da uniformidade de tributação é pautada pela eliminação do trato individual caso a caso em prol de uma "[...] administração de massa. Com o estabelecimento de somatórios, padrões e pautas de valores fixos, obtêm-se um tratamento igual para todos os fatos (até mesmo para os desiguais)." (DERZI, 2007, p. 337).

Com isso, não se terão critérios diferentes e resultados diversos para casos semelhantes. Abdica-se da justiça material do caso a caso em favor de uma justiça meramente formal no trato uniforme de todas as situações similares.

Isso porque, segundo Humberto Ávila (2009, p. 89), na "[...] tributação não-orientada por uma causa simplificadora, privilegia-se a realização da igualdade individual por meio da valorização da capacidade contributiva concreta de um caso." Ocorre, todavia, que, de acordo com o declinado jurista gaúcho, ao se adotar a chamada "[...] tributação padronizada, opta-se pela efetivação da igualdade geral mediante a consideração de elementos presumidamente presentes na maior parte dos casos concretos." (ÁVILA, 2009, p. 89).

No que toca ao estado de necessidade, a justificativa para o recurso a essa forma de pensar reside na falta de condições financeiras, ou mesmo materiais, de o fisco fazer frente ao conjunto de prestações que lhe são impostas por lei, o que o impede de analisar todos os fatos jurígenos individualizadamente. Por tal motivo, o recurso a normas de simplificação surge como um método para suplantar a impossibilidade de a administração colher provas difíceis e investigar, exaustivamente, cada caso concreto.

Aduz Misabel Derzi (2007, p. 339-340), respaldada nas lições de Isensee, ao fazer referência ao estado de necessidade administrativo:

> A criação de pauta de valores ou padrões rígidos atribui prevalência à quantidade sobre a qualidade afrouxando o princípio da legalidade, em nome da economia administrativa e substituindo a aplicação da norma ao caso individual concreto pela aplicação da norma ao caso 'normal' ou esquemático.

Também Regina Helena Costa (2007, p. 171), apoiada nos escólios de Herrera Molina, justifica o recurso às normas de simplificação para a execução da regra de direito, nos seguintes termos:

> Tais normas, a seu ver, encontram tríplice fundamento: a praticabilidade administrativa (no sentido de que se facilita a comprovação, reduzem-se os gastos de gestão e se evitam intromissões na esfera privada do contribuinte); a segurança jurídica, que favorece aos destinatários da norma; e as exigências de toda atividade legislativa, que não pode ter em conta as circunstâncias de todos os casos concretos.

Dentre todas as justificativas feitas pela doutrina para a utilização dessa forma de pensar, nessa abordagem mais tradicional da praticabilidade, a tida como a mais relevante, sem dúvida, é o chamado estado de necessidade administrativo.

Assim, diante da realidade fática, há uma enorme desproporção entre os múnus que são estabelecidos pelo legislador para a administração pública e a real capacidade que esses órgãos executivos têm de cumprir o seu mister. Aliás, citando Isensee, Misabel Derzi (2007, p. 338-339) elenca, com grande acuidade, os motivos para tal desproporção:

a) a excessiva complexidade do sistema jurídico;

b) a falta de praticabilidade da lei, que, algumas vezes, institui tributo cujo custo de arrecadação é desproporcional ao seu produto;

c) a falta de adaptabilidade da norma legal às mudanças econômicas e sociais;

d) a maioria dos procedimentos voltados para aplicação individual do direito, desconsiderando os casos em que seria necessário atentar para a sua aplicação em massa, como nos chamados casos de bagatela;

e) a insuficiência técnica e quantitativa de pessoal.

TEORIA INSTITUCIONAL DA PRATICABILIDADE TRIBUTÁRIA

Portanto, para a doutrina tradicional, o insuperável e real estado de necessidade administrativo parece justificar o "arranhão à legalidade" que ocorre quando o Estado faz uso da praticabilidade, principalmente na chamada dimensão vertical.

É claro que o recurso a essa forma de pensar deve sujeitar-se a regras que, pelo menos, minimizem a ofensa causada aos princípios da legalidade e da divisão de poderes, sendo que, para Isensee, nas lições de Misabel Derzi (2007, p. 341), tais limites[9] e restrições[10] seriam:

a) a restrição ao mínimo necessário, proibindo-se os excessos;

b) o respeito aos direitos fundamentais, baseando-se em tipos que representam aquilo que for normal;

c) a limitação a uma tributação pela média dos valores, vedando-se que o método se transforme em instrumento de política fiscal de redistribuição de renda ou de benefícios e isenções tributárias;

---

9. Humberto Ávila, na sua obra *Teoria da Igualdade Tributária*, também, traça alguns pressupostos que funcionam como limites às regras que, em nome do que ele chama igualdade geral, estabelecem padronizações, quais sejam: necessidade, generalidade, compatibilidade, neutralidade, não-excessividade e ajustabilidade, como se verá com mais detalhes na seção 5.3 desta pesquisa (ÁVILA, 2009, p. 94-114).

10. Regina Helena Costa indica as seguintes restrições à praticabilidade no direito tributário: "(I) a veiculação dos instrumentos de praticabilidade por lei; (II) a observância do princípio da capacidade contributiva e subsidiariedade da utilização de técnicas presuntivas; (III) a impossibilidade de adoção de presunções absolutas ou ficções para efeito de obrigações tributárias; (IV) a transparência na adoção de técnicas presuntivas; (V) a observância do princípio da razoabilidade; (VI) o respeito à repartição constitucional de competências tributárias; (VII) a justificação das normas de simplificação; (VIII) o caráter opcional e benéfico aos contribuintes dos regimes normativos de simplificação e padronização; (IX) a limitação do recurso às cláusulas gerais, conceitos jurídicos indeterminados e de competências discricionárias pelo princípio da especificidade conceitual (ou tipicidade); (X) o equilíbrio na implementação da privatização da gestão tributária; e (XI) o respeito aos direitos e princípios fundamentais." (COSTA, 2007, p. 398).

d) o estabelecimento de critérios uniformes que não podem variar de repartição para repartição;

e) a fixação de pautas de valores, somatórios ou presunções que devem obrigar a própria administração;

f) a concessão de ampla publicidade aos padrões e pautas, os quais não podem constar de orientações internas secretas.

Colocada, em linhas gerais, a delimitação do que a doutrina tradicional entende tanto por praticabilidade, no aspecto horizontal, quanto por modo de pensar tipificante, que nada mais é do que o aspecto vertical da própria praticabilidade, e já se tem elementos suficientes para investigar a sua real natureza jurídica.

2.2. A natureza jurídica da praticabilidade na teoria tradicional

Tema que suscita acalorados debates na doutrina é a discussão acerca da real natureza jurídica da praticabilidade. Isso porque, enquanto alguns juristas e doutrinadores conferem a ela a natureza de princípio, outros a reduzem à dimensão de mera técnica. Na verdade, no que atine à sua natureza jurídica, essas são, atualmente, as mais propaladas concepções existentes.

2.2.1. A natureza principiológica da praticabilidade

Para Misabel Derzi (2007, p. 319), a praticabilidade seria um verdadeiro princípio[11] jurídico autônomo, com matiz constitucional, embora difuso e não positivado no ordenamento jurídico.

---

11. No mesmo diapasão, em defesa de sua tese de Doutorado na UFMG, Carlos Victor Muzzi Filho (2013, p. 46) também atribuiu à praticabilidade ou praticidade a natureza jurídica de verdadeiro princípio.

Aliás, cabe trazer à colação trecho do pensamento da nominada jurista, que sintetiza muito bem a sua opinião (DERZI, 1989, p.166):

> A praticabilidade não está expressamente em nenhum artigo da Constituição, mas está em todos, porque nada do que dissemos aqui teria sentido se as leis não fossem viáveis, exeqüíveis, executáveis e não fossem efetivamente concretizadas na realidade; portanto, a praticabilidade tem uma profunda relação com a efetividade das normas constitucionais. Praticabilidade é um nome amplo, genérico, e significa apenas um nome para designar todos os meios, todas as técnicas usadas para possibilitar a execução e a aplicação das leis. Sem execução e sem aplicação, as leis não têm sentido; elas são feitas para serem obedecidas. Por isso a praticabilidade é um princípio constitucional básico, fundamental, embora implícito.

Regina Helena Costa (2007, p. 92-93) também confere à praticabilidade a natureza de princípio jurídico:

> A nosso ver, trata-se de autêntico princípio, e não simples regra jurídica, porque apresenta traços característicos daquela espécie normativa: (i) contém elevado grau de generalidade e abstração, irradiando seus efeitos sobre múltiplas normas; e (ii) contempla valor considerado fundamental para a sociedade, qual seja, a viabilização da adequada execução do ordenamento jurídico, no campo tributário. Assim, laborará na delimitação do âmbito de atuação do legislador infraconstitucional, bem como na orientação dos agentes públicos acerca da interpretação e da aplicação a serem dadas a outras normas jurídico-tributárias.

Apesar de lhe conferir a natureza principiológica, Regina Helena Costa (2007, p. 93) nega à praticabilidade a dimensão de "[...] princípios éticos como a justiça e a moralidade, posicionados no altiplano do ordenamento jurídico [...]", pois, na sua concepção, a praticabilidade seria um princípio unicamente de "natureza técnica."

Na visão de Thomas da Rosa de Bustamante (2013, p. 69), seria também principiológica a natureza da praticabilidade, por nela estarem presentes os seguintes requisitos:

a) irradiação dos seus efeitos na produção de uma infinidade de outras normas;

b) características de abstração e generalidade;

c) um valor axiológico fundamental, consistente em proporcionar para a comunidade a adequada e a eficiente execução e fiscalização das normas.

Na mesma toada, Leandro Paulsen (2012, p. 110), Florence Haret (2010, p. 698), Paulo Victor Vieira da Rocha (2012, p. 98), Ricardo Marozzi Gregorio (2011, p. 29), Luana Noronha (2010, p. 251), Élcio Fonseca Reis (2000, 165) e Flávio Couto Bernardes (2004, p. 78) também conferem à praticabilidade a dimensão de autêntico princípio.

Onofre Alves Batista Júnior, igualmente, atribui à praticabilidade a natureza principiológica, embora o enfoque dado por ele ao fenômeno seja um pouco diverso. Isso porque, para o declinado jurista, a praticabilidade não seria um princípio autônomo, mas, pelo contrário, seria a outra face do princípio da proporcionalidade, na medida em que o sacrifício que teria de ser imposto ao indivíduo pelo Estado deveria acarretar um maior benefício possível à coletividade em geral.

Nesse sentido são as lições do declinado doutrinador (BATISTA JÚNIOR; SANTOS, 2013, p. 7-8):

> A chamada 'praticidade', princípio reitor do direito tributário, traduz antes de tudo, a ideia de que o tributo deve ser, na medida do possível (e com o perdão da expressão), 'rentável', 'eficiente'. Em outras palavras, à luz de um juízo de razoabilidade, o sacrifício tributário imposto ao sujeito passivo deve propiciar o maior atendimento possível aos interesses da coletividade. Na vertente 'praticidade', isso quer dizer que o volume de recursos que, no final das contas, deve fluir para os cofres públicos (e que têm um custo para ser cobrado, fiscalizado, arrecadado) deve ser maximizado [...] A lógica da praticidade, nesse sentido, dá ensejo à adoção de técnicas como a da substituição tributária, presunções, etc.

Cabe ressaltar que, apesar de todos os doutrinadores aqui citados reconhecerem, na praticabilidade, uma dimensão principiológica, eles abordam a questão com algumas diferenças de enquadramento, pois, como visto acima, enquanto para uns se trata de princípio autônomo, para Onofre Alves Batista Júnior é uma mera contraface de princípio já existente.

2.2.2. A natureza de técnica jurídica da praticabilidade

Sacha Calmon e Eduardo Maneira, por sua vez, negam à praticabilidade o caráter de princípio, sendo para eles uma mera técnica de aplicação da lei, ou seja, um simples corolário da legalidade.

Sintetiza o pensamento de ambos os tributaristas a seguinte passagem da tese de Eduardo Maneira (2000, p. 225):

> Vale relembrar o nosso entendimento, semelhante ao do professor Sacha Calmon, de que a praticidade é, na essência, um atributo da legalidade, no sentido de que a lei deve ser exeqüível e de possível aplicação prática. A praticidade como princípio autônomo é princípio vazio, sem conteúdo; a sua razão de ser é garantir a aplicabilidade da lei, por meio de técnicas de simplificação que possibilitem alcançar realidades de natureza complexa.

No mesmo sentido, Bruno Rocha César Fernandes, em artigo no qual discute a natureza jurídica da praticabilidade no direito tributário, ao final de sua exposição, também conclui pela impossibilidade de enquadrar a praticabilidade como princípio autônomo. Por isso as esquematizações, abstrações, generalizações, presunções e ficções decorrentes da praticabilidade seriam, para ele, nada mais do que "[...] uma técnica usada em prol da eficiência e da boa administração, e não de um princípio como entendem muitos autores." (FERNANDES, 2007, p. 106).

Assim, na concepção desses autores, a natureza jurídica da praticabilidade seria uma mera técnica jurídica de aplicação do direito, consequência da própria legalidade ou da eficiência, na medida em que, como princípio autônomo, ela seria um princípio oco, despido de qualquer conteúdo valorativo ou ético. Isso porque, conforme esse entendimento, a sua única razão de ser é estatuir, por meios de técnicas jurídicas diversas, condições de tornar o programa normativo mais prático e, por conseguinte, exequível e viável juridicamente a execução das regras de direito postas.

2.2.3. Críticas

Apesar da autoridade desses doutrinadores, não se concebe, com base no marco teórico adotado neste trabalho – o qual serve de controle metodológico para os resultados aferíveis da presente pesquisa[12] –, que seja a praticabilidade princípio ou técnica. É que, de acordo com a concepção teórica aqui adotada para a sua conformação jurídica, a praticabilidade não satisfaz, de forma plena, todos os requisitos imperativos para o seu enquadramento como nenhum desses dois fenômenos.

Ademais, acredita-se que a abordagem da questão pelo viés institucional, e não técnico ou princípiológico, por meio da dissecação de cada um dos elementos que a compõem, na perspectiva da instituição-coisa de Hauriou, conforme se verá adiante, seja mais viável para a resolução conjunta dos problemas que suscitaram a presente pesquisa, quais sejam:

a) o motivo pelo qual o Estado imprime, no emprego da praticabilidade, ora ações de desconfiança, ora ações de confiança em relação aos contribuintes e a outros entes federativos;

b) a razão pela qual algumas comunidades a legitimam por um veio utilitário, enquanto outras não admitem a sua

---

12. Miracy Gustin e Maria Tereza Fonseca Dias ressaltam a importância do marco teórico no controle dos resultados da pesquisa, já que ele "[...] é o ponto de partida de uma investigação. Isso quer dizer que um mesmo problema de pesquisa, se tomado sob enfoque teórico diverso, provavelmente encontrará encaminhamento diferente ao problema." (GUSTIN; DIAS, 2013, p. 37).

utilização nessa perspectiva, por razões de exacerbado garantismo ou de integridade na aplicação e na criação do direito;

c) e, por fim, o porquê de terem determinados órgãos de poder graus de confiabilidade sistêmicos distintos para dela fazer uso positivamente, ao passo que o outro dela pode fazer uso somente num juízo negativo.

2.2.3.1. Da impossibilidade de enquadramento da praticabilidade como mera técnica

Se a praticabilidade fosse concebida como mera técnica jurídica, ela não poderia irradiar os seus efeitos na consecução de uma multiplicidade de normas, nos mais diversos campos do direito, não se restringindo ao direito tributário, como ocorre, por exemplo, com a técnica jurídica[13] da não cumulatividade.[14] (GRECO, 2005, p. 126-127).

---

13. André Mendes Moreira (2010, p. 240), apesar de não concordar com tal posição, sintetiza com precisão os argumentos da doutrina defensora da não-cumulatividade como técnica: "Não obstante, impende notar que parte considerável da doutrina sustenta ser a não-cumulatividade uma simples regra enunciadora de técnica arrecadatória. Os adeptos dessa linha de pensamento buscam estremar os valores perseguidos com a aplicação da não-cumulatividade (neutralidade, translação do ônus, desenvolvimento da nação, *et caterva*) da regra de abatimento propriamente dita. Para essa corrente, podem existir princípios constitucionais que se realizam por intermédio da não-cumulatividade, o que, todavia, não significa que ela seja um princípio. S.M. BORGES é uma das principais vozes que ecoam em favor dessa tese, sustentando que a não-cumulatividade não permeia as outras normas constitucionais, do que exsurge o seu caráter de simples regra técnica. ÁVILA, arrimado na relativização ínsita aos princípios (que permite a sua realização em variados graus), propaga ser a não-cumulatividade uma regra, justamente por não admitir balanceamento. GRECO tampouco vislumbra matriz principiológica na não-cumulatividade, assim com BOTTALLO, que apenas adota a nomenclatura princípio por ser expressão de uso consagrado."

14. Não se desconhece que doutrinadores de escol atribuam à não-cumulatividade a natureza jurídica de princípio, como se pode observar em outra passagem da obra de André Mendes Moreira (2010, p. 239): "Os nobres fins da não-cumulatividade denotam o seu cariz de princípio, que se exterioriza por meio da regra de abatimento do imposto pago nas operações anteriores. A não-cumulatividade é, portanto, o princípio constitucional tributário que mais se aproxima de uma regra, pois parte

E, como é sabido, a praticabilidade estende os seus efeitos sobre a produção de diversas leis, regulamentos e instruções normativas de outros ramos jurídicos, seja quando o legislador edita leis para simplificar e facilitar a execução de um comando constitucional, seja quando o Executivo faz o seu uso por meio de decretos, regulamentos ou instruções normativas para facilitar a aplicação ou a fiscalização de preceitos legais, propiciando a sua aplicação massiva.

Aliás, com o escopo de demonstrar que a praticabilidade não é um fenômeno jurídico restrito somente ao direito tributário, como acontece com a não-cumulatividade, mas sim aplicável a todos os ramos do ordenamento jurídico, vale a citação do que ocorre no âmbito do subsistema do direito empresarial.

Nesse campo jurídico, as Juntas Comerciais,[15] órgãos

---

de valores superiores (neutralidade tributária, *v. g.*) para, então, prescrever uma conduta (abatimento do montante cobrado nas operações anteriores) que permitirá o alcance das finalidades propostas. Comungando desse entendimento, SACHA CALMON, MISABEL DERZI e BARROS CARVALHO, nunca negaram à não-cumulatividade o caráter de técnica arrecadatória, mas sempre reconheceram que tal regra não era um fim em si mesmo, possuindo cariz axiológico – tal como acima explicitado – do qual exsurgiria o seu matiz de princípio, este também defendido por autores do porte de CARRAZA, MELO e LIPO, G. DE MATTOS, *inter alii.*"

15. Por força do disposto no artigo 967 do Código Civil, antes de iniciar a exploração de seu comércio, um dos deveres do empresário é inscrever-se no registro das empresas. O registro público dos atos das empresas mercantis está disciplinado na lei n. 8.934/94, que estabeleceu uma sistemática integrada de dois órgãos, de níveis de governo diversos, incumbidos de levar a cabo as medidas necessárias para a regulamentação, implementação das disposições legais, estruturação e execução da atividade de registro das sociedades que explorem a atividade mercantil (COELHO, 2010, p. 36). O primeiro órgão, de nível federal, é o Departamento Nacional do Registro do Comércio (DNRC), ao qual, pelo legislador, foi dada a atribuição de estabelecer as diretrizes gerais da prática do registro das atividades da empresa, sem, todavia, ter qualquer função executiva por não realizar atos de registro. A sua atividade é, assim, de supervisão, coordenação, fiscalização e correção das atividades do segundo órgão, qual seja, das Juntas Comerciais. As Juntas Comerciais, órgãos estaduais, é que, além de outras atribuições, têm função executiva, ou seja, cabe a elas executar o registro dos atos das sociedades que exercem a atividade mercantil. Desse modo, embora seja um órgão estadual, encontra-se a Junta Comercial subordinada, no que se refere a questões de direito empresarial, a um órgão federal, no caso, o DNRC.

do Executivo incumbidos de dar execução aos registros das sociedades comerciais em geral, têm exigido dos sócios das sociedades limitadas a adoção dos modelos por elas confeccionados de acordo a instrução normativa n. 37/91 do extinto Departamento Nacional de Registro do Comércio (DNRC)[16] (BRASIL, 1991) c/c a lei n. 7.292/84 (BRASIL, 1984), ou, quando muito, que eles, sócios, complementem ou alterem esses modelos existentes para suprimir ou incluir cláusulas no próprio corpo do contrato padrão. Não se admite nas Juntas, todavia, em nome da praticabilidade, na dimensão vertical, que as partes levem a registro, na constituição de sociedade limitada, um instrumento contratual totalmente diverso de um dos modelos padrões estabelecidos, mesmo tendo o artigo 1º da lei n. 7.292/84[17] (BRASIL, 1984) dado liberdade a elas para a adoção ou não desses padrões, conforme se observa no 14º passo do roteiro da Junta Comercial de Minas Gerais para registro de ato constitutivo de sociedade limitada (JUNTA COMERCIAL..., 2013).

Outro exemplo de recurso, pelo Estado, à praticabilidade, em ramo jurídico diverso do direito tributário, pode ser observado no direito penal, com o uso das chamadas normas penais em branco nos ditos crimes de tóxico.[18] Isso porque

---

16. O extinto DNRC, cujas atribuições foram transferidas para o Departamento de Registro Empresarial e Integração — DREI, pelo Decreto n. 8.001/13, editou a instrução normativa n. 37, de 24 de abril de 1991. Em tal instrução, o órgão federal em questão instituiu os "[...] modelos de contrato simplificado com cláusulas padronizadas para facilitar a constituição de sociedades por cotas de responsabilidade limitada."

17. Nada obstante, respeitando a autonomia privada dos sócios, o artigo 1º da lei n. 7.292/84 permitiu às partes, livremente, adotar ou não os modelos de contratos padrões: "Art. 1º Fica facultado ao Departamento Nacional de Registro do Comércio, órgão central do Sistema Nacional de Registro do Comércio, estabelecer, em ato normativo, modelos e cláusulas padronizadas de contrato de sociedade, que as partes contratantes poderão livremente adotar."

18. Definindo o que seja norma penal em branco, vale a citação das lições de Rogério Greco (2008, p. 22): "Normas penais em branco ou primariamente remetidas são aquelas em que há uma necessidade de complementação para que se possa compreender o âmbito de aplicação de seu preceito primário. Isso significa que, embora haja uma descrição da conduta proibida, essa descrição requer, obrigatoriamente,

a lei penal em branco, que tipifica o delito de tóxico, editada pelo legislador, demanda um complemento normativo do Executivo para descrever quais drogas podem ser tidas como ilícitas. Tal complementação, exigida pela norma em branco[19] e feita pelo Executivo, ao integrar o seu comando legislativo, atribui exequibilidade ao programa normativo da lei penal, tipificando materialmente a conduta.

No caso da lei federal n. 11.343/2006 (BRASIL, 2006), o seu artigo 66 estatui que "substâncias entorpecentes, psicotrópicas, precursores" são aquelas previstas na "Portaria SVS/MS 344, de 12 de maio de 1988." A consecução e atualização de tal lista – por ser inviável a sua alteração contínua e rotineira pela via legislativa e, ainda, por questões de praticabilidade – fica a cabo do Poder Executivo, no caso mais específico, da Agência Nacional de Vigilância Sanitária (ANVISA), autarquia vinculada ao Ministério da Saúde.

Fica claro aqui que, se a praticabilidade fosse uma simples técnica, os seus efeitos ficariam adstritos a uma única seara jurídica, como ocorre com a não-cumulatividade,[20] que é restrita ao direito tributário. A praticabilidade, pelo contrário, irradia os seus efeitos nos mais diversos campos do direito, como demonstrado nos exemplos acima.

---

um complemento extraído de um outro diploma – leis, decretos, regulamentos, etc. – para que possam, efetivamente, ser entendidos os limites da proibição ou imposição feitos pela lei penal, uma vez que, sem esse complemento, torna-se impossível a sua aplicação."

19. Regina Helena Costa (2007, p. 186-188), expressamente, inclui a norma em branco como exemplo de praticabilidade no uso de abstrações generalizantes, apesar de alguns doutrinadores restringirem tais normas à hipótese de mera discricionariedade cruzada. Apesar disso, a declinada jurista jamais olvidou que a própria discricionariedade administrativa, por si só, já seja, propriamente, uma forma de praticabilidade, como se observa a seguir: "Em nosso sentir, a discricionariedade administrativa consubstancia relevante expediente genericamente utilizado pela lei com vista à praticabilidade." (COSTA, 2007, p. 66).

20. Não sendo a não cumulatividade objeto desta pesquisa, não se discutirá aqui, por ser despiciendo, os seus diversos métodos de adição e subtração, a sua plurifasia, a sua abordagem em sentido amplo ou estrito, as suas diversas formas de apuração e as suas fórmulas de cálculo, se por dentro ou por fora.

TEORIA INSTITUCIONAL DA PRATICABILIDADE TRIBUTÁRIA

Por outra razão, ainda – e essa realmente mais relevante do que a irradiação de efeitos em outras searas jurídicas, como no exemplo acima dado –, a praticabilidade não pode ser considerada uma mera técnica, pois, caso contrário, os principais critérios jurídicos para o seu emprego e a sua aplicação sempre se dariam aprioristicamente, com um caráter nitidamente descritivo, como no caso da não-cumulatividade, em que a regra de direito positiva estabelece, expressa e previamente, a técnica de como se abater o montante do tributo cobrado nas operações anteriores.

Do mesmo modo, para a praticabilidade ser considerada técnica jurídica, todas as condições de subsunção teriam sempre de ser dadas, previamente, pela norma simplificadora, ou seja, ela teria de estabelecer, em todos os casos, para certa situação, todas as possibilidades para o deslinde da questão, o que nem sempre se verifica.

Até mesmo porque uma técnica jurídica já descreve toda a sua estrutura de aplicação pelos órgãos executivos, o que restringe a sua realização e a sua concretização a situações específicas, fato que nem sempre é verificado quando se recorre à praticabilidade, já que, como adverte Regina Helena Costa (2007, p. 175), aqui podem ser utilizadas normas em branco, cláusulas gerais ou "[...] conceitos jurídicos indeterminados, como expedientes que propiciam o implemento da praticabilidade tributária."

E continua a declinada doutrinadora paulista, ao discorrer sobre o uso de conceitos indeterminados como forma de praticabilidade (COSTA, 2007, p. 178):

> Cuida-se, portanto, de especial forma de atuar da Administração Pública, quer por ter havido impossibilidade prática absoluta de a lei prever objetivamente o modo de satisfazer o interesse a que visava, quer por ter a lei considerado a situação do administrador mais apta a identificar o melhor modo de fazê-lo. Se assim não fosse, teria recorrido à vinculação, traçando por completo a conduta a ser adotada pelo administrador.

EDUARDO MORAIS DA ROCHA

Assim, embora em algumas situações a praticabilidade opere com estandardizações, ou melhor, abstrações padronizantes que poderiam aproximá-la, nesse ponto específico, de uma técnica, pois há uma definição e vinculação por completo dos casos e das estruturas de sua aplicação por meio de conceitos cerrados, em outras situações os seus critérios de aplicação não são definidos objetivamente *a priori*.

As situações em que não se trabalha com padrões que estabeleçam, previamente, todos os critérios de aplicabilidade para os casos concretos contidos em um conceito fechado, mas em que o legislador prefere se socorrer de abstrações generalizantes outras, como as cláusulas gerais,[21] os conceitos indeterminados[22] ou mesmo as ditas normas em branco, impossibilitam, por completo, a pretensão de sempre, como regra, querer-se reduzir o relevante fenômeno da praticabilidade a uma mera técnica jurídica.

---

21. Regina Helena Costa colaciona exemplos do emprego de cláusulas gerais para dar praticabilidade à aplicação das regras do direito tributário: "Quanto ao emprego de cláusulas gerais – figuras assemelhadas aos conceitos jurídicos indeterminados –, alguns exemplos de sua adequada aplicação podem ser colhidos no direito tributário. É o caso da expressão 'proventos de qualquer natureza, assim entendidos os acréscimos patrimoniais não compreendidos no inciso anterior', inserta no art. 43, II, do Código Tributário Nacional – CTN, exatamente para abarcar toda e qualquer riqueza nova agregada ao patrimônio existente. Na esteira desse preceito legal, o art. 3º da Lei 7.713, de 22.12.1988, estatui que o Imposto de Renda das Pessoas Físicas incidirá sobre o rendimento bruto, definindo-o como autêntica cláusula geral no § 1º do mesmo artigo: 'Constituem rendimento bruto todo o produto do capital, do trabalho ou da combinação de ambos, os alimentos e pensões percebidos em dinheiro, e ainda os proventos de qualquer natureza, assim também entendidos os acréscimos patrimoniais não correspondentes aos rendimentos declarados." (COSTA, 2007, p. 249-250).

22. A declinada jurista também traz os seguintes exemplos do uso de conceitos indeterminados como mecanismo de praticabilidade no Código Tributário Nacional: "Começando com uma rápida análise do Código Tributário Nacional – que reveste natureza de lei complementar veiculadora de normas gerais –, constata-se que, a par dos conceitos imprecisos já empregados no Texto Fundamental e por ele reproduzidos, outros tantos podem ser colhidos, tais como: 'valor fundiário' (art. 30); 'valor venal do imóvel' (art. 33); 'disponibilidade econômica', 'disponibilidade jurídica', 'produto do capital' e 'produto do trabalho' (art. 43)." (COSTA, 2007, p. 248).

Veja-se o exemplo concreto, no direito tributário, da contribuição para o Seguro de Acidentes do Trabalho (SAT). Para concretizar o disposto no artigo 7º, XXVIII, da Constituição Federal (CF), o legislador infraconstitucional, valendo-se de uma abstração generalizante, instituiu, no artigo 22, II, da lei federal n. 8.212/91 (BRASIL, 1991), a seguinte contribuição a cargo da empresa:

> Art. 22. A contribuição a cargo da empresa, destinada à Seguridade Social, além do disposto no art. 23, é de:
>
> [...]
>
> II – para o financiamento do benefício previsto nos arts. 57 e 58 da Lei n. 8.213, de 24 de julho de 1991, e daqueles concedidos em razão do grau de incidência de incapacidade laborativa decorrente em razão de grau de incidência de incapacidade laborativa decorrente dos riscos ambientais do trabalho, sobre o total de remunerações pagas ou creditadas, no decorrer do mês, aos segurados empregados e trabalhadores avulsos:
>
> a) 1% (um por cento) para as empresas em cuja *atividade preponderante* o risco de acidentes do trabalho seja considerado leve;
>
> b) 2% (dois por cento) para as empresas em cuja *atividade preponderante* esse risco seja considerado médio;
>
> c) 3% (três por cento) para as empresas em cuja *atividade preponderante* esse risco seja considerado grave.
>
> [...]
>
> § 3º. O Ministério do Trabalho e da Previdência Social poderá alterar, com base nas estatísticas de acidente do trabalho, apuradas em inspeção, o enquadramento de empresas para efeito da contribuição a que se refere o inciso II deste artigo, a fim de estimular investimentos em prevenção de acidentes.

Percebe-se que, para concretizar o comando constitucional, o legislador infraconstitucional estatuiu uma regra-matriz que, ao mesmo tempo em que estabeleceu, na hipótese de incidência do SAT, um conceito indeterminado na expressão atividade preponderante, possibilitou, ainda, por meio de uma norma tributária em branco, que o órgão executivo integre a lei, definindo, por meio de decreto, o enquadramento específico de cada empresa nos diversos graus de risco.

Nesse caso, para não tornar totalmente impraticável a execução dessa regra-matriz de incidência, o legislador permitiu ao Executivo complementar o seu programa normativo, "[...] por sua impossibilidade de descer a detalhamentos técnicos, dependentes de aferição de dados *in concreto* – e, portanto, insuscetíveis de serem fixados no patamar de normas gerais e abstrata." (COSTA, 2007, p. 253).

Há, aqui, uma dupla flexibilização no comando da norma operada, em nome da praticabilidade, pelo próprio órgão responsável por editar a declinada regra-matriz, "[...] quais sejam, o conceito indeterminado – 'atividade preponderante' –, e a norma tributária em branco – 'graus de risco leve, médio e grave' –, a serem definidos em regulamento." (COSTA, 2007, p. 253).

No exemplo do SAT, a praticabilidade não pode ser compreendida como simples técnica jurídica, pois todos os seus critérios de aplicabilidade não foram fornecidos aprioristicamente, como, de modo diverso, se verifica na não-cumulatividade. A regra de direito, aqui, necessitará de posterior atuação positiva do órgão executor de seu programa para, integrando-a por ato normativo secundário, dar-lhe exequibilidade e plena execução jurídica. Por isso, nesse caso, não há como enquadrá-la como mera técnica.

Assim, por irradiar os seus efeitos em diversos ramos jurídicos, e não somente no subsistema tributário, e – mais pertinente e relevante ainda – por nem sempre estarem estabelecidos, aprioristicamente, na norma simplificadora, todos os seus critérios de aplicação, ao contrário do que se verifica nas padronizações generalizantes, a praticabilidade não pode ser encarada como uma simples técnica jurídica.

2.2.3.2. Da impossibilidade de enquadramento da praticabilidade como princípio na perspectiva de Dworkin

Não se olvida que, caso se adote a perspectiva teórica de princípio de Robert Alexy (1993, p. 81-111), a praticabilidade poderia, em tese, ser concebida como tendo natureza jurídica principiológica ou mesmo de um postulado, se compreendida como uma metanorma (ÁVILA, 2013, p. 142-144).

Todavia, a partir do marco teórico adotado nesta pesquisa, qual seja o de Ronald Dworkin, o qual serve de controle metodológico para os seus resultados, a praticabilidade jamais poderá ser entendida dessa forma.

Ademais, acredita-se, ainda, que, pelo veio principiológico, não se resolvem, satisfatoriamente e de maneira conjunta, os problemas que redundaram neste ensaio. Isso porque, pela concepção institucional, repita-se, é possível, pela dissecação de cada um dos seus respectivos elementos constitutivos, desenvolver e demonstrar: a) o porquê de ora a praticabilidade absorver a confiança e ora a desconfiança sistêmica; b) a razão pela qual ela, em certas comunidades, é legitimada com um verniz utilitário e, em outras, de modo contrário, com integridade; c) e, ainda, o motivo de o Legislativo e o Executivo terem graus diversos de confiabilidade sistêmica para empregá-la numa perspectiva positiva, enquanto o Judiciário somente dela pode fazer uso num juízo eminentemente negativo.

Mas, para que se compreenda essa preferência pela abordagem institucional da praticabilidade e o porquê de se ter adotado, principalmente, o modelo teórico principiológico Dworkiano – que servirá para demonstrar como a comunidade legitimará a praticabilidade e o Judiciário controlará e limitará, negativamente, o uso positivo dessa instituição instrumental pelos demais órgãos de poder –, é imperativo, antes, demonstrar como evoluiu a diferenciação entre as normas chamadas de regras e de princípios, especialmente na distinção qualitativa e forte empreendida entre elas por Ronald Dworkin e Robert Alexy.

EDUARDO MORAIS DA ROCHA

2.2.3.2.1. Da distinção entre princípios e regras

A distinção entre princípios e regras pode ocorrer, basicamente, em função do grau de generalidade dessas normas, ou, então, a partir do seu ponto de vista lógico, no qual tal diferenciação não é tanto gradual, porém estrutural e, portanto, mais qualitativa.

Robert Alexy é um crítico da distinção entre essas normas em função de sua generalidade ou abstração, o que, para ele, seriam aspectos frágeis de diferenciação, tendo em vista que princípios e regras não poderiam ser distinguidos baseando-se em critérios únicos de maior ou menor grau de generalização ou de uma maior ou menor determinabilidade, nos casos de sua aplicação jurídica, ou mesmo, por seu conteúdo valorativo (ALEXY, 1993, p. 82-86). Em razão disso, Humberto Ávila (2013, p. 42) chama de fracas as várias distinções preconizadas por Josef Esser,[23] Canaris[24] e Larenz,[25] que enfatizam, demasiadamente, tais aspectos.

---

23. Josef Esser procura delimitar o que sejam princípios a partir de sua definição pelo aspecto negativo, ou seja, "[...] um princípio não é um preceito jurídico, nem uma norma jurídica em sentido técnico, portanto, não contém nenhuma instrução vinculante do tipo imediato para um determinado campo de questões, senão que requer ou pressupõe a conformação judicial ou legislativa de ditas instruções." (ESSER, 1961, p. 65).

24. Canaris (2002) tenta justificar o direito a partir de fundamentos como "unidade interior" e "adequação valorativa". Nessa concepção, o sistema jurídico, embora ordenado e tendo uma unidade própria, não seria cerrado dentro de um pensamento lógico-dedutivo. O sistema seria, em sua maior parte, aberto e não fechado, rico de significações, onde comportaria uma pluralidade de valores antagônicos, que encontrariam a sua unidade valorativa nos princípios, os verdadeiros norteadores e reitores axiológicos do sistema.

25. Karl Larenz (1997, p. 674) tem "[...] os princípios éticos-jurídicos como critérios teleológico-objectivos da intepretação e em conexão com o desenvolvimento do Direito, atendendo a um tal princípio. Qualificámo-los de pautas directivas de normação jurídica que, em virtude da sua própria força de convicção, podem justificar resoluções jurídicas [...]. Os princípios jurídicos não têm o carácter de regras concebidas de forma muito geral, às quais se pudessem subsumir situações de facto, igualmente de índole muito geral. Carecem antes, sem excepção, de ser concretizados. Mas cabe a este respeito distinguir vários graus de concretização."

Por esse motivo, são preferíveis, neste particular, as diferenciações qualitativas, e não quantitativas, entre regras e princípios empreendidas por Ronald Dworkin e Robert Alexy, as quais, além de não ficarem restritas a critérios graduais, mostram-se lógicas, sendo, por isso, denominadas por Humberto Ávila de distinções fortes (ÁVILA, 2013, p. 42).

Como bem observa Thomas Bustamante, o pioneiro dessa diferenciação entre princípios e regras, do ponto de vista lógico, foi Ronald Dworkin, para quem, apesar de indicarem um dever-ser, ou seja, o que é devido juridicamente, as regras se distinguiriam no tocante às orientações diretivas por elas fornecidas (BUSTAMANTE, 2012b, p. 341).

Isso porque, para Dworkin, "As regras são aplicáveis à maneira do tudo-ou-nada. Dados os fatos que uma regra estipula, então ou a regra é válida, e neste caso a resposta que ela fornece deve ser aceita, ou não é válida [...]." (DWORKIN, 2002, p. 39).

O exemplo dado por Dworkin a seguir, acerca do funcionamento do jogo de beisebol, é lapidar para aclarar o que ele entende por regra (DWORKIN, 2002, p. 40):

> Esse tudo-ou-nada fica mais evidente se examinarmos o modo de funcionamento das regras, não no direito, mas em algum empreendimento que elas regem – um jogo, por exemplo. No beisebol, uma regra estipula que, se o batedor errar três bolas, está fora do jogo. Um juiz não pode, de modo coerente, reconhecer que este é um enunciado preciso de uma regra do beisebol e decidir que um batedor que errou três bolas não está eliminado. Sem dúvida, uma regra pode ter exceções (o batedor que errou três bolas não será eliminado se o pegador [*catcher*] deixar cair a bola no terceiro lance). Contudo, um enunciado correto da regra levaria em conta essa exceção; se não o fizesse, seria incompleto. Se a lista das exceções for muito longa, seria desajeitado demais repeti-la cada vez que a regra fosse citada; contudo, em teoria não há razão que nos proíba de incluí-las e quanto mais o forem, mais exato será o enunciado da regra.

Nota-se, no exemplo acima, que, dada a condição preconizada na hipótese da regra, as suas consequências aplicam-se automaticamente, não cabendo a seu aplicador qualquer tipo de ponderação ou sopesamento a respeito, a não ser, é claro, que haja alguma exceção que invalide a sua aplicação. Assim, na proposta de Ronald Dworkin, a regra não possui a dimensão de peso, pois ela será válida e, portanto, funcionalmente importante, ou inválida e, então, será desimportante para a decisão (DWORKIN, 2002, p. 43).

Caso duas regras entrem em conflito, a colisão entre elas será resolvida no plano da validade, ou seja, uma delas não será válida. Em face disso, esses conflitos serão resolvidos por critérios impostos em regras de hierarquia, de temporalidade ou de especialidade, que, respectivamente, "[...] dão precedência à regra promulgada pela autoridade de grau superior, à regra promulgada mais recentemente, à regra mais específica ou outra coisa do gênero." (DWORKIN, 2002, p. 43).

Já os princípios, na visão de Dworkin, têm outra lógica em suas diretivas, vez que "Mesmo aqueles que mais se assemelham a regras não apresentam consequências jurídicas que se seguem automaticamente quando as condições são dadas." (DWORKIN, 2002, p. 40).

Por isso, "Os princípios possuem uma dimensão que as regras não têm – a dimensão do peso ou importância. Quando os princípios se intercruzam [...], aquele que vai resolver o conflito tem de levar em conta a força relativa de cada um." (DWORKIN, 2002, p. 42).

Portanto, na concepção do declinado jurista norte-americano, no conflito entre princípios, diversamente das regras, um poderá prevalecer sobre o outro, sem que, nessa colisão, nenhum deles seja invalidado. O afastamento da aplicação de um princípio ocorrerá, apenas, no caso concreto, permanecendo ele perfeitamente válido no sistema jurídico para ser aplicado em outras decisões.

Tanto é assim que, fazendo alusão a Dworkin, Humberto Ávila (2013, p. 40) assevera expressamente:

> Daí a afirmação de que os princípios, ao contrário das regras, possuem uma dimensão de peso (*dimension of weight*), demonstrável na hipótese de colisão entre os princípios, caso em que o princípio com peso relativo maior se sobrepõe ao outro, sem que éste perca sua validade.

Em suma, por esse critério, para a distinção dessas normas, considerações como generalidade e determinabilidade deixam de ser decisivas para Dworkin, que passa a atentar mais para as suas estruturas lógicas, na medida em que as regras têm uma dimensão de validade, sendo, portanto, válidas ou inválidas, enquanto os princípios têm uma dimensão de peso, que pode ser relativo, conforme o caso concreto, sem, com isso, deixarem de permanecer integrados ao sistema jurídico.

A partir da diferenciação lógico-estrutural daqueles comandos normativos das regras e dos princípios de Ronald Dworkin, Robert Alexy procura definir os princípios como "[...] normas que ordenam que algo seja realizado na maior medida possível, dentro das possibilidades jurídicas e reais existentes." (ALEXY, 1993, p. 86, tradução nossa).[26]

Aliás, é de todos conhecida a sua famosa conceituação de princípios como sendo "[...] *mandatos de otimização* que estão caracterizados pelo fato de que podem ser cumpridos em diferentes graus e que a medida devida de seu cumprimento não somente depende das possibilidades reais, senão também das jurídicas." (ALEXY, 1993, p. 86, tradução nossa).[27]

Portanto, para Alexy, princípios são normas de dever-ser ideal, as quais sempre importam na obrigação de serem cumpridas na máxima medida de otimização. Por essa razão, eles admitem o seu cumprimento em graus diversos, que variam conforme as circunstâncias fáticas e jurídicas.

---

26. Normas que ordenan que algo sea realizado en la mayor medida posible, dentro de las posibilidades jurídicas y reales existentes.

27. [...] *mandatos de optimización*, que están caracterizados por el hecho de que pueden ser cumplidos en diferente grado y que la medida debida de su cumplimiento no sólo depende de las posibilidades reales sino también de las jurídicas.

EDUARDO MORAIS DA ROCHA

Ao contrário, a regra, para o declinado jurista alemão, é uma norma que vale ou não vale juridicamente, de modo que, caso se verifique uma contradição entre as consequências jurídicas de duas regras e tal contradição não possa ser superada pela chamada cláusula de exceção, ao menos uma das regras deve ser invalidada (ALEXY, 1993, p. 88).

Por isso, nesse tipo de conflito, "O problema pode ser solucionado através de regras tais como 'lex posterior derogat legi priori' e 'lex specialis derogat legi generali', mas também é possível se proceder de acordo com a importância das regras." (ALEXY, 1993, p. 88, tradução nossa).[28] Todavia, para Alexy, é admissível que, ao invés de somente se invalidar as regras em choque, por meio dos critérios de tudo-ou-nada, como o temporal, o especial ou o hierárquico, ainda se introduza uma cláusula de exceção que, ao mesmo tempo em que elimina a contradição, não necessariamente invalida uma das regras (ALEXY, 1993, p. 88-89).

Portanto, sob essa perspectiva, enquanto o conflito de regras se resolve no plano da validade, se não for possível inserir nelas uma cláusula de exceção, entre os princípios colidentes a questão é decidida pelo maior peso dado a um deles em certas circunstâncias concretas. Contudo, aqui, a escolha do princípio prevalente não é feita discricionariamente, mas, sim, por meio de critérios metodológicos objetivos denominados por Alexy (1993, p. 90) de lei da colisão.

Assim, conquanto a aplicação de uma regra de comportamento seja feita por meio de um processo de subsunção pelo fato de ter uma razão definitiva, a aplicação de um princípio observa outra dinâmica metodológica, qual seja, a da ponderação, por meio da qual "A solução da colisão leva em conta as circunstâncias do caso e se estabelece entre os princípios uma relação de precedência condicionada." (ALEXY, 1993, p. 92, tradução nossa).[29]

---

28. El problema puede ser solucionado a través de reglas tales como, "lex posterior derogat legi priori" y "lex specialis derogat legi generali", pero también es posible proceder de acuerdo con la importancia de las reglas en conflicto.

29. La solución de la colisión consiste más bien en que, teniendo en cuenta las

Nota-se que, pela declinada lei da colisão, princípios colidentes sempre se sujeitam a circunstâncias fáticas ou jurídicas que farão com que, após devidamente ponderados, um deles, condicionalmente, tenha precedência ou deva ceder ao outro, conforme as condições concretas que estão a exigir determinada decisão. Para demonstrar esse grau de precedência condicionada, por essas condições concretas na relação de um princípio com outro, Alexy formulou as seguintes equações: $(P_1 \textbf{ P } P_2) C$ ou $(P_2 \textbf{ P } P_1) C$ (ALEXY, 1993, p. 92).

Fica claro, então, que, para o doutrinador germânico, os princípios não contêm mandamentos definitivos, mas tão somente *prima facie*, o que faz com que suas razões, em caso de conflito, possam ser deixadas de lado por outras opostas de maior peso, permanecendo, contudo, ambos integrados e perfeitamente válidos no sistema jurídico.

No caso das regras colidentes em geral, diferentemente, por conterem um mandamento definitivo, uma delas deverá ser declarada inválida em caso de colisão – a não ser, é claro, que nelas possa ser introduzida uma cláusula de exceção que solucione o conflito sem, necessariamente, levá-la a uma declaração de invalidade (ALEXY, 1993, p. 99-100). Portanto, para Alexy, em se tratando de regras, o seu conflito nem sempre será resolvido pelo tudo ou nada, pois elas também podem ter um caráter *prima facie*, no qual a sua superabilidade será excepcional, ao contrário dos princípios, em que o seu caráter *prima facie* será sempre mais acentuado, sendo a sua superabilidade imanente (BUSTAMANTE, 2012b, p. 344).

Para resolver essa dimensão de peso, no caso específico dos princípios conflitantes, Alexy faz alusão ao procedimento de ponderação, chamado de proporcionalidade, a ser satisfeito em etapas por meio de "[...] suas três máximas parciais da adequação, necessidade (postulado do meio mais benigno) e da proporcionalidade em sentido estrito (o postulado da

---

circunstancias del caso, se establece entre los princípios una *relación de precedencia condicionada*.

ponderação propriamente dita) [...]." (ALEXY, 1993, p. 111-112, tradução nossa).[30]

Assim, nesse procedimento de ponderação, deve-se analisar o grau de intensidade da intervenção de cada um dos princípios colidentes, os fundamentos fáticos ou jurídicos que irão determinar a prevalência condicionada de cada um deles e, por fim, fazer o imperativo sopesamento dessas normas para, com isso, se obter a regra concreta aplicável não somente àquele caso específico a ser decidido, mas que também servirá de parâmetro para, depois desse processo de objetivação, ser subsumida aos casos futuros similares – o que, como bem observa Thomas Bustamante, pode ser representado pela equação da lei de colisão (P_1 **P** P_2) C (BUSTAMANTE, 2012b, p. 345).

Portanto, fica bem nítido, que "Alexy, partindo das considerações de Dworkin, precisou ainda mais o conceito de princípios." (ÁVILA, 2013, p. 40). Todavia, apesar disso, não é possível, nesta pesquisa, adotar a conceituação principiológica alexyana integralmente, tendo em vista que, além de ser Dworkin um dos dois marcos teóricos adotados, este último conceitua os princípios estritamente, ao contrário de Alexy, que dá a eles um caráter mais amplo para abarcar também as diretrizes políticas, como se nota a seguir nas lições do próprio doutrinador tedesco (ALEXY, 1993, p. 111, tradução nossa):[31]

---

30. [...] sus três máximas parciales de la adecuación, necessidad (postulado del médio más benigno) y de la proporcionalidad en sentido estricto (el postulado de ponderación propiamente dicho) [...]

31. Dworkin concibe el concepto de principio de una manera más estrecha. Según El, princípios son sólo aquellas normas que pueden ser presentadas como razones para derechos individuales. Las normas que no se refieren a derechos individuales las llama *"policies"*. Sin duda, la diferencia entre derechos individuales y bienes colectivos es importante. Pero, no es ni necesario ni funcional ligar el concepto de principio al concepto de derecho individual. Las propriedades lógicas comunes de ambos tipos de princípios, a las que alude Dworkin con su concepto de *"principle in the generic sense"* y que aparecen claramente en las colisiones de princípios, sugieren la conveniencia de um concepto amplio de principio.

> Dworkin concebe o conceito de princípio de uma maneira mais estreita. Segundo ele, princípios são somente aquelas normas que podem ser apresentadas como razões de para direitos individuais. As normas que não se referem a direitos individuais as chama de *"policies"*. Sem dúvida, a diferença entre direitos individuais e bens coletivos é importante. Porém, não é necessário e nem funcional ligar o conceito de princípio ao conceito de direito individual. As propriedades lógicas comuns a ambos os tipos de princípios, aos quais alude Dworkin com o seu conceito de *"principle in the generic sense"* e que aparecem claramente nas colisões de princípios, sugerem a conveniência de um conceito amplo de princípio.

Desse modo, para Alexy (1993, p. 109, tradução nossa),[32] "Os princípios podem referir-se tanto a direitos individuais como a bens coletivos." E assim fazendo, o publicista germânico dá aos princípios um espeque bem mais amplo do que o filósofo norte-americano para abarcar, com eles, a tutela de direitos não somente individuais, mas também das próprias metas coletivas (ALEXY, 1993, p. 106).

Acrescentando a isso, Thomas Bustamante já havia notado que a diferenciação de enquadramento entre Dworkin e Alexy não está adstrita somente à distinção entre princípios e *policies* daquele – quando este assim, expressamente, não a reconhece –, mas, também, pela conceituação alexyana de princípios como *mandamentos de otimização* e, ainda, quando o publicista tedesco dá às regras, excepcionalmente, um enfoque *prima facie*, indo além do "tudo ou nada" (BUSTAMANTE, 2012b, p. 341).

Todavia, para que fique mais clara a impossibilidade de enquadramento da praticabilidade como princípio, na perspectiva dworkiana, urge que se explicite, mais detalhadamente, a distinção entre princípios e *policies* empreendida pelo professor norte-americano.

---

32. Los princípios pueden referirse tanto a derechos individuales com a bienes colectivos.

2.2.3.2.2. Da distinção entre princípio e *policy*

É imperativo que se abra um pequeno parêntese para explicar a distinção que Ronald Dworkin preconiza entre princípio e diretriz política (*policy*), a qual será fundamental para compreender a objeção que ora se faz à adoção da praticabilidade como princípio nessa perspectiva.

Para Dworkin (2002, p. 36), a diretriz política (*policy*) é aquele *standard* que tem como fim, geralmente, o desenvolvimento de algum benefício político, social ou econômico para a sociedade, enquanto que o princípio é um *standard* que deve ser observado, não pelo fato de ter uma finalidade política, social ou econômica que se possa considerar favorável à comunidade, ou como se preferir, à sociedade, no sentido do que ocorre com a *policy*, mas por ser uma exigência de equidade, ou de justiça, ou de moral.

Assim, nas lições de Dworkin (2002, p. 141) princípio é *standard* que estabelece direito, já a diretriz (*policy*) é *standard* que propõe objetivos. Em razão disso, o princípio é predisposto à tutela de direitos do indivíduo, enquanto que a *policy* visa tutelar os interesses da coletividade, ou melhor, da comunidade (DWORKIN, 2002, p. 142-143).

Nesse particular, são esclarecedoras as lições de Vera Karam de Chueiri (2009, p. 261), nas quais se demonstram as metas coletivas que essa diretriz busca resguardar,

> [...] incluída aí a noção de política (*policy*), a qual diz respeito a um tipo de norma cujo objetivo é o bem-estar geral da comunidade, no sentido de *improvement* econômico, político e social. Especificamente o termo *princípio* vai se opor a essa noção de política ao dizer respeito a um tipo de norma, cuja observação é um requisito de justiça ou equidade, ou ainda, de alguma outra dimensão da moral. Essa distinção entre princípios e políticas é fundamental para uma teoria normativa das decisões judiciais.

Ao se tratar de uma *policy*, o que se está buscando promover é um objetivo econômico, social ou político almejado pela

TEORIA INSTITUCIONAL DA PRATICABILIDADE TRIBUTÁRIA

comunidade. O mesmo não acontece com os princípios, já que eles sempre buscam garantir os direitos dos indivíduos, sendo que, por isso, "[...] para Dworkin, os princípios são trunfos, coringas, utilizados até mesmo contra políticas públicas." (OMMATI, 2004, p. 160). Assim, percebe-se, nitidamente, no discurso do filósofo norte-americano, uma construção teórico-argumentativa contramajoritária, na qual os princípios, que se dispõem a tutelar direitos, podem prevalecer até diante das diretrizes políticas do Estado.

Nesse sentido, vale a citação de Wayne Morrison (2006, p. 510):

> O raciocínio jurídico é uma forma específica de tomada de decisões em que os princípios são mais importantes do que as regras (uma vez que envolvem a estrutura das regras) ou as políticas (ou objetivos coletivos da sociedade) que devem ser fomentadas pelo Poder Legislativo democraticamente eleito; os princípios são internos ao direito e desenvolvidos pelo Judiciário. O direito deve ser tratado como uma rede inconsútil – os princípios dão à rede uma estrutura que tem a proteção aos direitos como uma racionalidade moral fundamental.

Para Dworkin, "Os argumentos de princípio são argumentos destinados a estabelecer um direito individual; os argumentos de política são argumentos destinados a estabelecer um objetivo coletivo." (DWORKIN, 2002, p. 141). Por isso, uma *policy* é uma meta a ser alcançada pela coletividade, meta essa definida pelo jurista declinado como "[...] um objetivo político não-individuado [...], que estimula as trocas de benefícios e encargos no seio de uma comunidade, tendo em vista a produção de algum benefício geral para a comunidade como um todo." (DWORKIN, 2002, p. 143).

O exemplo clássico de *policy*, para Ronald Dworkin, é o da eficiência, que, para ele, não seria um princípio em sentido estrito, mas uma diretriz política, pois "A eficiência econômica é uma meta coletiva: exige a distribuição de oportunidades e responsabilidades que possam produzir o maior benefício econômico agregado, definido de um determinado modo." (DWORKIN, 2002, p. 43).

57

2.2.3.2.3. Da impossibilidade de enquadramento da praticabilidade como *policy*

Por ter um substrato moral e esse caráter fundante, os princípios dworkianos existem para defender os direitos fundamentais do indivíduo. Dessa forma, se o objetivo ou meta é tutelar o interesse da coletividade, já que a praticabilidade, por exemplo, para Regina Helena Costa, é decorrência da supremacia do interesse público sobre o privado (COSTA, 2007, p. 93), poder-se-ia tentar invocar aqui uma *policy*,[33] mas nunca um princípio. A falta dos aspectos imperativos para a sua definição como princípio, na concepção estreita aqui defendida, qual seja, a tutela de direitos, impede, peremptoriamente, que ela seja conceituada como tal, por não ter uma dimensão contramajoritária que se coadune com a construção argumentativa de Dworkin, a qual, repita-se, serve de marco teórico do presente trabalho e de controle metodológico para seus resultados.

Em razão do que foi assentado até agora, afirma-se que a praticabilidade poderia estar mais afeta a uma *policy* do que a um princípio, já que, além de ter uma dimensão majoritária – supremacia do interesse público sobre o privado –, ela é um meio para, no mais das vezes, alcançar metas políticas coletivas de eficiência ou de economicidade para o Estado, em alguns casos, até mesmo com prejuízos à minoria dos indivíduos.

---

33. Conquanto Ronald Dworkin faça uma distinção bem clara entre diretriz política (*policy*) e princípio, o autor reconhece que, em algumas situações limítrofes, é difícil proceder a essa diferenciação. Isso porque uma diretriz política, por exemplo, como a supremacia do interesse público sobre o privado, pode, pelo seu nítido caráter utilitário, em determinadas situações, trazer consigo nítidos contornos de justiça geral que a fazem se aproximar dos princípios. Este é um exemplo citado pelo declinado doutrinador: "É uma falácia, porém, imaginar que, como sempre poderemos encontrar um argumento de princípio para substituir um argumento de política, ele venha tão cogente ou poderoso quanto teria sido o argumento de política apropriado. Se reivindicação de uma lei contra a discriminação, por parte de uma minoria, for baseada em uma política e possa, portanto, ser suplantada por um apelo de bem-estar geral ou utilidade, então o argumento que menciona o mal-estar ou a contrariedade da maioria bem pode ser suficientemente poderoso." (DWORKIN, 2002, p. 150-151).

TEORIA INSTITUCIONAL DA PRATICABILIDADE TRIBUTÁRIA

Dessa forma, por ter uma maior correlação com uma *policy*, a praticabilidade não pode ter natureza principiológica.

Todavia, tampouco se poderia dar a ela a natureza de uma *policy*, no sentido estrito do termo, porque, a praticabilidade, em si mesma, ao contrário da eficiência, por exemplo, não é uma meta finalística do Estado, mas somente um meio, ou melhor, um instrumento institucionalizado para se alcançar esse objetivo político coletivo.

Isso porque, apesar de a praticabilidade, no mais das vezes, ser empregada visando atender metas políticas (*policies*) de eficiência ou de economicidade, ela, ontologicamente considerada, não passa de um meio racional utilizado pelo Estado para atingir um objetivo coletivo, mas – e isso deve ficar claro – ela nunca será um fim em si mesma como uma diretriz política.

Assim, a praticabilidade poderá ser, quando muito, um meio para se atingir um fim político, ou melhor, ela será um mecanismo instrumental para atender a uma *policy*, mas nunca se confundirá, isoladamente, com o objetivo coletivo que decorrerá de uma política de eficiência ou de economicidade, embora, equivocadamente, alguns autores, como Élcio Fonseca Reis (2000, p.165) e Luana Noronha (2010, p. 253-256) entendam que ela se confunde com a própria política de eficiência.

Apesar de Onofre Alves Batista Júnior entender ser a praticabilidade e a eficiência princípios, o que não é possível na perspectiva dworkiana, pode-se concordar com a sua afirmação de que "[...] uma ideia de 'eficiência judicial' não pode ser confundida com a de eficiência administrativa, nem com a de 'praticidade'." (BATISTA JÚNIOR; SANTOS, 2013, p. 9). Isso porque, para o declinado jurista mineiro, enquanto a "[...] praticidade tem relação com técnicas de execução simplificadora do Direito, exatamente para evitar a investigação exaustiva do caso isolado e dispensar a coleta de provas difíceis em cada caso concreto" (BATISTA JÚNIOR; SANTOS,

2013, p. 9), a eficiência administrativa, por seu turno, tem o escopo "[...] de propiciar um atendimento otimizado das necessidades da coletividade, como se dá com a prestação de serviços públicos administrativos [...]." (BATISTA JÚNIOR; SANTOS, 2013, p. 10).

Desse modo, a praticabilidade é somente um mecanismo institucional para a adequada e eficiente aplicação das regras jurídicas e dos princípios que lhe são superpostos e, por isso, jamais poderá assumir a dimensão finalística de uma política pública de eficiência ou de economicidade, que consiste num objetivo comunitário e coletivo a ser traçado e alcançado. A praticabilidade poderá ser somente um instrumento metódico para a consecução daquela meta, mas nunca um fim coletivo em si mesmo.

Quando muito, se poderia tentar invocar, para a praticabilidade, a natureza de uma metanorma, ou, nos dizeres de Humberto Ávila, de postulados normativos aplicativos, "[...] que são normas imediatamente metódicas que instituem os critérios de aplicação de outras normas situadas no plano do objeto da aplicação." (ÁVILA, 2013, p. 143).

Nesse sentido, vale a explicação mais detalhada de Humberto Ávila do que sejam tais metanormas e como esses postulados normativos se diferenciam das regras e dos princípios (ÁVILA, 2013, p. 143):

> Os postulados funcionam diferentemente dos princípios e das regras. A uma, porque não se situam no mesmo nível de aplicação: os princípios e as regras são normas objeto da aplicação; os postulados são normas que orientam a aplicação de outras. A duas, porque não possuem os mesmos destinatários: os princípios e as regras são primariamente dirigidos ao Poder Público e aos contribuintes; os postulados são frontalmente dirigidos ao intérprete e aplicador do Direito. A três, porque não se relacionam da mesma forma com outras normas: os princípios e as regras, até porque se situam no mesmo nível do objeto, implicam-se reciprocamente, quer de modo preliminarmente complementar (princípios), quer de modo preliminarmente decisivo (regras); os postulados justamente porque se situam num

metanível, orientam a aplicação dos princípios e das regras sem conflituosidade necessária com outras normas.

Nota-se, claramente, que a praticabilidade, ao contrário das regras, nem sempre é cumprida com ares de definitividade, descrevendo comportamentos. De forma diversa, os princípios, incluindo-se aí as *policies,* estabelecem um dever-ser ideal, passível de ser cumprido *prima facie*, com uma maior ou uma menor pesagem, como "[...] normas imediatamente finalísticas, como normas de otimização a serem realizadas em vários graus segundo as possibilidades fáticas e normativas ou como normas fundamentais de elevado grau de abstração e generalidade." (ÁVILA, 2013, p. 144).

A praticabilidade poderia, quando muito, estar mais próxima dos postulados que, "[...] não são normas imediatamente finalísticas, mas metódicas; não são normas realizáveis em vários graus, mas estruturam a aplicação de outras normas com rígida racionalidade [...]." (ÁVILA, 2013, p. 144).

Todavia, apesar da sua nítida aproximação com um postulado normativo aplicativo, acredita-se que o enfoque da praticabilidade somente como uma metanorma não seja, ainda, o melhor caminho a ser percorrido para a explicação desse complexo fenômeno jurídico.

Isso porque a praticabilidade tem reflexos não somente na metódica de estruturação aplicativa de outras normas jurídicas, mas também na forma como, por vezes, a sua racionalidade instrumental de aplicação pelo Estado absorve não apenas a ideia objetiva de desconfiança, mas também a de confiança sistêmica em relação aos contribuintes e a outros entes federativos. Além disso, o seu enquadramento como um mero postulado não explica o porquê de a praticabilidade poder ser legitimada comunitariamente com veios completamente distintos e, ainda, o motivo pelo qual o Executivo e o Legislativo gozam de economia da confiança distinta para operá-la num juízo positivo, enquanto o Judiciário dela somente pode fazer uso num juízo estritamente negativo.

Por isso, para resolver esses intrincados problemas que justificaram esta pesquisa, é que se acredita não ser a abordagem da praticabilidade unicamente como uma metanorma ou como um princípio alexyano suficiente para o deslinde conjunto de todas as questões postas, razão pela qual se optou por um olhar distinto da abordagem tradicional da doutrina, como se verá adiante.

2.3. Teoria institucional da praticabilidade

Em face do que já foi exposto nas seções anteriores desta pesquisa e também das críticas pretéritas levantadas, é que se defende a tese da natureza jurídica institucional da praticabilidade, ou seja, ela deve ser encarada como uma instituição-coisa instrumental, ou, mais especificamente, uma subinstituição-coisa.[34]

Neste ponto, é imperativo esclarecer que o escopo desta pesquisa não é traçar o panorama histórico do que seja uma instituição, até mesmo porque isso fugiria do objeto desta investigação.[35] Em razão disso, por não se tratar a presente pesquisa do tipo histórico-jurídica, é que se valerá, basicamente, das lições de publicistas mais tradicionais, como Santi Romano e Maurice Hauriou, e, mais modernos, como Neil

---

34. Neste trabalho, adotou-se também a terminologia subinstituição para reforçar o caráter instrumental e metódico da praticabilidade em relação a outras normas jurídicas positivadas, ou como se preferir, regra de direito. Cabe ressaltar que, assim como qualquer regra, a praticabilidade não perde a sua natureza jurídica de norma e de instituição, só que, diversamente da de Hauriou, que é uma instituição-coisa finalística, esta é uma instituição-coisa meio, por isso, neste trabalho, serão usadas, indistintamente, como sinônimas, tanto a expressão instituição-coisa instrumental quanto subinstituição-coisa para fazer referência à praticabilidade.

35. Segundo Miracy Gustin e Maria Tereza Fonseca Dias, as introduções históricas, em investigações que não sejam do tipo histórico-jurídico, devem ser evitadas numa pesquisa acadêmica, como se nota adiante: "Assim, as introduções históricas das teses e dissertações na área jurídica são, em sua grande maioria, capítulos à parte do trabalho, uma mera compilação de textos doutrinários pouco embasados e documentados. Utiliza-se na maioria das vezes, de fontes secundárias, repetindo-se conhecimentos conservadores e sem qualquer produção de novos saberes sobre os fenômenos jurídicos na história do conhecimento." (GUSTIN; DIAS, 2013, p. 27).

MacCormick, acerca do que seja uma instituição, para que se possa colher os subsídios necessários para fundamentar, nas seções seguintes, a tese defendida.

Isso porque, além de serem os dois primeiros doutrinadores acima declinados alguns dos principais autores sobre o tema, foram as suas construções teóricas, no início do século passado, que influenciaram todas as principais doutrinas de direito público das gerações posteriores acerca do que seja, ontologicamente, uma instituição normativa e serviram de principal substrato jurídico e filosófico para a sua compreensão hodiernamente.

2.3.1. A concepção de instituição em Santi Romano

O jurista italiano Santi Romano começa a sua obra "O Ordenamento Jurídico", distinguindo as relações que se desenvolvem numa sociedade das relações individuais entre as pessoas, ressaltando que, naquelas, ao contrário destas, o elemento de relevo é a organização, na medida em que tais relações não são determinadas por uma simples afinidade entre as pessoas, mas por uma unidade concreta, formal e extrínseca que decorre do próprio direito objetivo (ROMANO, 1977, p. 26).

Assim, e de acordo com ele, a ordem social é o principal elemento do direito objetivo, pois "[...] o direito antes de ser norma, antes de ser uma simples relação ou uma série de relações sociais, é organização, estrutura [...]." (ROMANO, 1977, p. 27, tradução nossa).[36] Por isso, na concepção desse clássico autor, "[...] cada ordenamento jurídico é uma instituição e, vice-versa, cada instituição é um ordenamento jurídico: a equação entre os dois conceitos é necessária e absoluta." (ROMANO, 1977, p. 27, tradução nossa).[37]

---

36. [...] il diritto, prima di essere norma, prima di concernere un semplice rapporto o una serie di rapporti sociali, è organizzazione, struttura [...].

37. [...] ogni ordinamento giuridico è un' istituzione, viceversa ogni istituzione è un ordinamento giuridico: l'equazione fra i due concetti è necessaria ed assoluta.

EDUARDO MORAIS DA ROCHA

Portanto, direito, no sentido objetivo, para Santi Romano, assume um duplo significado (ROMANO, 1977, p. 27, tradução nossa):[38] "[...] um ordenamento na sua plenitude e unidade, a saber, uma instituição; em segundo lugar: um preceito ou um complexo de preceitos (sejam normas ou disposições particulares)."

Apesar dessa dupla conotação da significação do direito, em sentido objetivo, Santi Romano, na obra ora analisada, desenvolve, principalmente, o seu aspecto institucional, ressaltando que a palavra instituição, na linguagem chamada por ele de extrajurídica ou vulgar, tem uma conotação bastante ampla, enquanto que, na terminologia técnica do direito, o seu conceito é muito limitado (ROMANO, 1977, p. 28).

Essa limitação no campo jurídico, segundo esse autor, decorreu do fato de que os estudos acerca da instituição foram, primeiramente, mais desenvolvidos no direito privado, no qual ela se restringia a uma espécie do gênero pessoas jurídicas. Nada obstante, o publicista italiano adverte que não é esse o sentido que o termo assume em sua obra (ROMANO, 1977, p. 28-29).

Santi Romano (1977, p. 29-30) ressalta que, apesar de, na doutrina alemã, a significação de instituição servir mais ao propósito das pessoas jurídicas – embora não se restrinja somente a elas, como se verifica na figura do *"pubblico istituto (Anstalt)"*[39] –, na doutrina francesa, a questão foi abordada de forma mais autônoma e ampla, sob a ótica e a perspectiva de

---

38. Cosicché l'espressione diritto in senso obbietivo, secondo noi, può ricorrere in un doppio significato. Può, cioè, designare anzitutto:
[...] un ordinamento nella sua completezza ed unità, cioè un'istituzione; in secondo luogo: un precetto o un complesso di precetti (siano norme o disposizioni particolari) [...]

39. Nel campo poi del diritto amministrativo tedesco, è stata profilata la figura del pubblico istituto (Anstalt), che sarebbe, non una persona giurídica, ma un insieme, un' unità di mezzi, materiali o personali, che nelle mani di un soggetto dell'amministrazione pubblica, son destinati a servire d'una maniera permanente a um determinato interesse pubblico: l'esercito, una scuola, un osservatorio, un' accademia, le poste ecc (ROMANO, 1977, p. 30).

TEORIA INSTITUCIONAL DA PRATICABILIDADE TRIBUTÁRIA

argumentos mais próximos do direito público.

Conquanto seja um franco opositor da concepção teórica e filosófica francesa de instituição, capitaneada por Mauricie Hauriou, Santi Romano reconhece que seu mérito e valor estariam na ampliação do entendimento do que seja a instituição, ao "[...] ter liberado o seu conceito daquele de personalidade jurídica, ao qual se pode sobrepor, quando se verificam determinadas condições, mas que, também, pode faltar." (ROMANO, 1977, p. 32, tradução nossa).[40]

Na concepção de Santi Romano, instituição é um corpo social, cuja nota característica é a organização, com existência objetiva e concreta (ROMANO, 1977, p. 35), sendo ela uma manifestação coletiva, e não individual, da própria natureza social humana.

Assim, a instituição é uma unidade fechada e permanente, que não perde a sua identidade, com uma individualidade própria (ROMANO, 1977, p. 39), o que, entretanto, não impede que ela se correlacione com outros entes ou mesmo outras instituições. Confiram-se os exemplos descritos pelo autor (ROMANO, 1977, p. 38-39, tradução nossa):[41]

---

40. [...] l'aver liberato il concetto medesimo da quello della personalità giuridica, che può ad esso sovrapporsi, quando si verificano determinate condizioni, ma che può anche mancare.

41. Per esempio, lo Stato, che di per sé è una istituzione, è compreso in quella istituzione più ampia, che è la comunità internazionale, e in esso poi si distinguono altre istituizioni. Tali sono gli enti pubblici subordinati allo Stato, i comuni, le provincie, i vari suoi organi intesi come uffici; nello Stato moderno i cosi detti poteri legislativo, giudiziario, amministrativo, in quanto sono unità formate ciascuna di uffici fra di loro collegati; gli istituti, la cui figura si è delineata specie nel diritto amministrativo, come le scuole, le accademie, gli stabilimenti di ogni genere; e cosi via. L'autonomia di ogni istituzione non deve essere assoluta, ma può essere soltanto relativa [...] Ci sono istituzioni che s'affermano perfette, che bastano, almeno fondamentalmente, a se medesime, che hanno pienezza di mezzi per conseguire scopi che sono loro esclusivi. Ce ne sono altre imperfette o meno perfette, che si appoggiano a istituzioni diversse, e ciò in vario senso.

> Por exemplo, o Estado, que é uma instituição, é compreendido naquela instituição mais ampla, que é a comunidade internacional, e nisso, pois, se distinguem outras instituições. Essas são os entes públicos subordinados ao Estado, os municípios, as províncias e seus vários órgãos; no Estado moderno, os assim ditos poderes Legislativo, Judiciário e Executivo, enquanto unidades formadas cada uma de cargos entre eles coligados; os institutos, aos quais são delineadas espécies do direito administrativo, como as escolas, as faculdades, os estabelecimentos de cada gênero e assim por diante. A autonomia de cada instituição não deve ser absoluta, mas pode ser somente relativa [...]. Existem instituições que se afirmam perfeitas, que se bastam em si mesmas, que possuem todos os meios para atingir seus objetivos. Existem outras imperfeitas ou menos perfeitas, que se apoiam em instituições diversas.

Nota-se, claramente, em Santi Romano, a existência de uma pluralidade de instituições e, consequentemente, de ordenamentos jurídicos, que não se esgotam, somente, no direito como fruto exclusivo do Estado, tendo o declinado autor uma realçada marca de "antiestatismo", como bem observa Thomas Bustamante (2012b, p. 142):

> Como explica La Torre, a teoria de Romano tem como uma de suas características fortes o antiestatismo: "Para uma teoria que identifica o Direito e Estado, ou melhor, que reconduz o Direito à 'forma de Estado', é natural que aquele (o Direito) seja composto por comandos do poder estatal. Romano, porém é antiestatista em duas direções. Por um lado porque nega que o direito seja composto principalmente por aqueles atos que tenham sido considerados típicos da atividade estatal: as prescrições, os imperativos, as sanções. Por outro lado, porque nega a pretensão do Estado ser o único ordenamento jurídico válido e eficaz em um certo território, optando portanto pela tese de pluralidade dos ordenamentos jurídicos".

Apesar do caráter plural dos ordenamentos jurídicos, na construção teórica do doutrinador italiano, o seu foco centra-se, principalmente, no elemento organização (ROMANO, 1977, p. 40), por meio do qual instituição e direito objetivo se fundem num único conceito. Tanto é assim que Santi Romano, expressamente, declara (ROMANO, 1977, p. 41-43, tradução nossa):[42]

> A instituição é um ordenamento jurídico, uma esfera em si, mais ou menos completa, de direito objetivo. As características essenciais do direito, que acima colocamos em relevo, coincidem com aquelas de instituição. [...] Isso significa que a instituição, no sentido por nós perfilado, é a primeira, originária e essencial manifestação do direito. Este não se pode patentear senão em uma instituição, e a instituição, no entanto, existe, é criada e mantida viva pelo direito.

Por intermédio da organização que decorre do próprio fenômeno instituição, o direito se presta "[...] a vencer a fraqueza e as limitações dos indivíduos, a superar a sua caducidade, a perpetuar certos fins à sua vida natural, criando-lhe entes mais poderosos e mais duradouros do que cada indivíduo singularmente considerado." (ROMANO, 1977, p.43, tradução nossa).[43] Desse modo, na perspectiva de Santi Romano, "[...] o direito não se concretiza e adquire corpo senão pela instituição e vice-versa [...]." (ROMANO, 1977, p. 46, tradução nossa).[44]

Conclui-se, portanto, que, na concepção teórica e filosófica de Santi Romano, não são as próprias instituições que produzem o chamado direito objetivo, na medida em que os conceitos de instituição e direito objetivo são a própria face e a contraface de uma mesma moeda. Isso porque, ao se

---

42. l'istituzione è un ordinamento giuridico, una sfera a sé, più o meno completa, di diritto obbiettivo. I caratteri essenziali del diritto, che sopra abbiamo rilevati (§10), coincidono con quelli dell'istituzione. [...] Ciò significa che l'istituzione, nel senso da noi profilato, è la prima originaria ed essenziale manifestazione del diritto. Questo non può estrinsecarsi se non in um'istituzione, e l'istituzione intanto esiste e può dirsi tale in quanto è creata e mantenuta in vita dal diritto.

43. [...] di vincere la debolezza e la limitazione delle loro forze, di sorpassare la loro caducità, di perpetuare certi fini al di là della loro vita naturale, creando degli enti sociali più poderosi e più duraturi dei singoli.

44. il diritto non può concretarsi ed acquistar corpo se non nell'istituzione e se, viceversa, [...].

organizar, por meio de um corpo social, cada instituição se autodefine e estabelece os seus próprios fins (ROMANO, 1977, p. 49).

2.3.2. A concepção de instituição em Maurice Hauriou

A concepção teórica de instituição de Maurice Hauriou é, substancialmente, oposta à de Santi Romano, por dois motivos principais:

a) primeiro, porque para o jurista francês Maurice Hauriou, ao contrário do jurista italiano Santi Romano, instituição e direito não se confundem, já que, para aquele, são as instituições que produzem o direito objetivo;

b) segundo, porque, enquanto para o publicista Santi Romano o principal elemento de toda instituição é a organização que decorre do próprio corpo social, para Maurice Hauriou, o seu elemento nuclear, embora não seja o único, é a ideia que decorreria da instituição em si.

Primeiramente, para Maurice Hauriou, ao contrário do pensamento de Santi Romano, o direito objetivo jamais se confundiria com as próprias instituições, pois "[...] são os elementos subjetivos que são as forças criadoras e que são a ação; os elementos objetivos, a regra de direito, o meio social e a ordem pública, são apenas elementos de reação, duração e de continuidade [...]." (HAURIOU, 2009, p. 18). Nessa concepção, a instituição é, no mais das vezes, a fonte do próprio direito objetivo, não havendo, portanto, uma identidade absoluta entre ambos os fenômenos jurídicos.

Em sentido contrário, Santi Romano (1977, p. 33-34, tradução nossa)[45] afirma:

---

45. [...] noi no crediamo che l'istituzione sia fonte del diritto, e che quindi questo sia um effetto, un prodotto della prima, ma crediamo che fra il concetto di istituzione e quello di ordinamento giuridico, unitariamente e complessivamente considerato, ci sia perfetta identità.

TEORIA INSTITUCIONAL DA PRATICABILIDADE TRIBUTÁRIA

> [...] não acreditamos que a instituição seja fonte do direito e que, por isso, seja um efeito, um produto daquela, mas acreditamos que entre o conceito de instituição e aquele de ordenamento jurídico, unitariamente e complexamente considerado, haja perfeita identidade.

Mas é o segundo aspecto da contradição de pensamentos entre Santi Romano e Maurice Hauriou que será realmente relevante e fundamental para a tese, que se pretende provar como verdadeira, no sentido de ser a praticabilidade uma instituição não personalizada.

Para Maurice Hauriou, assim como para Santi Romano, a organização existente dentro de um corpo social é um elemento importante para a definição de uma instituição. Ocorre, todavia, que, na concepção do jurista francês, embora tal organização seja um requisito necessário, cuja presença serve para a delimitação do que se deve entender por instituição, esse não é o seu elemento primordial. Com efeito, além de outros requisitos, o que importa, verdadeiramente, para a definição da instituição é a ideia[46] que dela subjaz, ideia essa que, para Hauriou, é influenciada pela noção de Platão, como sendo aquelas realidades verdadeiras, imutáveis, eternas e absolutas de um mundo intangível, que serviriam de modelo para as coisas do mundo sensível.

Embora organização e corpo social sejam imperativos para a caracterização de uma instituição, Hauriou (2009, p. 21) afirma ser o elemento ideia o mais importante deles, já que todo corpo social se organiza, institui órgãos de poder e

---

46. Este é o enfoque dado à ideia por Hauriou: "O elemento mais importante de toda instituição corporativa é o da ideia da obra a realizar num agrupamento social ou em proveito desse agrupamento. Todo corpo é constituído para a realização de uma obra ou de uma empresa. Uma sociedade anônima é a implementação de um negócio, ou seja, de uma empresa de especulação; um hospital é um estabelecimento constituído para a realização de uma ideia caritativa; um Estado é um corpo constituído para a realização de um certo número de idéias, as mais acessíveis das quais estão resumidas na seguinte fórmula: 'protetorado de uma sociedade civil nacional por uma potência pública com competência territorial, mas separada da propriedade das terras, e deixando assim uma grande margem de liberdade para os súditos'." (HAURIOU, 2009, p. 21).

EDUARDO MORAIS DA ROCHA

existe em função de uma ideia a ser realizada, a qual pode existir de forma tanto objetiva quanto subjetiva no meio de uma comunidade.

Segundo Hauriou (2009, p. 19), uma instituição,[47] em apertada síntese, é uma ideia ou obra que se realiza e é aceita juridicamente num determinado meio social. Para a realização de tal ideia, é imperativo que os membros desse corpo social, que compartilham desse ideal, se organizem em torno dela por intermédio de órgãos de poder organizados que dirijam tais manifestações por meio de um procedimento previamente estabelecido.

Assim, na anatomia de toda instituição, segundo Hauriou (2009, p. 21), deverão estar sempre presentes os seguintes elementos caracterizadores:

a) uma ideia existente em determinado grupo social;

b) manifestações de comunhão de vontade no grupo social acerca dessa ideia;

c) um poder organizado para a consecução de tal ideia.

De acordo com Hauriou (2009, p. 30-32), quando uma determinada parte de uma comunidade comunga de uma ideia, ela é interiorizada dentro daquele corpo social. Após esse primeiro estágio de *interiorização*, essa comunidade organiza-se por meio de órgãos de poder por ela estabelecidos, que procedimentalizam tal ideia, criando mecanismos para a sua implementação e sua execução, ocorrendo o segundo estágio, chamado de *incorporação*, que levará, posteriormente, a um novo e último estágio, chamado de personificação, por meio de um ato de fundação.[48]

---

47. A seguinte passagem da obra de Maurice Hauriou delimita bem a sua concepção de instituição: "As grandes linhas dessa nova teoria são as seguintes: uma instituição é uma ideia de obra ou de empresa que se realiza e dura juridicamente num meio social; para a realização dessa ideia, organiza-se um poder que lhe confere órgãos; por outro lado, entre os membros do grupo social interessado na realização da ideia, produzem-se manifestações de comunhão dirigidas pelos órgãos do poder e reguladas por procedimentos." (HAURIOU, 2009, p. 19).

48. Explicando o que seja esse ato de fundação, ensina o jurista francês: "A

TEORIA INSTITUCIONAL DA PRATICABILIDADE TRIBUTÁRIA

Atingido o estágio da personificação (HAURIOU, 2009, p. 39-41), a instituição transforma aquela ideia, que existia somente em estado objetivo na sociedade, em ideia em estado subjetivo, dotada de personalidade jurídica, com um órgão de poder organizado que irá dirigir e comandar, por meio de um procedimento próprio, a vontade daqueles membros que, em determinado grupo social, comungam do mesmo ideal.

Por meio desse triplo movimento[49] – interiorização, incorporação e personificação – dos elementos acima declinados, surge a personalidade, e, com isso, tem-se a fundação de uma instituição, à qual o publicista francês chama de corporativa (HAURIOU, 2009, p. 45-46).

As chamadas instituições corporativas são, para Maurice Hauriou, a verdadeira fonte do direito objetivo, na medida em que, por meio dessas instituições personificadas, é que se cria, por um princípio que ele denomina de ação ou de empresa, o direito disciplinar, o consuetudinário e o estatutário, existindo, portanto, também, em sua concepção institucional, um forte traço de antiestatismo, sendo que, dentre as instituições corporativas, destacam-se o Estado, as associações, os sindicatos e a sociedades anônimas, entre outras.

Santi Romano, embora diametralmente contrário a essa concepção, sintetiza com bastante precisão o posicionamento de Hauriou (ROMANO, 1977, p. 32, tradução nossa):[50]

---

fundação é uma operação subjetiva; as instituições corporativas nascem numa crise de comunhão de vontades fundadoras, durante a qual a ideia da obra passa ao estado subjetivo nas consciências aderentes [...]." (HAURIOU, 2009, p. 49).

49. Segundo Hauriou (2009, p. 31), "Esse triplo movimento de interiorização, incorporação e personificação tem importância capital para a teoria da personalidade. Se sua realidade for constatada, ela acarretará a realidade da personalidade moral, base da personalidade jurídica, pois ficará estabelecido que a tendência à personificação é natural."

50. Quest'ultimo suo aspetto, che si traduce nella sua autonomia, importa che l'istituzione corporativa è fonte originaria di diritto, in quanto che genera spontaneamente le ter forme del diritto: quello disciplinare, quello consuetudinario e quello statutario o legale.

71

Esse seu último aspecto, que se traduz na sua autonomia, importa que a instituição corporativa seja a fonte originária do direito, na medida em que gera espontaneamente as três formas de direito: o disciplinar, o consuetudinário e o estatutário ou legal.

Acerca da importância das instituições corporativas na produção do direito objetivo, vale a pena trazer à colação a seguinte passagem da obra Maurice Hauriou (2009, p. 53):

> Essa comparação instigante traz de volta nossa atenção para esta verdade, velha como o mundo, de que os elementos importantes, no sistema jurídico, são os atores jurídicos, os indivíduos por um lado, as instituições corporativas do outro, porque eles são os personagens vivos e criadores, tanto pelas idéias de empresas que representam como pelo seu poder de realização; quanto às regras de direito, elas representam apenas idéias de limite ao invés de encarnar idéias de empresa e de criação.

Todavia, as instituições não se esgotam somente nas corporativas, pois, muitas vezes, segundo o jurista francês, ideias podem existir, objetivamente, num corpo social sem se personificar por intermédio de um ato de fundação, ou seja, podem surgir instituições "que não se personificam." (HAURIOU, 2009, p. 19).

Isso porque tal ideia pode existir na comunidade sem que seja interiorizada no âmbito do corpo social e nem incorporada nos órgãos de poder comunitários existentes e organizados para a sua aplicação. Aqui, apesar de se verificar a existência de todos os três elementos presentes também na chamada instituição corporativa – quais sejam, ideia, corpo social e poder organizado –, eles não se interiorizam e nem se incorporam, já que a ideia permanecerá sempre externa aos demais elementos. Assim, sem estar interiorizada no âmbito da comunidade e sem ser incorporada por um órgão de poder, não se cria, necessariamente, uma corporação, por não haver como se personificar essa ideia através de um ato de fundação.

TEORIA INSTITUCIONAL DA PRATICABILIDADE TRIBUTÁRIA

Nesse caso, a ideia existirá objetiva e externamente ao corpo social, sobre o qual propagará todos os seus efeitos jurídicos, utilizando de empréstimo, para tanto, a força institucionalizada dos poderes organizados existentes no âmbito daquela determinada comunidade. Às instituições que não se personificam, Hauriou (2009, p. 20) denomina de instituição-coisa, citando, como exemplo, a "regra de direito."[51]

Nesse trecho, vale a citação da seguinte passagem da obra do declinado doutrinador (HAURIOU, 2009, p. 20):

> Nas instituições da segunda categoria, que se pode chamar de instituições-coisa, os elementos do poder organizado e das manifestações de comunhão dos membros do grupo não são interiorizados no âmbito da ideia da obra, eles existem, contudo, no meio social, mas permanecem exteriores à ideia; a regra de direito estabelecida socialmente é uma instituição desse segundo tipo; ela é uma instituição porque, na qualidade de ideia, ela se propaga e vive no meio social, mas, visivelmente ela não engendra uma corporação que lhe seja própria; ela vive no corpo social, por exemplo, no Estado, tomando emprestado deste último seu poder de sanção e aproveitando as manifestações de comunhão que ocorrem dentro dele. Ela não pode engendrar uma corporação porque ela não é um princípio de ação ou de empresa, mas, ao contrário, um princípio de limitação.

Dessa forma, as instituições corporativas e coisa possuem os mesmos requisitos necessários, quais sejam, ideia a ser realizada, poder organizado para a sua consecução e a comunhão de um corpo social em torno delas.

Contudo, na instituição corporativa, a ideia, que existia objetivamente no meio social, é interiorizada, incorporada

---

51. É imperativo aqui fazer um breve parêntese, para realçar que a regra de direito tem, para Maurice Hauriou, um sentido bem mais amplo do que o de uma mera regra jurídica. Isso porque a regra de direito, aqui, abrange não somente as regras jurídicas em sentido estrito, como também princípios e demais normas jurídicas que são postas institucionalmente. Na verdade, a regra de direito, para o jurista francês, tem a conotação mais ampla de direito objetivo e decorre da tradução da expressão inglesa "rule of law", que significa estado de direito e, portanto, abrange todas as normas jurídicas positivadas, em geral, num determinado sistema normativo.

aos outros elementos e personificada por um ato de fundação, ocorrendo, nesse processo, a sua subjetivação.

Na modalidade coisa, a ideia permanece sempre em estado objetivo, já que ela, embora seja aplicada por um órgão de poder organizado e seja comungada por um corpo social, permanece sempre externa a eles.

Sendo, portanto, exterior a todo o corpo social, a ideia, na instituição-coisa, não será interiorizada e nem incorporada e, dessa forma, nunca se subjetivizará, porque ela nunca se personificará. Assim, apesar de terem os mesmos requisitos, ou elementos, em sua anatomia, o que diferenciará uma instituição que se personifica (corporativa) da que não se personifica (coisa) é que, enquanto na primeira se verifica, dentre todos os seus elementos, um triplo e nítido estágio de desenvolvimento (interiorização, incorporação e personificação) movido por um princípio de ação ou de empresa, na segunda, esses estágios não se desenvolvem, sendo, por isso, ínsito a ela um princípio de limitação.

Fica claro, portanto, que, na concepção teórica do publicista francês, existe tanto uma instituição que se personaliza quanto uma que não se personaliza, sendo que esta última – por conservar sempre a ideia em estado objetivo e externa ao corpo social organizado – é a que mais interessará, especificamente, à pesquisa que ora se desenvolve.

2.3.3. A teoria da instituição normativa de Neil Mac-Cormick

Enquanto as obras de Santi Romano e Maurice Hauriou datam dos primórdios da primeira metade do século passado, o institucionalismo de MacCormick é muito mais recente. Justamente por isso, ao contrário daqueles publicistas que, influenciados pelo positivismo, enxergavam o direito mais do ponto de vista externo do observador, o jurista escocês, como um pós-positivista, desenvolve a sua ordem jurídica institucional sob o ponto de vista interno do usuário da norma, para não somente descrever e explicar esse fenômeno jurídico, mas também para justificá-lo normativamente (BUSTAMANTE, 2012b, p. 139).

Neil MacCormick começa sua obra "Instituições do Direito" definindo o direito como uma ordem normativo-institucional, que não se esgota somente no direito estatal, mas que se revela em outras formas de organizações humanas, como o direito canônico, o transnacional, o internacional, o desportivo, dentre muitas outras formas de organização jurídica (MACCORMICK, 2011, p. 27). Por isso mesmo, ele, assim como Santi Romano e Hauriou, assume, nitidamente, uma postura de antiestatismo, apesar de reconhecer certa primazia do direito estatal em relação às demais organizações sociais (MACCORMICK, 2011, p. 356).

Para definir a sua proposta de teoria institucional, MacCormick ressalta ser imperativo esclarecer três noções, quais sejam: "[...] a de normativo, a de ordem e a de institucionalizado." (MACCORMICK, 2011, p. 30, tradução nossa).[52]

De acordo com ele, a chave para se compreender o que seja uma ordem normativa está mais centrada nos usuários das normas do que nos criadores delas, pois "[...] os seres humanos são usuários de normas, cujas interações dependem de padrões de condutas recíprocos reconhecíveis que podem ser articulados em termos de comportamento lícito *versus* ilícito [...]." (MACCORMICK, 2011, p. 38, tradução nossa).[53]

Para demonstrar como é ínsito à natureza humana alcançar certo tipo de cumprimento voluntário de normas e compreender como elas se convertem em padrões de conduta ou práticas normativas informais, de cunho interpretativo, o

---

52. la de lo normativo, la de orden y la de institucionalizado.

53. [...] los seres humanos son usuários de normas, cuyas interacciones dependen en patrones de conducta recíprocos reconocibles que puedan ser articulados en términos de comportamiento lícito *versus* ilícito [...]

jurista escocês cita o exemplo das filas que se formam e se ordenam, espontaneamente, independentemente de qualquer ato posto de autoridade (MACCORMICK, 2011, p. 33, tradução nossa):[54]

> Existe um sentido comum ou compartilhado acerca do que é correto fazer, porém isso de nenhum modo depende da existência de uma regra oficialmente formulada que cada pessoa possa recitar ou apreender de memória. Porque, desde logo, se trata de uma prática interpretativa em que cada parte lê a situação como pensa que os outros estão lendo, e se forma uma opinião tomando em consideração a opinião que crê que tenham os outros, se bem que isso não é necessariamente algum tipo de deliberação reflexiva sobre a opinião dos outros.
>
> Assumindo, então, que a prática de fazer filas é viável em um contexto dado, apesar de que não exista um acordo explícito sobre seu sentido ou a(s) norma(s) que a governa(m), parece razoável entender que deve existir uma comunidade bastante profunda de ideias de fundo, ou alguma ideia reitora comum, que faz a prática inteligível.

Portanto, pode haver ordens normativas informais, dirigidas aos seus usuários como padrões de conduta que são observados e respeitados voluntariamente, sem que elas sejam explicitamente formuladas. Aqui não é possível se falar em regras jurídicas ou em direito posto, já que tais normas não adquiriram, ainda, um caráter formal, por não terem sido deliberadamente criadas e postas por órgãos dotados de autoridade que, por meio de um procedimento expresso

---

54. Existe un sentido común o compartido acerca de lo que es correcto hacer, pero esto de ningún modo depende de la existencia de una regla oficialmente formulada que cada persona pueda recitar o aprenderse de memoria. Por que, desde luego, se trata de una práctica interpretativa en la que cada parte lee la situación como piensa que los otros la están leyendo, y se forma una opinión tomando en consideración la opinión que cree que tienen otros, si bien esto no es necesariamente algún tipo de deliberación reflexiva sobre la opinión de los otros.
Asumiendo, entonces, que la práctica de hacer colas es viable en un contexto dado a pesar de que no exista un acuerdo explícito sobre su sentido o la(s) norma(s) que la gobierna(n), parece razonable entender que debe existir una comunidad bastante profunda de ideas de fondo, o a alguna idea rectora común, que hace la práctica inteligible.

TEORIA INSTITUCIONAL DA PRATICABILIDADE TRIBUTÁRIA

e reconhecido, as tenham institucionalizado. É esse processo de institucionalização que confere ao direito a faceta de uma espécie particular pertencente ao gênero ordem normativa (MACCORMICK, 2011, p. 30).

Por isso, tais filas, ao invés de serem observadas informalmente, podem, ainda, segundo MacCormick, ser institucionalizadas em regras jurídicas postas, que passam a ser cumpridas como práticas de dois ou mais níveis, por meio de um sistema de administração, com autoridades que assegurem que os seus usuários observem as regras que foram adotadas por seus criadores para a sua gestão, como se nota a seguir (MACCORMICK, 2011, p. 354 tradução nossa):[55]

> A existência de normas que tenham sido estabelecidas como regras mediante atos dotados de autoridade supõem uma prática de vários níveis e, nessa situação, se encontram, consequentemente, tanto criadores de normas como usuários de normas. A compreensão mais básica das normas tem que ser a do próprio do usuário de normas, porque se pode conceber, em muitos contextos, a presença de usuários de normas sem que haja autoridades criadoras de normas, mas o oposto é inconcebível – criadores de normas sem usuários de normas.

Na norma posta formalmente, a sua interpretação sucede a sua formulação expressa por aquela autoridade tida como competente para tal, enquanto que, diversamente, "[...] as normas informais emergem de práticas baseadas em expectativas e crenças recíprocas e qualquer intento de formular em termos explícitos a norma implícita descansa na interpretação da prática e de seu sentido." (MACCORMICK, 2011, p. 41, tradução nossa).[56]

---

55. La existencia de normas que han sido establecidas como reglas mediante actos dotados de autoridad supone esta clase práctica de vários niveles, y en esta situación se encontrarán consecuentemente tanto creadores de normas como usuarios de normas. La comprensión más básica de las normas tiene que ser la própria del usuario das normas, sin embargo, porque uno puede concebir en muchos contextos la presencia de usuarios de normas, sin que haya autoridades creadoras de normas, pero lo opuesto es inconcebible – creadores de normas sin usuarios de normas.

56. [...] las normas informales emergen de prácticas basadas en expectativas y

77

EDUARDO MORAIS DA ROCHA

Portanto, na concepção de MacCormick, para que se tenha uma regra jurídica é imperativo ser ela explicitamente articulada por um detentor de uma posição de autoridade, o qual possa, nesse outro nível, aplicar as normas de conduta de primeiro nível – tanto implícitas quanto explícitas – ou, então, estatuir normas expressas que sirvam para o escopo de esclarecer ou modificar as normas que antes eram implícitas e vagas (MACCORMICK, 2011, p. 43).

Portanto, a regra jurídica diverge do hábito e da moral, os quais também impõem um padrão de conduta, porque, por detrás daquela, há uma instituição que investe alguém de um tipo de autoridade, o que faz com que as ordens de seu comando devam ser obedecidas: "Isso se deve precisamente ao caráter institucional do direito, criado e aplicado por agências dotadas de autoridade. A moral se diferencia do direito primariamente porque é normativa, porém não institucionalizada." (MACCORMICK, 2011, p. 299, tradução nossa).[57]

Por isso, para MacCormick, a moral tem um caráter autônomo, já que a sua racionalidade é construída de um modo discursivo, embora às vezes controvertido, sem que as suas regras sejam impostas aos indivíduos por uma vontade estranha ou alheia, enquanto que o direito, pelo fato de suas regras terem um cunho institucional e de autoridade, possui um nítido caráter heterônomo (MACCORMICK, 2011, p. 316).

Todavia, apesar de o direito ser normativo como a moral, além de institucionalizado, essa sua nuance heterônoma, que o distingue e o caracteriza, não permite, para MacCormick, que ele possa ser positivado com qualquer tipo de conteúdo, como propalava, por exemplo, Hans Kelsen (MACCORMICK, 2011, p. 100). Exatamente por isso, seria perfeitamente

---

creencias recíprocas, y cualquier intento de formular en términos explícitos la norma implícita descansa en la interpretación de la práctica y de su sentido.

57. Esto se debe precisamente al carácter institucional del derecho, creado y aplicado por agencias dotadas de autoridad. La moral se diferencia del derecho primariamente en que es normativa pero no institucionalizada.

TEORIA INSTITUCIONAL DA PRATICABILIDADE TRIBUTÁRIA

possível, para o jurista escocês, estabelecer limites, por meio de argumentos morais, acerca do que se poderia aceitar como direito válido, na medida em que ele está necessariamente engajado, em cada um dos seus ramos, com uma concepção de justiça própria, seja distributiva, retributiva ou mesmo corretiva (MACCORMICK, 2011, p. 326).

Por tal motivo, vale trazer à colação trecho da obra de MacCormick, no qual o autor faz a analogia do direito com o serviço urbano de fornecimento de água, visando demonstrar como as regras injustas podem ficar tão corrompidas por essa injustiça, que fica impossível descrevê-las como direito propriamente dito, como se observa, por exemplo, nas leis germânicas de outrora, que admitiram os campos de concentração nazistas (MACCORMICK, 2011, 335, tradução nossa):[58]

> Pode-se usar a analogia de um sistema urbano de fornecimento de água. O serviço de fornecimento de água cumpre muitos fins, porém inclui centralmente o propósito de prover, aos usuários, água que seja potável. Toda água que seja potável contém algumas impurezas, porém estas devem manter-se em um nível baixo que seja compatível com a saúde humana normal (pelo que as pessoas com sensibilidades especiais ou necessidades especiais têm que obter por outros meios sua provisão de água). O serviço de água, sem embargo, pode tornar-se mais ou menos

---

58. Puede usarse la analogía de un sistema urbano de suministro de agua. El servicio de suministro de agua cumple muchos fines pero incluye centralmente el propósito de proveer a los usuários de agua que sea potable. Toda agua que sea potable contiene algunas impurezas, pero éstas deben mantenerse en un nivel bajo que sea compatibile con la salud humana normal (por lo que las personas con sensibilidades especiales o necesidades especiales tienen que obtener por otros medios su provisión de água). El servicio de aguas, sin embargo, pued volverse más o menos seriamente contaminado. El agua contaminada sigue siendo agua en verdad – y filtrándola o hirviéndola puede que sea posible beberla sin riesgo sanitário, aunque quizás no resulte agradable al gusto –. Pero acaso no existe un punto más allá del cual la contaminación cambia la naturaleza de lo que es afectado por ella? Puede que se le eche tanto cloro en la planta de tratamiento de aguas que el agua contaminada puede volverse tan adulterada que puede que deje de ser apropiado de todo llamarla agua, aun cuando la mezcla que se tenga pueda sea, ya no es más agua en el sentido en que el término es utilizado en la expresión servicio de suministro de agua, porque esta expresión es definida en parte por el (o por un) propósito para el cual el agua es suministrada – a saber, que sea potable, apta para el consumo humano.

EDUARDO MORAIS DA ROCHA

> ou seriamente contaminado. A água contaminada continua sendo água na verdade – e filtrando-a ou fervendo-a pode ser possível bebê-la sem risco sanitário, ainda que possa não resultar agradável o gosto. Mas acaso não existe um ponto além do qual a contaminação muda a natureza daquilo que é afetado por ela mesma? Pode ser que haja tanto cloro na estação de tratamento de água que o resultado seja mais bem descrito como ácido clorídrico do que como água. A água contaminada pode tornar-se tão adulterada que pode deixar de ser apropriado de todo chamá-la de água, ainda quando a mistura que se tenha possa ser analisada como contendo, todavia, água em sua composição. Seja como for, já não é mais água no sentido em que o termo é utilizado na expressão de serviço de fornecimento de água, porque esta expressão é definida em parte pelo (ou por um) propósito para o qual a água é fornecida – a saber, que seja potável, apta para o consumo humano.

Portanto, assim como a água poluída do serviço de fornecimento de água pode deixar de ser água, no sentido de ser apropriada para o consumo humano, o direito plenamente corrompido pela injustiça deixa de ser direito, por estar tal tarefa fora do seu desiderato principal, pois, embora a moral tenha um cunho discursivo e altamente controvertido acerca do que seja moralmente lícito ou não, isso não significa que todos os desacordos morais sejam razoáveis. Há um fundo moral, compartilhado socialmente, que não admite que certas pretensões sejam consideradas como justas e razoáveis pelo direito institucionalizado, como, por exemplo, que membros de uma raça humana estejam, perpetuamente, subordinados a outra, ou que uma mulher esteja numa posição de inferioridade em relação ao homem (MACCORMICK, 2011, p. 337).

É por tal razão que MacCormick afirma que esse substrato moral mínimo, revelado em declarações de direitos humanos ou em cartas constitucionais que buscam positivar direitos morais inexatos, é um objetivo, mesmo que ainda não positivado, do qual o direito nunca poderá abdicar, ou seja, "[...] um preço a pagar, uma perda de autonomia para muitas decisões, uma perda da soberania absoluta dos Estados." (MACCORMICK, 2011, p. 338, tradução nossa).[59]

---

59. [...] un precio que pagar, una pérdida de autonomia para muchas decisiones, una pérdida de la soberania absoluta de los Estados.

Contudo, isso se justifica, na visão do mencionado professor gaélico, pelo fato de o direito institucionalizado heterônomo – apesar de sua nítida distinção da moral autônoma – ter uma pretensão implícita de justiça, pois os atos de sua criação devem avançar na direção do bem comum, de forma que seja satisfeito um mínimo moral na sua positivação, como se observa, por exemplo, por meio das garantias de direitos humanos (MACCORMICK, 2011, p. 342).

Em face disso, pode-se constatar que a teoria institucional pós-positivista de MacCormick distingue-se da de outros institucionalistas positivistas, já que, além do nítido caráter positivo do direito, que sempre será institucionalizado, não exclui, absolutamente, a possibilidade de um substrato mínimo moral que sirva para identificar o direito válido, ficando, dessa forma, sempre aberta a questão do valor moral do seu caráter normativo, na medida em que os fatos institucionais são também fatos interpretativos (MACCORMICK, 2011, p. 344).

Aliás, resta clara, em MacCormick, uma forte influência de Hart, quando busca justificar a sua teoria do ponto de vista interno da aceitação do direito pelo usuário da norma, como também de Dworkin, quando incorpora no seu discurso a ideia de coerência imposta por valores morais compartilhados, refletidos em princípios de fundo, os quais seriam a própria razão dos fins do direito, como faz notar Thomas Bustamante a seguir (BUSTAMANTE, 2012b, p. 139-140):

> Por sua vez, a teoria institucionalista de Neil MacCormick tem importantes pontos de contato tanto com Hart quanto com Dworkin. De Hart, MacCormick extrai a "tese da validade" segundo a qual "todos os sistemas jurídicos compreendem, ou pelo menos incluem, um conjunto de regras identificáveis por referência aos critérios comuns de reconhecimento", sendo que "o que faz desses critérios, critérios de reconhecimento, é a aceitação comum pelos juízes de tal sistema de que é seu dever aplicar as regras identificadas por meio deles." [...] De Dworkin, por outro lado, MacCormick incorpora a noção de coerência – tida como um dos parâmetros mais relevantes de sua teoria da

> argumentação jurídica para o fim de justificar racionalmente uma decisão – bem como a ideia de que uma prática social como o Direito pressupõe um "mútuo entendimento" nela incorporado, mas não qualquer "mútuo entendimento", pois o que faz uma regra jurídica "valer e/ou ser reconhecida institucionalmente não é apenas a conformidade com uma regra constitutiva que determine seu significado – como no modelo de Searle –, mas os princípios de fundo (*underlying principles*) que constituem a causa última (*final case*) de uma determinada instituição."

Portanto, MacCormick, ao mesmo tempo em que incorpora ao seu institucionalismo a noção de ordem normativa por meio de regras de reconhecimento que aproximam a sua visão daquela interna hartiana, acresce, também, ao direito princípios de fundo moral compartilhados socialmente, próximos da concepção dworkiana, passando, com isso, a ser inerente ao funcionamento das instituições jurídicas uma pretensão implícita de correção no que se refere à justiça.

Feitos esses esclarecimentos acerca da teoria da instituição de Santi Romano, Neil MacCormick e Maurice Hauriou, já se têm os substratos imperativos para se demonstrar o motivo pelo qual se defende ser essa última teoria institucional a mais adequada, dentre todas aquelas apresentadas, para demonstrar que a praticabilidade é melhor enquadrada como uma instituição-coisa instrumental do que como uma diretriz política, um postulado, um princípio ou uma mera técnica.

2.3.4. Das razões para a adoção da concepção de instituição de Maurice Hauriou, e não a de Santi Romano ou de Neil MacCormick

Primeiramente, cabe aqui a advertência feita por Santi Romano (1977, p. 36-37), no sentido de não se confundir os termos instituto e instituição. Instituto é um vernáculo com conotação bastante ampla, refletindo diversas práticas individuais ou sociais, não muito bem definidas, enquanto que instituição tem um significado bem mais restrito e delimitado, com requisitos certos e determinados, que, anatomicamente,

TEORIA INSTITUCIONAL DA PRATICABILIDADE TRIBUTÁRIA

servem para definir, detalhadamente, todos os aspectos dos seus contornos.

Esta é a diferenciação feita por Santi Romano entre instituto e instituição (ROMANO, 1977, p.36-37, tradução nossa):[60]

> [...] quando se fala de instituto, essa palavra tem 'um sentido lato", ou seja, compreende todas as atitudes práticas dos indivíduos e da sociedade humana, dos mais íntimos sentimentos aos diferentes modos de vida, o que naturalmente não interessa ao jurista, já quando se fala em instituição, tem-se um sentido estrito [...] de ente ou corpo social.

Apesar de se concordar, integralmente, com essa distinção, entende-se que a teoria da instituição de Maurice Hauriou, por agregar o elemento ideia à anatomia da instituição, demonstra ter fundamentos bem mais sólidos para explicar, corretamente, o que seja esse fenômeno do que a teoria de Santi Romano, que restringe o seu espectro somente à sua organização e ao seu corpo social.

Isso porque não existem instituições acéfalas, já que todas elas, personificadas ou não, existem para levar a cabo uma ideia. Corpo social algum se organiza, instituindo órgãos de poder, senão para dar consecução a uma ideia, esteja ela subjetivada numa corporação ou em mero estado objetivo, externamente à comunidade que dela comunga e a legitima.

Conceber uma instituição somente como uma organização dentro de um corpo social, como pretende Santi Romano, é tê-la como um ente subjetivo ou um *corpus* amórfico e sem norte, ou melhor, é, no sentido figurado, equipará-la à criatura do folclore brasileiro conhecida como "mula sem cabeça."

---

60. [...] parla di istituti intendendo questa parola in senso latíssimo, ossia compreendovi tutti gli atteggiamenti pratici degli individui e delle società umane, dai più intimi sentimenti ai più appariscenti modi di vita, il che naturalmente non interessa il giurista, e poi parla di istituzione in senso stretto [...] di ente o corpo sociale.

Deve-se ressaltar que toda instituição somente existe em função de uma ideia que permeia determinado corpo social e que, para tanto, se organiza por meio de órgãos de poder para lhe dar implementação jurídica. Em razão disso, em sua conformação, o requisito ideia mostra-se imprescindível e vital para a sua conceituação e, ainda, para a delimitação de seus contornos.

Por tal razão é que se adota a teoria da instituição de Maurice Hauriou como um dos dois marcos teóricos[61] convergentes deste ensaio, já que essa concepção teórica é que servirá, juntamente com o outro marco teórico adotado – o da construção principiológica do direito como integridade, de Ronald Dworkin –, para demonstrar ser melhor o enquadramento da praticabilidade como uma instituição instrumental e metódica não personificada do que como uma diretriz política, um princípio, mero postulado ou uma simples técnica.

Poder-se-ia questionar aqui o porquê de a teoria institucionalista-normativa de Neil MacCormick ter sido adotada somente como um pressuposto conceitual para a atualização da teoria de Hauriou, e não como um marco teórico desta tese, que, como visto, por ter influências pós-positivistas, além de ter sido escrita mais recentemente, poderia ter muito mais pontos de contato com a teoria dworkiana e hartiana, por exemplo, do que com aquela do publicista francês. Isso se deve ao fato de que tanto Maurice Hauriou quanto Santi Romano, por as terem desenvolvido nos primórdios da primeira metade do século passado, construíram suas teorias atentando muito mais para o ponto de vista das instituições postas pelos criadores do direito do que para o ponto de vista normativo dos usuários das regras jurídicas e das normas morais de fundo compartilhadas socialmente.

---

61. Miracy Gustin e Maria Tereza Fonseca dias admitem a possibilidade de se "[...] ter dois marcos teóricos sobre o tema, desde que sejam de conteúdo convergente e não divergente." (GUSTIN; DIAS, 2013, p. 39).

TEORIA INSTITUCIONAL DA PRATICABILIDADE TRIBUTÁRIA

Acredita-se, assim, que a teoria de Hauriou, mesmo sendo bem mais antiga e tendo um cunho um pouco mais positivista, possa ser atualizada e justificada pela perspectiva interna de Hart e também pela racionalidade da argumentação pós-positivista de integridade de Ronald Dworkin, principalmente, no que toca à possibilidade de se justificar a noção da ideia em estado objetivo da instituição-coisa não como algo somente externo, platônico, pressuposto ou, ainda, como uma verdade intangível, mas sim como uma ideia que possa ser, paulatinamente, construída pela comunidade e legitimada com base naqueles princípios morais de fundo compartilhados.

No caso da praticabilidade, os três elementos imperativos para o seu enquadramento como uma submodalidade de instituição-coisa, na concepção de Hauriou, estão presentes, já que dela, como se verá oportunamente, subjaz uma ideia metódica, racionalmente construída e comungada por uma determinada comunidade, em bases morais mínimas que sejam, e que, em função disso, se organiza por meio de órgãos de poder apropriados para lhe dar aplicação e execução.

Nas seções seguintes, por uma questão de didática, cada um desses três requisitos necessários na anatomia de uma instituição, segundo Maurice Hauriou, será dissecado e estudado separadamente, com o escopo de provar ser verdadeira a tese de que a praticabilidade pode melhor ser compreendida como uma instituição-coisa normativa de caráter eminentemente instrumental, que serve para dar execução e aplicação a uma outra instituição-coisa, no caso, as regras de direito, de forma coerente com os princípios que lhe são superpostos e compartilhados comunitariamente.

3. DA PRATICABILIDADE COMO IDEIA EM ESTADO OBJETIVO

Primeiramente, não se olvida que, por trás da praticabilidade, como se concebe na doutrina tradicional, decorra uma ideia de simplificação na aplicação do direito objetivo, cujo desiderato é viabilizar a execução adequada, econômica e eficiente dos atos normativos em geral.

Assim, a praticabilidade, nessa abordagem mais tradicionalista,[62] exprime a ideia de implementação de instrumentos jurídicos para a aplicação em massa ou simplificada das regras em geral positivadas, facilitando a concretização de todo o seu programa normativo, para que, com isso, se tenha mais comodidade e redução de custos na sua execução e fiscalização.

Sintetizando, por essa concepção mais ortodoxa, a ideia que perfaz a praticabilidade é somente a de simplificação na execução das regras jurídicas e dos princípios superpostos, que formam o próprio sistema jurídico, para uma aplicação mais eficiente e econômica para a comunidade em geral.

Aliás, tanto a praticabilidade exprime uma ideia, que os alemães costumam denominá-la, na sua dimensão vertical, de

---

62. Como se demonstrará na seção 3.3.1, concorda-se, em parte, com essa abordagem da doutrina tradicional, pois aqui se defende ter a praticabilidade uma racionalidade instrumental própria que vai muito além do que uma simples ideia de simplificação para uma aplicação mais adequada do direito.

"modo de pensar tipificante" (DERZI, 2007, p. 335-336), que nada mais é do que uma forma específica de pensar o direito, pois o verbete "pensar" tem a significação de encadear ideias de forma lógica, ou, seja, "formar ou combinar no espírito pensamentos ou idéias." (FERREIRA, 1986, p. 1.303).

Com isso, não há como refutar a correlação da praticabilidade com a de ideia, já que os próprios doutrinadores germânicos, que mais se aprofundaram no estudo do tema em voga, tratam-na, na dimensão vertical, como um "modo de pensamento", ou seja, um "processo mental que se concentra nas ideias." (FERREIRA, 1986, p. 1.302).

Sendo um "modo de pensar" o direito objetivo, ou melhor, de dar exequibilidade à regra de direito,[63] o elemento primordial da praticabilidade, para a doutrina em geral, será a ideia que decorre da simplificação da execução das regras jurídicas que compõem o direito objetivo em nome da eficiência ou da economicidade, possibilitando, desse modo, a sua aplicação massificada ou de outra maneira específica mais adequada e eficiente para toda a sociedade.

Para demonstrar a importância capital do elemento ideia no entendimento do que seja uma instituição, cita-se a seguinte passagem da obra do publicista Maurice Hauriou (2009 p. 53-54):

> As idéias diretrizes, de objetividade apreensível já que passam de um espírito para outro sem perder sua identidade e, por sua própria atração, são o princípio vital das instituições sociais, elas lhes comunicam uma vida própria separável da dos indivíduos, na medida em que as próprias ideias são separáveis de nossos espíritos e reagem sobre eles.

---

63. Repita-se, que a conotação de regra de direito, na tradução da obra de Maurice Hauriou, decorre da palavra *rule of law*, que como é sabido significa Estado de Direito, de modo que quando aqui se fala de tal regra, se está dando um enfoque mais amplo que de uma simples regra jurídica, de modo que seu significado abarque mesmo a própria noção de direito objetivo e o conjunto das normas em geral que o integram.

TEORIA INSTITUCIONAL DA PRATICABILIDADE TRIBUTÁRIA

Com isso, pode-se notar que a ideia que decorre da praticabilidade percorre os espíritos dos diferentes membros de determinada comunidade, provocando-lhes reações as mais variadas, as quais desaguarão na institucionalização de mecanismos jurídicos os mais diversos possíveis por intermédio de órgãos de poder específicos e organizados para a sua consecução, sem que, todavia, tal ideia seja subjetivada numa instituição com personalidade (corporativa), por permanecer sempre externa àquele corpo social.

Assim, para o autor acima declinado, toda instituição que não se personifica (coisa), permanece sempre no mundo das ideias, ou melhor, no mundo inteligível de Platão (1965, p. 119), para quem, nesse plano, existiria, em estado objetivo, uma realidade imaterial que, apesar de influenciar os seres humanos, seria independente e externa a eles.

Situação diversa é o que ocorre na seara da instituição que se personifica, pois, nela, a ideia que existia em estado objetivo passa por um processo de interiorização e incorporação no âmbito da comunidade que dela comunga, culminando esse processo na sua personificação, por meio de um ato de fundação (HAURIOU, 2009, p. 31). Ao se transformar numa ideia em estado subjetivo, personificada, a instituição corporativa de Hauriou passará a integrar não mais o mundo inteligível, mas o mundo chamado por Platão (1963, p. 119) de sensível, tornando-se perceptível aos sentidos humanos.

Portanto, caso se adote, no aspecto mais puro, a concepção teórica de Hauriou, a praticabilidade, ao contrário das instituições que se personificam, coloca-se num patamar totalmente exterior ao mundo sensível para ocupar um mundo palpável apenas pelo pensamento, um mundo de ideias, intangível aos sentidos corpóreos e alcançável somente por meio de um "modo de pensar", bastante próximo ao idealismo platônico.[64]

---

64. Como se verá adiante, não se conceberá nesta pesquisa, esta ideia em estado objetivo como algo preso ao idealismo platônico, apesar de ser essa a linha de

Isso porque, na concepção filosófica de Platão, existem dois mundos distintos, um mundo sensível aos sentidos físicos humanos, onde se situam as instituições corporativas, no qual as ideias se subjetivizam e, consequentemente, se personificam, e outro mundo inteligível a esses sentidos, ou seja, um mundo de ideias objetivas, que se vislumbra somente pela atividade intelectiva, no qual estão situadas as instituições coisas, dentre as quais a "regra de direito" de Hauriou.

3.1. A praticabilidade como uma subinstituição-coisa

Maurice Hauriou (2009, p. 20) concebeu como instituição-coisa, por excelência, a "regra de direito estabelecida socialmente". Para Hauriou, como instituição dessa categoria, a regra de direito ou o direito objetivo, como se preferir, teria um caráter secundário em relação às instituições corporativas, porque aquela, "[...] na qualidade de ideia", não teria autonomia suficiente para uma existência autônoma (HAURIOU, 2009, p. 52-53).

Isso porque a regra de direito ou o direito objetivo, para o publicista francês, apesar de ter uma vida e uma objetividade próprias para a propagação dos seus efeitos naquele corpo social, necessitaria sempre tomar por empréstimo a força institucionalizada existente nos diversos órgãos de poder do Estado, aproveitando, para tanto, da comunhão de vontade dos membros da comunidade em torno daquele ideal (HAURIOU, 2009, p. 20).

Assim, a regra de direito não teria uma existência autônoma no mundo sensível, pois necessitaria, além das instituições corporativas, sempre de instrumentos outros para propiciar a sua adequada e eficiente aplicação naquele *corpus*. Por isso é preciso, ainda, que exista, na comunidade, uma série de

---

Hauriou. Por isso mesmo, conciliou-se a ideia objetiva da instituição-coisa do publicista francês com o construtivismo-interpretativo de Dworkin, ou seja, tal ideia não será, somente, algo intangível e externo, como uma verdade absoluta, mas algo, também, construído interpretativamente pela comunidade que dela comunga.

TEORIA INSTITUCIONAL DA PRATICABILIDADE TRIBUTÁRIA

sub-regras metódicas que garantam a observância da regra de direito, ou seja, é necessário que haja outra subinstituição-coisa, de caráter instrumental, para possibilitar que os poderes organizados e instituídos garantam a cogência daquela instituição-coisa.

E um desses instrumentos é, sem dúvida, a praticabilidade, que nada mais é do que uma instituição-instrumento do próprio direito, que existe também como subideia em estado objetivo para garantir a autoridade e coerência da ideia que decorre da própria regra de direito. Portanto, a praticabilidade é um corolário da regra de direito ou do direito objetivo em geral, tendo na exequibilidade eficiente e coerente dessa regra o seu propósito moral. Desse modo, fica claro que o seu valor moral é garantir o adequado e coerente cumprimento do ordenamento jurídico e a observância dos grandes princípios que conformam e cercam de tradição e de historicidade certo corpo social organizado.

Desta feita, a ideia de uma execução eficiente, adequada e coerente dos atos normativos em geral, que são postos em determinada comunidade pelos órgãos competentes de poder do Estado, é consequência lógica natural para o pleno desenvolvimento de qualquer corpo social que se pretenda organizado, na medida em que, se a ideia de praticabilidade não for comungada pelos seus membros, ter-se-á uma sociedade altamente ineficiente e perdulária, em que as regras de direito não propagam seus efeitos adequadamente, com coerência, e, consequentemente, elas não terão uma aplicação otimizada.

Por esse motivo, não se pode negar que tal ideia instrumental exista objetivada em qualquer organismo social organizado de forma eficiente, tendo em vista que, segundo Regina Costa, a "[...] praticabilidade está presente no exercício de todas as funções estatais. Isso porque tanto as leis quanto os atos decorrentes de sua aplicação aos casos concretos [...] devem expressar-se em termos exeqüíveis e práticos." (COSTA, 2007, p. 38).

Cabe ressaltar, todavia, que, dentro da perspectiva ideal de Hauriou, com a praticabilidade, essa ideia nunca irá se interiorizar no âmbito da comunidade que dela comunga ou se incorporar aos órgãos de poder organizados que existem para lhe dar execução e aplicação, já que a ideia que dela subjaz permanecerá sempre externa a esses demais elementos.

Na praticabilidade, embora a ideia, por critérios de eficiência ou de economicidade aliados à coerência, funcione como um meio para a aplicação da regra de direito, ela – repita-se – jamais se subjetivizará, incorporando-se ao organismo social. E, apesar de influenciar os espíritos dos membros daquela sociedade, no sentido de que os atos normativos postos sejam implementados de maneira mais coerente e adequada, tal ideia ficará exteriorizada e, consequentemente, objetivada em relação àquela comunidade que dela pactua e, por isso, não se incorporará aos órgãos de poder existentes para a sua execução e fiscalização.

Apesar de a praticabilidade ser, assim como a própria regra de direito, uma ideia em estado objetivo e, portanto, externa aos órgãos de poder institucionalizados – ao contrário da ideia em estado subjetivo – não se pode, aqui, lembrando Hart, perder de vista a perspectiva interna do usuário dessas normas jurídicas, pois elas, como instituições ou subinstituições-coisa, têm sempre um caráter normativo que não se pode olvidar, como se verá com mais vagar na seção 3.2.

Assim, os órgãos de poder aplicam essa subideia externa à comunidade porque seus membros aderem à praticabilidade sempre por razões de coerência aliada à eficiência ou à economicidade e, com isso, eles a consideram um instrumento prático para a consecução de uma ideia diretriz maior, objetivada nas regras de direito finalísticas, possibilitando-se, dessa forma, a sua adequada exequibilidade no âmbito daquele corpo social.

Para compreender esse cunho instrumental da subinstituição-coisa praticabilidade em relação à instituição-coisa

TEORIA INSTITUCIONAL DA PRATICABILIDADE TRIBUTÁRIA

regra, é imperativo compreender melhor a ideia que, hodiernamente, subjaz da regra de direito.

3.2. Da ideia que decorre da regra de direito

Maurice Hauriou definiu a regra de direito como uma instituição-coisa que portava uma ideia objetivada num corpo social, mas que não se interiorizava nessa comunidade e nem se incorporava aos órgãos de poder organizados existentes para a sua aplicação e a sua execução. Essa ideia, apesar de objetivada e de propagar seus efeitos naquele organismo social, permanecia sempre externa a ele (HAURIOU, 2009, p. 20).

Por não se subjetivar e, consequentemente, não se personificar, a ideia contida na regra de direito permanecia sempre em estado objetivo, externa ao *corpus*, e, por tal motivo, ao contrário da ideia subjetivada na instituição que se personificava (corporativa), a regra tinha sempre um caráter secundário em relação a esta última (HAURIOU, 2009, p. 52-53). Isso porque, para propagar os seus efeitos naquele corpo social, por estar exteriorizada em relação a esse mesmo organismo, a regra de direito dependeria sempre, para a sua aplicação, do poder de ação de uma instituição corporativa, como, por exemplo, o Estado, embora existam outras (HAURIOU, 2009, p. 20).

Percebe-se, no discurso de Maurice Hauriou, uma maior influência da concepção do sistema jurídico subjetivista (Jellinek) do que a do sistema objetivista (Duguit), como se verifica a seguir (HAURIOU, 2009, p. 53):

> O erro de Léon Duguit, quando edificou o seu sistema de direito objetivo, foi de apostar no direito objetivo, de apostar na regra de direito. O verdadeiro elemento objetivo do sistema jurídico é a instituição; é verdade que ela contém um germe subjetivo que se desenvolve por meio do fenômeno da personificação; mas o elemento objetivo subsiste no *corpus* da instituição e só esse *corpus*, com sua ideia diretriz e seu poder organizado, já é muito

93

superior em virtude jurídica à regra de direito. São as instituições que fazem as regras de direito, não são as regras de direito que fazem as instituições.

Assim, sendo a regra de direito, para Hauriou, uma instituição-coisa, habitante de um mundo inteligível, que traz em si uma ideia em estado objetivo, ela será sempre dependente de um poder organizado, existente numa instituição corporativa, que lhe dê aplicação para a propagação de seus efeitos no *corpus*. Por tal motivo, é preciso delimitar bem o conteúdo de tal ideia e, desse modo, demarcar os seus principais contornos. Mas, para isso, é imperativo que se entenda o conceito de regra de direito.

Talvez a obra filosófica que mais tenha revolucionado, na busca da compreensão do que seja tal regra, tenha sido "O Conceito de Direito", de Hebert Lionel Adolphus Hart.

Isso porque foi a partir da obra de Hart que se buscou justificar a ideia de normatividade da regra jurídica de uma perspectiva também interna, ou seja, de sua aceitação social, e não meramente externa, por meio de ordens coercitivas, como pretenderam fazer positivistas de escol como, por exemplo, John Austin e Hans Kelsen.

Hart inicia a sua construção teórica, também, dividindo as regras em primárias e secundárias. Aquelas primeiras impõem deveres e obrigações aos indivíduos, já as do segundo tipo

> [...] são em certo sentido parasitas ou secundárias em relação às primeiras: porque asseguram que os seres humanos possam criar, ao fazer ou dizer certas coisas, novas regras do tipo primário, extinguir ou modificar as regras antigas ou determinar de diferentes modos a sua incidência ou fiscalizar a sua aplicação (HART, 2001, p. 91).

Todavia, na sua construção, as regras não são observadas, somente, do ponto de vista externo do observador, ou seja,

TEORIA INSTITUCIONAL DA PRATICABILIDADE TRIBUTÁRIA

pela sua autoridade, força e poder de coerção, pois, ao agir desse modo, segundo Hart, seria desconsiderada a pressão social em que, muitas vezes, se apoiam as regras de obrigação (HART, 2001, p. 98). A aceitação das regras pelo grupo social cria um novo prisma de análise, que Hart chama de ponto de vista interno (HART, 2001, p. 99).

Assim, para Hart (2001, p. 98), é esse contraponto entre "[...] aspecto interno e externo das regras [...] o que dá a esta distinção a sua grande importância para a compreensão, não só do direito, mas da estrutura de qualquer sociedade." Isso porque, se a regra fosse analisada apenas do ponto de vista externo do observador, ter-se-ia não um padrão de comportamento, mas simples predições ou probabilidades de ação.

Nesse sentido são as lições de Hart (2001 p. 99-100):

> Contudo, se o observador se confinar de forma estrita a este extremo ponto de vista externo e não der qualquer conta do modo por que os membros do grupo aceitam as regras e encaram o seu próprio comportamento regular, a descrição por si feita da vida dele não pode ser referida de forma alguma em termos de regras e, por isso, não pode ser feita em termos das noções, em si dependentes de regras, de obrigação e dever. Em vez disso, será feita em termos de regularidades observáveis de conduta, de predições, de probabilidades e de sinais. Para tal observador, os desvios de conduta normal por parte de um membro do grupo serão um sinal de que é provável que se seguirá uma reação hostil, e nada mais. O seu ponto de vista será semelhante ao daquele que, depois de ter observado durante algum tempo o funcionamento de um sinal de trânsito numa rua de grande movimento, se limita a dizer que, quando as luzes passam a encarnado, há uma probabilidade elevada de que o trânsito pare. Ele trata a luz apenas como um sinal natural de que as pessoas se comportarão de certos modos, tal como as nuvens são um sinal de que virá chuva. Ao fazer assim, escapar-lhe-á uma dimensão total da vida social daqueles que ele observa, uma vez que para estes a luz encarnada não é apenas sinal de que os outros vão parar: encaram tal como um sinal para eles pararem, e, por isso, como uma razão para parar em conformidade com as regras que transformam o acto de parar, quando a luz está encarnada, num padrão de comportamento e numa obrigação. Mencionar isto é trazer

para o relato o modo por que o grupo encara o seu próprio comportamento. Significa referir-se ao aspecto interno das regras, visto do ponto de vista interno dele.

Dessa forma, a partir do ponto de vista de Hart, de que a regra de direito pode ser compreendida não só externa, mas internamente, torna-se possível entender a "[...] tensão entre os que, por um lado, aceitam e cooperam voluntariamente na manutenção das regras [...] e os que, por outro lado, rejeitam as regras e atendem a elas apenas de um ponto de vista externo como sinal de possível castigo." (HART, 2001, p. 100).

Cabe ressaltar, contudo, que, apesar de as regras primárias estabelecerem padrões de comportamento, é imperativo que existam outras regras que as complementem e, assim, permitam que elas formem um sistema, e não apenas "[...] um conjunto de padrões separados, sem qualquer identificação ou marca [...]." (HART, 2001, p. 102).

Exatamente para suprir essa incompletude das normas primárias e dar-lhes um caráter de ordenamento, Hart propõe a existência de normas secundárias como remédios para sanar o que ele (HART, 2001, p. 103) denomina de três defeitos principais das regras primárias, a saber:

> O remédio para cada um destes três defeitos principais, nesta forma mais simples de estrutura social, consiste em complementar as regras primárias de obrigação com regras secundárias, as quais são regras de diferentes espécies. A introdução de um corretivo para cada defeito poderia em si ser considerado um passo na passagem do mundo pré-jurídico para o jurídico, uma vez que cada um desses remédios traz consigo muitos elementos que vão permear o direito: os três remédios em conjunto são sem dúvida o bastante para converter o regime das primárias naquilo que é indiscutivelmente um sistema jurídico.

TEORIA INSTITUCIONAL DA PRATICABILIDADE TRIBUTÁRIA

Portanto, são as normas secundárias que dão o caráter sistêmico ao direito, suprindo os principais defeitos de incompletude das normas primárias. Por isso, para corrigir o seu primeiro defeito, no que diz respeito às incertezas quanto às fontes de produção do direito, ou seja, para validar o que é jurídico ou não, Hart denominará tal norma secundária de regra de reconhecimento, a qual estabelece os critérios gerais de validade das regras "ao conferir uma marca de autoridade." (HART, 2001, p. 105). Para Thomas Bustamante (2012b, p. 128), essa regra "[...] desempenha uma função em certo sentido análoga à da norma fundamental Kelseniana: ambas exercem o papel de critérios para a identificação do Direito válido."

Com o escopo de remediar o segundo defeito para o aspecto estático das regras primárias, Hart introduz outra regra secundária, denominada de regra de alteração. Por meio de tal regra, atribui-se poder "[...] a um indivíduo ou a um corpo de indivíduos para introduzir novas regras primárias para a conduta da vida do grupo, ou de certa classe dentro dele, e para eliminar as regras antigas." (HART, 2001, p. 105).

Já para sanar o último dos três defeitos de "[...] ineficácia da pressão social difusa" e estabelecer "[...] poder aos indivíduos para proferir determinações dotadas de autoridade respeitantes à questão sobre se, numa ocasião concreta, foi violada um regra primária [...]" (HART, 2001, p. 106), o professor inglês estabeleceu uma última norma secundária, chamada de regra de julgamento.

"As regras de alteração", que modificam ou extinguem outras regras, e "as regras de julgamento", que definem competência de autoridades para a aplicação das regras primárias, são também importantes e vitais para a formação de qualquer sistema jurídico. Todavia, o grande avanço que Hart trouxe na reformulação da ideia objetiva de regra de direito – em relação às teorias positivistas de Kelsen[65] e de Austin[66] – foi por intermédio da sua original ideia de uma "regra de reconhecimento", com isso possibilitando o surgimento de escolas pós-positivistas e de novas teorias argumentativas.

São bastante esclarecedoras as lições de Thomas Bustamante (2012b, p. 131) nesse sentido:

> Quando Hart distingue entre a perspectiva interna – de um membro de um grupo que acata e usa determinadas regras como guias de conduta – e a perspectiva externa – do observador que não necessariamente aceita essas regras, mas a analisa 'desde fora', ao se referir 'à forma como eles [os que se submetem a uma ordem jurídica] se relacionam com as normas do ponto de vista interno' [HART 1994-a: 89] – abre caminho para uma verdadeira mudança de paradigma na teoria e na filosofia jurídicas. É justamente a 'virada para a perspectiva interna' – ou 'virada hartiana' – que permitiu a partir das três últimas décadas do século XX, o desenvolvimento

---

65. Para Hans Kelsen, que observava o direito da perspectiva externa, a norma estatuidora da sanção, por conter negativamente na sua hipótese a norma que prescreve a conduta almejada pelo direito, seria uma norma autônoma por prescindir da norma que estatui a conduta desejada pela ordem jurídica, sendo esta última, nas suas palavras, "supérflua do ponto de vista da técnica legislativa." (KELSEN, 1987, p. 59). Por tal razão, o direito para ele se caracterizaria como uma ordem de coerção, na medida em que as normas meramente interpretativas, as normas de competência, as normas que limitam ou retiram o âmbito de validade de outras, todas elas seriam normas não autônomas por estarem ligadas necessariamente a normas autônomas que estabelecem atos de coerção. Todas as normas não autônomas serviriam somente para estatuir os pressupostos e requisitos para a aplicação da sanção jurídica. Dessa forma, a normatividade do direito, para ele, estaria na ideia de força (KELSEN, 1987, p. 60-61).

66. John Austin era também outro jurista que concebia o direito unicamente pelo prisma externo. Para ele, o conceito de regra de direito trazia consigo um comando que tinha seu aspecto mais importante na sanção. Portanto, o comando refletia o poder de sanção daquele que o estabelecia. Assim, nessa concepção, a autoridade do direito é pressuposta, na medida em que os conceitos de comando e dever se equivalem, já que o significado de um, necessariamente, envolverá o outro. Isso porque, havendo um comando, há o dever de obedecer e, do mesmo modo, existindo um dever, houve uma autoridade que estabeleceu um comando correlato. Em caso de não cumprimento desse dever, a consequência negativa (*evil*) será a imposição da sanção. A noção de regra contém comando, sanção e dever (AUSTIN, 1911, 506-507). Para sintetizar, nessa concepção filosófica, a ideia de regra jurídica tem um nítido conteúdo de autoridade.

TEORIA INSTITUCIONAL DA PRATICABILIDADE TRIBUTÁRIA

> de teorias da argumentação jurídica destinadas à justificação racional das decisões tomadas com base no Direito e, no plano da teoria geral do Direito, uma revisão da ideia – típica do Positivismo – de que o Direito poderia ser analisado apenas como um 'fato social', como um produto pronto e acabado que é fruto unicamente da decisão de uma autoridade cujos poderes estão institucionalizados de alguma maneira na sociedade [...].

Isso porque, por essa regra de reconhecimento, a normatividade do direito deixa de ser produto da autoridade ou da força para tornar-se uma prática social, na medida em que, por meio dela, é estabelecido um critério de aceitação que converge em um padrão genérico de comportamento jurídico. Assim, tem-se um sistema ou um ordenamento, porque o grupo social aceita essa regra que estabelece e valida padrões, ou seja, uma vez aceita socialmente, ela validará as demais várias regras sistêmicas.

Ao reconhecer a pressão social, a regra de reconhecimento muda a análise do sistema para a sua perspectiva interior, e não unicamente exterior, já que ela somente pode ser apreendida, do ponto de vista interno, por meio do seu reconhecimento pelos próprios operadores desse sistema.

Fica nítido que a regra de reconhecimento, para Hart, é uma norma social, pois ela não é apenas o fato bruto de aceitar, mas sim a adoção de uma atitude crítica e reflexiva por parte daqueles que operam as regras numa comunidade, como pode ser observado na seguinte passagem de sua obra (HART, 2001, p. 108):

> A maior parte das obscuridades e distorções que rodeiam os conceitos jurídicos e políticos surge do fato de que estes envolvem, de forma essencial, uma referência àquilo que chamamos o ponto de vista interno: o ponto de vista dos que não se limitam a anotar e a predizer o comportamento conforme as regras, mas que usam as regras como padrões para a apreciação do comportamento próprio e dos outros.

Assim, por meio de sua aceitação social, a regra de reconhecimento servirá, nos dizeres de Dworkin (2002, p. 106), como um "teste de *pedigree*" para estabelecer critérios para identificar as demais regras válidas, ou seja, "Dizer que uma dada regra é válida é reconhecê-la como tendo passado todos os testes facultados pela regra de reconhecimento e, portanto como uma regra do sistema." (HART, 2001, p. 114).

Assim, fica claro que a ideia, em estado objetivo, que perfaz a instituição regra de direito, na concepção de Hart, é a ideia de prática social, e não a de comando, autoridade ou sanção, como queriam, respectivamente, Austin e Kelsen.

Mudando o foco de enquadramento, Scott Shapiro dá à ideia que subjaz da regra de direito uma conotação totalmente diversa, que não a de prática social ou de ordem de coerção. Para o autor em tela, as regras de direito seriam mais bem compreendidas a partir da ideia objetiva de planejamento. Isso porque, para Shapiro, Austin e Hart não conseguiram resolver o paradoxo visível entre a autoridade existente no sistema do direito e a de quem outorga autoridade ao sistema (*possibility puzzle*) (SHAPIRO, 2011, p. 40-50).

Segundo Shapiro, uma prática social não poderia dar ensejo a uma regra porque, para ele, Hart não teria conseguido explicar como as regras de reconhecimento são originadas e construídas, ou seja, quem lhes conferiria autoridade. Por isso, tais práticas sociais pertenceriam a uma categoria metafísica que não se enquadraria no seu pretenso positivismo excludente (SHAPIRO, 2011, p. 115-117).

Para solucionar esse *possibility puzzle,* Shapiro procura trabalhar as regras de direito não como práticas sociais, mas como planejamento, tendo em vista que a autoridade dessas regras "[...] nunca é uma questão de legitimidade moral, mas uma questão de que as autoridades daquele sistema aceitam um plano que permite e exige deferência àquele corpo." (SHAPIRO, 2011, p. 119, tradução nossa).[67]

---

67. [...] is never one of its moral legitimacy, it is a question of whether the relevant

TEORIA INSTITUCIONAL DA PRATICABILIDADE TRIBUTÁRIA

Assim, a questão de quem confere a autoridade do direito advém não de uma construção moral, mas de uma concepção exclusivamente positivista, que decorre da capacidade que os membros da comunidade têm de fazer e de aderir aos planos traçados nas regras de direito fundamentais. Nesse contexto, para Shapiro, os membros de um corpo social organizado são sempre *"planning creatures"* (SHAPIRO, 2011, p. 119). Portanto, fica claro que, para ele, a ideia objetivada na regra de direito é "[...] a de que as regras jurídicas, em si, constituem planos, ou normas semelhantes aos planos." (2011, p. 120, tradução nossa).[68]

Os planos mais genéricos vão, segundo o declinado autor, se ramificando em planos mais específicos, no sentido de orientar a atividade dos membros do grupo, possibilitando-lhes "[...] os melhores meios de evitar conflitos e de eliminar a urgência da necessidade de deliberação a todo instante em que se verificar um conflito [...]." (SHAPIRO, 2011, p. 152, tradução nossa).[69] Desse modo, os nominados planos do jurista em tela "[...] não somente reduzem os custos e aumentam a previsibilidade de comportamento, mas também permitem tornar mais fácil a criação de uma ética de respeito em toda a comunidade." (SHAPIRO, 2011, p. 153, tradução nossa).[70]

Destarte, os planos existem para que o sistema possa suplantar as deficiências morais do direito (SHAPIRO, 2011, p. 172). Por tal motivo, para o declinado autor norte-americano, o sistema de regras é uma verdadeira instituição que permite o planejamento comunitário e cujo principal escopo

---

officials of that system accept a plan that authorizes and requires deference to that body.

68. [...] and that legal rules themselves constitute plans, or planlike norms.

69. [...] the best ways to avoid conflict and hence eliminate the need to deliberate at every turn about how to steer clear of trouble [...].

70. [...] are able not only to economize on costs and increase predictability of behavior, but also to facilitate an ethic of respect among the entire community.

é compensar as deficiências de juridicidade dos mecanismos existentes no ordenamento jurídico (SHAPIRO, 2011, p. 171).

Com isso, para Shapiro, não são as sanções que permeiam as regras de direito, mas os planos, a quem cabe distribuir os papéis de cada um dos atores na sociedade. Essa distribuição de tarefas empreendida pelos planos contidos nas regras não opera como meras descrições, mas como decisões antecipadas. Ou seja, ao substituir a vontade individual das pessoas, o plano passa a pensar por elas, permitindo que haja coordenação no seu agir, por meio de um pressuposto sistema hierárquico de supervisão e de controle na sua execução (SHAPIRO, 2011, p. 235).

Dessa forma, a ideia, em estado objetivo, que permeia a regra de direito poderá adotar diversas concepções, conforme a corrente filosófica que se adote. Poderá ela ser entendida, numa visão estritamente positivista, como força ou como autoridade. Em sentido diverso, e aliando-se mais à perspectiva desta pesquisa, poderá ser vista como prática social, ou, ainda, como planejamento. Todavia, qualquer que seja a percepção que se tenha da ideia que decorre da regra de direito – como prática social ou planejamento – para satisfazer de forma plena a um dos marcos teóricos aqui adotados, qual seja, do direito como integridade, ela deverá sempre se conformar à força integrativa dos princípios.

Isso porque, para Ronald Dworkin (1999, p. 203-204), são os princípios que dão coerência ao direito, impondo aos seus operadores, em especial aos juízes, a responsabilidade de tomar a decisão que seja mais adequada ao caso concreto, pois é por intermédio daqueles que se obtém a integridade do sistema.

Assim, numa comunidade, seus membros compartilham de um entendimento comum acerca de certos pressupostos morais, pois "[...] seus destinos estão fortemente ligados da seguinte maneira: aceitam que são governados por princípios comuns, e não apenas por regras criadas por um acordo político." (DWORKIN, 1999, p. 254). Fica claro, portanto, que "[...] o ponto central da integridade é o princípio." (DWORKIN, 2003, p. 205). Na concepção de Dworkin, toda argumentação principiológica não é procedimentalista ou semântica, mas lógico-pragmática, na medida em que, na sua construção interpretativa, são consideradas tanto a historicidade quanto as tradições concretas existentes na comunidade.

Por tal razão, para Dworkin, embora haja uma distinção clara e lógica entre princípios e regras, não há entre eles uma cisão estrutural que os diferencie aprioristicamente, pois os princípios poderão ser aplicados diretamente ou, então, conformarão, interpretativamente, a atividade de aplicar as regras, moldando, argumentativamente, o seu significado e, via de consequência, limitando a discricionariedade hermenêutica do seu aplicador.

Portanto, sendo a verdadeira norma jurídica o resultado da interpretação num caso concreto, haverá por trás de quaisquer ideias de regra um princípio que sempre as conformará e as condicionará, dando integridade ao ordenamento jurídico. E, muitas vezes, para dar exequibilidade às regras e aos grandes princípios fundamentais da comunidade, poderá ser necessário recorrer a uma outra instituição-coisa, de caráter instrumental, no caso, uma subinstituição chamada praticabilidade.

3.2.1. Da praticabilidade como instrumento para a exequibilidade da regra de direito

Na seção anterior, ficou bastante claro que, de acordo com o marco teórico adotado, qualquer que seja a concepção que se tenha acerca da ideia objetivada na regra de direito (plano ou prática social), ela somente poderá ser concebida como norma – produto final da interpretação – se for concretizada observando-se os grandes princípios pressupostos na comunidade, pois são eles que conferem integridade ao direito.

Isso porque, de acordo com Thomas Bustamante (2012b, p. 138-139),

> [...] o Direito é uma prática social interpretativa institucionalizada cujo sentido é atribuído pelos princípios (de natureza jurídica, na medida em que seus efeitos irradiam sobre o ordenamento jurídico, tanto na atividade legislativa – *integrity in legislation* – como na atividade de aplicação judicial do Direito – *integrity in adjudication* –, mas também moral, haja vista que sua validade independe de um 'teste de pedigree'), compartilhados pelo grupo social a que se referem e subjacentes às regras utilizadas para resolução de problemas jurídicos concretos.

Assim, caso se entenda que a ideia objetiva que ronda a instituição-coisa regra de direito seja a de uma prática social, tal ideia deve sempre se adequar aos princípios fundantes da comunidade para a criação da norma do caso concreto.

Ocorre, todavia, que, muitas das vezes, os órgãos de poder existentes – para a concretização de tal regra institucionalizadora de uma prática social – necessitarão de instrumentos outros que lhe confiram exequibilidade. Desse modo, para que ela tenha efetividade, o Legislativo ou o Executivo precisarão recorrer a mecanismos práticos que, em nome da coerência, possibilitem a aplicação eficiente ou econômica do programa normativo de uma regra constitucional ou infraconstitucional.

Ainda que se conceba a ideia de uma regra não como prática social, mas como planos que existem para suprir as deficiências morais de juridicidade do direito (SHAPIRO, 2011, p. 172), tais planos mais gerais, traçados nas regras e nos princípios, demandarão subplanos, de cunho mais prático e metódico, que, ao mesmo tempo em que possibilitam a redução dos seus custos de execução, também tornam a sua aplicação mais eficiente e coerente.

Ao possibilitar essa execução mais econômica e eficiente dos planos gerais traçados nas regras, esses subplanos garantem a autoridade não só das regras gerais, mas também dos grandes princípios que dão integridade ao sistema, pois, na construção interpretativa da norma, por trás de uma regra haverá um princípio que lhe dará significado.

TEORIA INSTITUCIONAL DA PRATICABILIDADE TRIBUTÁRIA

Assim, seja plano seja prática social, a regra que institucionaliza essa ideia necessitará de uma subinstituição que permita a observância dessa outra instituição, ou seja, é preciso que existam mecanismos que tornem, em situações de maior complexidade fática ou jurídica, a aplicação dessa regra mais prática, garantindo, com isso, a cogência e coerência do direito.

Destarte, a exemplo do que ocorre na construção argumentativa das normas, há sempre, acima das regras jurídicas, um princípio a lhes dar sustentação. E, abaixo de ambos, poderá haver, para dar-lhes exequibilidade, uma instituição de cunho instrumental chamada praticabilidade.

Para uma melhor visualização do que foi dito acima acerca do posicionamento institucional da praticabilidade, da regra de direito e dos princípios dentro do sistema jurídico como um todo, traz-se à colação o seguinte quadro esquemático:[71]

Figura 1 – Posicionamento da praticabilidade tributária

Justiça-Equidade

Devido Processo Legal Adjetivo

Regra de direito = direito objetivo posto
(instituição-coisa)

Regra-matriz de incidência tributária

Praticabilidade = subinstituição-coisa

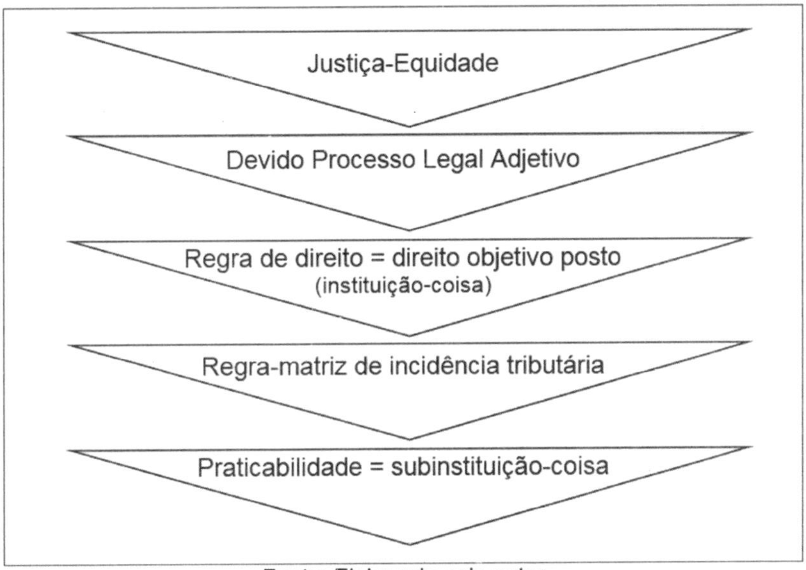

Fonte: Elaborado pelo autor

---

71. O declinado quadro esquemático foi elaborado, com as devidas alterações, a partir de um esquema formulado por Misabel Derzi (2009, p. 603), apoiada nas lições de Roland Kreibich.

Percebe-se, nesse quadro, que os princípios morais que dão integridade ao sistema jurídico (justiça, equidade e devido processo legal adjetivo) conformam as próprias regras jurídicas e demais princípios postos que compõem o chamado direito objetivo positivado e institucionalizado ou, como se preferir, regra de direito, no qual a regra-matriz de incidência tributária está inserida. A praticabilidade, por sua vez, é uma sub-regra de caráter instrumental e metódico para, no subsistema tributário, que é o cerne de interesse específico desta pesquisa, dar exequibilidade eficiente às regras tributárias impositivas em geral, as quais, ao estabelecerem determinadas hipóteses específicas de incidência, impõem ao contribuinte o dever de recolher tributos os mais diversos aos cofres públicos, devendo, sempre, é claro, haver, na sua aplicação, coerência em relação àqueles princípios que conformam a própria moral política comunitária.

Assim, na seara tributária, ao contrário do que afirma a maior parte da doutrina, a praticabilidade deve ser compreendida não como um princípio, mas, sim, como uma instituição de razão instrumental, contida em sub-regras jurídicas institucionalizadas, as quais estabelecem uma série de procedimentos e mecanismos para garantir a aplicação adequada e coerente das regras-matrizes de incidência. Essas regras tributárias impositivas, por seu turno, estão abarcadas pelas regras de direito em geral que compõem o chamado direito objetivo posto, limitado pelo princípio do devido processo legal adjetivo, o qual, por fim, está superposto pelas próprias exigências de justiça e equidade, dimensões próprias de um fundo moral compartilhado.[72]

Tais princípios, independentemente de um "teste de *pedigree*" ou de estarem positivados no ordenamento jurídico positivo por meio de um acordo político, estão pressupostos moralmente pela historicidade e pela tradição em qualquer

---

72. As limitações à praticabilidade operadas por esses princípios serão estudadas especificamente na seção 5.3 da presente pesquisa.

comunidade tida como democrática e organizada, conferindo integridade ao sistema. Por isso, na interpretação de qualquer regra que componha o direito objetivo institucionalizado, eles conformarão o significado final da eventual norma que seja, argumentativamente, produzida.

Todavia, no direito tributário – que na atual conjuntura é de uma complexidade premente – exigir-se-á dos poderes organizados, para a aplicação e fiscalização da ocorrência das diversas regras-matrizes de incidência, a institucionalização dos mais variados mecanismos de ordem prática que tornem exequíveis os seus comandos. Nesse contexto, lidimamente, a praticabilidade revela-se como a subinstituição mais adequada racionalmente para garantir não somente a exequibilidade dessas regras-matrizes, mas também a autoridade e a coerência com os grandes princípios comunitários.

Desse modo, enquanto a regra de direito, como instituição-coisa, traz em si uma ideia objetiva de prática social, ou de planos, como se preferir, a praticabilidade porta uma subideia de racionalidade instrumental para garantir a coerência na aplicação dessas regras e, com isso, preservar a própria autoridade e cogência dos princípios que a conformam.

Sendo, portanto, melhor encarada não como um princípio, mas como uma subideia instrumental, que existe em estado objetivo, abaixo das demais regras de direito em geral, a praticabilidade, como qualquer ideia, torna-se passível de absorção tanto da confiança quanto da desconfiança que existem, objetivamente, no sistema jurídico como mecanismos auxiliares de redução das mais diversas formas de complexidade decorrentes do ambiente.

Por isso, no que se refere a sua justificativa geral, a praticabilidade não pode ficar adstrita somente àquela ideia de um mero mecanismo de simplificação para suplantar um real estado de necessidade administrativo, já que, em face da complexidade premente e inerente do atual sistema tributário, a sua racionalidade vai muito além disso, como se observará a seguir.

3.3. Da confiança e da desconfiança objetivada no sistema jurídico na concepção de Luhmann

Para demonstrar como a ideia que subjaz da praticabilidade é muito mais do que um simples mecanismo de simplificação para superar eventual estado de necessidade administrativo e que, em face disso, a sua racionalidade instrumental torna-se passível de incorporação tanto da desconfiança quanto da confiança objetivada nos diferentes subsistemas, é imperativo, primeiramente, uma breve incursão na teoria funcional luhmaniana da confiança sistêmica para, com isso, dispor de substratos suficientes para a demonstração da tese ora defendida.

Cabe ressaltar aqui que, apesar de Niklas Luhmann também fazer uma abordagem da confiança sistêmica, assim como o faz Scott Shapiro,[73] o enfoque de ambos é diverso.

Enquanto Shapiro centra o seu foco na forma como a confiança é distribuída aos executores dos processos de construção e de reconstrução dos planos, sendo isso vital para a interpretação adequada do direito, Luhmann se preocupa com um outro aspecto, qual seja como essa confiança se forma dentro do sistema, diferenciando-se das relações de familiaridade e de confiança pessoal, e como, funcionalmente, ela pode servir como um mecanismo auxiliar de simplificação das complexidades advindas do ambiente.

Isso porque a hipercomplexidade do mundo atual e as constantes crises mundiais possibilitaram a Niklas Luhmann verificar que a confiança é um mecanismo que serviria para reduzir tal complexidade e aumentar a tolerância dos indivíduos quanto às incertezas do ambiente.

Dessa forma, para Luhmann, a confiança seria um método funcional auxiliar para lidar com toda essa complexidade

---

73. Acerca da construção teórica da economia da confiança de Scott Shapiro, remete-se o leitor à seção 5.1 e seguintes da presente pesquisa.

do ambiente, conforme se pode observar na seguinte passagem da sua obra (LUHMANN, 1996, p. 14, tradução nossa):[74]

> [...] a confiança pode ser analisada funcionalmente e comparada com outros mecanismos equivalentes. Onde há confiança, há um aumento de possibilidades para a experiência e a ação, há um aumento da complexidade do sistema social e também do número de possibilidades que podem reconciliar-se com sua estrutura, porque a confiança constitui uma forma mais efetiva de redução da complexidade.

Aliás, cabe ressaltar que, de acordo com ele, o próprio sistema já seria um modo de redução das complexidades dos fenômenos sociais, funcionando a confiança e a desconfiança como formas auxiliares de simplificação, já que o sistema seria passível de absorção tanto de uma quanto de outra (LUHMANN, 1996, p. 16). Com isso, o declinado autor admite que a confiança pode ser analisada funcionalmente e, por conseguinte, comparada a outros métodos sociais equivalentes.

Já que todos os atores que operam em determinado sistema têm um déficit natural de informações acerca de tudo o que acontece no ambiente externo, é necessário que eles recorram a instrumentos os mais diversos possíveis que possibilitem aumentar a tolerância quanto àquelas incertezas que decorrem do meio social. Em razão disso, Luhmann defende ser a confiança um dos elementos minimizadores desse conjunto de variáveis, já que "[...] a confiança é requerida para a redução de um futuro caracterizado por uma complexidade mais ou menos indeterminada." (LUHMANN, 1996, p. 26, tradução nossa).[75]

---

74. [...] la confianza puede ser analizada funcionalmente y comparada con otros mecanismos sociales funcionalmente equivalentes. Donde hay confianza hay aumento de posibilidades para la experiencia y la acción, hay un aumento de la complejidad del sistema social y también del número de posibilidades que pueden reconciliarse con su estructura, porque la confianza constituye una forma más efectiva de reducción de la complejidad.

75. [...] la confianza, es requerida para la reducción de un futuro caracterizado por una complejidad más o menos indeterminada.

Assim, a confiança não opera eliminando os perigos advindos do futuro – que sempre permanecerá incerto –, mas possibilitará que os atores do sistema atuem como se ele, pelo menos, fosse confiável (LUHMANN, 1996, p. 32-34). Isso porque, com o gradativo aumento da complexidade social, a história e as tradições vão se perdendo diante da experiência do cotidiano.

Desse modo, "[...] a história vai deixando de ser a recordação das coisas experimentadas para tornar-se uma estrutura predeterminada [...]" (LUHMANN, 1996, p. 34, tradução nossa)[76] de linguagem, a qual se tornará o alicerce para a transição de uma confiança baseada nas relações pessoais para uma confiança sistêmica calcada nos chamados meios de comunicação, ou seja, nos códigos de seleção simbolicamente generalizados (LUHMANN, 1996, p. 48-49).

Com efeito, os sistemas sociais modernos podem armazenar conhecimento de forma que não será preciso conhecer a pessoa que o originou para se confiar nele, pois esse conhecimento restará objetivado no ordenamento por meio da confiança sistêmica (LUHMANN, 1996, p. 50-52).

Em todo esse contexto, surge uma confiança chamada de reflexiva, não por se conhecer a outra pessoa, mas porque os outros também confiam, pois "[...] sem embargo, a base racional da confiança no sistema repousa na confiança depositada na confiança de outras pessoas." (LUHMANN, 1996, p. 121, tradução nossa).[77]

Assim, essa é a marca dos modernos sistemas sociais que incorporam o elemento de reflexividade à confiança, pois quem confia não está interessado em conhecer a verdade essencial, mas sim em buscar mecanismos que reduzam a complexidade, como bem observa Luhmann (1996, p. 119).

---

76. Entonces la historia deja de ser el recuerdo de las cosas experimentadas y se vuelve simplemente una structura pretedeterminada [...].

77. [...] sin embargo, la base racional de la confianza en el sistema yace en la confianza depositada em la confianza de otras personas.

110

TEORIA INSTITUCIONAL DA PRATICABILIDADE TRIBUTÁRIA

Ocorre, todavia, que o conhecimento objetivado no sistema social não incorpora somente a confiança reflexiva, mas também a desconfiança sistêmica. Segundo Luhmann, a desconfiança não é apenas o oposto da confiança, mas, também, o seu equivalente funcional (LUHMANN, 1996, p. 153), pois quem não confia restaura toda a complexidade do ambiente, de forma que será necessário recorrer a um mecanismo capaz de reduzir tal complexidade, e tal mecanismo, no caso, será a desconfiança (LUHMANN, 1996, p. 160-161).

Por isso, "[...] a confiança e a desconfiança são formas para que a complexidade seja reduzida, em princípio, difusas e orientadas a pessoas concretas, grupos ou a objetos e aos acontecimentos que simbolizam sua confiabilidade." (LUHMANN, 1996, p. 161, tradução nossa).[78]

Coadunando-se com a doutrina luhmanniana, Misabel Derzi sintetiza, com grande clareza, os efeitos simplificadores tanto da confiança como da desconfiança sistêmicas (DERZI, 2011, p. 22):

> Mas em todo o sistema jurídico, também se encontra latente a desconfiança que, como veremos, cumpre uma função muito similar àquela de seu oposto, a confiança: ambas reduzem a complexidade da vida. Ambas, tanto a confiança como a desconfiança, operam sem o domínio total das informações úteis e o comando dos eventos, que criam contingências, alternativas múltiplas e variáveis indomáveis. Enfim, reduzindo complexidade, tanto a confiança e a desconfiança são, nesse aspecto, uma ilusão, já que, para a redução da complexidade, mutilam também a gama de informações úteis e necessárias.

Cabe ressaltar ainda que, para Luhmann (1996, p. 161), a desconfiança também objetiva uma simplificação, mas uma simplificação mais radical, na medida em que aquela pessoa que desconfia ficará mais dependente com menos informações.

---

78. La confianza y la desconfianza son, en la forma em que la complejidad sea reducida, en principio, difusas y orientadas a personas concretas, grupos o a los objetos y los sucesos que simbolizan su confiabilidad.

Por tal motivo, adverte o autor tedesco (LUHMANN, 1996, p. 163), um sistema social que não pode evitar a desconfiança necessita de meios que mitiguem a sua força de destruição, devendo as situações de desconfiança ser apreendidas como exceções, e não regra.

Nesse sentido são as lições de Luhmann (1996, p. 162, tradução nossa):[79]

> A confiança nos sistemas, como um todo, pode, como vimos, depender decisivamente de que a confiança seja reduzida nos pontos críticos e que a desconfiança seja desativada. Lado outro, só nos sistemas que gozam de confiança pode a desconfiança institucionalizar-se e restringir-se, de modo que não seja considerada como pessoal e, assim concebida, fique impedida de se estender aos conflitos.

Obviamente, em todos os sistemas sociais, nos quais se inclui o sistema jurídico, há casos que exigem ações de confiança e outros de desconfiança, de modo que a decisão preponderante sobre confiar ou não confiar dependerá do setor onde está situado determinado ator dentro do sistema e do problema concreto colocado para a sua solução.

3.3.1. Da praticabilidade como subideia racionalmente construída que absorve a desconfiança e a confiança sistêmicas

No direito, o próprio sistema, ou direito objetivo, no qual a praticabilidade está inserida como uma sub-regra instrumental objetivada, já é uma primeira forma de simplificação das complexidades advindas do ambiente.

---

79. La confianza en los sistemas como un todo puede, como vimos, depender decisivamente de que la confianza sea reducida en los puntos críticos y de que la desconfianza sea desactivada. A la inversa, sólo en los sistemas que gozan de confianza puede la desconfianza institucionalizarse y restringirse tanto que no sea considerada como personal, y así correspondida quedar protegida de la extensión en conflictos.

TEORIA INSTITUCIONAL DA PRATICABILIDADE TRIBUTÁRIA

Isso porque, como visto na abordagem tradicional, a praticabilidade porta, em si mesma, também uma ideia objetiva e externa de simplificação para a execução adequada das diversas regras jurídicas. Todavia, apesar de ser uma instituição-coisa instrumental e não se subjetivar pela interiorização e pela incorporação numa instituição corporativa, como já visto nas lições de Hauriou, não se pode concordar somente com essa perspectiva externa atribuída à ideia pelo publicista francês.

Não se descura que, em se tratando de instituição-coisa – na qual as regras de direito em geral e a praticabilidade, como subinstituição, estão inseridas –, as ideias permanecem externas às instituições corporativas, que existem para a sua aplicação, e, portanto, não se interiorizam nem se incorporam nesses órgãos institucionalizados. Todavia, apesar de permanecerem externas, tais regras e sub-regras não podem ser analisadas somente pela perspectiva externa das instituições corporativas criadoras dessas normas, pois tais instituições-coisas também têm de levar em conta a sua faceta normativa, ou seja, devem ser compreendidas, ainda, pela perspectiva interna dos seus usuários.

Por isso, MacCormick (2011, p. 354), influenciado por Hart, sempre defendeu que o direito, apesar de institucionalizado, é normativo e, portanto, qualquer uma de suas regras deve ser entendida não somente pelo enfoque externo da autoridade das instituições corporativas que criam o direito, mas também pela prática interna de sua aceitação, por meio do seu cumprimento voluntário.

Desse modo, tanto a instituição-coisa regra de direito quanto a subinstituição-coisa praticabilidade, apesar de não se subjetivarem, não podem ser analisadas somente pelo ponto de vista externo, como queria Hauriou, deixando de lado a perspectiva interna dos aplicadores e usuários dessas regras e sub-regras, ou seja, devem ser enfocadas também pela sua normatividade, como preconizava MacCormick.

113

E é nesse ponto, portanto, que se começa a atualizar e a modernizar a concepção institucionalista de Hauriou, para, na ideia das regras de direito em estado objetivo, incluir não só a sua perspectiva externa, mas, também, aquela interna de prática social normativa dos usuários da norma, como defendia Neil MacCormick (2011, p. 356).

Com isso, a ideia em estado objetivo concebida nessas regras vai se afastando daquela noção mais positivista de Hauriou – como se tal ideia fosse algo pressuposto e imaterial, próximo da concepção platônica – e se aproximando de uma concepção de ideia em estado objetivo, racionalmente construída no âmbito da própria sociedade, na qual o direito não deixa nunca de se entrelaçar com a moral de fundo, compartilhada comunitariamente.

Apesar de estar em estado objetivo, tal ideia não pode jamais prescindir de valores sociais preconcebidos, pois, para MacCormick, "[...] a objetividade depende de valores e da capacidade de apresentar a melhor e mais coerente explicação de algo. A elucidação dos valores não é a antítese da objetividade, senão sua precondição." (MACCORMICK, 2011, p. 364, tradução nossa).[80]

Por isso, a ideia objetivada nas regras de direito em geral deve ser observada não somente por aquela perspectiva externa e objetiva de Hauriou, mas, também, pelo seu prisma interno e normativo, atentando-se, ainda, para os valores morais compartilhados na comunidade, como defende MacCormick. E tal raciocínio aplica-se tanto à instituição-coisa regra de direito como à subinstituição-coisa praticabilidade, que, a exemplo daquela, não perde nunca o seu caráter de regra, todavia, uma sub-regra, cuja razão é sempre instrumental.

Portanto, a praticabilidade tem uma racionalidade própria, que é metódica e existe em virtude da própria coerência

---

80. La objetividad depende de valores y de la capacidad de presentar la mejor y más coherente explicación de éstos. La elucidación de los valores no es la antítesis de la objetividad sino su precondición.

na aplicação do direito em geral. Por isso, vai muito além daquela propalada e simples ideia de simplificação para a adequada aplicação das regras jurídicas quando se vislumbre o chamado estado de necessidade administrativo.

Essa ideia minimalista de mera simplificação da praticabilidade não pode ser aceita como algo somente externo e imutável, como se derivada de uma concepção de ideia de Platão, pois "[...] apesar desta natureza 'platônica' do conhecimento, a racionalidade de um juízo não implica na sua veracidade, mas apenas a sua aceitabilidade justificada num dado contexto." (HABERMAS, 1996, p. 189).

No contexto de décadas passadas, a ideia de praticabilidade poderia, na seara tributária, ser perfeitamente compreendida como um simples mecanismo de simplificação para adequada aplicação do direito, cujas justificativas seriam, unicamente, a defesa da esfera privada, a uniformidade da tributação e, a mais relevante delas, a superação do estado de necessidade administrativo, como fez notar Misabel Derzi (2007, p. 336-340).

Todavia, nos dias atuais, a complexidade do sistema tributário tornou-se algo premente e mesmo inerente a ele, fazendo com que a aplicação desse ramo do direito tenha se massificado diante da gigantesca gama de contribuintes, que cresce desproporcionalmente ao aparato administrativo (BATISTA JÚNIOR; SANTOS, 2013, p. 8).

Portanto, a crescente demanda pela aplicação em massa da lei para a efetividade da imposição da regra-matriz de incidência tributária tornou a justificativa do estado de necessidade administrativo, pelo menos no direito tributário, não algo excepcional, como já foi outrora, mas uma situação inerente à estrutura desse próprio subsistema, fazendo do recurso à ideia de praticabilidade não uma exceção, mas um instrumento premente, usual e corriqueiro na seara tributária, como bem adverte Helenílson Cunha Pontes (2004, p. 57):

EDUARDO MORAIS DA ROCHA

Ora, por que a praticabilidade? Pela simples razão de que o direito tributário é um direito de massa, quer dizer, milhares de declarações de imposto de renda, milhares de DCTFs, milhares de guias etc., têm que ser diariamente administradas pelos fiscos estaduais, municipais etc. Então é preciso que se crie uma sistemática que permita a efetividade da norma tributária. Esta é a razão fundamental da praticidade. Criam-se fórmulas que permitem a razoável efetividade da norma tributária, sob pena de não conseguirmos efetividade se formos tratar de cada caso especificamente. Quer dizer, se cada contribuinte quiser o seu tratamento especial para cada fato gerador que ele realiza, enfim, simplesmente a norma tributária não ganha nenhuma efetividade, perde efetividade.

Por isso surge a necessidade de mudar o enfoque da ideia da praticabilidade, que, outrora, já teve justificativas excepcionais – sendo a principal delas a institucionalização de mecanismos diversos de simplificação para superar um estado de necessidade administrativo que era eventual –, para avançar na direção de outra ideia mais ampla, qual seja, a de uma racionalidade instrumental que se justifica, diante da alta complexidade fática e jurídica do sistema, não somente pela razão de eficiência, mas pela própria necessidade de aplicação coerente do direito.

A ideia objetivada na praticabilidade torna-se racional, outrossim, se ela puder, dentro daquela perspectiva habermasiana, ser justificada discursivamente e, com base nisso, ter aceita a sua pretensão de validade (HABERMAS, 1996, p. 207). E exatamente por esse motivo, num direito de massas como o tributário, no qual a complexidade tornou-se a regra, e não a exceção, como antes, a racionalidade da praticabilidade está além da mera simplificação para superar eventual estado de necessidade – que hodiernamente tornou-se premente – na medida em que ela é, hoje, um instrumento imperativo para a própria aplicação coerente das regras impositivas tributárias e dos princípios que lhe sejam superpostos.

E é esta a justificativa para a ideia atual de praticabilidade: a de uma racionalidade instrumental e implícita na

116

TEORIA INSTITUCIONAL DA PRATICABILIDADE TRIBUTÁRIA

própria noção do direito, que serve não somente à eficiência, mas também à coerência na aplicação das regras jurídicas em relação aos grandes princípios de fundo compartilhados comunitariamente. Todavia, como já dito, tal ideia, apesar de objetivada no sistema, não se encontra cerrada nos valores morais, em virtude de não estar pressuposta dentro de uma concepção puramente ideal, estanque e platônica.

E por não ser algo pressupostamente intangível, mas construído comunitariamente, conforme a situação concreta que se coloca para o Estado, a ideia que subjaz da praticabilidade, por seu turno, poderá absorver tanto aquela confiança quanto a desconfiança sistêmicas luhmannianas, as quais, também, operam de forma funcional como uma segundo meio de simplificação, aumentando o potencial do sistema para reduzir as complexidades fáticas e jurídicas. E é nesse ponto que se verifica que somente o recurso do sistema à praticabilidade não se revela suficiente para a superação das complexidades do subsistema tributário, já que o Estado, por razões diversas, sempre possui um déficit de informações em relação à totalidade dos contribuintes.

Assim, embora a praticabilidade, como uma subinstituição-coisa não personificada, ou melhor, como uma subideia instrumental em estado objetivo no sistema, possa ser licitamente aplicada como um meio para o Estado enfrentar os problemas diversos advindos da complexidade do subsistema tributário, ela, isoladamente, se revela um mecanismo insuficiente.

Isso se deve ao fato de que o Estado, em algumas situações, necessita estatuir, para a adequada e eficaz aplicação ou fiscalização das regras tributárias impositivas, os mais diversos mecanismos de praticabilidade que tenham uma nítida ligação de desconfiança em relação ao contribuinte, impedindo que ele, por exemplo, venha a utilizar, como regra, outros meios de prova para demonstrar a ocorrência de uma determinada base imponível de um fato gerador.

Já em outros casos, ao estabelecer esses mesmos meios, o Estado irá agir de forma diametralmente oposta, confiando plenamente no próprio contribuinte, possibilitando a ele aderir ou não a essa forma de pensar, ou seja, dando-lhe, por exemplo, a possibilidade da opção pela sua adoção.

Portanto, enquanto que, em algumas situações, a aceitação de um mecanismo de praticabilidade por parte do contribuinte pode ser uma faculdade decorrente de um ato de confiança,[81] em outras, a solução pode se colocar de forma totalmente diferente, tornando-se uma obrigação ou um múnus para o sujeito passivo da relação jurídico-tributária.

Isso porque, em certos casos, não se pode dar a ele qualquer possibilidade de escolha, já que o Estado, por exemplo, poderá, desconfiando do contribuinte, impossibilitá-lo, por completo, de demonstrar que a realidade fática ocorreu de forma diversa de uma determinada presunção posta numa abstração padronizante.[82] Aqui, portanto, bloqueia-se e rejeita-se, cabalmente, qualquer tipo de manifestação de vontade do sujeito passivo.

Por isso, como forma de potencializar e de auxiliar os seus efeitos redutores de complexidade, a desconfiança e a confiança existentes de forma objetiva no sistema jurídico poderão ser incorporadas à ideia que subjaz da praticabilidade como um meio lídimo de suprir o déficit de informação que o Estado tem em relação ao contribuinte.

---

81. Cabe ressaltar, todavia, que o uso praticabilidade como confiança, por vezes, poderá importar para o contribuinte não uma opção na sua adoção, mas uma obrigação, em que o Estado, embora confiando nele, não lhe dá a faculdade de utilização de outra forma de lançamento, como se verifica, por exemplo, no chamado lançamento por homologação que, inclusive, tornou-se a forma de lançamento mais comum, fato que se demonstrará adiante.

82. Sacha Calmon tem entendimento divergente, pois, para o declinado jurista, a admissão de presunções fiscais somente será possível se for dado ao contribuinte o direito da opção. Vejam-se as lições do declinado professor: "A praticabilidade e presunção fiscal só encontram guarida se se assegura a correção dos efeitos confiscatórios e se se permite o exercício da liberdade (opção pela fórmula menos onerosa)." (COÊLHO, 2005, p. 304).

TEORIA INSTITUCIONAL DA PRATICABILIDADE TRIBUTÁRIA

Aliás, em razão disso, não se pode concordar com a pretensão de reduzir a praticabilidade à dimensão única de desconfiança, como se observa usualmente na doutrina em geral. Até mesmo porque, por vezes, no seu emprego, o Estado realmente necessita desconfiar do contribuinte. Todavia, em outras situações, em virtude de circunstâncias fáticas e da falta de aparato técnico ou administrativo, ele, por uma relação de dependência, é levado a confiar no contribuinte, numa operação de inversão do risco, como será demonstrado oportunamente.

Desse modo, a confiança e a desconfiança sistêmicas são mecanismos imperativos e imprescindíveis para o Estado enfrentar o real e premente estado de complexidade do direito tributário, potencializando, em todos os aspectos possíveis, os efeitos simplificadores da subinstituição praticabilidade, que sempre deverá proporcionar uma aplicação das regras de direito de forma coerente com os princípios que conformam a moral política comunitária.

Com isso, a ideia objetivada na praticabilidade possui um nítido conteúdo variável, mas, por serem ambas funcionalmente equivalentes, o seu resultado aferível será sempre único, como se demonstra nas seguintes equações:

a) $Pr_1 = (R_i + D_s) \cdot C_o$

b) $Pr_2 = (R_i + C_s) \cdot C_o$

c) $Pr_1 = Pr_2$

Tanto Pr_1 quanto Pr_2 são utilizados para fazer alusão à praticabilidade. Todavia, em Pr_1, a sua racionalidade instrumental de propiciar uma exequibilidade eficiente das regras de direito, demonstrada por R_i, é acrescida de desconfiança sistêmica, descrita por Ds, para potencializar seus efeitos redutores de complexidade, devendo, para isso, haver sempre uma proporção de coerência nessa aplicação com princípios políticos morais, para a qual se utilizou o signo C_o.

119

Já em Pr_2, a sua racionalidade instrumental (R_i) é acrescida não de desconfiança (D_s), mas de seu outro equivalente funcional, qual seja, a confiança sistêmica, representada por C_s, exigindo, na sua aplicação, também, a mesma proporção de coerência com os princípios pressupostos, representados por (C_o).

Portanto, tanto em Pr_1 quanto em Pr_2, a ideia objetivada de racionalidade instrumental (R_i) é acrescida, valorativamente, de desconfiança (Ds) ou de confiança sistêmica (C_s), respectivamente, que são equivalentes funcionais, devendo, para isso, observar sempre a proporção da exigência de coerência do direito objetivo com os princípios superpostos (C_o).

Desse modo, a objetividade da racionalidade da praticabilidade pode depender, conforme o caso, de valores, que, por razões de eficiência ou de economicidade, imprimam confiança ou desconfiança em relação aos contribuintes, conforme o caso, para, com isso, propiciar, de forma mais coerente, a aplicação das diversas regras-matrizes de incidência tributária com os princípios morais, institucionalizados ou não, que conformam a moral política comunitária, como se verá nos exemplos a seguir.

3.3.2. Exemplos da ideia que decorre da praticabilidade absorvendo a desconfiança no direito tributário

Para ficar mais clara a demonstração de que a praticabilidade é, tão somente, uma ideia racionalmente instrumental acrescida ora de confiança, ora de desconfiança sistêmica para proporcionar a aplicação mais coerente de uma regra tributária impositiva e dos princípios que lhe sejam superpostos, e não um princípio ou uma técnica, como quer a uníssona doutrina, serão colacionados a seguir alguns exemplos de incorporação de desconfiança à praticabilidade no subsistema tributário.

TEORIA INSTITUCIONAL DA PRATICABILIDADE TRIBUTÁRIA

Por meio dos exemplos dados nas seções seguintes, espera-se que fique mais nítida e cristalina a forma pela qual a subideia instrumental, que decorre da praticabilidade, passa a absorver a desconfiança existente de forma objetiva no sistema jurídico para tornar exequível e prática a aplicação e a fiscalização coerente de uma determinada regra-matriz de incidência tributária.

Por ser impossível colacionar todos os casos em que a praticabilidade seja sinônimo de desconfiança no âmbito do direito tributário, serão trazidos apenas alguns exemplos mais expressivos do seu emprego nesse ramo jurídico.

Enquanto exemplos de praticabilidade como sinônimo de desconfiança sistêmica [$Pr_1 = (R_i + D_s) \cdot C_o$], serão estudados e debatidos, em linhas gerais, os chamados preços de transferência, a substituição tributária progressiva, as plantas genéricas de imóveis, as limitações às deduções nos gastos com educação, além da lista de serviços no Imposto Sobre Serviços de Qualquer Natureza.

Com tais exemplos, será possível ter um panorama geral e global, embora não total, de como essa forma de racionalidade instrumental, para ser justificada, pode incorporar a desconfiança que existe objetivada no sistema jurídico para potencializar os efeitos redutores da complexidade tributária e, com isso, poder-se-á demonstrar ser melhor o enquadramento da praticabilidade como uma subinstituição não personificada (coisa) do que como um princípio ou uma simples técnica jurídica.

3.3.2.1. Dos preços de transferência

No caso, por exemplo, do recurso do Estado à ideia de praticabilidade na fixação de somatórios para determinar os chamados preços de transferência, o intuito do legislador foi impedir a prática lesiva aos cofres públicos de transferência de valores para o estrangeiro por meio da manipulação dos

121

preços pactuados nas exportações ou importações de bens entre pessoas vinculadas. Aqui, o desiderato é evitar que pessoas de um determinado grupo e sujeitas a um mesmo poder de decisão realizem ajustes artificiais na base de cálculo do lucro do Imposto de Renda da Pessoa Jurídica (IRPJ) e da Contribuição Social sobre o Lucro Líquido (CSLL), minorando, indevidamente, o valor do tributo devido e se aproveitando do fato de uma das pessoas envolvidas na transação estar sediada em outro país.

Nessa hipótese, por uma circunstância fática, o Estado brasileiro terá um déficit de informação em relação à pessoa que se situa em solo estrangeiro. Isso porque, sendo uma das partes envolvidas na transação domiciliada no exterior e a outra no Brasil, a fiscalização brasileira terá dificuldade de acesso aos dados e aos livros contábeis da empresa estrangeira e à sua documentação fiscal, por vezes sigilosa.

Nessa mesma toada, são os ensinamentos de Paulo Ayres Barreto (2001, p. 112):

> Como uma das partes vinculadas é necessariamente domiciliada em outro país, o exame de documentos, livros contábeis e outras informações importantes revela-se, em geral, inviável. Problemas que vão desde a dificuldade de acesso, sigilo de dados, práticas comerciais e contábeis distintas, características de mercado de difícil apreensão, produtos que não tem similar no cenário mundial, nações soberanas, dificultam sobremodo o controle dos preços de transferência. Agregue-se a isto a extrema facilidade que as partes contratantes, sendo vinculadas, têm para ajustar seus preços, transferindo lucro indiretamente. Quadra, diante desse contexto, admitir o recurso às presunções legais relativas, promovendo um equilíbrio entre o Fisco e o contribuinte, de um lado, e entre contribuintes que tenham tais facilidades – isto é, sejam vinculados a pessoas jurídicas no exterior com as quais negociam preços de transferência – em relação àqueles que não as tenham, de outro.

Como se observa, por se tratar de pessoas situadas em dois países soberanos diferentes e sujeitas a um mesmo poder de decisão, esses empecilhos dificultam o trato da questão

TEORIA INSTITUCIONAL DA PRATICABILIDADE TRIBUTÁRIA

sobremaneira. Tal circunstância fática demonstra um déficit de informação do Estado brasileiro, que, por si só, cria um estado de desconfiança no Legislativo e no Executivo, ao, respectivamente, regular e fiscalizar transações da espécie. Isso revela uma hipótese lícita – e mesmo necessária – de aplicação da praticabilidade por meio do estabelecimento de métodos e somatórios presuntivos referentes às diferentes operações para a criação dos chamados preços de transferência.

Diante da dificuldade que o Estado tem de fiscalizar operações entre empresas de um mesmo grupo quando uma delas está situada no exterior, fato que gera uma enorme complexidade, justifica-se o recurso à desconfiança como meio auxiliar e potencializador dos efeitos operados pela praticabilidade, ao se estabelecerem métodos padronizados para a apuração dos preços de transferência.

Sem dúvida, pessoas independentes, que não sejam vinculadas a um determinado grupo econômico, ficariam prejudicadas em suas transações diante de empresas coligadas, que poderiam, mediante negociação artificiosa, reduzir a sua carga fiscal, diminuindo os preços praticados em detrimento da concorrência, que não teria como recorrer a tal expediente. Evasão fiscal, dificuldade de fiscalização, barreiras internacionais e maculação da livre concorrência são fatos que, por si, justificam a incorporação da desconfiança ao se estabelecerem margens de lucro fixas em tais métodos padronizados de apuração do preço de transferência justo para a determinação de critérios de cálculos dos preços negociados nessas operações.

Por isso, para Ricardo Gregório, a maior dificuldade, no caso em tela, reside em adequar a praticabilidade aferível em regras jurídicas contidas na legislação brasileira dos preços de transferência ao que ele chama de "princípio internacional do *arm's length*". Isso porque, na concepção daquele declinado professor, "[...] a positivação de diversos aspectos da matéria dos preços de transferência no Brasil tem uma origem bastante clara. Ela surgiu do interesse em conciliar os princípios do *arm's length* e da praticabilidade[83] num mesmo cenário." (GREGORIO, 2011, p. 29).

O chamado *arm's length* – que, na concepção adotada pelo marco teórico desta pesquisa não seria, propriamente, um princípio autônomo – busca estabelecer critérios justos para a fixação de métodos de cálculo dos preços negociados em operações internacionais como forma de evitar, num mundo globalizado, comportamentos artificiosos nessas operações que mascarem os preços praticados entre estabelecimentos do mesmo grupo econômico. Ele está positivado no Modelo de Convenção para evitar a dupla tributação da Organização para Cooperação e Desenvolvimento Econômico (OCDE) de 1995, que o estatuiu no seu artigo 9º, cabendo ressaltar, ainda, que já foi objeto da própria relação da OCDE de 1979 (OCDE, 1979).

O *arm's length* é decorrência da livre concorrência e seu objetivo é conferir tratamento isonômico aos preços acordados nas negociações internacionais entre empresas vinculadas ou coligadas e pessoas que negociam de forma independente, sem qualquer tipo de vinculação. O seu desiderato é atribuir aos Estados nacionais a faculdade de alterar o preço ajustado entre empresas vinculadas, quando não forem próximos aos preços praticados em circunstâncias similares por empresas independentes em mercado de livre concorrência.

Nesse sentido são as lições de Alessandra Brandão Teixeira (2007, p. 8):

> [...] em linhas gerais, o princípio *arm's length* exige, para fins de determinação dos preços de transferência, que as transações analisadas sejam comparáveis levando em conta, principalmente, as características dos produtos e dos serviços objeto de compra e venda, as funções desenvolvidas pelas empresas, os riscos por essas assumidos e o patrimônio envolvido. Além disso,

---

83. Apesar de Ricardo Marozzi Gregório atribuir à praticabilidade a natureza de princípio, neste ponto específico, não se concorda com o declinado autor, já que, no presente trabalho, ela é tratada como uma subinstituição não personificada (coisa).

devem ser analisadas as condições contratuais, econômicas e as estratégias comerciais adotadas.

Por esse fato, ao incorporar a imperativa desconfiança para potencializar os efeitos da praticabilidade, estabelecendo os métodos de margens de lucro fixas de apuração do preço de transferência e bloqueando a vontade do contribuinte, o Estado nacional[84] deve, obrigatoriamente, observar as diretrizes estabelecidas no *arm's length*. Deve-se ressaltar que, ao invés de concebê-lo como um princípio internacional autônomo, de nítido cunho liberal, ele, na verdade, nada mais reflete do que o velho e conhecido princípio da livre concorrência, pois, além de estabelecer as diretrizes e os limites na fixação de preços, serve para garantir aos indivíduos o seu direito a um regime concorrencial livre, ou seja, sem preços artificiosos praticados por pessoas integrantes de um mesmo grupo econômico que alterem a dinâmica do mercado.

Em nome do combate à evasão fiscal e à fraude (desconfiança), o legislador e o fisco podem, por meio da praticabilidade, fixar, lidimamente, os métodos de apuração dos preços de transferência. Todavia, os métodos criados para o estabelecimento de tais preços têm de corresponder àqueles adotados de acordo com as regras de um mercado de livre concorrência.

Ao se admitir que, em nome da praticabilidade, a lei estipule um método para estabelecer o preço de transferência, esse método trará reflexos na regra-matriz de incidência tributária do IRPJ e da CSLL, na medida em que o aspecto quantitativo da sua base de cálculo será alterado e redimensionado por ele.

Nesse sentido é a doutrina de Florence Haret (2010, p. 688):

---

84. No Brasil, os preços de transferência estavam pautados pela lei n. 9.430/96 e pela instrução normativa n. 243/02, da Secretaria da Receita Federal (SRF), e, mais recentemente, pela lei n. 12.715/12 e pela Instrução Normativa n. 1.312/12, da Receita Federal do Brasil (RFB).

> O método do preço de transferência pretende determinar em lei critérios aptos a fixar, presumindo, o preço justo da transação, ou melhor, o valor razoável pela transferência de bens, direitos ou coisas entre empresas, independentemente de serem elas de um mesmo grupo societário ou completamente distintas. Atinge, pois o critério quantitativo da regra-matriz de incidência dos impostos envolvidos, modificando o valor do tributo que lhe serve de base de cálculo.

A razão disso é o declinado princípio da livre concorrência, ou, como se preferir, *arm's length*, cujo escopo é proteger os indivíduos não integrantes de um grupo econômico da fraude e criar um ambiente de livre mercado concorrencial. Assim, os preços de transferência tornam-se os métodos, ou melhor, os instrumentos de praticabilidade para, redimensionando os aspectos quantitativos das bases de cálculo das regras-matrizes de incidência do IRPJ e da CSLL, garantir a própria autoridade daquele princípio maior.

A praticabilidade é, portanto, por meio dos preços de transferência, o método a ser instrumentalmente aplicado à base de cálculo de uma regra tributária impositiva para, com isso, preservar a cogência do princípio que garante o regime de livre concorrência.

Tanto é assim que Alessandra Brandão Teixeira (2007, p. 27) adverte:

> As regras relativas à determinação dos preços de transferência devem ser compreendidas em uma relação de causalidade entre meio e fim, sendo que esse é a determinação do preço de mercado, e os meios utilizados para a sua realização são os métodos.

Apesar disso, tais preços de transferência, que modificam a base de cálculo da regra-matriz, não podem se divorciar dos fatos reais, daquilo que é praticado no mercado, funcionando, pois, essa realidade retratada no chamado *arm's length* como um claro limite à discricionariedade dos órgãos de poder existentes no momento da formulação dos métodos.

TEORIA INSTITUCIONAL DA PRATICABILIDADE TRIBUTÁRIA

A praticabilidade tem uma razão instrumental, não sendo jamais um fim em si mesma. Por tal motivo, apesar de ser legítimo o seu uso com desconfiança para, tolhendo a vontade dos contribuintes, por meio de uma presunção, combater a fraude e a evasão fiscal, ela deve pautar-se de acordo com os princípios que servem para dar sentido a todas as regras postas.

Embora o Legislativo e o Executivo queiram, por vezes, premidos pela complexidade própria do tráfego negocial internacional, otimizar os resultados da sua atuação, eles jamais poderão atingir suas metas políticas de eficiência com instrumentos de caráter unicamente utilitário. Isso porque, num Estado Democrático de Direito, a eficiência é um objetivo político a ser perseguido, mas sempre respeitando os direitos fundamentais dos membros dessa comunidade, tendo em vista que, por detrás de um direito dessa categoria, há sempre um princípio; e os princípios, como sabido, é que dão integridade ao sistema, sendo verdadeiros trunfos individuais em relação às políticas do Estado.

Desse modo, os preços de transferência exprimem a ideia de desconfiança em relação ao contribuinte, na medida em que, por meio dos métodos presuntivos estabelecidos em lei, redimensiona-se a base de cálculo da regra-matriz de incidência do IRPJ e da CSLL, podendo, legitimamente, ser utilizados pelo Estado como forma de combate à fraude e à evasão fiscal, de modo a suprir as dificuldades de fiscalização, superar as barreiras internacionais e impedir a violação da livre concorrência. Todavia, em nome das políticas de eficiência (*policies*), a praticabilidade e os seus métodos de apuração de preço, como instrumento (meio) para atingir metas políticas (fins), jamais poderão ser utilizados com um cunho puramente utilitário, criando preços artificiais que não se coadunem com aqueles praticados pelo mercado, como muitas vezes parecem querer empreender diversos Estados nacionais.

3.3.2.2. Da substituição tributária progressiva

Outro exemplo claro em que o recurso à ideia de praticabilidade pelo Estado incorpora a desconfiança sistêmica é o caso da substituição tributária progressiva. Nesse caso, o fisco, impossibilitado de fiscalizar a ocorrência do fato gerador em todos os estabelecimentos varejistas por falta de pessoal e de aparato administrativo, exige, por meio de uma abstração padronizante, o tributo do próprio fabricante ou industrial antes mesmo da ocorrência do fato jurígeno criador da obrigação tributária. Assim, ao invés de fiscalizar uma infinidade de pontos de venda de cigarro ou de bebidas, por exemplo, o Executivo fiscaliza poucas indústrias tabagistas ou uma meia dúzia de fábricas de cerveja.

Nesse sentido são os ensinamentos de Paulo Victor Vieira da Rocha (2012, p. 178-179):

> Uma das maiores realizações práticas da tributação por fato gerador presumido é concentrar obrigações principais e acessórias em um pequeno círculo de contribuintes; daí parecer evidentemente adequado o uso do regime em setores como o de bebidas alcoólicas, especialmente cervejas, bem como o de cigarros, cuja produção é extremamente concentrada e a venda no varejo na mesma intensidade ramificada.

Com isso, o Estado racionaliza, simplificando, demasiadamente, a execução da legislação tributária, tendo em vista a impossibilidade de se fiscalizarem todos os estabelecimentos comerciais varejistas. Isso é justificativa mais do que plausível para que a praticabilidade incorpore a desconfiança sistêmica. Até porque, o déficit de informação do fisco em relação à totalidade dos contribuintes varejistas impõe a criação dessas abstrações padronizantes.

Todavia, como tais padronizações decorrem de um estado de desconfiança, ao formulá-las, o Estado bloqueia por completo a vontade do contribuinte, criando uma presunção que inadmite, em regra, salvo situações excepcionais, impugnações, ou seja, sobreleva a sua força constitutiva em detrimento do próprio fato jurígeno concreto.

Aqui se utiliza de esquemas padronizantes que não atentam para as características individuais do caso concreto, o valor efètivo da transação da mercadoria, possibilitando a aplicação em massa da regra-matriz de incidência tributária do Imposto sobre Circulação de Mercadorias e Prestação de Serviços de Transporte Interestadual e Intermunicipal e de Comunicação (ICMS), por exemplo. As peculiaridades de cada caso são deixadas de lado e trocadas por um padrão, que se cerra em conceitos fechados, rígidos e irrenunciáveis.

A propósito, por ocasião do julgamento da Ação Direta de Inconstitucionalidade (ADI) n. 1.851-4 (BRASIL, 2002), em que se decidiu, por maioria, pela constitucionalidade das mencionadas abstrações, o Ministro do Supremo Tribunal Federal (STF) Sidney Sanches, expressamente, asseverou que permitir a criação de presunções relativas, admitindo a complementação ou a restituição do valor da operação subsequente, seria esvaziar o próprio fenômeno da substituição tributária progressiva e, consequentemente, da praticabilidade.

A falta de aparato administrativo e de pessoal para fiscalizar a totalidade ou mesmo a maioria dos estabelecimentos varejistas impõe ao Estado a ideia de uma racionalidade instrumental que permita criar um mecanismo para superar essa real complexidade fática, possibilitando, com isso, uma aplicação da regra tributária impositiva que seja mais eficaz. E, para potencializar os efeitos redutores dessa complexidade, o Estado valeu-se do recurso adicional da desconfiança sistêmica por meio da criação de padrões em que se bloqueou a vontade do contribuinte. Se fosse sempre possível relativizá-los para, confiando no contribuinte, permitir ao substituído a restituição do valor recolhido a maior, por bagatela, por exemplo, na concepção do STF, inviabilizada estaria a própria substituição tributária progressiva, positivada, expressamente, pelo legislador constituinte derivado no artigo 150, §7º, da Constituição Federal (BRASIL, 1988).

Todavia, apesar de, por vezes, o Estado recorrer à praticabilidade como meio para alcançar metas coletivas de eficiência na tributação, no Estado Democrático de Direito, o recurso a essa subinstituição não pode se tornar meramente utilitário, já que a sua razão instrumental, mesmo quando acrescida de desconfiança, estará sempre ligada à aplicação coerente do direito objetivo com os princípios de fundo que conformam a moral política da comunidade.

Por isso, tais padrões não podem ser entendidos como uma pauta fiscal qualquer, na qual os preços são estabelecidos aleatoriamente. Aliás, a expressão pauta significa "a lista que comporta vários preços" (HARET, 2010, p. 200), não podendo ser confundida com aqueles padrões que devem exprimir um valor específico, resultado de uma pesquisa séria do Executivo, que reflita os valores médios de preços praticados pelo mercado. Nesse aspecto, "[...] tal distinção nem sempre será observada com rigor pela doutrina que acriteriosamente assume por pauta fiscal esse sentido unitário do preço médio." (HARET, 2010, p. 200).

Os valores específicos dessas padronizações, resultado da desconfiança absorvida pela praticabilidade, jamais poderão deixar de ter referência à média dos preços praticados pelo mercado, como muito bem observa Florence Haret (2010, p. 201-202):

> Os valores tomados na pesquisa estatística para se alcançar o preço médio ou em proporção devem refletir os valores de mercado, isto é, aquilo normalmente usado, nunca indo além deste ou assumindo por base situações atípicas. Para tanto, a lei imputa à autoridade administrativa a obrigação de averiguar o preço usualmente praticado no mercado, ou melhor, a média ponderada dos preços geralmente assumidos em mercado, estando nestes o limite ou teto da própria pauta fiscal. O resultado dessa pesquisa deve, de forma necessária, refletir o valor de mercado, em situações típicas, similitude que legitima a própria média de preços identificada pela Fazenda.

No julgamento da ADI n. 1.851-4, o plenário do Supremo Tribunal Federal (BRASIL, 2002) vaticinou a incorporação da desconfiança sistêmica à ideia de praticabilidade, objetivando-a e declarando-a, portanto, constitucional. Ao se institucionalizar a desconfiança na substituição tributária progressiva, torna-se imperativo, segundo os escólios de Niklas Luhmann (1996, p. 155), estabelecer meios que minorem a sua força de destruição, sendo que, no caso, a imposição de preços médios, nessas padronizações, funciona mitigando, em muito, o seu potencial destrutivo.

Aliás, mesmo tendo o STF admitido a adoção desses padrões incorporados de desconfiança na substituição tributária progressiva, ele jamais permitiu que se aplicasse, às padronizações do ICMS, o disposto no artigo 148 do Código Tributário Nacional (CTN), que permite o arbitramento,[85] por não terem tais pautas conteúdo sancionatório, como destaca Florence Haret (2010, p. 206):

> De ver que pauta fiscal não é sanção, é sim mecanismo excepcional de apuração da base de cálculo do ICMS. Não pressupõe conduta ilícita ou omissiva do contribuinte, motivo pelo qual também não se lhe aplica o art. 148 do CTN, exegese também já consolidada pelo STF [...].

Ao se trabalhar com padrões que refletem a média, deixa-se de lado a justiça material em favor da formal, ou seja,

---

85. Segundo agravo regimental no recurso extraordinário. ICMS. Pauta de valores. A vedação à utilização das pautas e as hipóteses excepcionais que permitem o arbitramento da base de cálculo pelo Fisco constam de diplomas infraconstitucionais. Eventual desacerto da tese firmada implicaria tão somente uma ofensa reflexa. Contencioso que repousa no âmbito da legalidade. 1. A pauta de valores só é admitida nos casos previstos no art. 148 do CTN, em que, mediante processo regular, seja arbitrada a base de cálculo. Esse dispositivo é empregado quando forem reconhecidamente inidôneos os documentos e as declarações prestados pelo contribuinte. 2. Não merece prosperar a alegação do Fisco de que a *ratio decidendi* do acórdão recorrido seria a inconstitucionalidade do Convênio n. 66/88. Urge reconhecer que se essa fosse a conclusão do Tribunal de origem, a Corte regional terminaria por reconhecer a não incidência do imposto e não a refutação da pauta de valores. 3. Agravo regimental não provido (RE 278.348 AgR-segundo, Relator Ministro Dias Toffolli, 1ª turma, STF, Unânime, julgado em 05-03-2013, DJe de 26-04-2013) (BRASIL, 2013)

trabalha-se com uma concepção de igualdade geral em detrimento da igualdade individual. Isso porque, enquanto naquela se "[...] propõe a desconsideração de elementos particulares em favor da avaliação das propriedades existentes na maioria dos casos [...] com a finalidade de alcançar uma solução previsível, eficiente e geralmente equânime na solução dos conflitos [...]" (ÁVILA, 2009, p. 84), nesta, segundo Humberto Ávila (2009, p. 84), há "[...] a consideração de elementos particulares mediante afastamento do padrão legal. Isso é realizado com o propósito de atingir uma decisão justa e individualizada na solução dos conflitos sociais."

Para Humberto Ávila, essa concepção generalista de igualdade tributária refletida no modelo de padronizações, que deixa de lado considerações particulares dos contribuintes, poderá ser adotada quando (ÁVILA, 2009, 85),

> [...] por ser impossível ou extremamente onerosa a fiscalização dos tributos, as particularidades dos contribuintes e dos casos não puderem ser verificadas, porque sua consideração causaria – pela falta de previsão, controle, coordenação, modicidade e conhecimento – mais generalização do que individualização [...].

Assim, a complexidade premente do sistema tributário pode justificar que, diante de certas circunstâncias, se abdique da concepção particularista de igualdade tributária em favor de uma concepção mais generalista, porque, nesse caso, a praticabilidade, para a aplicação mais econômica e eficiente da regra-matriz de incidência tributária do ICMS, por exemplo, não deixaria de se conformar a princípios constitucionais que limitam o poder de tributar. E isso porque, por meio de um preço médio, e não de um mecanismo arbitrário qualquer de cunho utilitário, estaria sendo observada, ao menos, a justiça formal, quando não se pode coaduná-la com a justiça material.

De fato, "Essas normas procuram tornar a fiscalização de tributos mais ágil e econômica. Ao fazê-lo, porém, provocam

TEORIA INSTITUCIONAL DA PRATICABILIDADE TRIBUTÁRIA

uma perda da justiça individual, já que a obrigação tributária não mais é dimensionada pela operação real [...], mas pela [...] presumida." (ÁVILA, 2009, p. 88).

Tais padrões, para se coadunarem, pelo menos, com os critérios de justiça formal, não podem desconsiderar a capacidade contributiva concreta dos contribuintes, na medida em que as presunções devem sempre refletir o valor médio da maioria das operações ou dos fatos jurígenos concretos ocorridos.

Por isso, Humberto Ávila defende que, entre a presunção e a capacidade contributiva concreta do contribuinte, há sempre uma vinculação em dois instantes bem distintos, um anterior e outro posterior à formação do padrão, como se observa a seguir (ÁVILA, 2009, p. 89-90):

> A vinculação anterior do padrão com a realidade diz respeito à necessidade de um suporte empírico considerável que permita comprovar a correspondência do padrão ao valor médio efetivo da maioria dos casos. [...] A vinculação posterior do padrão com a realidade diz respeito à possibilidade, mais adiante esclarecida, de o contribuinte sempre controlar a existência de discrepâncias entre o valor presumido e o efetivamente ocorrido. A dimensão real do fato funciona como critério de verificação da consistência do padrão e de sua aplicabilidade: a consistência do padrão, porque se houver discrepância entre o seu valor e o efetivo fato ocorrido em muitos casos, não meramente marginais, o próprio padrão pode ser questionado por não mais corresponder à média dos casos; a aplicabilidade do padrão, porque mesmo que o padrão seja consistente para a maior parte dos casos e, em razão disso, o próprio padrão deva ser mantido como regra geral, se a discrepância for excessiva para determinado contribuinte, sua aplicabilidade individual pode ser objeto de superação. Isso quer dizer que os padrões, como espécie de presunções, nunca abandonam a realidade: não o fazem antes, porque dela decorrem para existir; não o fazem depois, porque dela dependem para permanecer.

Portanto, é imperativo que os padrões sempre correspondam à realidade, já que, sendo eles instrumentos que decorrem da ideia de praticabilidade devem se conformar aos princípios, pressupostos morais da comunidade que servem para dar integridade ao sistema.

Exatamente por isso, embora, por vezes, as padronizações tenham aquele suporte empírico que as equalize com a média dos fatos imponíveis, podem-se verificar, posteriormente, severas discrepâncias entre o valor presumido e o concreto. Nesses casos marginais, em que tal diferença entre o padrão e o caso específico não seja de bagatela, é imperativo que haja respiradouros que permitam que tais situações sejam ajustadas aos princípios pressupostos a essas sub-regras, de forma que tal contribuinte não venha a ser utilitariamente utilizado pelo fisco, como se fosse um mero instrumento para a felicidade coletiva.[86]

Esses casos marginais minoritários não podem ser desconsiderados pela utilidade que tais padrões propiciam à maioria da coletividade. Isso porque, tais padrões, apesar de servirem à subinstituição praticabilidade, somente se justificam, racional e instrumentalmente, se forem aplicados de forma coerente com os princípios pressupostos a tais regras padronizantes, até mesmo porque, como se verá adiante, tais princípios são verdadeiros trunfos individuais contramajoritários e sempre passíveis de serem judicializados.

A praticabilidade é um corolário lógico da regra de direito, sendo que essa, por sua vez, é conformada e condicionada por princípios morais de fundo. Se, por meio dos padrões, o Estado, por razões de desconfiança, bloqueia a vontade dos contribuintes, tais presunções estabelecidas – ao menos para se conformar e se coadunar com princípios como os da legalidade, do não confisco, da segurança jurídica e da justiça formal – devem vincular-se tanto anteriormente quanto posteriormente à realidade, respeitando, igualmente, todos os contribuintes, pois todos são dignos de igual respeito e

---

86. A questão da vinculação posterior das padronizações por meio de cláusulas de retorno será estudada, com mais vagar, na seção 5.3.

consideração por parte do Estado. Na tributação padronizada, orientada por uma causa simplificadora, nunca é deixado de lado o princípio da igualdade, "[...] ao passo em que ele continua servindo de critério para a padronização." (ÁVILA, 2009, p. 89).

Destarte, se a presunção não observar a realidade dos preços médios praticados no mercado, tal padronização, por não se adequar aos princípios pressupostos, estará eivada de inconstitucionalidade, conforme se pode observar nas lições de Florence Haret (2010, p. 202):

> Por tudo o exposto, repisemos: ultrapassando o limite do preço de mercado, a imposição tributária é ilegítima e deve ser revogada como norma inconstitucional por violar os princípios da legalidade, não confisco e segurança jurídica. É constitucionalmente vedado à autoridade administrativa cobrar, à título de tributo, valor aquém do *quantum* devido, limitando-se à real proporção do fato. Afinal de contas, está na base de cálculo a função de medir o fato; confirmar, afirmar ou infirmá-lo; e determinar o valor devido do tributo. Se esta deixa de refletir a devida proporcionalidade da situação fáctica tributada, aumentando-a para fins fiscais, cobra-se no excedente algo indevido e tributo inexistente.

Do mesmo modo, se o padrão, apesar de respeitar a média dos acontecimentos, impuser ao contribuinte isolado um encargo desproporcional, esse sujeito passivo tributário, em posição marginal, poderá, pela não vinculação posterior do padrão com a realidade, recorrer ao Judiciário, para que esse órgão, por meio de um juízo negativo, avalie, concretamente, a sua situação e defina os limites da atuação do fisco e, ainda, decida se essa discrepância é de mera bagatela ou se o seu ônus é excepcional, fazendo, se necessário, o seu devido ajuste.

A praticabilidade pode, perfeitamente, bloquear ou rejeitar qualquer manifestação de vontade do contribuinte. Todavia, razões de economicidade, aumento de arrecadação ou combate à fraude não justificam que essa ideia objetiva,

EDUARDO MORAIS DA ROCHA

ao incorporar a desconfiança, deixe de observar os princípios que a conformam anteriormente e posteriormente à realidade.

Por isso, apesar de, na ADI n. 1.851, o STF (BRASIL, 2002) ter objetivado a desconfiança nas padronizações decorrentes dessa forma de substituição tributária progressiva, bloqueando a vontade do contribuinte, não admitindo a devolução de eventual excesso de bagatela, aquela Corte jamais admitiu que tais padronizações tivessem um caráter absoluto, próximo das ficções, desvinculadas seja anteriormente, seja posteriormente da realidade.

Tanto é assim que o STF, em agosto de 2011, em julgamento em sede de recurso extraordinário repetitivo (BRASIL, 2011),[87] estabeleceu que tais padrões, na substituição tributá-

---

87. EMENTA: DIREITO TRIBUTÁRIO. SUBSTITUIÇÃO TRIBUTÁRIA. RETENÇÃO DE 11% ART. 31 DA LEI 8.212/91, COM A REDAÇÃO DA LEI 9.711/98. CONSTITUCIONALIDADE. 1. Na substituição tributária, sempre teremos duas normas: a) a norma tributária impositiva, que estabelece a relação contributiva entre o contribuinte e o fisco; b) a norma de substituição tributária, que estabelece a relação de colaboração entre outra pessoa e o fisco, atribuindo-lhe o dever de recolher o tributo em lugar do contribuinte. 2. A validade do regime de substituição tributária depende da atenção a certos limites no que diz respeito a cada uma dessas relações jurídicas. Não se pode admitir que a substituição tributária resulte em transgressão às normas de competência tributária e ao princípio da capacidade contributiva, ofendendo os direitos do contribuinte, porquanto o contribuinte não é substituído no seu dever fundamental de pagar tributos. A par disso, há os limites à própria instituição do dever de colaboração que asseguram o terceiro substituto contra o arbítrio do legislador. A colaboração dele exigida deve guardar respeito aos princípios da razoabilidade e da proporcionalidade, não se lhe podendo impor deveres inviáveis, excessivamente onerosos, desnecessários ou ineficazes. 3. Não há qualquer impedimento a que o legislador se valha de presunções para viabilizar a substituição tributária, desde que não lhes atribua caráter absoluto. 4. A retenção e recolhimento de 11% sobre o valor da nota fiscal é feita por conta do montante devido, não descaracterizando a contribuição sobre a folha de salários na medida em que a antecipação é em seguida compensada pelo contribuinte com os valores por ele apurados como efetivamente devidos forte na base de cálculo real. Ademais, resta assegurada a restituição de eventuais recolhimentos feitos a maior. 5. Inexistência de extrapolação da base econômica do art. 195, I, a, da Constituição, e de violação ao princípio da capacidade contributiva e à vedação do confisco, estampados nos arts. 145, §1º, e 150, IV, da Constituição. Prejudicados os argumentos relativos à necessidade de lei complementar, esgrimidos com base no art. 195, §4º, com a remissão que faz ao art. 154, I, da Constituição, porquanto não se trata de nova contribuição. 6. Recurso extraordinário a que se nega provimento. 7. Aos recursos sobrestados, que aguardavam a análise da matéria por este STF, aplica-se o art.

TEORIA INSTITUCIONAL DA PRATICABILIDADE TRIBUTÁRIA

ria para a frente, apesar de constitucionalmente autorizados, estavam sujeitos a limites principiológicos, como a capacidade contributiva, a proporcionalidade e a vedação do confisco, que operam sempre limitando o poder de tributar do Estado, sendo verdadeiras garantias dos contribuintes. Por tal motivo, eles sempre devem se vincular tanto anteriormente à realidade, pela média dos acontecimentos, quanto posteriormente, permitindo que, em situações marginais ou em casos limítrofes, esses contribuintes demonstrem a sua onerosidade excessiva e, consequentemente, a sua não razoabilidade e proporcionalidade.

A subinstituição praticabilidade, que existe para dar aplicação à outra instituição não personificada (regra de direito) e aos princípios que lhe são pressupostos, tem, na substituição tributária progressiva, um conteúdo de desconfiança para superar as mais diversas formas de complexidades fáticas ou jurídicas existentes no subsistema tributário.

Ocorre que, apesar de ser um instrumento bastante prático, que serve para dar exequibilidade a uma regra-matriz de incidência tributária, esses padrões têm de, inexoravelmente, refletir o valor médio dos fatos jurígenos concretos, não podendo ser onerosamente excessivos para qualquer contribuinte que seja, haja vista que a discricionariedade do Estado, para operá-los, está sempre vinculada a princípios morais e constitucionais como os da segurança jurídica, da vedação do confisco, da legalidade e da capacidade contributiva, que, sem dúvida alguma, refletem valores de justiça na tributação.

3.3.2.3. Das plantas fiscais genéricas de imóveis

Os Municípios, diante da inviabilidade de realizar o lançamento individual para a apuração da base imponível do

---

543-B, § 3º, do CPC (RE n. 603.191, Relatora Min. Ellen Gracie, Tribunal Pleno, julgado em 01/08/2011, DJe-170. Divulg. 02/09/2011. Public. 05/09/2011. Ement. Vol. 02580-02, p. 00185).

valor venal de cada imóvel isoladamente, têm, nessa seara, recorrido a plantas de valores com o desiderato de facilitar a aplicação e fiscalização da regra-matriz de incidência tributária do Imposto Predial e Territorial Urbano (IPTU).

Isso porque, de acordo com Misabel Derzi, os cadastros imobiliários fiscais – que deveriam ser mantidos atualizados junto ao fisco pelos próprios contribuintes como obrigação acessória –, no mais das vezes, não são exigidos por esses entes políticos, são insuficientes ou, ainda, estão desatualizados, não espelhando, em regra, a realidade fática. Tal fato impossibilita que eventuais cadastros de imóveis existentes retratem as diferenças substanciais entre cada imóvel, as quais seriam imperativas na determinação do seu valor venal para cada contribuinte considerado isoladamente, o que, consequentemente, impossibilita o lançamento individual do tributo em tela (DERZI, 2007, p. 349-350).

Assim, o fato de serem os cadastros fiscais imobiliários desatualizados, ou mesmos inexistentes, e não disporem os municípios de fiscais em número suficiente para fazer a apuração do valor venal de cada imóvel isoladamente, demonstra a extrema complexidade de se dar um trato individual à situação de cada contribuinte, ficando autorizada a esses entes a criação de plantas fiscais genéricas de imóveis, que atuam como verdadeiras presunções.

Apesar de o artigo 142 do CTN (BRASIL, 1966) exigir o lançamento individual do tributo para cada fato jurígeno, no caso do IPTU isso não se verifica, pois, para dar exequibilidade a essa regra-matriz de incidência, os municípios, valendo-se da ideia objetiva de praticabilidade, socorrem-se de padrões que desconsideram as diferenças individuais entre cada imóvel, dando prevalência à justiça formal em detrimento da justiça individual.

Não bastando isso, para potencializar os efeitos dessa forma de tributação massificada, os municípios adicionam a ela a desconfiança que existe objetivada no sistema, já que tais padrões bloqueiam, em regra, qualquer possibilidade de o sujeito passivo tributário contribuir, com a sua declaração de vontade, na atividade de lançamento.

Tanto é assim que Humberto Ávila (2009, p. 78) assevera:

> O que este caso revela, para a discussão desenvolvida neste capítulo, é o conflito entre a justiça geral e a justiça individual [...]. Ela também se verifica na tributação da propriedade imobiliária, em que o preço de mercado do imóvel segue uma planta de valores que, em razão de sua generalidade não leva em consideração as diferenças entre os imóveis [...]. Nesses casos, e noutros tantos, o contribuinte é obrigado a pagar tributos com base em padrões que desconsideram suas características pessoais em favor da consideração a elementos médios, presentes na maior parte dos casos.

Para minimizar os efeitos deletérios do estado de desconfiança sistêmica na praticabilidade em plantas de valores imobiliários que eram estabelecidas, unilateralmente, pelos fiscos, sem qualquer participação de vontade dos contribuintes, o STF, no julgamento do Recurso Extraordinário (RE) 87.763-1, (DJU 23.11.1979, Pleno), que teve como relator o Min. Moreira Alves, "[...] desencadeou o entendimento, hoje consolidado, de que as padronizações e pautas de valores genéricos são presunções que devem ser estabelecidas em lei." (DERZI, 2007, p. 353).

Apesar de ser da atribuição do Executivo a apuração do valor venal do imóvel, quando o fisco deixa de proceder ao lançamento individual e passa a agir a partir de abstrações padronizantes que tolhem qualquer ato de vontade dos contribuintes, deixa-se de observar a pretendida avaliação individual exigida pelo artigo 142 do CTN, passando tais plantas de valores, em nome da praticabilidade, a funcionar como verdadeiras presunções.

Assim, embora seja lídimo o uso dessa instituição instrumental para dar exequibilidade à regra-matriz de incidência do IPTU, é imperativo que, ao se utilizar tais presunções, sejam elas estabelecidas por lei como forma de, não se podendo evitar a desconfiança, pelo menos, colocar-lhe peias que não permitam que ela exerça todo o seu potencial destrutivo. Aliás, como assevera Florence Haret (2010, p. 697), "[...] somente mediante essa técnica presuntiva é que se torna praticável a incidência do IPTU. Cabe, portanto, à repartição competente, mediante lei, apurar e determinar o valor venal dos imóveis."

Destarte, apesar da exigência de lei como limite à praticabilidade para o estabelecimento das presunções de valor venal nas plantas genéricas, o STF, de acordo com Misabel Derzi (2007, p. 353), "[...] vem permitindo que a Administração os atualize nominalmente (independentemente de lei) nos mesmos índices da correção monetária." Com isso, não ocorrendo uma majoração em valores reais nessas plantas, sua atualização, para corrigir as perdas inflacionárias, poderá ser feita pelo próprio Executivo, não precisando encaminhá-las, anualmente, às Câmaras Municipais para essa simples correção nominal.[88]

Assim, nas lições de Misabel Derzi (2007, p. 353), ao se viabilizar, por meio do STF, "[...] a aplicação da lei em massa a milhares de casos, atende-se a praticabilidade, evitando-se grandes arranhões ao princípio da legalidade tributária." Isso porque, de acordo com ela, "Como a tributação se faz segundo o padrão médio, não há, individualmente, prejuízos financeiros, em valores absolutos, pois esses, quando existem, restringem-se aos fatos limites, anormais ou atípicos." (DERZI, 2007, p. 354).

Com o intuito de que os critérios para adoção dos preços médios, nas plantas de valores, não sejam díspares e oscilem de um município para outro, tendo vista que, no Brasil, há bem mais de cinco mil e quinhentos desses entes políticos, Florence Haret (2010, p. 697) esclarece:

---

88. Nesse sentido, a súmula 160 do Superior Tribunal de Justiça (STJ) que dispõe: "É defeso ao Município atualizar o IPTU, mediante Decreto, em percentual superior ao índice oficial de correção monetária." (BRASIL, 1996).

TEORIA INSTITUCIONAL DA PRATICABILIDADE TRIBUTÁRIA

> Hoje a elaboração da Planta Fiscal do IPTU é regulada pela NBR – 14.653-2 (Avaliação de Imóveis Urbanos da ABNT – Associação Brasileira de Normas Técnicas) e pela Norma Básica para Perícias de Engenharia e Avaliação de Imóveis Urbanos do Instituto Brasileiro de Avaliações e Perícias de Engenharia (IBAPE).

Portanto, no escopo de limitar a discricionariedade dos municípios na elaboração dos preços médios e minorar a sua desconfiança em relação aos contribuintes, no momento da elaboração das presunções das plantas de valores, esses padrões, além de serem criados por lei, devem observar os critérios técnicos estabelecidos em normas de órgãos como a Associação Brasileira de Normas Técnicas (ABNT) e o Instituto Brasileiro de Avaliações e Perícias de Engenharia (IBAPE).

Isso porque, se o preço pautado numa eventual planta genérica de imóveis superar em muito àquele da base de cálculo que se obteria aplicando as normas técnicas declinadas, poderão os contribuintes impugná-la, pois, nessa abstração padronizante, "[...] a referida presunção é relativa, admitindo sempre prova em contrário, como bem assegura o art. 148 do CTN. O princípio da praticabilidade[89] arrecadatória não deve nunca sobrepor-se aos direitos fundamentais do contribuinte [...]." (HARET, 2010, p. 698).

Dessa feita, apesar de, na criação das presunções constantes dessas plantas, bloquearem-se, totalmente, as declarações dos contribuintes, o que não ocorre no Imposto Sobre a Propriedade Territorial Rural (ITR), por exemplo, nada impede que, posteriormente, verificada a total discrepância entre a planta e as normas técnicas da ABNT e do IBAPE, o sujeito passivo tributário impugne judicialmente tal avaliação, pois, nesse caso específico, a presunção estará divorciada da realidade.

---

89. Apesar de Florence Haret classificar a praticabilidade como princípio, não se pode concordar com a declinada jurista nesse aspecto específico, pois, neste trabalho, atribui-se a ela a natureza jurídica de instituição.

Para tentar superar esse estado de desconfiança, que veda, totalmente, a declaração de vontade do contribuinte na formulação das plantas, e conciliar a sua apuração com uma avaliação individual, conforme preconiza o artigo 142 do CTN, Misabel Derzi propõe uma solução jurídica intermediária, que aproximaria a apuração do IPTU à do ITR. Por essa proposta criativa, as plantas de valores genéricos continuariam a existir, porém, não mais como um padrão definitivo. Tais plantas genéricas, nessa formulação, funcionariam "[...] como quadro de valores primários e básicos sobre os quais devem ser aplicados quantificadores individuais, que aproximem o lançamento de cada avaliação ao efetivo valor de mercado." (DERZI, 2007, p. 356).

Assim, pela proposição de Misabel Derzi, o sujeito passivo tributário declararia o valor venal do imóvel e atualizaria o seu cadastro imobiliário, como ocorre no ITR, funcionando as plantas genéricas somente como um piso. Se o valor declarado fosse inferior ao da planta, o contribuinte sujeitar-se-ia à fiscalização fazendária para apurar a correção do valor de sua declaração. Por intermédio de tal mecanismo, estaria respeitada a apuração individual do valor venal do imóvel, servindo a planta, tão somente, como orientação para a declaração do contribuinte e, com isso, seria também prescindível a exigência de lei, já que ela não existiria mais como um padrão que estatui uma presunção cerrada (DERZI, 2007, p. 358).

Por meio dessa proposta, Misabel Derzi procurou mudar, substancialmente, o enfoque da praticabilidade nas plantas genéricas de imóveis, já que tais abstrações padronizantes deixariam de operar por meio da desconfiança, bloqueando a vontade dos contribuintes, para, incorporando confiança, funcionar, somente, como um piso mínimo, sem tolher as suas declarações individuais na atividade lançadora de apuração do crédito tributário.

Apesar de ser bastante interessante e inovadora a solução preconizada por Misabel Derzi, ela não vem sendo encampada pelos fiscos municipais, que, na prática, chancelados pela jurisprudência do Supremo Tribunal Federal (STF) e do Superior Tribunal de Justiça (STJ), têm preferido potencializar os efeitos da praticabilidade com a desconfiança sistêmica, impedindo qualquer declaração de vontade dos contribuintes na formação das plantas de valores de imóveis genéricos. Portanto, aqui, os municípios têm dado primazia à justiça formal, que porta a ideia de uma igualdade generalizante, em detrimento da justiça material, que traz no seu âmago a ideia de uma igualdade individualizante, própria da capacidade contributiva subjetiva.

3.3.2.4. Das limitações às deduções nos gastos com educação

No que se refere aos gastos dedutíveis do Imposto de Renda de Pessoa Física (IRPF) com educação, o legislador tem liberdade para defini-los tanto qualitativa como quantitativamente, limitado, é claro, pelos princípios constitucionais.

Pelo aspecto qualitativo, o Estado define, objetivamente, quais despesas educacionais podem ser consideradas como passíveis de dedução. No caso brasileiro, a União não admite a dedução de despesas com aulas de idioma, cursos pré-vestibulares, aquisição de material didático ou cursos de pós-graduação *lato sensu*.

Na Alemanha, por exemplo, ao contrário do Brasil, por razões de praticabilidade, sequer se admite a dedução de despesas para custear o curso de doutorado (pós-graduação *stricto sensu*). Essa generalização decorreu da desconfiança em relação à maioria dos contribuintes doutorandos, os quais, de acordo com os tribunais alemães, não tinham interesse na carreira acadêmica, mas buscavam obter, com tal título, tão somente reconhecimento na sociedade. Com isso, estabeleceu-se um padrão de caráter absoluto, próximo de uma ficção, que bloqueou, por completo, a vontade do contribuinte germânico, impedindo que ele, no caso concreto, prove o contrário.

143

EDUARDO MORAIS DA ROCHA

Nesse sentido são as lições de Misabel Derzi (2007, p. 322-323):

> São especialmente comentadas as decisões do OFH (Tribunal Superior de Finanças) e do BFH (Tribunal Federal de Finanças), a partir de 1950.
>
> [...]
>
> Assim, com base nas normas citadas, ao examinar o caso de um doutorando, para quem o título de doutor é pressuposto para atingir a carreira de professor de escola superior, o BFH generalizou. Esse órgão considerou que a maioria dos acadêmicos não tem interesse na carreira de professor, mas objetivam a titulação como meio de angariar prestígio social, por isso objetivam que os gastos de formação dos doutorandos são genericamente indedutíveis (para todos os acadêmicos).
>
> Observe-se que os tribunais não levaram em conta o caso concreto, o doutorando X, mas tiveram em mira o padrão, um hipotético doutorando 'típico', estabelecendo uma presunção *iuris et de iure*. Segundo Isensee, o OFH assim se expressou: "Um tratamento individual de cada caso isolado conduziria, quando todas as objeções fossem levadas em consideração, a um resultado que não seria suportável. Por isso parece apropriado, para os casos de tributação que formam um todo grande e semelhante (massa), desconsiderar suas particularidades, compreendê-los e segundo suas características essenciais tratá-los igualmente para a tributação."

Já no que concerne às limitações quantitativas nos gastos com educação, aqui são estabelecidos tetos, ou melhor, limites dedutíveis na base de cálculo do IRPF, nos pagamentos feitos para custear aquelas despesas que sejam qualitativamente[90] aceitas como tal.

Primeiramente, é notório que, em despesas de educação, assim como ocorre com aquelas de saúde, sabidamente, há uma quantidade absurda de contrafações, falsificações materiais e ideológicas em notas fiscais e mesmo incorreções no

---

90. No Brasil, por força do disposto no artigo 8º, II, b, da Lei n. 9.250/95, são qualitativamente dedutíveis as despesas escolares do ensino infantil à pós-graduação *stricto sensu* e, ainda, as do ensino profissionalizante.

TEORIA INSTITUCIONAL DA PRATICABILIDADE TRIBUTÁRIA

preenchimento de recibos que, em tese, serviriam como justificativas para tais gastos. A análise individual desses documentos demanda, além de tempo e qualificação técnica, uma quantidade maior no número de fiscais para a apuração de sua regularidade. Tal fato, por si só, demonstra a alta complexidade fática dessa questão, o que gera, no poder público, uma falta de confiança nos contribuintes, dando ensejo a que o Estado recorra à desconfiança sistêmica, para, suprindo o seu déficit de informações em relação a eles, vedar, por completo, qualquer manifestação de vontade do sujeito passivo do IRPF no que se refere a essas despesas educacionais.

Assim, a criação de padrões presuntivos, por meio do estabelecimento de teto na dedução das despesas educacionais, revela-se como um nítido caso em que, para dar maior exequibilidade à regra-matriz do IRPF, o legislador incorpora a desconfiança à ideia objetiva de praticabilidade. Ao proceder dessa forma, ele bloqueia, totalmente, a possibilidade de os contribuintes comprovarem os casos marginais em que tais gastos excedem aquele padrão.

Ocorre, todavia, que a norma que decorre da interpretação da regra de incidência do IRPF deve ser concretizada conforme princípios maiores, como os da pessoalidade, da capacidade econômica e do não confisco, por exemplo, para, com isso, não se deformar "[...] a noção de renda como riqueza excedente, após a dedução dos gastos necessários (i) ao exercício da atividade econômica do contribuinte e (ii) ao atendimento do mínimo vital." (SANTIAGO, 2014).

A renda da pessoa física, segundo Misabel Derzi, "[...] é sempre o excedente, ou acréscimo de que se possa dispor seu titular sem comprometer seu patrimônio. Não se confunde assim, com receita, rendimento ou faturamento." (BALEEIRO, 2003, p. 740). Portanto, se, ao invés de se tributar somente o excedente, optar-se por tributar, em parcela substancial, os gastos necessários para a aquisição da renda, o que se estará realmente tributando não será a renda do contribuinte, mas sim o seu próprio patrimônio, desnaturando-se o conceito constitucional de renda.

145

EDUARDO MORAIS DA ROCHA

Por tal razão, a dedutibilidade dos gastos com educação não é mero benefício fiscal em relação ao qual a União pode, como uma faculdade, ter ampla margem discricionária de conformação. A concessão e a extensão dessas deduções são direitos dos contribuintes, conformados por princípios que impõem ao Estado o dever de adequá-las de modo a não macular a noção de renda.

Por isso, é lídimo o uso, pelo Estado, da praticabilidade potencializada pela desconfiança por meio de limites de gastos padronizados. Todavia, para que tais padrões se coadunem com os princípios constitucionais, é imperativo que eles reflitam a realidade. E, para tanto, se o recurso às padronizações é imperativo para superar a premente complexidade sistêmica, tais presunções devem corresponder à média dos gastos da população considerada em sua totalidade, pois "[...] a padronização só será válida se provocar efeitos desiguais de diminuta extensão [...]." (ÁVILA, 2009, p. 96). Além disso, como bem adverte o professor Humberto Ávila, "Na construção de padronizações, o legislador não pode escolher casos atípicos como pano de fundo. Ele deve se orientar pela normalidade, pela média e manter uma relação razoável com os encargos médios." (ÁVILA, 2009, p. 95).

O que resta saber é se os limites dedutíveis positivados no artigo 8º, inciso II, alínea b, item 9, da lei n. 9.250/95 (BRASIL, 1995), incluído pela lei n. 12.469/11 (BRASIL, 2011), que estabelece o teto de dedução para tais despesas em R\$3.375,83 para o IRPF a partir do ano calendário 2014, obedecem à igualdade geral exigida quando se opta por esse tipo de tributação padronizada.

Porém, somente se ficará sabendo se tal limite de despesas educacionais, imposto pelo padrão acima declinado, tem vinculação com a realidade e, portanto, corresponde à média dos gastos da população em geral, quando o Supremo Tribunal Federal julgar a ADI n. 4927, proposta pelo Conselho Federal da Ordem dos Advogados do Brasil (OAB), a qual, conforme

TEORIA INSTITUCIONAL DA PRATICABILIDADE TRIBUTÁRIA

noticia Igor Mauler Santiago (2014), encontra-se plenamente madura para apreciação por aquela Corte Constitucional.

3.3.2.5. Da lista de serviços no imposto sobre serviço de qualquer natureza

A desconfiança sistêmica de um ente político, incorporada à ideia objetiva de praticabilidade, todavia, não poderá, necessariamente, ser direcionada somente ao contribuinte. Há casos mesmos em que, para dar exequibilidade a uma determinada regra constitucional e tornar a sua aplicação prática, determinado ente federativo poderá dirigir sua desconfiança para além do sujeito passivo da relação jurídico-tributária, ou seja, poderá desconfiar até de outro ente autônomo da Federação. Tal situação fica nítida e cristalina na lista de serviços definida pela lei complementar n. 116/2003 (BRASIL, 2003).

Isso porque, ao definir as competências tributárias, o legislador constituinte atribuiu aos Municípios, na regra de direito contida no artigo 156, III, da CF, a competência privativa para instituir o imposto "[...] sobre serviços de qualquer natureza, não compreendidos no artigo 155, II, definidos em lei complementar." (BRASIL, 1988).

Não bastasse isso, ainda, a Constituição determinou, no artigo 146, caber à lei complementar (BRASIL, 1988):

> [...]
>
> I – dispor sobre conflitos de competência, em matéria tributária, entre União, os Estados, o Distrito Federal e os Municípios;
>
> II – [...]
>
> III – estabelecer normas gerais em matéria de legislação tributária, especialmente sobre:
>
> a) definição de tributos e de suas espécies, bem como, em relação aos impostos discriminados nesta Constituição, a dos respectivos fatos geradores, bases de cálculo e contribuintes;
>
> [...]

Percebe-se, portanto, que as disposições das leis complementares têm o escopo de não apenas estabelecer as normas gerais de direito tributário, mas também dirimir eventuais conflitos de competência entre os entes federativos. Nas palavras de Sacha Calmon Navarro Coêlho (2002, p. 109), "São normas sobre como fazer normas em sede de tributação."

Por tal razão, a lei complementar, em regra, na seara tributária, é chamada de lei nacional, à qual as ordens jurídicas parciais – federal, estadual e municipal – estão subordinadas no momento de instituir a regra-matriz de incidência tributária (COÊLHO, 2002, p. 96).

Por isso que a lei municipal instituidora do Imposto Sobre Serviços de Qualquer Natureza (ISSQN), no âmbito de certo município, deve sempre se coadunar com a lei complementar, pois, sendo aquela produto legislativo de uma ordem jurídica parcial, estará sempre limitada e condicionada pelas disposições desta, que tem conteúdo nacional. Ocorre, todavia, que, apesar de a União ser uma ordem jurídica parcial, assim como o Município, "[...] o órgão de emissão da lei complementar é o mesmo que emite a lei federal ordinária, e seu âmbito de validade espacial é igual ao âmbito da lei federal." (COÊLHO, 2002, p. 98).

Assim, por vezes, o Congresso Nacional, órgão legislativo da União, funcionará tanto como legislador federal de uma ordem jurídica parcial quanto legislador nacional, emitindo as normas gerais de direito tributário e dirimindo os conflitos de competência entre os entes federativos.

É nesse momento que a União, para dar exequibilidade à regra contida no artigo 156, III, da Constituição Federal e dirimir eventuais conflitos de competência entre entes municipais, recorre à ideia objetiva de praticabilidade e estabelece, em lei complementar, uma lista definindo os serviços que podem ser objeto do imposto sobre serviços de qualquer natureza.

TEORIA INSTITUCIONAL DA PRATICABILIDADE TRIBUTÁRIA

Cabe ressaltar que essa não foi a primeira vez que a União declarou, em lista cerrada, o rol de serviços passíveis de incidência do ISSQN para tornar mais prática a aplicação e a execução dessa legislação. Isso porque, anteriormente à edição da lei complementar n. 116/03 (BRASIL, 2003), o legislador nacional já havia, também, estabelecido tais listas, como no decreto-lei n. 406/68 (BRASIL, 1968), procurando evitar conflitos de competência entre os demais entes tributantes.

Tal lista de serviços, contida atualmente na lei complementar n. 116/03, sem sombra de dúvidas, imprime praticabilidade à legislação do ISSQN para lhe dar maior exequibilidade, pois, ao tentar delimitar, conceitualmente, o que seja serviço, procura mitigar os conflitos não só entre os entes tributantes, mas também entre eles e os contribuintes.

Impende também ressaltar que os conceitos de serviços estatuídos em lista nem sempre observam a especificidade conceitual que seria esperada deles, já que, muitas vezes, para dar uma maior exequibilidade à legislação, são trazidas, na lei, "[...] cláusulas gerais, traduzidas nas expressões 'serviços congêneres', 'qualquer natureza' e qualquer espécie', inequivocamente com o intuito de compreender outras atividades não cogitadas pelo legislador no momento de elaboração da lei." (COSTA, 2007, p. 298).

Por isso, criticando a inclusão de cláusulas gerais e conceitos indeterminados nessa lista de serviços – que, em tese, deveria, pelo menos, prezar pela especificidade conceitual –, Regina Helena Costa (2007, p. 299), expressamente, a considera como um exemplo de mau uso da praticabilidade:

> Para nós, a utilização dessas expressões na Lista de Serviços do ISS é sintoma de praticidade mal-aplicada, pois se trata de generalização com vista à inclusão de serviços semelhantes aos já apontados na Lista, não pensados pelo legislador complementar no momento da edição da lei, em grosseira ofensa à segurança jurídica e ao princípio da especificidade conceitual.

Além de recorrer ao sistema de lista para definir os serviços tributáveis e tornar mais prática a legislação do ISSQN, a União, na qualidade de legislador nacional, desconfiada do aumento de conflitos entre os entes federativos, visando a reduzi-los e a simplificá-los, ainda bloqueou a plena competência impositiva dos municípios. E isso porque, ao invés de atribuir a tais listas um cunho meramente exemplificativo, tornou-as taxativas (*numerus clausus*), ou seja, vedou aos entes municipais exaurir, em toda a sua plenitude, os fatos jurígenos que caracterizariam os serviços. É por essa razão que, para Sacha Calmon Navarro Coêlho (2002, p. 522), "[...] conviria que a lista fosse exemplificativa (*numerus apertus*) para evitar o defeito de restringir, contra a Constituição, a competência do Município."

Regina Helena Costa, contrariada, também, com o fechamento dessas listas, entende "[...] que, em respeito ao princípio da autonomia municipal, tal Lista, então, cumpre papel indicativo, de elucidação, não atuando para restringir a competência tributária municipal." (COSTA, 2007, p. 298).

Em que pese a força desses argumentos, os tribunais superiores, há muito, já objetivaram a desconfiança nessas listas, pois chancelaram o seu uso de forma taxativa, bloqueando a plena competência impositiva municipal. É bem verdade que, apesar de reconhecerem o seu caráter cerrado na delimitação dos serviços passíveis de incidência do ISSQN, o Supremo Tribunal Federal e o Superior Tribunal de Justiça[91] reconhecem a possibilidade constitucional, por razões de praticabilidade, de existência de cláusulas gerais e de conceitos jurídicos indeterminados em alguns dos itens constantes da declinada lei complementar n. 116/03.

---

91. Nesse sentido, conferir o RE 361.829, 2ª turma, de 13.12.2005 (BRASIL, 2005), e o REsp.121.428/RJ, 2ª turma, de 16.08.2004 (BRASIL, 2004), além.do Resp. 1.117.121/ RJ, 1ª Seção, de 29/10/2009 (BRASIL, 2004), julgado sob o regime dos recursos repetitivos.

TEORIA INSTITUCIONAL DA PRATICABILIDADE TRIBUTÁRIA

Assim, os serviços nela contidos são os únicos passíveis de incidência do ISSQN. Todavia, naqueles itens em que houver conceitos indeterminados ou cláusulas gerais, também por questões de praticabilidade, poderá ser admitida a interpretação extensiva para o município incluir serviços correlatos àqueles expressamente previstos. A interpretação dada a essa questão pelos tribunais superiores levou Gustavo Brigagão (2013) a afirmar que "[...] a lista seria taxativa na vertical e exemplificativa na horizontal."

Cabe acrescentar, ainda, que o recurso à praticabilidade pela União, ao estabelecer a lista constante da lei complementar n. 116/03, não ficou adstrito a sua adoção como *numerus clausus* ou à inclusão de alguns itens de serviços contendo expressões que denotam abstrações generalizantes, como conceitos indeterminados ou cláusulas gerais.

Isso porque, além das hipóteses declinadas acima, a praticabilidade aqui também foi adotada como mecanismo para permitir a aplicação extraterritorial da lei municipal, como se observa a seguir na aludida lei complementar (BRASIL, 2003):

> Artigo 3º O serviço considera-se prestado e o imposto devido no local do estabelecimento prestador ou, na falta do estabelecimento, no local do domicílio do prestador, exceto nas hipóteses previstas nos incisos I a XXII, quando o imposto será devido no local:
>
> [...]

Com isso, o aspecto espacial e de sujeição ativa da regra-matriz de incidência pela lei complementar n. 116/03 (BRASIL, 2003), assim como já preceituava o artigo 12 do decreto-lei n. 406/68 (BRASIL, 1968), será definido pelo município onde estiver situado o estabelecimento prestador do serviço, ou, na falta dele, pelo município onde o prestador estiver domiciliado. Essa é a regra, estando as exceções estabelecidas nos incisos I a XXII do art. 3º da referida lei complementar. Na verdade, a grande alteração, nesse ponto específico da legislação de regência, foi ampliar o leque de exceções, já que, pelo pretérito decreto-lei, somente nos casos da construção civil e dos serviços de exploração de rodovias é que o ISSQN era devido no local da prestação do serviço.

Destarte, a União estabeleceu como regra, no ISSQN, a extraterritorialidade, sendo a territorialidade a exceção. Segundo Flávio Couto Bernardes (2004, p. 76), "A razão política para a referida escolha remonta a considerações de cunho prático decorrente da fiscalização a ser empreendida pelas municipalidades."

Portanto, para dar exequibilidade à regra-matriz de incidência do ISSQN, a União admitiu como regra a extraterritorialidade, ou seja, o imposto será devido não no local onde o serviço foi prestado, mas no município onde o prestador estiver estabelecido. E o intuito disso foi, por desconfiança do contribuinte, evitar a fraude e facilitar a fiscalização, já que é no seu estabelecimento que costumam ficar guardados os livros fiscais e contábeis. Além disso, a maior parte dos serviços prestados fora do local do prestador é diluída em infindáveis municípios, retardando e dificultando, sobremaneira, a constatação fática da incidência da regra-matriz. "Dessa forma, para evitar a evasão tributária o caminho mais simples é concentrar as receitas tributáveis na sede do estabelecimento prestador – todo o faturamento apurado implica no recolhimento do ISS para o Município onde se situa." (BERNARDES, 2004, p. 76).

Assim, na desconfiança de o contribuinte praticar fraude que gere a sonegação fiscal, a União apossou-se da subinstituição praticabilidade e criou um artifício de simplificação da fiscalização, pelos municípios, da incidência da regra de direito do ISSQN. Por isso, de acordo com Flávio Couto Bernardes (2004, p. 78), tal mecanismo possibilita "[...] aplicar o princípio da praticidade fiscal, evitando a evasão da receita tributária e permitindo a adoção de uma política que inibe o conflito de competência entre os Municípios."[92]

Por fim, quanto à extraterritorialidade, cabe a seguinte advertência de Igor Mauler Santiago (2012):

> Ora, a extraterritorialidade é fenômeno jurídico corriqueiro, que se manifesta na seara tributária, *v.g.*, pela incidência do imposto de renda em bases universais. No âmbito interno, vem disciplinada desde 1966 pelo artigo 102 do CTN, estando longe de constituir novidade.

Sendo o recurso à extraterritorialidade[93] pelos entes tributantes um meio de suprir o seu déficit de informações em relação aos contribuintes, evitando-se fraude e evasão tributárias, e, ainda, um eficiente mecanismo que torna mais prática e econômica a aplicação e a fiscalização da ocorrência da regra-matriz de incidência, revela-se, portanto, legítimo o seu uso na lei complementar n. 116/03 como forma de dar exequibilidade à regra de incidência do ISSQN e de facilitar a fiscalização a ser empreendida pelos fiscos municipais.

---

92. Não se adota, nesta tese, a praticabilidade ou praticidade como princípio, já que aqui a sua natureza jurídica é tratada como subinstituição-coisa.

93. Apesar de a lei complementar ter, expressamente, estabelecido as hipóteses de aplicação extraterritorial da regra-matriz de incidência do ISSQN, a jurisprudência do STJ sempre se mostrou vacilante quanto ao tema. Isso porque, num primeiro momento, sob a égide do decreto-lei n. 406/68, aquela Corte inadmitiu a extraterritorialidade, com a justificativa de um pretenso princípio constitucional implícito da territorialidade, sem que, contudo, nesse sentido, houvesse qualquer decisão do STF acerca da questão, como se pode notar no EREsp 130.792, de 07/04/2000 (BRASIL, 2000), e no EREsp 168.023, de 22/09/1999 (BRASIL, 1999).
Após nove anos da edição da lei complementar n. 116/2003, depois de diversas oscilações, a jurisprudência do STJ – AgRg. nos EAg no Ag. 1.272.811, DJe de 01/02/2012 (BRASIL, 2012) – pacificou-se no sentido de, como regra, ser admitida a extraterritorialidade. Todavia, como faz notar Gustavo Brigagão, recentemente, o STJ, no REsp 1.439.753, em 06/11/2014 (BRASIL, 2014), parece, novamente, querer fazer prevalecer a territorialidade como regra na cobrança do ISSQN, com "[...] possibilidade de retorno àquela incoerência entre o que determina a legislação e o que prevalece na jurisprudência do STJ, sem que haja manifestação do STF sobre a matéria [...]." (BRIGAGÃO, 2015a, 2015b).

3.3.3. Exemplos da ideia que decorre da praticabilidade absorvendo a confiança no direito tributário

O que se pode observar nos exemplos até agora colacionados é que, diante de complexidades fáticas ou jurídicas, para dar exequibilidade às diversas regras-matrizes de incidência tributária e aos grandes princípios do sistema, o Estado lançou mão da ideia objetiva de praticabilidade, criando uma série de sub-regras instrumentais que, na maior parte das vezes, rejeitam por completo qualquer manifestação de vontade do contribuinte, ou, ainda, tolhem a plena competência impositiva de outro ente tributante.

Com isso, a desconfiança foi adicionada à ideia praticabilidade para potencializar os seus efeitos redutores de complexidade e, dessa forma, permitir que uma instituição de cunho instrumental garanta a autoridade de outra instituição, qual seja, a regra de direito (direito objetivo), ou, mais especificamente, a regra-matriz de incidência, evitando-se, assim, a fraude e a sonegação fiscal, aproximando-se a tributação real daquela potencial.

Ocorre, todavia, que, no direito tributário, assim como nos demais subsistemas jurídicos, não há espaço para a incorporação somente da desconfiança sistêmica à praticabilidade, pois, muitas vezes, o legislador ou o administrador são levados, por contingências as mais diversas possíveis, a confiar no contribuinte. Até mesmo porque, segundo Luhmann (1996, p. 164), só os sistemas que gozam de confiança podem institucionalizar a desconfiança, de forma que a praticabilidade, no sistema tributário, poderá introjetar tanto uma quanto a outra forma.

Portanto, em situações específicas, ao invés de bloquear por completo a vontade do contribuinte, o Executivo e o Legislativo poderão, confiando nele, dar-lhe a opção da adoção de mecanismos simplificadores, ou, ainda, invertendo os riscos, diferir para terceiro o pagamento do tributo ou, mesmo, transferir para o sujeito passivo tributário todos os encargos

TEORIA INSTITUCIONAL DA PRATICABILIDADE TRIBUTÁRIA

de delimitação e de apuração do fato gerador e do crédito da obrigação tributária correspondente.

Tal atitude positiva revela que, embora se valendo da mesma ideia objetiva de praticabilidade, o Estado poderá adotar ações completamente opostas e distintas, embora funcionalmente equivalentes, ora adicionando-lhe ingredientes de desconfiança, ora de confiança, conforme o tipo de complexidade fática ou jurídica que seja revelada.

Assim, no sistema jurídico, convivem a confiança (Pr_2) e a desconfiança (Pr_1) objetivadas como meios racionais que podem ser utilizados pelo Estado para potencializar os efeitos da praticabilidade. Por isso, não se pode concordar com aqueles que querem enxergá-la, apenas, sob o prisma da desconfiança, pois, muitas vezes, o Estado, ao recorrer a essa subinstituição, será premido a confiar no contribuinte [$Pr_2 = (R_i + C_s)$. C_o], como se mostrará nos exemplos do lançamento por homologação, da substituição tributária regressiva, do Simples, da dedução simplificada no Imposto de Renda das Pessoas Físicas, do lucro presumido das pessoas jurídicas, do tributo retido na fonte, e, ainda, da possibilidade de incrementação da manifestação de vontade do contribuinte nas relações jurídico-tributárias.

Cabe ressaltar que não se tem a pretensão, com os declinados exemplos, de esgotar todas as possibilidades em que o Estado pode adicionar confiança à praticabilidade tributária. Todavia, acredita-se que, com eles, se possa ter uma visão geral, embora não totalizante, de como a confiança potencializa, em muito, a racionalidade instrumental da praticabilidade.

3.3.3.1. Do lançamento por homologação

Um caso típico de confiança no emprego da praticabilidade pelo Estado pode ser observado no lançamento por homologação, também denominado autolançamento. Nessa modalidade de lançamento, são impostos maiores números

155

de encargos ao sujeito passivo da relação jurídico-tributária, ônus estes que, em tese, seriam cabíveis às administrações tributárias, já que a atividade de apuração do crédito tributário deveria ser feita por procedimento de lançamento vinculado a cargo da autoridade administrativa, conforme expressamente disciplinado nos artigos 3º e 142 do CTN (BRASIL, 1966).

Nada obstante, a realidade demonstra que, hodiernamente, a maior parte das obrigações tributárias é satisfeita independentemente de qualquer atividade prévia do fisco. Isso porque, a cada dia, se verifica um maior crescimento da quantidade de contribuintes do que a do aparato administrativo e a de pessoal técnico especializado do Executivo para fazer frente a esse múnus.

Isso, por seu turno, acarreta um déficit de informação do Estado, que não tem condições técnicas e materiais de apurar, seletivamente, o débito tributário de cada sujeito passivo, seja por causa do elevado custo que tal operação geraria, seja por impossibilidade de saber todos os dados acerca do contribuinte, ou mesmo, ainda, por despreparo técnico-administrativo. Esses fatos impõem ao Estado socorrer-se da ideia objetiva que decorre da praticabilidade. Para isso, ele necessita simplificar a execução da norma que impõe o lançamento, confiando ao particular a atividade de apuração do *quantum debeatur* a ser pago a título de tributo e o seu efetivo pagamento antecipado. A essa mudança de atribuições entre fisco e contribuinte, José Juan Ferreiro Lapatza (1983, p. 71) chama de "privatização da gestão tributária."

Aliás, nos dias atuais, essa forma de lançamento, por razões de praticabilidade, corresponde à quase totalidade dos meios para apuração dos créditos tributários, como bem observa Mary Elbe Queiroz (2002, p. 313):

> A opção da lei por essa modalidade de lançamento, hoje aplicada inteiramente em relação a quase todos os tributos federais, justifica-se sob argumentos como praticidade, necessidade de maior facilidade, agilidade no controle da arrecadação dos tributos e combate à sonegação, haja vista o elevado custo, a escassez de

TEORIA INSTITUCIONAL DA PRATICABILIDADE TRIBUTÁRIA

recursos humanos e materiais e o desaparelhamento da máquina fiscalizadora e arrecadadora.

Apesar de admitir, no *caput* do artigo 150 do CTN (BRASIL, 1966), que o pagamento de tributo feito pelo contribuinte, de acordo com a sua própria apuração, fosse, posteriormente, homologado pela própria autoridade administrativa, o que se verifica, na prática, é que a administração pública jamais o faz. Isso porque ela prefere sempre a homologação tácita, ao se utilizar do expediente do decurso do prazo de cinco anos a contar da data do fato imponível (art. 150, § 4º, do CTN) para que, nesse período, se necessário for, realize as fiscalizações que entenda pertinentes e, caso seja preciso, faça os imperativos autos de infração ou lançamentos suplementares de ofício.

Tal mecanismo de confiar no sujeito passivo da relação tributária, impondo-lhe deveres de colaboração que se assemelham aos encargos de lançamento, é, além de mais prático e econômico para o fisco, uma eficaz ferramenta de combate à fraude e à evasão por meio da praticabilidade, já que, no prazo quinquenal, é possibilitado à administração realizar tantas diligências e fiscalizações quantas entenda ser necessárias para apurar se aquele pagamento ou as informações declaradas correspondem ao efetivo fato imponível ocorrido.

Nesse mesmo sentido, inclusive, são as lições de Sacha Calmon (COÊLHO, 2002, p. 671):

> Na verdade, o lançamento por homologação existe quando a Administração expressamente concorda com a atividade do contribuinte de calcular por conta da lei o imposto devido, fazendo o seu pagamento. Nesse caso, o lançamento dito por homologação é irreversível. Em toda a nossa vida, jamais vimos uma homologação formal integral de pagamento feito pelo contribuinte. A homologação não interessa à Administração. A sua existência deve-se a cópia do Direito estrangeiro feita sem cuidados críticos. Por isso mesmo, a Administração nunca homologa. Prefere deixar correr em aberto o prazo de cinco anos a contar do fato gerador da obrigação tributária, com o fito de fiscalizar o contribuinte quantas vezes queira e, eventualmente, expedir lançamentos

EDUARDO MORAIS DA ROCHA

ditos 'suplementares', de ofício. É mais eficaz e mais cômodo. A fórmula do CTN, embora sofística, é, sem dúvida, engenhosa.

Nos dias de hoje, em que pese ser a tônica do artigo 142 do CTN (BRASIL, 1966) a exigência do lançamento formal para a exigibilidade do crédito tributário, a regra geral tornou-se o pagamento antecipado dos diversos tributos pelo contribuinte, independentemente de qualquer formalização prévia do crédito pelos diferentes fiscos. Tanto é assim que "[...] em havendo previsão jurídica para autolançamento a obrigação tributária já é exigível mesmo antes da formalização da obrigação por obra da autoridade fazendária sob a forma de antecipação de pagamento." (MARINS, 2010, p. 194).

Por isso, Jaime Marins (2010, p. 194) afirma que o caso de lançamento por homologação ou autolançamento "[...] é o mero vencimento da obrigação que implica a exigibilidade do crédito tributário (pagamento antecipado) independentemente de qualquer ato formal de lançamento propriamente dito [...]."

Contudo, a praticabilidade aqui não se encerra, somente, na possibilidade de o simples vencimento da obrigação tributária tornar o crédito exigível, independentemente de qualquer ato de formalização do lançamento. Isso porque, na jurisprudência pátria,[94] consolidou-se o entendimento de que as próprias guias de declaração do contribuinte, como, por exemplo, a Declaração de Débitos e Créditos Tributários Federais (DCTF) e a Guia de Recolhimento do FGTS e Informações à Previdência Social (GFIP), são bastantes, nessa forma de autolançamento, para tornar o crédito tributário exequível, na medida em que são "[...] suficientes para a materialização da certidão de dívida ativa e sua respectiva inscrição, que dá azo à propositura da execução fiscal, sem lançamento administrativo tributário." (MARINS, 2010, p. 192).

---

94. Súmula 436 – A entrega de declaração pelo contribuinte reconhecendo débito fiscal constitui o crédito tributário, dispensada qualquer outra providência por parte do fisco (BRASIL, 2010).

TEORIA INSTITUCIONAL DA PRATICABILIDADE TRIBUTÁRIA

Portanto, tais informações prestadas pelo contribuinte, em confiança da administração, referentes ao crédito por ele apurado, servem não somente para tornar mais prática a exigibilidade do crédito, com o simples vencimento da obrigação tributária, mas também para tornar esse mesmo crédito tributário passível de inscrição em dívida ativa e exequível, independentemente de qualquer ato formal de lançamento pelo fisco.

Conclui-se, com isso, que a implementação da confiança na praticabilidade, nesse particular, ao permitir que o próprio contribuinte apure o crédito tributário e proceda ao pagamento antecipado do tributo, otimiza e maximiza os resultados de arrecadação e fiscalização dos tributos lançados por homologação, além de trazer uma maior economia nos gastos necessários para a sua cobrança em sede judicial, já que a declaração do contribuinte (DCTF e GFIP) torna-se suficiente para a inscrição em dívida ativa e a formação da Certidão de Dívida Ativa (CDA), título executivo da execução fiscal, sem qualquer procedimento ou processo administrativo prévio.

3.3.3.2. Da substituição tributária regressiva

Todavia, não é somente por meio da transferência de encargos da gestão administrativa para a esfera privada que a confiança se desvela, pois ela pode, também, revelar-se na praticabilidade por meio do diferimento do pagamento do tributo, como ocorre, por exemplo, na substituição tributária regressiva, ou "para trás."

Nessa modalidade de sujeição por substituição, a obrigação tributária já surge imediatamente para terceiro que não materializou, diretamente, o fato imponível, o qual, contudo, por força do disposto no artigo 128 do CTN (BRASIL, 1966), deve ter com o substituído uma vinculação econômica que lhe possibilite ressarcir-se dos encargos da substituição.

159

Assim, por força de uma regra jurídica, embora não tendo praticado o fato imponível, o substituto deve estar, de algum modo, ligado economicamente a ele para que não se macule o princípio constitucional da capacidade econômica, na medida em que o substituto precisa ter meios de recuperar-se, financeiramente, do ônus que lhe foi imposto.

Nesse mesmo sentido é o magistério de Misabel Derzi, ao exigir vinculação econômica entre o substituído e o substituto para garantir a observância do princípio da capacidade econômica na substituição tributária regressiva (BALEEIRO, 2003, p. 726):

> Por isso mesmo o art. 128, garantindo a observância do princípio da capacidade econômica, determina que o responsável tributário seja vinculado indiretamente com o fato descrito na hipótese de incidência da norma básica. Isso significa que o fato gerador hipotético da norma secundária tem, ou deve ter conexão e relação de dependência com o fato gerador hipotético da norma principal, básica ou matriz.

Apesar de a substituição tributária regressiva se revelar um recurso lídimo de praticabilidade, ao qual o Estado pode recorrer, tal instituição, que existe, instrumentalmente, para dar exequibilidade a uma regra de direito, não pode deixar de observar os princípios constitucionais. Isso porque os princípios, além de conformá-las, servem para dar sentido e significado a todas as regras jurídicas, incluindo-se aí a praticabilidade, que é uma sub-regra, ou melhor, uma subinstituição, sem existência autônoma, mas instrumental, cujo desiderato é dar uma aplicabilidade otimizada, dentro de parâmetros coerentes, a essas mesmas regras-matrizes de incidência tributária.

Por tal motivo, embora o fato descrito na hipótese de incidência já tenha ocorrido, há uma postergação do pagamento do tributo, de forma que, originariamente, a norma tributária atribui a sujeito passivo diverso daquele que realizou o fato imponível a obrigação de pagar o tributo relativo a um fato gerador que já se realizou. E é justamente para observar o princípio da capacidade econômica que o legislador complementar exigiu, no artigo 128 do CTN (BRASIL, 1966), que houvesse entre o substituto e o fato gerador uma vinculação que garanta que aquele, ao realizar o pagamento do imposto, seja ressarcido, financeiramente, pelo substituído. Isso porque a praticabilidade deve sempre guardar consonância com os princípios constitucionais que dão integridade ao sistema jurídico.

Aliás, tanto a substituição tributária regressiva é uma faceta da praticabilidade ou da praticidade, como se preferir, que Sacha Calmon (COÊLHO, 2002, p. 599-600), expressamente, a reconhece como tal:

> De ver, e isso é fundamental, que a pessoa designada na lei como 'realizadora' da hipótese de incidência (fato gerador) é diversa da que, na consequência da norma, aparece designada como sujeito passivo da obrigação. Então, juridicamente, B é sujeito passivo direto. Ele não paga 'dívida alheia'. Paga dívida própria. Apenas não realizou o fato gerador. Todavia, ninguém antes dele esteve jamais na condição de sujeito passivo. E todo substituto pressupõe um substituído. Dita substituição decorreria de um raciocínio jurídico, qual seja: quem realiza o fato gerador é que deve pagar o tributo. A substituição seria, assim, em nome da praticidade.

No mesmo diapasão, Regina Helena Costa também tem o diferimento do pagamento operado nessa forma de substituição como um legítimo recurso de praticabilidade (COSTA, 2007, p. 268):

> Assim, também entendemos, pois, que o diferimento do imposto revela-se como legítimo mecanismo de simplificação tributária, sem o qual a fiscalização e a arrecadação do ICMS restariam extremamente prejudicadas nessas hipóteses.

Pode-se citar como exemplo[95] de substituição tributária regressiva, a clássica hipótese do proprietário do frigorífico que, agindo na qualidade de substituto tributário, paga o imposto devido pelo produtor da carne – no caso, o substituído.

Nessa hipótese, tendo em vista a relação de dependência econômica entre o substituído e o substituto, o Estado, numa operação de inversão de risco, confia ao substituto o pagamento diferido do tributo, mesmo não tendo realizado o fato gerador. Isso, em razão de ser mais prático para o Estado fiscalizar, por exemplo, alguns frigoríficos do que uma infinidade de propriedades rurais, até porque não haveria fiscais em número suficiente para exercer adequada e eficientemente esse mister.

Assim, a impossibilidade material de fiscalizar todos os substituídos gera um déficit de informação do fisco em relação à totalidade dos contribuintes que realizaram o fato imponível previsto na regra-matriz, premindo-o, consequentemente, com base na vinculação econômica entre substituto e substituído, a confiar naquele o pagamento postergado do tributo.

Com isso, em que pese tanto a substituição tributária progressiva quanto a regressiva institucionalizarem a praticabilidade, as duas a potencializam de modo totalmente diverso, mas funcionalmente equivalente, não podendo, de maneira alguma, ser confundidas, embora, em ambos os casos, o Estado se socorra da mesma subinstituição, que existe para dar exequibilidade eficiente a uma regra-matriz de incidência tributária.

Enquanto na substituição tributária progressiva o Estado recorre à desconfiança como mecanismo auxiliar de simplificação e redução da complexidade, ao criar padrões médios e

---

95. Acerca dos exemplos práticos de substituição tributária regressiva, aduz Regina Helena Costa: "Em verdade, a chamada substituição tributária regressiva ou 'para trás' revela-se como medida adequada a hipóteses de sucessivas operações efetuadas por um número consideravelmente grande de fornecedores, tendo por objeto, em regra, produtos primários, de origem agropecuária (*v.g.*, leite, laranja, cana-de-açúcar), fornecidos a indústrias de transformação." (COSTA, 2007, p. 267).

cerrados, na regressiva ele se socorre da confiança, ao confiar o pagamento diferido – invertendo o risco e aproveitando-se da relação de dependência entre os agentes econômicos – àquele sujeito passivo tributário que não praticou o fato imponível.

Desse modo, o mesmo fenômeno da substituição tributária pode incorporar confiança ou desconfiança, conforme o tipo de complexidade existente, para promover a facilitação na execução de uma determinada regra-matriz de incidência tributária. Na substituição tributária progressiva, o Estado age com desconfiança, tolhendo e bloqueando qualquer manifestação de vontade do contribuinte, por meio de abstrações padronizantes cerradas. Já na substituição tributária regressiva, ele difere o adimplemento da obrigação, confiando o seu pagamento a terceira pessoa vinculada economicamente ao fato gerador, a qual deverá buscar, pelas vias do mercado, o ressarcimento do que foi pago em nome do contribuinte.

3.3.3.3. Do Simples

Outro exemplo de confiança sistêmica institucionalizada na praticabilidade pode ser observado no tratamento diferenciando dado às microempresas e às empresas de pequeno porte com o desiderato de incentivá-las por meio da simplificação no recolhimento de suas obrigações administrativas, tributárias e previdenciárias (Simples). Aliás, como adverte Florence Haret (2010, p. 91): "É evidente que a implementação e consecução do Simples Nacional calcam-se num grande conjunto de presunções [...]."

Aqui, em nome da praticabilidade, o legislador constituinte autorizou, no artigo 179 da Constituição Federal, os legisladores federal, estadual e municipal a dispensar um tratamento jurídico, por meio de presunções, que institui um regime diferenciado à micro e à pequena empresa no recolhimento de suas obrigações tributárias.

Todavia, o Simples, "[...] não é um sistema de imposto único nem uma etapa de migração para tal sistema. Trata-se [...] de um regime de tratamento diferenciado e favorecido a ser dispensado às microempresas e empresas de pequeno porte [...]" (ALEXANDRE, 2013, p. 658). Por meio dessa sistemática de tratamento, há, para essas empresas, a possibilidade de "[...] apuração e recolhimento da maioria dos impostos e contribuições da União, do ICMS estadual e distrital e do ISS municipal e distrital, mediante regime único de arrecadação e de obrigações acessórias." (ALEXANDRE, 2013, p. 658). Por isso, vale a seguinte advertência de Florence Haret (2010, p. 91): "Nesta forma unificada de apuração e recolhimento, incluem-se também facilitação no âmbito de deveres instrumentais, além de conferir outros benefícios nos mais variados domínios (trabalhista, previdenciário, econômico, etc.)."

Esse sistema simplificado de recolhimento de impostos e de contribuições, embora não atente para a capacidade contributiva real e efetiva do contribuinte, em regra, revela-se bastante vantajoso para os pequenos e os microempresários, como explica Regina Helena Costa (2007, p. 264):

> Como se pode notar, o sistema instituído por essa lei, opcional ao contribuinte que atenda às condições estabelecidas, consigna alguma renúncia ao gravame da capacidade contributiva efetiva, que seria auferida mediante suas manifestações individualmente consideradas, dispensando o pagamento de certas contribuições. Ainda, institui um pagamento único mensal e reduz a quantidade de deveres instrumentais tributários que lhes seriam exigidos pelo sistema-padrão.

A confiança outorgada pelo Estado às pequenas e às microempresas ao instituir, por meio da praticabilidade, um regime opcional, diferenciado e facilitado de recolhimento de contribuições e de impostos, distinto das demais empresas, decorre da importância que elas têm no cenário nacional. Isso, em virtude do fato de serem responsáveis por empregar a maior parte dos trabalhadores do setor produtivo brasileiro, fato que, por si só, já justifica a simplificação das

TEORIA INSTITUCIONAL DA PRATICABILIDADE TRIBUTÁRIA

suas obrigações por meio de um pagamento único e mensal de uma pluralidade de tributos, reduzindo, consideravelmente, a quantidade de diversos encargos e deveres acessórios tributários.

Nessa mesma toada, são as lições de Ricardo Alexandre (2013, p. 655-656):

> No que concerne às empresas, a diferença de capacidade contributiva entre, de um lado, as microempresas e empresas de pequeno porte e, de outro, as médias e grandes empresas já justificaria o tratamento diferenciado. Quando se analisa o fato de o primeiro grupo ser responsável pela geração da maioria dos empregos no País e necessitar de proteção do Estado para que consiga concorrer numa economia de mercado, reforça-se a conclusão de que foi acertada a decisão do legislador constituinte [...].

Tal fato, além de simplificar, substancialmente, o múnus estatal de aplicação e de execução de diversas regras-matrizes de incidência tributária, reduz, sobremaneira, os custos de fiscalização que, em muitos casos, sequer seriam justificados financeiramente, já que são pequenos, em relação ao Produto Interno Bruto (PIB), os recursos arrecadados a título de tributo das pequenas e das microempresas.

Aliás, a lei complementar n. 147/2014 (Supersimples) inovou bastante e incluiu, também, na sistemática do regime de recolhimento simplificado, os prestadores de serviços de natureza intelectual, revogando o inciso XI, do artigo 17, da lei complementar n. 123/2006 e possibilitando que sociedades de advogados com faturamento de até três milhões e seiscentos mil reais por ano pudessem, enfim, participar desse sistema de tributação diferenciado.

Além do mais, a grande vantagem do Simples decorre do fato de a sua adesão pelo contribuinte ser opcional desde a sua origem, por força do artigo 8º, da lei n. 9.317/96 (BRASIL, 1996), ou seja, não se tolhe ou se bloqueia, até hoje, a sua vontade, sendo a adoção dessa sistemática de apuração confiada ao livre arbítrio do sujeito passivo da relação tributária. A esse mecanismo de praticabilidade é adicionado o ingrediente de confiança, na medida em que, ao contribuinte, é dada a possibilidade da opção e, desse modo, se estabelece, por presunção, um regime jurídico diferenciado opcional de recolhimento de diversas obrigações que, fora desse modelo, deveriam, em tese, ser recolhidas separadamente.

E, na adesão a esse tratamento diferenciado, a opção confiada pelo Estado torna-se relevante, e mesmo necessária, pelo fato de que nem sempre a quantia a ser recolhida na sistemática do Simples será menor que a devida se a apuração fosse feita da maneira tradicional. Isso porque "[...] sujeitos passivos que possuam uma folha de pagamento baixa, quando comparada com a respectiva receita bruta, poderão sofrer prejuízos caso optem pelo Simples Nacional." (ALEXANDRE, 2013, p. 658).

Ora, se a razão de ser do Simples é garantir e favorecer o tratamento mais benéfico das pequenas e das microempresas, não teria sentido aqui se o Estado, por meio da desconfiança, bloqueasse a vontade dos contribuintes e lhes impusesse, obrigatoriamente, a adoção desse modelo, pois aqueles sujeitos passivos que têm a folha de pagamento diminuta em relação à receita bruta ficariam prejudicados, perdendo, com isso, esse mecanismo simplificador a sua essência de favorecer o pequeno e o microempresário.

Assim, institucionalizar a confiança na praticabilidade, por meio da opção na simplificação das obrigações do pequeno e do microempresário – principal personagem na geração de empregos no Brasil –, é reconhecer a sua maior relação de dependência, em relação ao Estado, do que a dos grandes agentes econômicos, fator justificador do tratamento materialmente desigual. Até mesmo porque, segundo Ricardo Alexandre (2013, p. 655), "O princípio da isonomia impõe a desigualdade de tratamento entre os sujeitos passivos que estejam em situação desigual, na medida das desigualdades entre eles havidas."

3.3.3.4. Da dedução simplificada no Imposto de Renda das Pessoas Físicas

O artigo 10 da lei n. 9.250/95 (BRASIL, 1995) possibilitou às pessoas físicas, na Declaração de Ajuste Anual, optar pelo desconto simplificado de 20% (vinte por cento) de seu rendimento anual – até o limite R$16.754,34 (dezesseis mil setecentos e cinquenta e quatro reais e trinta e quatro centavos) para o ano-calendário de 2015 – sem a necessidade de comprovação de qualquer despesa e nem a indicação de sua espécie.

Tal regime de desconto simplificado é opcional para o contribuinte e substitui quaisquer outras deduções permitidas pela lei, sendo vedada a utilização desse desconto para efeito de acréscimo patrimonial. Assim, tal dedução é considerada pela legislação "rendimento consumido", inteligência do parágrafo único do declinado artigo do nominado diploma legal.

Nessa forma de racionalização, o ente tributante substitui a real capacidade contributiva do sujeito passivo pessoa física por uma presunção legal que simplifica a apuração do tributo, modificando a sua base de cálculo, ao trocar todas as deduções que ele poderia fazer com gastos, por exemplo, com saúde, previdência social de empregado e com educação dele e de seus dependentes, por um desconto simplificado estabelecido previamente em lei.

Há, aqui, um claro recurso à praticabilidade pela União, como muito bem observa Regina Helena Costa (2007, p. 269):

> Trata-se de autêntica norma de simplificação, uma vez que o legislador prescindiu da aferição da efetiva capacidade contributiva do sujeito passivo, mensurável, dentre outros expedientes, mediante a indicação das deduções especificamente previstas em lei, oferecendo tal opção ao contribuinte, em nome da praticabilidade.

Tal presunção, que possibilita o desconto simplificado, não altera o aspecto material da regra-matriz de incidência, ou seja, a renda do sujeito passivo da relação jurídico-tributária. Isso porque, ao dar a opção ao contribuinte de adotar tal desconto simplificado – apesar de as despesas dedutíveis de seus ganhos, que formam a renda auferida pelo contribuinte, poderem ser diferentes da presunção legal – introjeta-se confiança à praticabilidade, não bloqueando a sua manifestação de vontade e, assim, são respeitados os princípios constitucionais que condicionam e conformam a atividade legislativa, tais como, os da capacidade contributiva, da pessoalidade e da igualdade, que devem servir de parâmetro vinculante para o legislador.

Isso porque a adoção da presunção legal, sendo faculdade do contribuinte, não lhe tolhe o direito de verificar se a dedução presumida pelo legislador não corresponde à realidade, na medida em que as deduções reais podem se revelar mais vantajosas do que as legais.

Ao estabelecer um teto fixo de até dezesseis mil setecentos e cinquenta e quatro reais e trinta e quatro centavos, no ano-calendário 2015, para o desconto simplificado de 20% (vinte por cento), o legislador permitiu aos sujeitos passivos que se encontravam em determinada faixa de ganhos calcular, aritmeticamente, se as suas despesas reais superavam ou não aquela presunção e, com isso, optar ou não pela sua adoção.

Portanto, ao cerrar esse desconto simplificado dentro de um conceito fechado, e não de um tipo, possibilitou-se ao contribuinte ter a segurança jurídica de calcular as suas despesas dedutíveis reais e, com isso, analisar, dentro de critérios matemáticos claros, a viabilidade ou não da aceitação daquela presunção.

Esse é, certamente, um caso em que a injeção de confiança à praticabilidade, por meio da opção pela adoção da presunção, faz com que essa subinstituição se alinhe aos princípios constitucionais da segurança jurídica, da capacidade contributiva e da pessoalidade para a concretização da regra -matriz de incidência tributária do IRPF, como bem observa Eduardo Maneira (2000 p. 91-92):

TEORIA INSTITUCIONAL DA PRATICABILIDADE TRIBUTÁRIA

> [...] ficção jurídica somente pode ser utilizada na norma jurídica que institui a obrigação tributária se for para beneficiar o contribuinte. Por exemplo, pode-se, por ficção, considerar como operação de exportação a remessa de bens para a Zona Franca de Manaus, a fim de que aqueles produtos remetidos possam ser beneficiados pela imunidade ou pela isenção aplicadas às exportações em geral.
>
> Do mesmo modo, a presunção absoluta tem um espaço reduzido no direito tributário, e deve ser utilizada sempre tendo em vista os princípios constitucionais tributários. Aliás, oportuno relembrar a distinção entre as ficções e as presunções legais, de um lado, e a tipicidade, de outro. Todas são formas ou técnicas de praticidade. No entanto, quando o legislador se socorre das ficções e das presunções, estas devem ser normatizadas por conceitos fechados e não conceitos abertos, vale dizer, não se manejam ficções e presunções por técnicas tipificantes.

Assim, ao estabelecer um teto fixo para o desconto simplificado, cerrando-o dentro de um conceito especificamente fechado e adicionando a isso confiança por meio da opção, o legislador, a um só tempo, simplificou a declaração de ajuste anual do contribuinte, respeitando a sua vontade e lhe dando segurança jurídica, como também facilitou e tornou mais prática a aplicação da regra-matriz de incidência do IRPF para o Executivo, já que evitou que o fisco tenha de investigar, exaustivamente, os gastos com saúde e com educação dos contribuintes que optaram pela adoção da presunção.

Por isso, para Florence Haret, tal presunção assume a função instrumental de um meio para também facilitar a atividade de fiscalização e de aplicação da regra-matriz de incidência tributária, conforme se observa a seguir (HARET, 2010, p. 370-371):

> Nas outras quatro primeiras hipóteses, (i) suprimindo os elementos de prova (ii), reduzindo os critérios essenciais do fato, (iii) criando facilidades procedimentais aos agentes públicos, (iv) ou mesmo evitando investigação exaustiva do caso isolado, vê-se que, de uma forma ou de outra, os valores-meios das presunções, aqui, buscam eliminar os requisitos formais da prova do fato jurídico exacional, que perturbam as Fazendas Públicas na imposição do tributo ou de qualquer outra obrigação tributária.

Conclui-se que, ao ser observado o direito de opção do contribuinte, confiando-lhe a possibilidade de adoção da presunção, agiu o Estado dentro dos parâmetros constitucionais, já que "[...] as presunções não são carta branca ao legislador ou ao aplicador do direito para dispor como bem entender da matéria de direito tributário." (HARET, 2010, p. 371). Isso porque, em qualquer comunidade democrática, os princípios é que conformam e dão significado não somente à instituição regra de direito, mas, também, a qualquer outra que dela decorra instrumentalmente, como ocorre com a praticabilidade.

3.3.3.5. Do lucro presumido das pessoas jurídicas

O recurso à praticabilidade não fica restrito, somente, ao imposto de renda das pessoas físicas. No caso das pessoas jurídicas, o Estado, em diversas ocasiões, também se utiliza desse expediente. E isso é feito, principalmente, por meio do estabelecimento da presunção como forma de instituição de um regime jurídico diferenciado e benéfico de apuração do lucro para as empresas que se encontrem dentro dos limites fixos de receita bruta anual estabelecidos em lei e que, além disso, não tenham muitas despesas operacionais, e, consequentemente, poucas deduções no regime do lucro real.

Para Florence Haret, o Estado, ao limitar a sistemática do lucro presumido às empresas que se enquadrem dentro de um teto de receita bruta anual, procurou nesse ponto, dar ao tributo um caráter extrafiscal, com o escopo de estimular o desenvolvimento das empresas de menor porte, como se observa a seguir (HARET, 2010, p. 635):

> A extrafiscalidade da lei é sentida desde já no intuito de fixar patamares limitativos de ingresso de sociedades no regime jurídico especial do lucro presumido pelo movimento bruto anual da empresa. Com isso, estimula-se, ou mesmo viabiliza-se, o crescimento de pequenas empresas no País.

TEORIA INSTITUCIONAL DA PRATICABILIDADE TRIBUTÁRIA

Todavia, antes de serem abordadas as questões atinentes à praticabilidade no lucro presumido, cabe ressaltar que a periodicidade do Imposto de Renda de Pessoas Jurídicas (IRPJ) difere bastante da do Imposto de Renda de Pessoas Físicas (IRPF), pois, por opção da pessoa jurídica, a apuração dos seus rendimentos tributáveis (lucro) poderá ser anual ou trimestral, enquanto que a periodização da renda da pessoa física somente será anual.

A seguinte passagem da obra Mary Elbe Queiroz (2002, p. 133) mostra-se bastante esclarecedora acerca da periodicidade do IRPJ:

> I – as pessoas jurídicas poderão apurar seus resultados com base no lucro real e optar entre a tributação trimestral e a anual, momento em que deverão apurar os seus resultados com base em balanços elaborados de acordo com as leis comerciais e fiscais e princípios contábeis. Após os respectivos ajustes previstos na lei, apura-se o resultado fiscal (lucro real ou prejuízo fiscal), compensando-se os valores já recolhidos durante os respectivos períodos, a título de 'antecipação' do IR quando se configurar a hipótese;
>
> II – pessoas jurídicas que optarem por apurar seus resultados com base no lucro presumido ou lucro arbitrado estão obrigadas à trimestralidade;
>
> III – todas as pessoas jurídicas estão obrigadas à apresentação da declaração para o Imposto de Renda no mês de junho (pessoas jurídicas em geral) e no mês de maio (pessoas jurídicas imunes ou isentas) do ano subseqüente àquele da ocorrência dos respectivos fatos geradores, na qual deverão ser informadas todas as operações, receitas, custos, despesas, e os valores das antecipações já efetuadas no curso do respectivo ano-calendário.

Caso a opção do contribuinte seja pelo lucro real, a apuração dos haveres poderá ser tanto trimestral quanto anual, mas, se a escolha for pelo lucro real anual, os pagamentos feitos em bases correntes a título de antecipação do imposto ocorrerão mensalmente.

Todavia, caso a opção da pessoa jurídica seja pelo lucro presumido, obrigatoriamente, ela terá de apurar seus rendimentos tributáveis nos períodos que se encerram em 31 de março, 30 de junho, 30 de setembro e 31 de dezembro, devendo-se ressaltar que, aquelas que se enquadrarem nas disposições do art. 14 da lei n. 9.718/98 (BRASIL, 1998),[96] imperativamente, deverão ser tributadas com base no lucro real, não podendo fazer a opção pela presunção.

Tratando-se de lucro presumido, somente as pessoas jurídicas que tenham a receita bruta anual dentro dos limites fixados no artigo 13 da lei n. 9.718/98 (BRASIL, 1998)[97] poderão fazer jus a sua opção, sendo vedado àquelas que extrapolarem esse teto aderir a esse regime presuntivo diferenciado de lucro.

Tal lucro presumido, obtido pelos parâmetros fixados no artigo 25 da lei n. 9.430/96 (BRASIL, 1996),[98] veda qualquer

---

96. Art. 14. Estão obrigadas à apuração do lucro real as pessoas jurídicas:
I – cuja receita total no ano-calendário anterior seja superior ao limite de R$ 78.000.000,00 (setenta e oito milhões de reais) ou proporcional ao número de meses do período, quando inferior a 12 (doze) meses;
II – cujas atividades sejam de bancos comerciais, bancos de investimentos, bancos de desenvolvimento, caixas econômicas, sociedades de crédito, financiamento e investimento, sociedades de crédito imobiliário, sociedades corretoras de títulos, valores mobiliários e câmbio, distribuidoras de títulos e valores mobiliários, empresas de arrendamento mercantil, cooperativas de crédito, empresas de seguros privados e de capitalização e entidades de previdência privada aberta;
III – que tiverem lucros, rendimentos ou ganhos de capital oriundos do exterior;
IV– que, autorizadas pela legislação tributária, usufruam de benefícios fiscais relativos à isenção ou redução do imposto;
V – que, no decorrer do ano-calendário, tenham efetuado pagamento mensal pelo regime de estimativa, na forma do art. 2º da Lei n. 9.430, de 1996;
VI – que explorem as atividades de prestação cumulativa e contínua de serviços de assessoria creditícia, mercadológica, gestão de crédito, seleção e riscos, administração de contas a pagar e a receber, compras de direitos creditórios resultantes de vendas mercantis a prazo ou de prestação de serviços (factoring).
VII – que explorem as atividades de securitização de créditos imobiliários, financeiros e do agronegócio.

97. Art. 13. A pessoa jurídica cuja receita bruta total no ano-calendário anterior tenha sido igual ou inferior a R$ 78.000.000,00 (setenta e oito milhões de reais) ou a R$ 6.500.000,00 (seis milhões e quinhentos mil reais) multiplicado pelo número de meses de atividade do ano-calendário anterior, quando inferior a 12 (doze) meses, poderá optar pelo regime de tributação com base no lucro presumido.

98. Art. 25. O lucro presumido será o montante determinado pela soma das seguin-

TEORIA INSTITUCIONAL DA PRATICABILIDADE TRIBUTÁRIA

possibilidade de serem feitas outras deduções de sua base de cálculo além das que forem nela estabelecidas, podendo, por isso, divergir, substancialmente, do lucro contábil real do contribuinte.

Por esse motivo, Mary Elbe Queiroz, tratando do lucro presumido, ressalta: "Nessa forma de tributação não existe a possibilidade de ser verificado prejuízo, pois, sempre, o resultado será uma presunção da existência de lucro." (QUEIROZ, 2002, p. 144).

Uma vez feita a opção pelo regime diferenciado, não poderá o contribuinte, por força do artigo 26 do mesmo diploma legal (BRASIL, 1995),[99] retratar-se de sua escolha durante

---

tes parcelas:

I – o valor resultante da aplicação dos percentuais de que trata o art. 15 da Lei n. 9.249, de 26 de dezembro de 1995, sobre a receita bruta definida pelo art. 12 do Decreto-Lei n. 1.598, de 26 de dezembro de 1977, auferida no período de apuração de que trata o art. 1º, deduzida das devoluções e vendas canceladas e dos descontos incondicionais concedidos; e

II – os ganhos de capital, os rendimentos e ganhos líquidos auferidos em aplicações financeiras, as demais receitas, os resultados positivos decorrentes de receitas não abrangidas pelo inciso I, com os respectivos valores decorrentes do ajuste a valor presente de que trata o inciso VIII do caput do art. 183 da Lei n. 6.404, de 15 de dezembro de 1976, e demais valores determinados nesta Lei, auferidos naquele mesmo período.

§ 1º O ganho de capital nas alienações de investimentos, imobilizados e intangíveis corresponderá à diferença positiva entre o valor da alienação e o respectivo valor contábil.

§ 2º Para fins do disposto no § 1º, poderão ser considerados no valor contábil, e na proporção deste, os respectivos valores decorrentes dos efeitos do ajuste a valor presente de que trata o inciso III do caput do art. 184 da Lei n. 6.404, de 15 de dezembro de 1976.

§ 3º Os ganhos decorrentes de avaliação de ativo ou passivo com base no valor justo não integrarão a base de cálculo do imposto, no momento em que forem apurados.

§ 4º Para fins do disposto no inciso II do caput, os ganhos e perdas decorrentes de avaliação do ativo com base em valor justo não serão considerados como parte integrante do valor contábil.

§ 5º O disposto no § 4º não se aplica aos ganhos que tenham sido anteriormente computados na base de cálculo do imposto.

99. Art. 26. A opção pela tributação com base no lucro presumido será aplicada em relação a todo o período de atividade da empresa em cada ano-calendário.

§ 1º A opção de que trata este artigo será manifestada com o pagamento da primeira ou única quota do imposto devido correspondente ao primeiro período de apuração de cada ano-calendário.

todo o período de atividade da empresa naquele ano-calendá-rio. Com isso, essa presunção de lucro estabelecida em lei, por razões de praticabilidade, alterará o próprio aspecto material da hipótese de incidência, porque o resultado do lucro presumido estabelecido pelos critérios legais restará dissociado do lucro contábil real e efetivo do sujeito passivo do IRPJ.

E a opção por esse regime, naquele exercício, "[...] implica renúncia, ou melhor, impedimento de discussão do fato jurídico e das bases de cálculo previamente estabelecidas em lei." (HARET, 2010, p. 638). Nesse caso, nem sequer poderá o contribuinte, posteriormente à opção, mas antes de esgotado o ano-calendário, pretender a escolha do regime de lucro real, sob o pretexto de lhe ser mais favorável.

Isso porque o legislador confiou no contribuinte e não tolheu a sua manifestação de vontade, permitindo que ele fizesse, livremente, a opção entre o lucro real e o presumido. Aqui, embora estabelecesse presunções para apuração do lucro, a escolha entre um ou outro foi confiada, plenamente, ao sujeito passivo para certo ano-calendário, não, podendo, no exercício da escolha, ser quebrada a confiança nele depositada pelo Estado.

Por tal razão, para evitar a quebra de confiança depositada no contribuinte, o artigo 26, parágrafos 3º e 4º, da lei n. 9.430/96 (BRASIL, 1996) possibilitou ao fisco aplicar as sanções lá estabelecidas e lavrar o auto de infração acrescido dos lançamentos de ofício cabíveis, caso haja, no exercício da

---

§ 2º A pessoa jurídica que houver iniciado atividade a partir do segundo trimestre manifestará a opção de que trata este artigo com o pagamento da primeira ou única quota do imposto devido relativa ao período de apuração do início de atividade.

§ 3º A pessoa jurídica que houver pago o imposto com base no lucro presumido e que, em relação ao mesmo ano-calendário, alterar a opção, passando a ser tributada com base no lucro real, ficará sujeita ao pagamento de multa e juros moratórios sobre a diferença de imposto paga a menor.

§ 4º A mudança de opção a que se refere o parágrafo anterior somente será admitida quando formalizada até a entrega da correspondente declaração de rendimentos e antes de iniciado procedimento de ofício relativo a qualquer dos períodos de apuração do respectivo ano-calendário.

adesão ao regime de lucro presumido, qualquer alteração da opção feita pelo sujeito passivo.

Nota-se, portanto, que o contribuinte, ao aderir ao regime tributário facultativo do lucro presumido, constituiu uma sistemática jurídica própria e diferenciada de apuração desse mesmo lucro por meio de uma presunção irrevogável, que se torna absoluta para o ano-calendário da sua opção. Todavia, ao confiar no sujeito passivo tributário, dando-lhe a opção da escolha, essa confiança objetivada equalizou tal presunção com os princípios constitucionais que conformam e limitam o poder de tributar e servem, também, para dar significado a todas as regras de direito.

Nesse sentido, embora não fazendo alusão à confiança sistêmica, é o magistério de Florence Haret (2010, p. 438):

> A opção é justamente aquilo que confere legitimidade à presunção irrevogável e ao regime especial. Sem ela, a imposição dessas normas presuntivas seria inadmissível num sistema jurídico que pretende sejam preservados direitos e garantias individuais como propriedade, segurança jurídica, igualdade, capacidade contributiva, etc.
>
> É isso que nos autoriza afirmar que o regime do lucro presumido é perfeitamente possível em face da Constituição vigente, tendo em vista que a Lei 9.430/96 prescreve em seu art. 26 o direito opção.

Finalizando, o legislador, ao estatuir o regime diferenciado de lucro presumido no IRPJ, adicionou confiança sistêmica à praticabilidade, pois, ao dar o direito de opção ao contribuinte, mesmo criando uma presunção absoluta naquele determinado exercício, compatibilizou-a, plenamente, com princípios como os da igualdade, da capacidade econômica e da segurança jurídica e, com isso, respeitou a autoridade da Constituição Federal e a integridade de todo o sistema jurídico.

3.3.3.6. Do tributo retido na fonte

Outra forma de o Estado recorrer à praticabilidade para dar uma maior exequibilidade à regra-matriz de incidência tributária é transferir o encargo do recolhimento do tributo aos cofres públicos a terceira pessoa que não o sujeito passivo da relação jurídico-tributária.

Esse recolhimento, feito por terceiro, que não o contribuinte, maximiza os resultados arrecadatórios, na medida em que "A retenção de tributo pela fonte pagadora constitui, assim, eficiente meio garantidor do cumprimento da obrigação tributária." (COSTA, 2007, p. 271). Trata-se, portanto, de mecanismo que, em nome da eficiência, evita a sonegação fiscal e simplifica, tornando mais cômoda, econômica e prática a arrecadação de tributos pelo sujeito ativo da relação tributária.

A forma mais usual de tributos recolhidos sob essa mecânica pode ser observada no caso do imposto de renda das pessoas físicas e na contribuição do empregado para o Instituto Nacional do Seguro Social (INSS), devida pelo tomador do serviço.

Nesse particular, podem-se observar algumas celeumas no imposto retido na fonte. Isso porque, enquanto alguns juristas reconhecem essa forma de praticabilidade como substituição tributária, outros têm a fonte pagadora como um simples agente arrecadador responsável pela retenção do tributo, que, todavia, não integra, de forma alguma, a relação jurídico-tributária.

Para Misabel Derzi, a praticabilidade no imposto de renda da pessoa física é uma forma de substituição tributária antecipatória da ocorrência da regra-matriz de incidência tributária (BALEEIRO, 2003, p. 741):

> Em tais situações antecipatórias, como as hipóteses de imposto de renda pago na fonte ou na substituição tributária 'para frente' ou progressiva do ICMS e de contribuições, o responsável colhe o dever diretamente da norma secundária, inserindo-se no

pólo passivo como único sujeito passivo do dever de antecipar. A circunstância, aliás, necessária, de a norma autorizar a prévia retenção por conta do beneficiário da renda ou de se 'estimar' a base de cálculo da operação futura no ICMS não ilide o fato de que o responsável tem o dever de antecipar.

No mesmo diapasão é o pensamento de Alfredo Becker (2002, p. 555-556):

> Por exemplo: em alguns casos de substituição legal tributária de imposto de renda (*verbi gratia*: pagamento de remuneração de advogados, médicos, engenheiros, etc.), a lei impõe ao substituí-do a obrigação de, em sua declaração de renda, oferecer à tribu-tação aquele rendimento que percebera já descontado da reten-ção na fonte efetuada pelo substituto. O montante do imposto, então, é calculado sobre este rendimento como se não tivesse ha-vido retenção na fonte. Só depois de verificado o montante total do imposto de renda devido que o substituído poderá descontar de seu débito aquela parcela que, antecipadamente, fora paga pelo substituto.

De forma diversa, Sacha Calmon não dá ao imposto reti-do pela fonte pagadora a conotação de uma verdadeira subs-tituição tributária, pois, no seu juízo, a fonte jamais participa da relação jurídica, sendo, portanto, um simples agente ar-recadador e retentor do tributo, por força de uma imposição administrativa decorrente de um comando legal.

Nesse sentido são suas lições (COÊLHO, 2002, p. 613):

> Quanto aos 'retentores de tributos' (desconto na fonte), estes são pessoas obrigadas pelo Estado a um ato material de fazer (fazer a retenção de imposto devido por terceiros). Devem, assim, reter e recolher ao Estado o tributo devido. Não são sujeitos passivos de obrigação tributária, mas antes sujeitados a uma potestade administrativa. Podem, entretanto, se a lei de cada tributo assim dispuser, ficar 'responsáveis' pelo tributo não recolhido. Nesse caso, formarão uma espécie diferenciada de 'responsáveis' por dívida tributária alheia. O fator de sub-rogação será o inadimple-mento do dever de reter. A estes, evidentemente, não são trans-feríveis as multas. Poderão, isto sim, responder pela própria mora e ser multados por ela, caso a lei assim o determine.

Mary Elbe Queiroz, por seu turno, entende que a fonte pagadora age fazendo um "paralançamento" similar àquele previsto no artigo 142 do CTN, mas que não poderia ser chamado como tal, já que a legislação não permite que terceiro, que não seja o Estado, proceda a tal mister, como se verifica a seguir (QUEIROZ, 2002, p. 396):

> Na medida em que a fonte pratica todas as atividades idênticas àquelas descritas no artigo 142 do CTN, ela faz o que se poderia chamar de 'paralançamento'.
>
> Como o ordenamento jurídico-tributário brasileiro não acolhe a possibilidade de terceiro proceder a lançamento, nem mesmo 'autolançamento' quando efetuado pelo próprio contribuinte, por esse ato ser exclusivo e privativo do Fisco, pode-se concluir que a fonte pagadora, apesar de não proceder a lançamento, também constitui o crédito tributário, ao relatar em linguagem competente o evento do mundo real que se transmudou em fato gerador do tributo, por se adequar perfeitamente à hipótese de incidência prevista na lei.

Apesar da autoridade dos argumentos de Mary Elbe Queiroz e de Sacha Calmon, acredita-se que o tributo retido na fonte seja, também, uma forma de sujeição direta da fonte pagadora, por substituição tributária, da qual o Estado se vale como um recurso para dar exequibilidade a uma determinada regra-matriz de incidência, garantindo-se, por meio de terceiros, o pagamento aos cofres públicos.

No caso do IRPF, por exemplo, a fonte pagadora antecipa o pagamento do imposto antes mesmo de, temporalmente, ocorrer o aspecto material (renda) constante da hipótese da regra-matriz, pois, aqui, por ser periódica, a sua realização somente se verificará quando transcorrido o ano civil. Dessa forma, quem faz o pagamento do imposto é uma terceira pessoa diferente do contribuinte, antes da periodização da renda, restando patente a ocorrência do fenômeno da substituição tributária pela sujeição direta da fonte pagadora no dever de antecipar tais pagamentos.

TEORIA INSTITUCIONAL DA PRATICABILIDADE TRIBUTÁRIA

O exemplo a seguir, colacionado por Misabel Derzi, esclarece, com muita propriedade, o caráter de substituto tributário da fonte pagadora em relação ao substituído, a pessoa física devedora do IRPF (BALEEIRO, 2003, p. 740):

> Evidentemente, o fato gerador a que se refere o § 7º do art. 150 é o fato gerador da norma básica, a ser realizado pelo contribuinte e com o qual ele se vincula diretamente. O fato descrito na hipótese da norma secundária não é presumido, nem futuro, mas antecede, no tempo, à ocorrência do fato descrito na norma básica ou matriz. Exemplo simples encontramos no Imposto de Renda. O fato descrito na hipótese da norma básica é auferir renda ao final do período, renda que é sempre excedente, ou acréscimo de que possa dispor seu titular sem comprometer seu patrimônio. Não se confunde, assim, com receita, rendimento ou faturamento. Somente é identificável, por isso, ao final do período-base, sendo, antes do encerramento do marco temporal, meramente presumida, pressuposta ou prevista. Assim, antes que se conclua o período, a lei determina, em norma secundária, ao responsável que pague tributo, em nome e por conta do contribuinte, presumindo a ocorrência futura do fato descrito na hipótese da norma básica. Nesse caso, os acertos são inevitáveis. Ao final do período, os pagamentos antecipados são compensados com o imposto realmente devido e, tendo sido excessivos, deverão ser restituídos ao contribuinte.

Essa sistemática de antecipações do pagamento do tributo pela fonte pagadora à medida que os ganhos da pessoa física são auferidos, antes da periodização da renda, é o que se chama de "tributação em bases-correntes", que tem por escopo simplificar a aplicação e a fiscalização da legislação tributária, decorrência da subinstituição praticabilidade, para obrigar que terceiro faça e garanta os pagamentos do contribuinte.

Vejam-se os ensinamentos de Mary Elbe Queiroz (2002, p.136) acerca desse tema:

> Os recolhimentos efetuados em decorrência da tributação em 'bases correntes', portanto, deverão ser tomados como 'antecipações', que poderão vir a ser de IR, ou não, passíveis de serem computadas no momento do cálculo do ajuste anual, para as pessoas físicas.

EDUARDO MORAIS DA ROCHA

E aqui o legislador, ao permitir, em nome da praticabilidade, a tributação em bases correntes, não desnaturou o conceito constitucional anual de renda, pois não admitiu que os valores recolhidos pela fonte pagadora fossem tributados, definitivamente, em bases mensais. Isso porque o fato gerador do IRPF é a aquisição e a disponibilidade de renda, e não o ingresso mensal de valores.

Por isso, nesse particular, também, se adicionou confiança à praticabilidade, pois, ao contrário da substituição tributária progressiva do ICMS, por ocasião da aquisição da renda, os pagamentos mensais feitos no curso da apuração dos resultados serão meras antecipações de pagamento, que poderão ser objeto de ajuste pelo contribuinte quando da entrega de sua declaração anual de renda. Por tal razão, a tributação em bases-correntes, decorrente da retenção de imposto pela fonte pagadora, não alterou, em nada, a sistemática ano-base e ano-declaração do IRPF, motivo pelo qual se discorda de Hugo de Brito Machado (1997, p. 69), para quem o imposto de renda retido na fonte é hipótese de fato gerador instantâneo.

Em verdade, os recolhimentos efetuados durante o ano-base e os pagamentos retidos na fonte são somente antecipações de pagamento do IRPF, pois a renda apenas será auferida no momento em que se encerrar o período de apuração. Tanto é assim que, pela confiança do Estado incorporada à praticabilidade, a vontade do contribuinte jamais foi bloqueada, podendo ele, ao final de tal período e constatando, na sua declaração de ajuste anual, que foi pago imposto a maior, fazer jus à restituição da quantia recolhida em excesso.

Desse modo, a sistemática do imposto de renda retido na fonte das pessoas físicas tributadas em bases correntes alia a praticabilidade à confiança sistêmica, na medida em que, ao mesmo tempo em que facilita a execução e a aplicação da regra-matriz de incidência tributária do IRPF pelo fisco, não impede o contribuinte, substituído tributário, de exigir, depois de feitas as devidas deduções dos gastos legais na apuração de sua renda, a devolução do imposto eventualmente recolhido a

180

maior pela fonte pagadora, substituta tributária, por ocasião da declaração de ajuste anual.

3.3.3.7. Da manifestação de vontade do contribuinte nas relações tributárias

Outra forma pela qual a praticabilidade poderia ser melhor implementada com confiança, nas relações tributárias, seria por meio de uma maior admissão, pelo fisco, do consenso do contribuinte no procedimento de execução da lei tributária em situações de maior complexidade fática e jurídica, ou seja, admitindo-se uma participação bilateral mais ativa do sujeito passivo dessa relação jurídica na consecução das atividades administrativo-tributárias.

Carlos Victor Muzzi Filho,[100] diante da nítida contratualização do direito público, revelada pela insubsistência da regra de direito para atender a certas peculiaridades da relação jurídico-tributária Estado-contribuinte, pugna pela consensualidade como meio de conferir maior praticabilidade a tais relações, como pode bem ser observado na seguinte passagem da sua tese (MUZZI FILHO, 2013, p. 47):

> Ocorre que o princípio da praticabilidade pode ainda se manifestar por meio da adoção do consenso, do contrato (em sentido amplo), como instrumento ou técnica que permita oferecer solução (prática) para soluções peculiares, que não sejam contempladas (ou sejam insuficientemente contempladas) pelas soluções normativas (mais abstratas e genéricas).

Por isso, Muzzi Filho (2013, p. 8-9) critica, veementemente, a maior parte da doutrina tributária, que restringe o consentimento do contribuinte àquele indireto, somente aferível na aprovação da lei pelo Parlamento, virando as costas para a "crise de legalidade", além das situações da vida prática em

---

100. Embora o autor em questão tenha a praticabilidade como princípio, na presente pesquisa, a praticabilidade assume a natureza jurídica institucional e não principiológica.

que "o pequeno consentimento" do sujeito passivo é, constantemente, exigido pela administração tributária nas suas atividades do "dia a dia". Assim é porque, segundo o declinado jurista, "Essas opções, que resultam em manifestações de vontade (atos de consentimento), são relegadas pela doutrina tributária, que geralmente as desqualifica como formas de manifestação de vontade." (MUZZI FILHO, 2013, p. 9).

Em razão disso, Muzzi Filho reconhece a existência de situações em que o consentimento do contribuinte interfere não somente na apuração do montante do imposto devido, mas também na própria conformação da obrigação tributária, como demonstra nos exemplos a seguir (MUZZI FILHO, 2013, p.12):[101]

> Desde casos mais singelos, em que o consentimento aparece em grau mínimo, mas relevante (opção por um regime de tributação genericamente definido em lei), passando por aqueles casos em que o consentimento vai definir benefícios fiscais específicos para determinado contribuinte (os chamados regimes especiais, previstos em atos administrativos), e alcançando até a hipótese em que há a criação de um novo tributo, cujo pressuposto é, justamente, o consentimento do contribuinte (o caso do *Simples Nacional* e outros sistemas optativos).

A insuficiência do modelo clássico de legalidade do Estado policial impõe, cada vez mais, que soluções alternativas sejam admitidas como meio de dar uma exequibilidade mais eficiente e econômica às regras de direito. E a solução apontada para

---

101. Em que pese se aceitar o posicionamento do declinado professor, não se pode concordar com ele especificamente no ponto em que afirma ser o Simples Nacional um novo tributo. Isso porque, como já se teve oportunidade de discorrer na seção 3.3.3.3, da presente pesquisa, o Simples Nacional é somente um regime jurídico presuntivo diferenciado, concedido à micro e à pequena empresa para o recolhimento de suas obrigações. Por isso, o Simples Nacional não é um sistema de criação de tributo novo ou único, e nem sequer uma etapa de mudança para tal sistemática. Trata-se, somente, de um modo unificado de apuração e de recolhimento de diversas obrigações, incluindo-se, aí, também, a simplificação de diversos deveres instrumentais. Em suma, por meio do Simples Nacional, estabelece-se uma presunção como meio de instituição de um regime jurídico diferenciado, e não a criação de um novo tributo.

isso por Muzzi Filho é, justamente, dar um maior espaço à praticabilidade que decorre da consensualidade, como se denota adiante (MUZZI FILHO, 2013, p. 183):

> Retornando ao plano tributário, as soluções práticas e menos onerosas encontram justificativa jurídica no princípio da praticabilidade, que orienta a busca por soluções capazes de tornar mais exequíveis as normas tributárias. E no contexto específico da execução ou aplicação das normas tributárias, o consentimento direto do contribuinte, aquele pequeno consentimento, manifestado diretamente na relação tributária, se mostra como mecanismo muito comumente utilizado para buscar soluções práticas e cômodas e menos onerosas.

Apesar de não ter abordado a questão sob o prisma da confiança sistêmica em sua tese, ao reconhecer, em certas situações práticas, a prevalência da bilateralidade sobre a unilateralidade da atuação imperativa do fisco, crê-se que, em sua fórmula para a solução desses casos marginais, Muzzi Filho adicionou à subinstituição praticabilidade, mesmo sem querer, o ingrediente da confiança e, com isso, potencializou, em muito, os seus efeitos simplificadores para essas situações de maior complexidade fática ou jurídica.

É claro que não se pode deixar de reconhecer que o elemento confiança, desvelado pela consensualidade, pode abrir ensanchas para a sonegação e a fraude fiscal, mas tal situação de perigo também se verifica por meio da unilateralidade no agir imperativo do Estado, quando adiciona desconfiança a sua atuação administrativa. O que se deve fazer aqui, para evitar o desvio de conduta dos agentes públicos e as brechas para a fraude, é aumentar os mecanismos de controle administrativo, mas nunca fechar todas as portas para a confiança, pois, como ressalta Niklas Luhmann (1996, p. 163), se um sistema social não pode evitar a desconfiança, necessita, pelo menos, de instrumentos que minorem as suas consequências destrutivas e deletérias, devendo, portanto, tais situações serem apreendidas como exceções.

Embora não fizesse alusão à confiança ou à desconfiança sistêmicas, também as críticas de Onofre Alves Batista Júnior ao preconceito existente na comunidade jurídica contra a consensualidade visível nas transações administrativas, em nome de um chamado "legalismo estéril", que, por seu turno, macula a economicidade e a eficiência administrativa, caem como uma luva no presente debate (BATISTA JÚNIOR, 2010, p. 137-138):

> Por vezes, posturas preconceituosas, fruto de uma arraigada cultura burocratizada mais ortodoxa, servem de obstáculo para a possibilidade de transações; não são incomuns penalizações (ou tentativas de anulações ou penalizações) aos servidores públicos que abraçam a via consensual, apenas por isso. Daí, o que ocorre é que, em prejuízo da economicidade e da eficiência administrativa, por vezes, os agentes se recolhem receosos, fugindo de soluções que possam melhor atender ao interesse público, prendendo-se a interpretações mais ortodoxas e burocráticas, mesmo que em detrimento do interesse do Estado e do contribuinte.

> Naturalmente, o controle é a contrapartida necessária para a abertura de margens discricionárias, ou seja, uma 'flexibilização responsável' da atuação administrativa reclama mecanismos de controle eficazes. Por certo, não se pode, assim, questionar a viabilidade, utilidade ou necessidade de órgãos de controle. O que se questiona é a postura estéril de alguns controladores que, com lastro em uma idéia estéril da legalidade, pretendem cercear todas as atuações administrativas.

> O controle da administração pública, de fato, é uma necessidade para que se possa observar as máximas de moralidade, impessoalidade e mesmo de eficiência administrativa, entretanto, o Estado não pode mesmo ser visto como um veículo cuja principal parte sejam os freios.

> A busca da eficiência administrativa não pode ser um convite a repercussões negativas para o agente, sob pena de generalização de um comportamento 'mediano', resignado.

> Uma ideia equivocada de legalidade, calcada em um 'legalismo estéril', não pode converter os mecanismos de controle da administração pública no cavalo de tróia do Direito Administrativo.

Assim, não se olvida que, hodiernamente, e tendo em vista a crescente complexidade do ambiente social, se deva exigir

TEORIA INSTITUCIONAL DA PRATICABILIDADE TRIBUTÁRIA

do fisco soluções cada vez mais criativas, que tornem práticas e, consequentemente, mais bem exequíveis as regras tributárias em geral. A consensualidade, sem dúvida, incrementa confiança à praticabilidade, revelando-se, nesse terreno, para os casos em que se verifica a insubsistência da lei para regular certas situações marginais de alta complexidade fática ou jurídica, como a resposta mais adequada e eficiente do Estado.

O receio de fraude ou de evasão tributária jamais poderá servir de desculpa para que, nesses casos excepcionais, não satisfatoriamente regulados em lei, se agregue desconfiança à praticabilidade, tolhendo qualquer manifestação de vontade do sujeito passivo na execução das regras-matrizes de incidência tributária. Em tais hipóteses, que se aumentem os mecanismos de controle e de supervisão administrativa, mas que jamais seja ceifada da praticabilidade a confiança sistêmica que decorre da consensualidade, pois ela, nessa medida, poderá ser a pedra de toque que moverá a economicidade e a eficiência na seara tributária.

3.3.4. Do contraponto entre a desconfiança e a confiança sistêmica na ideia objetiva de praticabilidade

Os exemplos dados anteriormente serviram para a compreensão de que, no direito tributário, existe tanto uma confiança quanto uma desconfiança sistêmica, sendo ambas equivalentes funcionais que auxiliam e potencializam a própria racionalidade instrumental decorrente da ideia objetiva que subjaz da subinstituição-coisa praticabilidade. Por essa razão, no caso do subsistema tributário, essa instituição instrumental, que existe, primordialmente, para dar exequibilidade a outra instituição, a regra-matriz de incidência, não pode ser reduzida a uma dimensão única de desconfiança.

Isso porque, em que pese, na seara tributária, assim como no direito penal, predominarem ações de desconfiança, por vezes, o problema colocado para o Estado, em face da complexidade premente que se revela nesse ramo do direito, levará

185

o Executivo ou o Legislativo ora a institucionalizar a confiança ora a desconfiança sistêmica na praticabilidade, buscando aquela solução que, em nome da eficiência ou da economicidade, atenda aos interesses da comunidade de forma mais coerente com aqueles princípios morais de fundo comunitário.

Nota-se, com isso, claramente, que o Estado opera a instituição praticabilidade instrumentalmente, por meio de um código binário (confiança/desconfiança), selecionando um ou outro elemento redutor de complexidade, conforme o problema específico que seja criado.

Nos exemplos dos preços de transferência, da substituição tributária progressiva, das plantas genéricas de imóveis, das limitações às deduções nos gastos com educação e da lista de serviços, anteriormente colacionados nesta pesquisa, o Estado, ao recorrer à praticabilidade, selecionou o código desconfiança para superar essas diversas formas de complexidade. Desse modo, pretendeu propiciar, com a praticabilidade, uma execução otimizada de distintas regras-matrizes de incidência tributária, aliando coerência às políticas de eficiência ou de economicidade.

Em contraposição a essas ações de desconfiança, o Estado pode acionar a praticabilidade de forma totalmente distinta, ou seja, selecionando o código da confiança sistêmica, como se mostrou nos exemplos do lançamento por homologação ou do autolançamento, da substituição tributária regressiva, do Simples, da dedução simplificada no imposto de renda das pessoas físicas, do lucro presumido das pessoas jurídicas, do tributo retido na fonte, e, ainda, pela possibilidade de incrementar a manifestação de vontade do contribuinte nas relações jurídico-tributárias. Aqui, o Estado, para dar exequibilidade às regras-matrizes de incidência, incorporou confiança, ao invés de desconfiança, à subinstituição praticabilidade para que ela potencializasse seus efeitos redutores de complexidade e, com isso, fosse facilitada a execução ou a fiscalização dessas diferentes regras de direito.

TEORIA INSTITUCIONAL DA PRATICABILIDADE TRIBUTÁRIA

Fica clara, pois, a instrumentalidade da praticabilidade em relação às regras-matrizes de incidência tributária, potencializando seus efeitos por intermédio de um código binário (confiança/desconfiança), fato que evidencia ainda mais a sua natureza de uma instituição-meio, que existe para dar exequibilidade à uma instituição maior, qual seja, a regra de direito.

Por tal motivo, a praticabilidade não deve ser encarada como um princípio, pois os princípios estão acima das regras, conformando os seus sentidos e dando integridade ao sistema. A praticabilidade, por seu turno, existe instrumentalmente abaixo da regra jurídica, como corolário dela, somente para facilitar a sua aplicação e a sua fiscalização, mas jamais para lhe dar significação. A praticabilidade, como instituição, é unicamente uma subinstituição, ou, melhor, uma subideia em estado objetivo, que é construída comunitariamente como uma forma de dar uma melhor exequibilidade a outra instituição ou ideia objetiva maior, no caso, a regra de direito.

Assim, por detrás da praticabilidade (subinstituição) haverá sempre uma regra de direito (instituição), sendo que, por detrás de uma regra, haverá um princípio dando-lhe significação e sentido. Por isso, assim como os princípios estão acima das regras no sistema jurídico, conformando-as, a regra de direito, como instituição-coisa fim, está acima da praticabilidade, instituição-coisa meio que apenas existe para, racionalmente, incorporando binariamente confiança ou desconfiança sistêmica, dar operacionalidade às referidas regras e, por vezes, aos próprios princípios.

A praticabilidade é, tão somente, uma subideia objetivada, que existe como instrumento para dar exequibilidade a outra ideia mais geral, que também existe em estado objetivo na comunidade. Esta é a racionalidade única da praticabilidade, como subideia: facilitar a execução e a fiscalização de outra ideia, ou melhor, de outra instituição-fim, que é a regra de direito ou o direito objetivo, como queiram, para, com isso, tornar a sua aplicação mais coerente, pois, se esta não for aplicada adequadamente, por meio de instrumentos que suplantem a complexidade premente do subsistema tributário, o Estado, concebido como uma instituição num corpo social organizado, irá, paulatinamente, se desorganizar e, consequentemente, se esfacelar.

Isso porque, dando-se, pela praticabilidade, exequibilidade adequada e coerente às regras de direito, também se garante a autoridade dos grandes princípios da comunidade, que dão integridade ao sistema, já que, repita-se, por detrás de uma regra haverá sempre um princípio maior dando-lhe conformação.

Assim, se os princípios dão integridade à comunidade e conformam as regras de direito, eles precisam de subinstituições instrumentais que garantam a sua autoridade e, consequentemente, a do direito objetivo, sendo a praticabilidade uma dessas instituições (meio) existentes, como uma subideia objetiva, para cumprir esse mister.

E como qualquer ideia da qual se possa socorrer o Estado, a praticabilidade poderá absorver, contrapostamente, tanto a confiança quanto a desconfiança, que existem objetivadas no sistema, para potencializar os seus efeitos redutores de complexidade e possibilitar a coerente e adequada execução das regras jurídicas, desde que sempre sejam respeitados os princípios existentes na comunidade, que, a par de tutelarem os direitos dos indivíduos que a integram, dão integridade ao sistema jurídico.

Todavia, para que a praticabilidade seja tida como uma instituição-coisa instrumental, é preciso que nela sejam integrados, ainda, outros elementos, além de uma ideia objetiva. É imperativo, segundo Maurice Hauriou (2009, p. 21), que nela esteja satisfeito o requisito da aceitação jurídica, pelo corpo social, daquela ideia diretriz objetivada. E esse requisito específico da sua legitimidade será estudado separadamente, por questões didáticas, na próxima seção, como se poderá verificar adiante.

4. DO ASSENTIMENTO DA COMUNIDADE À IDEIA OBJETIVA DE PRATICABILIDADE

Para que a praticabilidade seja tida como uma instituição-coisa instrumental, é imperativo que, além da ideia em estado objetivo, sejam satisfeitos dois outros requisitos, dentre os quais se destaca, nesta seção, o do assentimento da comunidade àquela ideia diretriz.

Segundo Maurice Hauriou (2009, p. 21),

> Os elementos de toda instituição corporativa são, como o sabemos, em número de três: 1º a idéia de obra a realizar num grupo social; 2º o poder organizado posto a serviço dessa idéia para sua realização; 3º as manifestações de comunhão que ocorrem no grupo social a respeito da ideia e de sua realização.

> Lembremos também que, para nossas instituições, ocorre o fenômeno de incorporação, ou seja, de interiorização do elemento poder organizado e do elemento manifestações de comunhão dos membros do grupo, no âmbito da idéia da obra a realizar, e que essa incorporação leva à personificação.

No sentido, ainda, de que as instituições corporativas possuem os mesmos elementos necessários à instituição-coisa, vale a citação de outra passagem da obra do declinado publicista francês (HAURIOU, 2009, p. 20):

> Nas instituições da segunda categoria, que se pode chamar de instituições-coisa, os elementos do poder organizado e das

> manifestações de comunhão dos membros do grupo não são interiorizados no âmbito da ideia da obra; eles existem, contudo, no meio social, mas permanecem exteriores à idéia [...].

Assim, como já ressaltado na seção passada, a instituição-coisa tem os três elementos já citados da instituição corporativa, sendo que elas se diferenciam, basicamente, porque, naquela, a ideia permanece sempre em estado objetivo, externamente à comunidade que dela comunga e aos órgãos de poder organizados que existem para executá-la – sem, todavia, como visto anteriormente, perder o seu aspecto normativo interno –, enquanto nesta, ela se interioriza, incorporando-se aos demais elementos, e subjetiva-se por um ato de fundação que culmina na sua personificação.

Portanto, para que se tenha uma instituição-coisa, não basta que haja uma ideia em estado objetivo, é preciso que tal ideia seja aceita juridicamente por determinada comunidade e que, ainda, existam órgãos de poder organizados para concretizá-la, aplicando-a.

A respeito da praticabilidade, é claro que existem manifestações de comunhão na comunidade no sentido de que se apliquem as regras de direito da forma mais econômica para a sociedade e com a maior eficiência possível, para que, com isso, fique facilitada a sua execução e a sua fiscalização em prol do coletivo. A justificativa da praticabilidade, assim, para Regina Helena Costa, por exemplo, não é o interesse individual, mas o interesse da coletividade, como uma derivação ou desdobramento da própria supremacia do interesse público sobre o privado (COSTA, 2007, p. 93).

Nota-se, desse modo, que a ideia que decorre da praticabilidade na execução da regra de direito está umbilicalmente ligada, no direito tributário, principalmente à forma como os custos de fiscalização e de aplicação da regra-matriz de incidência podem ser mitigados (economicidade) em favor de uma otimização dos resultados arrecadatórios favoráveis ao Estado e, consequentemente, à comunidade, muitas vezes

TEORIA INSTITUCIONAL DA PRATICABILIDADE TRIBUTÁRIA

com sacrifícios bem consideráveis para uma parcela de contribuintes (eficiência).[102]

Assim, apesar de a economicidade, em sentido estrito, ser um dos vetores da praticabilidade, não há como descurar que dela, no mais das vezes, também subjazem critérios outros de eficiência, como o de economicidade num sentido macro (BATISTA JÚNIOR, 2012, p. 188), pois, por meio dessa subinstituição, são impostos, em algumas situações, ônus demasiados a determinados contribuintes como instrumento para a consecução de políticas que garantam melhores e maiores resultados arrecadatórios. Por isso, seriam esses os critérios que legitimariam a praticabilidade, levando a comunidade a comungar dela?

Uma das respostas provisórias a essa questão poderia ser dada pelo conceito de comunidade de Jeremy Bentham (2000, p. 15, tradução nossa):[103]

> A comunidade é um corpo fictício, composto por pessoas individuais que são consideradas como seus membros. O interesse da comunidade, então, é o quê? A soma dos interesses dos vários membros que a compõem.

De acordo com Michael Sandel (2013, p. 48), a comunidade "[...] segundo Bentham, é um corpo fictício, formado pela soma dos indivíduos que abrange." Baseado em tal assertiva, o filósofo norte-americano, acima declinado, faz a

---

102. Cabe ressaltar que os conceitos de economicidade e de eficiência não se confundem, já que o primeiro, de acordo com Onofre Batista Júnior (2012, p.187-188), "[...] é uma das facetas da eficiência *stricto sensu*, aspecto da ideia maior de eficiência *lato sensu* [...]. Em outras palavras, traduz, sob o ponto de vista econômico-financeiro, a necessidade, em cada atuação da AP, de adequação da 'relação custo x benefício', de modicidade e simplicidade da despesa; de minimização dos custos financeiros para determinado resultado almejado, [...]", enquanto "Resultado e sacrifício coletivo estão inseridos na idéia de eficiência: sacrifício como meio." (BATISTA JÚNIOR, 2012, p. 322).

103. The community is a fictitious body, composed of the individual persons who are considered as constituting as it were its *members*. The interest of the community then what is it? – the sum of the interests of the several members who compose it.

seguinte formulação: "Cidadãos e legisladores devem, assim, fazer a si mesmos a seguinte pergunta: Se somarmos todos os benefícios dessa diretriz e subtrairmos todos os custos, ela produzirá mais felicidade do que uma decisão alternativa?" (SANDEL, 2013, p. 48).

Como resposta à indagação acima declinada, na perspectiva de Jeremy Bentham, Sandel (2013, p. 48) assevera que

> O argumento de Bentham para o princípio de que devemos maximizar a utilidade assume a forma de uma audaciosa afirmação: não existe possibilidade de rejeitá-lo. Todo argumento moral, diz ele, deve implicitamente inspirar-se na ideia de maximizar a felicidade.

Fica claro, então, que o enfoque de Bentham é antagônico, por exemplo, ao de Kant, pois, enquanto este dá primazia à razão prática pura do homem por meio dos imperativos categóricos (KANT, 2006, p. 86-87), para aquele, a razão será sempre instrumental e secundária, por tornar-se, somente, um dos meios a serem utilizados para a satisfação dos desejos finalísticos humanos de felicidade e de diminuição da dor (BENTHAM, 2000, p. 15-16).

Por isso, para Bentham (2000, p. 15, tradução nossa), "Uma medida do governo [...] pode-se dizer ajustada ou ditada pelo princípio da utilidade quando, de certo modo, tende a aumentar a felicidade da comunidade em maior medida que diminuí -la."[104] Nessa vertente de utilitarismo mais simples, de acordo com Liam Murphy e Thomas Nagel, toma-se a felicidade dos indivíduos "[...] como a medida básica de avaliação moral e, para aferir as consequências de um curso de ação, subtrai os custos gerais dos benefícios gerais, sempre usando como medida a felicidade ou o bem-estar." (MURPHY; NAGEL, 2005, p. 69). Nessa comunidade utilitária, as preferências de cada

---

104. A measure of government [...] may be said to be conformable to or dictated by the principle of utility, when in like manner the tendency which it has to augment the happiness of the community is greater than any which it has to diminish it.

TEORIA INSTITUCIONAL DA PRATICABILIDADE TRIBUTÁRIA

um dos indivíduos que a compõem teriam peso igual, não podendo ser valoradas, moralmente, pelo seu conteúdo ético.

Nesse sentido, vale a citação da seguinte passagem da obra de Jeremy Bentham (2000, p. 15, tradução nossa):[105]

> V. É em vão falar de interesse da comunidade, sem compreender o que seja o interesse do indivíduo. Uma coisa pode ser considerada como promovedora de um interesse, ou está a favor do interesse de um indivíduo, quando tende a adicioná-lo à soma total das satisfações: ou, em outras palavras, a diminuí-lo da soma total de sofrimento.

Com isso, na concepção benthamista, todos os valores e bens dessa comunidade tornam-se passíveis de comparação e de mensuração, pois, segundo Michael Sandel (2013, p. 55), "[...] a ideia de Bentham sobre utilidade nos oferece essa moeda comum."

Isso porque, de acordo com Thomas Murphy e Liam Nagel, o utilitarismo precisa sempre dessa "moeda comum", ou seja, dessa métrica de comparação, sendo a escolha da métrica o grande objeto de debates jurídicos (MURPHY; NAGEL, 2005, p. 70):

> O utilitarismo precisa de uma medida de utilidade que nos permita comparar, somar e subtrair os efeitos que recaem sobre os diversos indivíduos – uma métrica (como se diz) que nos diga o que é bom e o que é mau para os indivíduos e o quanto isso é bom ou é mau.
>
> [...]
>
> A escolha da métrica é objeto de controvérsias. Trata-se de controvérsias normativas ou morais, pois seu objeto é aquilo que se deve levar em conta na vida dos indivíduos quando se busca decidir como um governo deve agir em relação a eles. Uma das dúvidas é se a métrica deve ter uma base subjetiva – como a

---

105. V. It is in vain to talk of the interest of the community, without understanding what is the interest of the individual. A thing is said to promote the interest, or to be for the interest, of an individual, when it tends to add to the sum total of the pleasures: or, what comes to the same thing, to diminish the sum total of his pains.

satisfação ou a frustração dos desejos e preferências de cada indivíduo, quaisquer que sejam – ou objetiva – como, por exemplo, uma lista de bens e males tacitamente aceitos como tais, como a saúde e a doença, a longevidade e a morte prematura, a riqueza e a pobreza, o conhecimento e a ignorância, a amizade e a solidão etc. Se aceitamos o objetivo social de maximizar o bem-estar geral sem saber defini-lo, essas questões de medida se tornam importantes para a aplicação de um critério utilitarista.

A praticabilidade, caso fosse essa a concepção a ser adotada nesta pesquisa, também poderia, claramente, se inserir no cômputo dessa "moeda comum" benthamista e servir como um critério de comparação para se aferir se, com ela, seriam maximizadas as receitas tributárias em nome do chamado bem-estar coletivo, aproximando mais a arrecadação potencial daquela real, mesmo que isso importasse solapar os direitos fundamentais de uma minoria de contribuintes. Até mesmo porque, como bem lembra Samuel Fleischaker, "[...] o utilitarismo não é uma doutrina simpática à ideia de que os indivíduos têm direitos absolutos." (FLEISCHAKER, 2006, p. 150).

Todavia, o conteúdo moral das normas jurídicas que concretizam a subinstituição praticabilidade pode ser, unicamente, empírico-pragmático e utilitarista, afastando-se da perspectiva deontológica de moralidade universal kantiana, sem se preocupar com os direitos fundamentais individuais do ser humano e os critérios de igualdade e justiça, ainda que formais?

Em nome de uma pretensa moralidade utilitarista, pode-se macular a integridade que é dada ao sistema jurídico pelos argumentos de princípio?

Mesmo que se entenda que a mola motriz da engenharia que justifica, instrumentalmente, a praticabilidade são as políticas de eficiência e de economicidade, os benefícios globais gerados para a comunidade legitimam o seu uso puramente utilitário?

As respostas a essas questões definirão os motivos pelos quais determinada comunidade comunga da praticabilidade e a legitima ou não. Além disso, definirão também se aquele corpo social, que aceita ou não a praticabilidade, perfaz uma comunidade benthamista, regida unicamente pelo pragmatismo utilitarista, ou se, pelo contrário, trata-se de uma comunidade personificada pela integridade, que cuida de todos os seus membros com igual respeito e consideração e, consequentemente, respeita os direitos fundamentais dos seus indivíduos consagrados pelos princípios, mas sem abdicar, é óbvio, da eficiência, por intermédio de uma interpretação em constante desenvolvimento.

Com as respostas que se pretende obter nesta seção da pesquisa, restará satisfeito o segundo requisito do assentimento comunitário à ideia objetiva, exigido por Maurice Hauriou, para que a praticabilidade seja concebida como uma instituição, mais precisamente, uma subinstituição-coisa.

Todavia, antes de se aprofundar na demonstração dos três conceitos de comunidade, quais sejam a benthamista, a convencionalista, que também pode ou não ser mais exacerbadamente garantista, e, por fim, a personificada, e optar-se por um deles para justificar, nesta pesquisa, a aceitação e a legitimação da ideia objetiva de praticabilidade pelo corpo social, urge que se proceda à distinção entre as teorias consequencialistas e as deontológicas. Isso se torna imperativo para demonstrar onde tais comunidades, especificamente, se situam em relação a cada uma dessas duas concepções teóricas diversas.

4.1. Das teorias consequencialistas x teorias deontológicas

Para compreender a forma como comunidades diferentes podem aceitar e legitimar de maneira diversa a subinstituição praticabilidade, é imperativo discorrer acerca da divisão entre as teorias normativas que abordam a questão da mensuração entre sacrifícios e resultados, quais sejam, as consequencialistas e as deontológicas.

Liam Murphy e Thomas Nagel (2005, p. 58) ressaltam que as teorias consequencialistas "[...] aceitam a existência dos direitos, mas negam que os direitos sejam moralmente fundamentais. Antes, asseveram que eles devam ser justificados pelos benefícios globais de um sistema que os reconheça." Assim, tais teorias têm seu foco nos resultados, ou seja, nos "[...] benefícios menos os custos, para todos os afetados." (MURPHY; NAGEL, 2005, p. 58).

Já as teorias deontológicas, por seu turno, têm a sua diretriz, como advertem Murphy e Nagel (2005, p. 58), em "[...] outros critérios, independentes das conseqüências globais, que determinam como o governo pode ou não pode tratar as pessoas." E tais critérios servem para identificar, de acordo com os declinados autores, "[...] os direitos individuais, as exigências de imparcialidade [...], a proibição das discriminações arbitrárias etc. e prescrevem o que se deve e o que não se deve fazer de um modo que, pelo menos em parte, independem das conseqüências." (MURPHY; NAGEL, 2005, p. 58).

Portanto, enquanto as teorias normativas de cunho consequencialista têm um caráter nitidamente pragmático e justificam os direitos pelos seus resultados ou benefícios totais que podem trazer para a coletividade, as teorias deontológicas dão primazia a esses direitos, que se tornam fundamentais, independentemente dos seus benefícios coletivos. Tais direitos, nessa última concepção, podem ter, por exemplo, nítida influência de Kant, pois eles são hipotéticos, universalizáveis, inalienáveis e devem ser respeitados, não por causa de uma moralidade divina, como queria John Locke,[106] outro

---

106. Embora a construção de John Locke acerca dos direitos esteja ligada, também, às teorias deontológicas, o seu enfoque é bem diverso do de Immanuel Kant, pois, enquanto para este a inalienabilidade e a moralidade dos direitos fundamentais do homem decorreria da sua racionalidade, para aquele, tais direitos, em especial, o de propriedade, seriam inalienáveis e naturais por razões superiores e divinas, como se pode observar na seguinte passagem das lições de Michael Sandel: "Nem mesmo

deontologista, mas por uma pura razão prática, que decorre da capacidade racional da humanidade de agir livremente, de acordo com seus desígnios e as leis morais que ela mesma se impõe (imperativos categóricos).

Explicando o que sejam tais imperativos categóricos, deveres decorrentes da razão prática de um mundo inteligível, que se sobrelevam aos meros instintos de um mundo sensível (imperativos hipotéticos), vale a transcrição da seguinte passagem da obra do mencionado filósofo germânico (**KANT**, 2006, p. 86-87):

> E esse dever categórico representa uma proposição sintética *a priori*, porque sobre a minha vontade afetada por apetites sensíveis sobrevêm, além disso, a idéia dessa mesma vontade, mas como pertencente ao mundo inteligível, pura, prática por si mesma, que contém a condição suprema da primeira, segundo a razão; mais ou menos como as intuições do mundo sensível vêm se acrescentar conceitos do entendimento, que por si mesmos nada mais significam senão a forma da lei em geral, e assim se tornam possíveis proposições sintéticas *a priori* sobre as quais se assenta todo o conhecimento de uma natureza.

Assim, Kant rejeita qualquer argumento consequencialista de cunho utilitário e pragmático que baseie os direitos em simples cálculos para a promoção do bem-estar geral, por meio da satisfação dos instintos do mundo sensível, e, em nome disso, macule a dignidade dos direitos hipotéticos universais e inalienáveis dos indivíduos, considerados isoladamente, decorrentes do uso da razão prática de um mundo inteligível.

Por isso, Michael Sandel (2013, p. 143) afirma:

John Locke (1632-1704), o grande teórico defensor dos direitos de propriedade e da limitação dos poderes do governo, está de acordo com a noção de propriedade ilimitada de nós mesmos. Ele repudia a ideia de que podemos dispor da nossa vida e da nossa liberdade como quisermos. Entretanto, a teoria de Locke sobre os direitos inalienáveis invoca Deus, o que é um problema para aqueles que procuram uma base moral para os direitos que não se apoie em dogmas religiosos." (SANDEL, 2013, p. 136).

De acordo com Kant, o valor moral de uma ação não consiste em suas consequências, mas na intenção com a qual a ação é realizada. O que importa é o motivo, que deve ser de uma determinada natureza. O que importa é fazer a coisa certa porque é a coisa certa, e não por algum motivo exterior a ela.

Contrapondo-se ao deontologismo de Kant e pugnando por um sistema jurídico de matiz prevalentemente pragmático, que se guie mais pelas consequências na realidade do que por métodos hipotéticos de imperativos categóricos, traz-se à colação o seguinte excerto dos ensinamentos de Richard Posner (2003, p. 6, tradução nossa):[107]

> As consequências que interessam ao pragmático são consequências reais, não aquelas hipotéticas que figuram proeminentemente na teoria moral de Kant. O pragmático pergunta, por exemplo, não se o homem tem livre arbítrio, mas *quais seriam, para nós, as consequências de se negar ou afirmar* tal proposição (Elas poderiam ser políticas ou psicológicas). E isso implica que os pragmáticos estão olhando adiante, são antitradicionalistas. O passado é um repositório de informações úteis, mas isso não importa. O critério para aferir se nós devemos aderir às práticas passadas é verificar quais são as consequências para o agora e para o futuro. Mas isso não torna o pragmatismo anti-historicista. Pelo contrário, a exigência do pragmático de que o conhecimento seja local, leva-o a buscar explicações para as suas opiniões nas circunstâncias históricas. Ênfases nas consequências fazem o pragmatismo antiessencialista.

O exemplo a seguir, colacionado por Murphy e Nagel, é lapidar para diferenciar como são totalmente diversos os

---

107. The consequences that concern the pragmatist are actual consequences, not the hypothetical ones that figure prominently in Kant's moral theory. The pragmatist asks, for example, not whether it is true that man has free will but what the consequences would be, *for us*, of affirming or denying the proposition (They could be political or psychological). And this implies that pragmatists are forward-looking, antitraditionalist. The past is a repository of useful information, but it has no claims on us. The criterion for whether we should adhere to past practices is the consequences of doing so for now and the future. But this does not make pragmatism anti-historicist. On the contrary, the pragmatist's claim that knowledge is local inclines him to seek explanations for beliefs in their historical circumstances. Emphasis on consequences makes pragmatism anti-essentialist.

TEORIA INSTITUCIONAL DA PRATICABILIDADE TRIBUTÁRIA

enfoques teóricos dados por consequencialistas e deontologistas a uma mesma situação prática (MURPHY; NAGEL, 2005, p. 58):

> Uma vez que esse desacordo se dá no nível teórico, ele não resulta inevitavelmente em desacordos no nível dos cursos de ação. Tanto os consequencialistas quanto os deontologistas não terão dificuldade alguma para explicar por que o assassinato deve ser considerado crime. O consequencialista dirá que os benefícios de segurança e tranqüilidade mais do que compensam os custos do policiamento, e o deontologista dirá que um dos usos legítimos do poder do Estado é o de proteger os indivíduos contra as violações do seu direito à vida.

Todavia, é no terreno dos direitos de propriedade, que, por questões óbvias, têm uma nítida inter-relação com o direito tributário, que a grande diferença entre as teorias consequencialistas e deontológicas pode ser observada.

Isso porque, segundo Murphy e Nagel (2005, p. 59-60),

> [...] as teorias deontológicas, derivadas da tradição de Locke, sustentam que os direitos de propriedade são determinados em parte pela nossa soberania sobre a nossa pessoa, que inclui o direito fundamental ao livre exercício de nossas capacidades, o direito de cooperar livremente com os outros em vista de um benefício recíproco e o direito de dispor livremente daquilo que legitimamente adquirimos. Sob este ponto de vista, os direitos de propriedade são substancialmente moldados por um direito de liberdade individual que não precisa de uma justificação consequencialista.
>
> As teorias consequencialistas, por outro lado, derivadas da tradição de Hume, sustentam que os direitos de propriedade se justificam pela utilidade social maior de um conjunto de convicções e leis bastante rígidas que protegem a segurança da propriedade. [...] Segundo o pensamento consequencialista, a avaliação de sistemas alternativos de propriedade depende por completo de qual é o sistema que melhor promove o bem-estar geral ou algum outro bem coletivo que seja tomado como o objetivo da organização social. Sob esse ponto de vista, os direitos de propriedade não são nem naturais nem pré-institucionalmente inerentes ao indivíduo: antes, são conseqüências de leis, regras e

convenções feitas para promover outros valores, como a prosperidade e a justa satisfação das expectativas.

Portanto, enquanto na teoria deontológica, os direitos de propriedade têm seu nítido fundamento em direitos naturais de liberdade e de inviolabilidade do ser humano, na teoria consequencialista, os direitos em tela têm um conteúdo meramente convencional, ou seja, estabelecido pelas regras postas e institucionalizadas (MURPHY; NAGEL, 2005, p. 61). E a forma como se adota uma ou outra concepção teórica terá um efeito concreto e prático na dinâmica de funcionamento das políticas tributárias de conformação dos impostos, já que, se a corrente adotada for a consequencialista, não haverá direito de propriedade pré-tributário, por serem os impostos "[...] um dos elementos jurídicos que definem os seus limites [...]" (MURPHY; NAGEL, 2005, p. 60), ou seja, toda a propriedade será, além de convencional e não natural, somente pós-tributária.

Nesse sentido, vale outra relevante citação da seguinte passagem da obra dos autores norte-americanos acima declinados, por esclarecer bastante essa questão (MURPHY; NAGEL, 2005, p. 60):

> Uma vez que os impostos são essencialmente modificações dos direitos de propriedade, que autorizam o Estado a controlar parte dos recursos gerados pela vida econômica de seus cidadãos, a determinação do sistema tributário é muito afetada pela adoção de uma concepção consequencialista ou deontológica. A diferença essencial é a seguinte: sob a doutrina deontológica, é provável que se postule uma forma ou outra de direito natural que determina o que é seu ou meu e o que não é, e esse postulado básico tem de ser anulado ou sobrepujado por outras considerações para que a apropriação dos impostos por parte do governo se justifique. Sob a doutrina consequencialista, por outro lado, o sistema tributário é simplesmente uma parte do projeto de qualquer sistema moderno e sofisticado de direitos de propriedade. Não há nenhuma presunção inicial contra a tributação, pois não há nenhuma concepção pré-institucional do que venha a ser a minha propriedade. Tudo é convencional. Todo sistema tem de ser avaliado por uma comparação com sistemas alternativos (que

TEORIA INSTITUCIONAL DA PRATICABILIDADE TRIBUTÁRIA

> envolvem outros impostos ou até mesmo a propriedade estatal de alguns setores), sempre se tomando como critério a sua eficácia para promover resultados sociais e econômicos desejáveis.

Do que foi exposto até aqui, percebe-se que, no direito tributário, a praticabilidade, por seu turno, numa equação, seria o bem-estar geral promovido para a maioria da comunidade com determinada ação instrumental de confiança ou de desconfiança do Estado, a qual otimizaria a arrecadação de impostos por meio da subtração dos custos de fiscalização ou de aplicação da regra-matriz de incidência tributária, pelas diversas formas de abstrações generalizantes ou padronizantes aqui operadas. O resultado dessa operação – que estabeleceria um liame entre praticabilidade, economicidade e eficiência – demonstraria seu maior matiz consequencialista do que deontológico em detrimento, muitas vezes, dos sacrifícios acarretados a certo grupo de contribuintes.

Todavia, nesse contexto, surge um relevante questionamento: a praticabilidade, na concepção da comunidade benthamista, tendo contornos prevalentemente consequencialistas (pró-comunitários), poderia promover restrições aos direitos fundamentais dos contribuintes individuais que desnaturassem, integralmente, seu âmbito de proteção e, consequentemente, seu núcleo essencial, em nome de metas políticas coletivas de eficiência e de economicidade?

Talvez, para responder a essa questão fulcral, vale levar em conta a seguinte consideração de Michael Sandel (2013, p. 135):

> Se você acredita em direitos humanos universais, provavelmente não é um utilitarista. Se todos os seres humanos são merecedores de respeito, não importa quem sejam ou onde vivam, então é errado tratá-los com meros instrumentos da felicidade coletiva.

Mas este não é, ainda, o momento oportuno e adequado para responder, definitivamente, a essa e a tantas outras

201

questões formuladas anteriormente nesta seção, pois, para que se tenha uma resposta final, é imperativo aprofundar o entendimento do que realmente seja a comunidade benthamista e a sua grande inter-relação com a busca da eficiência na análise econômica do direito, de acordo com a formulação positiva de Richard Posner.

4.2. Da comunidade benthamista

A justiça individual é diversa da praticabilidade, pois, enquanto a primeira está preocupada com a igualdade material, a segunda persegue, muitas das vezes, a mera igualdade formal ou geral por meio do uso de abstrações padronizantes, por exemplo, na busca da redução dos custos administrativos de fiscalização ou de aplicação da regra-matriz de incidência tributária e de uma maior otimização nos resultados arrecadatórios.

Se a busca pela eficiência e pela economicidade justificar, isoladamente, o seu uso como instrumento puramente utilitário, a moralidade política do argumento da comunidade personificada pela integridade, de Ronald Dworkin, restará totalmente dissociada da praticabilidade.

Isso porque, ao invés de se priorizarem as virtudes da justiça, da equidade e do devido processo legal adjetivo – que dão integridade ao sistema jurídico como um todo, respeitando-se os direitos e os deveres fundamentais dos indivíduos –, dar-se-á prioridade quase irrestrita ao bem-estar da maioria em detrimento de uma minoria, passando esse critério de utilidade geral a conformar, para a equalização do bem-estar, a ação dos órgãos de poder constituídos para definir o que será legítimo ou não no âmbito da comunidade benthamista.

Assim, nesse tipo de comunidade, todo o agir será justificado a partir daquilo que Bentham denomina de princípio da utilidade, como se observa a seguir (BENTHAM, 2000, p. 15, tradução nossa):[108]

---

108. VI. An action then may be said to be conformable to the principle of utility, or, for shortness sake, to utility (meaning with respect to the community at large),

TEORIA INSTITUCIONAL DA PRATICABILIDADE TRIBUTÁRIA

> VI. Uma ação, então, pode estar ajustada ao princípio da utilidade, ou, simplesmente, à utilidade (no que diz respeito à comunidade como um todo), quando a sua tendência de aumentar a felicidade da comunidade é maior do que aquela de diminuí-la.

Há, portanto, na comunidade benthamista, a imperiosa necessidade de maximizar a felicidade dos indivíduos e minimizar a sua dor, de modo que, pela soma desse conjunto de prazeres individuais, sejam sopesados os sofrimentos de uma malfadada minoria e, com isso, se tenha formada uma maioria que irá refletir o seu bem-estar global. Até mesmo porque, como bem lembra Paulo Caliendo (2009b, p. 47),

> Para Bentham, as "razões que atribuem direitos" devem ser buscados na utilidade social, e não em uma ficção denominada de "direitos naturais"; bem como o alcance desses direitos deve ser localizado no conjunto de consequências de sua atribuição, e não em uma vaga determinação de direitos autônomos. Os direitos devem existir conectados à sua função, benefício ou consequência social.

Nesse mesmo sentido, cabe a citação de Aloysio Augusto Paz de Lima (2009, p. 95), ao fazer referência ao utilitarismo consequencialista de Jeremy Bentham:

> Assim, a busca do máximo bem-estar da maioria, tomada como pilar de uma ética conseqüencialista fundada no princípio da utilidade, serve de parâmetro ao justo e ao injusto, a informar a atuação do legislador e do educador em suas propostas de reforma social.
>
> [...]
>
> As idéias de direito natural e de contrato social são duramente atacadas e denunciadas como sofismas (*fallacies*). A razão da obediência às leis deve ser justificada por sua utilidade, e não por suposto dever de obediência a um contrato hipotético entre governantes e governados, para o qual teríamos consentido.

---

when the tendency it has to augment the happiness of the community is greater than any it has to diminish it.

Portanto, o substrato moral dessa comunidade é calcado no pragmatismo consequencialista, na utilidade geral, traduzida na maximização da felicidade e na minimização da dor, por meio das somas individuais das satisfações de cada um, e não por argumentos morais deontológicos, fulcrados em direitos naturais, ou mesmo de justiça, fundados num suposto contrato social. "O utilitarismo procura mostrar-se como uma ciência de moralidade baseada na quantificação, na agregação e no cômputo geral da felicidade." (SANDEL, 2013, p. 55). Justamente por isso, para Wayne Morrison (2006, p. 225), "[...] Bentham afirmava poder demonstrar que as chamadas teorias superiores da moralidade eram ou redutíveis ao princípio da utilidade, ou inferiores a esse princípio [...]."

Tanto é assim que, fazendo referência a essa moral utilitária benthamista, Michael Sandel (2013, p. 48-49) ensina:

> As pessoas podem dizer que acreditam em alguns deveres ou direitos absolutos e categóricos. Mas não teriam base para defender esses deveres ou direitos a menos que acreditassem que respeitá-los poderia maximizar a felicidade humana, pelo menos em longo prazo.

Essa toada utilitária permite que, em nome da coletividade, direitos individuais fundamentais, entendidos como naturais ou mesmo racionais, sejam solapados. Ou seja, o direito de uma minoria pode ser legitimamente maculado se isso for necessário para incrementar a felicidade da soma das satisfações individuais daqueles que formam a maioria. Por essa razão, Sandel (2013, p. 51) ressalta que "[...] os indivíduos têm importância, mas apenas enquanto as preferências de cada um forem consideradas em conjunto com as de todos os demais."

Também Neil MacCormick, ao fazer referência ao consequencialismo do utilitarismo, assevera que, para essa corrente do pensamento, o princípio da utilidade "[...] provia um padrão muito melhor para a avaliação da qualidade das leis do que qualquer apelação a uns especulativos e discutíveis direitos naturais." (MACCORMICK, 2011, p. 246).[109]

E aí está o grande inconveniente da utilização dos argumentos morais da comunidade benthamista para legitimar, comunitariamente, a subinstituição praticabilidade, pois, para garantir, instrumentalmente, em nome de uma política de eficiência, o aumento da arrecadação tributária, visando aproximar a tributação potencial da real, o Estado poderia fomentar a violação de princípios como os da justiça, da equidade e do devido processo legal adjetivo e, assim, macular a integridade de direitos fundamentais caros a uma minoria de contribuintes em nome do incremento do bem-estar geral da maioria. Isso porque, esses direitos fundamentais, apesar de estarem, hodiernamente, na sua grande parte, institucionalizados e, consequentemente, positivados nas diversas comunidades, em cartas constitucionais, pactos, declarações e convenções internacionais, suas origens, como bem ressalta MacCormick, remontam a direitos naturais ínsitos aos seres humanos, que, por justificativas divinas ou racionais, como se preferir, já seriam, naqueles primórdios do incipiente Estado contratualista moderno, uma débil forma de proteção dos indivíduos contra eventuais arbitrariedades do soberano (MACCORMICK, 2011, p. 242).

Essa concepção de bem-estar coletivo puramente consequencialista e utilitária, que permite avaliar as vantagens e as desvantagens acarretadas aos membros de uma determinada comunidade e criar mecanismos de comparação das suas situações pretéritas e presentes, considerando os seus resultados globais em detrimento dos sacrifícios a direitos fundamentais dos indivíduos considerados isoladamente, aproxima a análise dos critérios de custo e de eficiência, decorrentes da praticabilidade, à análise econômica do direito. Tal assertiva é feita porque, como muito bem adverte Fabiano Teodoro de

---

109. [...] proveía de un estándard mucho mejor para la evaluación de la calidad de las leyes que cualquier apelación a unos especulativos y discutibles derechos naturales.

Rezende Lara (2008, p. 1), a chamada "Análise Econômica do Direito desvincula o exame do Direito das bases morais [...], preocupando-se mais com o arranjo final das decisões tomadas do que com a engenharia do fato causador."

Desse modo, dando à comunidade essa ótica benthamista, de cunho puramente pragmático-consequencialista, a legitimação a ser conferida à praticabilidade aproximar-se-á, em muito, daquela existente na análise econômica do direito, já que ambas possuem "[...] um critério de racionalidade intrínseca: a eficiência econômica." (CALIENDO, 2009a, p. 47). O direito, nessa perspectiva de análise, não seria guiado por um norte de princípio ou de integridade, mas sim de pura eficiência, no seu estado bruto, que, para Richard Posner (2007, p. 514), além de ser mais racional, promove a verdadeira justiça, pois as comunidades mais desenvolvidas economicamente são, em regra, bem mais justas (*fairness*) do que aquelas sociedades em desenvolvimento.

Assim, sob o enfoque utilitário, a economicidade, em sentido estrito, que o recurso à praticabilidade cria, tem uma nítida ligação com a redução dos custos de transação da análise econômica do direito, enquanto que a eficiência arrecadatória, que aquela gera, terá vinculação bastante estreita com a maximização de riqueza desta. Aliás, ressalta Ronald Dworkin (1999, p. 333), ao discorrer acerca da análise econômica do direito, que: "A chave para essas decisões é encontrada no princípio "econômico" de que é preciso agir sempre de um modo que seja financeiramente menos dispendioso para o conjunto da comunidade."

E, nesse prisma puramente econômico, por meio da redução dos custos de transação que a praticabilidade proporciona, buscam-se resultados que, pragmaticamente, aumentem a arrecadação tributária – equalizando a tributação potencial com a real – e, com isso, maximizem a riqueza global da comunidade, criando uma atmosfera de bem-estar geral. Até porque, como Richard Posner (2007, p. 513) reconhece: "[...] o argumento mais forte a favor da maximização da riqueza não é moral, mas pragmático."

Por ser o incremento do bem-estar geral uns dos motes da praticabilidade, mesmo que ao custo do sacrifício de alguns contribuintes, percebe-se que, em sua avaliação moral, na perspectiva da comunidade benthamista, essa subinstituição-coisa poderia ter uma conotação nitidamente utilitarista e consequencialista. Isso porque, de acordo com tal concepção, "[...] uma utilidade total constituída de pequenas vantagens para um número suficientemente grande de indivíduos pode superar o prejuízo de um vultoso sacrifício feito por um pequeno número de indivíduos." (MURPHY; NAGEL, 2005, p. 71).

Neste ponto, é imperativo que se abra um pequeno parêntese para explicar, com mais vagar, a dinâmica da análise econômica do direito na visão positiva de seu maior expoente na atualidade, Richard Posner, para, com isso, ficar mais clara a aproximação que se pretende fazer entre a praticabilidade e a análise econômica do direito, nessa perspectiva puramente pragmática e utilitária da comunidade benthamista.

4.2.1. Da análise econômica do direito na perspectiva positiva de Richard Posner

A premissa primordial da análise econômica do direito é que o ser humano maximiza, racionalmente, as suas próprias satisfações, de modo que, em seu agir, as suas escolhas se coadunem com esse aspecto, incluindo-se nesse cálculo tanto as realizações monetárias quanto as não monetárias.

Para Posner, não somente os particulares, mas também os agentes públicos, são verdadeiros maximizadores racionais das suas satisfações pessoais, de forma que, até mesmo o legislador, preocupado com a sua eventual eleição e reeleição, e por precisar de recursos para as suas campanhas, recorre a grupos de interesses organizados para financiamento delas.

Em razão disso, em regra, as leis que se promulgam nada mais são do que uma negociação entre o legislador e os grupos organizados, elaboradas no interesse deles, e não com vistas ao chamado interesse público, importando, com isso, na transferência, ou melhor, na distribuição de riqueza dos indivíduos desorganizados para os grupos organizados (POSNER, 2007, p. 474-475).

Nesse contexto, Posner defende que, por ser o custo de aprovação de uma determinada lei muito alto, o Judiciário deve dar credibilidade às negociações do legislador com os grupos de interesse organizados, evitando que os legisladores façam tábula rasa das negociações dos antecessores, tornando-se, assim, "[...] os juízes agentes imperfeitos do poder legislativo." (POSNER, 2007, p. 476). Dessa forma, em sua visão, os magistrados teriam não somente o papel de interpretar as negociações de grupos organizados contidas na lei, como também de oferecer o seu serviço público basilar de uma melhor resolução da lide possível. E desenvolveriam esse papel tanto ao julgarem os casos de acordo com a legislação posta, quanto nas hipóteses de elaboração das próprias normas. Na solução dos litígios, os juízes teriam a função de reduzir os custos de transação entre os agentes econômicos, facilitando a maximização da riqueza[110] da sociedade com a maior eficiência possível.

Evidencia-se, na proposta de Posner, que a prosperidade econômica, refletida na eficiência, é uma das metas a ser alcançada, estando os magistrados, no seu entender, preparados

---

110. Acerca do que seja maximização de riqueza, é trazida à colação a seguinte definição do próprio Richard Posner: "A 'riqueza' em 'maximização da riqueza' refere-se à soma de todos os bens e serviços tangíveis e intangíveis, ponderados por dois tipos de preço: preços ofertados (o que as pessoas se predispõem a pagar por bens que ainda não possuem) e preços solicitados (o que as pessoas pedem para vender o que possuem). [...] A riqueza, no sentido empregado pelos economistas, não é uma simples medida monetária. [...] A riqueza é relacionada ao dinheiro no sentido de que um desejo não sustentado pela capacidade de pagar não tem como ser pleiteado – tal desejo não é nem um preço ofertado nem um preço solicitado." (POSNER, 2007, p. 477-479).

TEORIA INSTITUCIONAL DA PRATICABILIDADE TRIBUTÁRIA

para tal mister. As regras de *common law*, que são formuladas como produtos das decisões judiciais, precificam as condutas socialmente indesejadas, estabelecendo, de outra banda, estímulos para evitá-las, sendo que tais incentivos é que irão levar à prosperidade almejada.

Por meio dessa incorporação de preços às condutas, Posner objetiva que o sistema jurídico incentive certas ações ou desestimule outras, num mecanismo de maximização da riqueza da comunidade, como se nota nas lições de Paulo Caliendo (2009a, p. 47):

> O sistema de análise de custos e benefícios funcionaria no direito como uma forma de estímulo ou desincentivo a determinadas condutas, de tal forma que a função do direito em uma perspectiva econômica seria modificar a modulação de incentivos. Sendo assim, o envolvimento em uma conduta ilícita deveria ser punido de tal forma que os benefícios fossem sobrepujados pelo aumento continuado dos custos envolvidos. O Direito estaria envolvido no processo de maximização de riqueza (wealth maximization) ao determinar os incentivos e os desincentivos em cada conduta social envolvida, precificando os custos de envolvimento em determinado comportamento. De um modo mais geral o Direito poderia ser considerado um grande sistema de preços, tal como o mercado é na economia.

Com o desiderato de obter um direito eficiente, em que as riquezas sociais fossem incrementadas, Posner alerta que, ainda que os magistrados sejam pouco compromissados com a declinada eficiência, as suas decisões, por gerarem custos majorados para as transações dos indivíduos, serão reformadas pelas Cortes superiores, pressionadas pelos recursos que seriam interpostos. Assim, o próprio direito estabelecerá estímulos para que cada juiz possa adequar a sua decisão ao valor maximização de riqueza, que será um norte para decisões bem mais objetivas, por se tornarem passíveis de mensuração.[111]

---

111. O seguinte trecho das lições de Posner esclarece muito bem essa questão: "Uma vez que a maximização da riqueza não é apenas um guia para o julgamento com base no *common law*, mas também um valor social genuíno, e o único que os juízes têm condições favoráveis de promover, ela oferece não somente a chave para

Richard Posner, portanto, inclui, no direito, requisitos da economia, buscando justificar que muitas das doutrinas da seara jurídica não são mais do que meras decorrências das teorias econômicas, acobertadas por conceitos jurídicos, enfatizando que, ao magistrado que aceitar tal conduta, não se poderá colocar a pecha de estar criando regras, pois, na verdade, ele estará indo ao encontro do verdadeiro direito e da própria natureza do *common law*, cujas premissas centrais não são decorrência de um sistema lógico-dedutivo de regras, mas do efeito dessas regras na maximização da riqueza social.[112]

Assim, a lógica do direito legislado seria diversa da do *common law*, pois, enquanto a primeira estaria preocupada com a redistribuição da riqueza, a segunda perseguiria a sua maximização na sociedade. Com isso, Richard Posner, ao contrário de Hans Kelsen, por exemplo, estabelece uma aproximação entre os planos do "ser" e do "dever ser", pelo fato de a busca pela eficiência, do ponto de vista econômico, ser um princípio que orientaria a própria dinâmica do *common law*, estando os juízes vinculados a tomadas de decisões que sejam compatíveis com tal postulado.

A argumentação desenvolvida pelo declinado autor em prol da maximização da riqueza não teria qualquer conteúdo

---

a descrição exata do que cabe aos juízes fazer, mas também o referencial perfeito para a crítica e a reformulação. Se os juízes não estão sendo capazes de maximizar a riqueza, o analista econômico irá pressioná-los a alterar sua prática ou doutrina da melhor maneira possível. [...] a abordagem econômica permite que o *common law* seja reformulado em termos simples e coerentes, e aplicado com mais objetividade do que os advogados tradicionais imaginariam possível." (POSNER, 2007, p. 484).

112. Na seguinte passagem de sua obra, pode-se observar o grau de ousadia de sua análise econômica do fenômeno jurídico: "O projeto de reduzir o *common law* a um punhado de fórmulas matemáticas pode parecer quixotesco, mas o analista econômico pode fornecer razões para se pôr em dúvida tal avaliação. [...] Esses exemplos sugerem não apenas que a lógica do *common law* é realmente econômica, mas também que o ensino do direito poderia ser simplificado ao se expor os estudantes à estrutura econômica concisa e simples que existe por baixo da roupagem multicor da doutrina jurídica. [...] O teste fundamental de uma regra derivada da teoria econômica não é a elegância ou a logicidade da derivação, mas o efeito da regra sobre a riqueza social." (POSNER, 2007, p. 485-486).

TEORIA INSTITUCIONAL DA PRATICABILIDADE TRIBUTÁRIA

moral, na sua concepção, estando a sua preocupação central fulcrada nas consequências sistêmicas das decisões judiciais, tendo um cunho nitidamente pragmático.[113]

Fica claro, assim, que Posner procura defender que o seu pragmatismo tenha um caráter amoral e eminentemente instrumental, procurando, dessa forma, afastar da análise do direito as discussões que envolvam questões meramente filosóficas, abstratas ou semânticas, fazendo, desse modo, com que os juízes se preocupem não somente com os reflexos das suas decisões no caso concreto, mas também com as suas consequências extracaso.[114]

Apesar de Posner pretender desnudar a sua teoria econômica de qualquer substrato moral, ao contrário de sua intenção, a sua argumentação teórica, contraditoriamente, tem a forte pretensão moral de impor sempre às decisões a imperiosa necessidade de maximizar a riqueza da comunidade para que, com isso, ela seja tida como correta e adequada socialmente.

Aliás, essa contradição no discurso de Richard Posner, ao pretender afastar a sua argumentação de qualquer substrato moral, não passou despercebida das críticas veementes de

---

113. Esse trecho sintetiza claramente o que seja o propalado fundamento do argumento de cunho pragmático: "O argumento mais forte a favor da maximização da riqueza não é moral, mas pragmático. Defesas clássicas do mercado. [...] podem ser facilmente objeto de uma interpretação pragmática. Olhamos para o mundo que nos cerca e vemos que, em geral, as pessoas que vivem em sociedades nas quais se permite que os mercados funcionem mais ou menos livremente não apenas são mais prósperas do que as que vivem em outras sociedades, mas também têm mais direitos políticos, mais liberdades, mas dignidade, são mais satisfeitas [...] – de modo que a maximização da riqueza pode ser o caminho mais direto para uma diversidade de objetivos morais." (POSNER, 2007, p. 513-514).

114. Nesse ponto, o autor reforça o seu apelo a um maior recurso ao empirismo do que a divagações de ordem filosófica: "O fato de que, pragmaticamente interpretada, a maximização da riqueza é mais instrumental do que basilar não constitui objeção ao seu uso como guia do direito e de políticas públicas. [...] O objeto da análise pragmática é afastar a discussão das questões semânticas e metafísicas e aproximá-la das questões factuais e empíricas. A filosofia do direito precisa enormemente dessa mudança de direção. A filosofia do direito precisa tornar-se mais pragmática." (POSNER, 2007, p. 520).

Thomas Bustamante e Misabel Derzi, como se pode observar a seguir (BUSTAMANTE; DERZI, 2013, p. 333):

> Como se nota, as críticas anti-téoricas de Posner aos denominados 'moralistas' não são uma teoria sobre a moral (*about morality*), como ele afirma em seus escritos, mas uma teoria moral (*of morality*), no seu sentido mais ordinário do termo. Essa teoria, segundo Dworkin, é uma espécie de niilismo moral, segundo o qual 'nenhum argumento teórico pode oferecer uma boa razão para se pensar que um ato é correto ou errado'. Esta tese, como explica o crítico, 'é em si, obviamente, um juízo moral de um tipo teorético e global, pois saber se qualquer tipo de pretensão moral provê uma 'base sólida' para outro é em si uma questão moral'.
>
> Vemos em Posner, portanto, duas teorias morais implícitas, que são contraditórias entre si: de um lado, num primeiro momento, a tese de que uma decisão está (moralmente) correta quando maximizar a riqueza geral da sociedade (ainda que isso represente um enriquecimento dos mais ricos e um empobrecimento dos mais pobres); e de outro lado, num segundo momento, a tese moral de que nenhum argumento moral pode fundamentar um juízo sobre a correção ou incorreção de uma decisão.

A racionalidade do discurso de Posner, portanto, é totalmente moral, pois pretende que as decisões tenham como móvel a maximização da riqueza, sendo esse o critério decisivo para a aferição da sua justeza.

Essa é a racionalidade moral que deve guiar o direito para Posner, que segundo as lições de Paulo Caliendo, pode ser traduzida pela chamada eficiência econômica, como se nota adiante (CALIENDO, 2009a, p. 47):

> Diferentemente da teoria dominante nos meios acadêmicos norte-americanos, que buscavam, indutivamente, por meio de estudos de uma multi-variedade de casos, encontrar um critério comum e uma regra de racionalidade, Posner oferecia um método racional e dedutivo de análise pela compreensão das leis básicas de mercado e da formação de preços para explicar qualquer instituto jurídico, demonstrando a existência de uma racionalidade econômica por detrás das decisões judiciais aparentemente assistemáticas. Para o autor, os juízes tinham como critério de decisão a melhor utilização dos recursos finitos disponíveis.

A maximização de riqueza, traduzida na eficiência econômica, desempenha, portanto, papel nodal no âmbito das decisões judiciais do *common law*, embora, para Posner, o juiz tenha um papel diminuto no terreno da sua distribuição, pois, nesse campo, é o legislador que, dispondo de poder orçamentário e de tributação, tem instrumentos mais eficazes para concretizar uma redistribuição de riquezas.[115] Assim, pouco restaria a ser feito pelos magistrados em geral, no que concerne a essa redistribuição, pois tal mister caberia, preferencialmente, ao legislador, tendo em vista não somente a possibilidade de criação de tributos, mas também o seu poder de alocar recursos no orçamento.

O direito, nessa concepção teórica, deixaria de lado a justiça, revelada na integridade ou, ainda, nas convenções de um contrato social, em prol da eficiência, por ser mais objetivo e racional, ficando nítida, no pensamento de Posner, uma visão consequencialista, e não formal, do sistema jurídico e, portanto, oposta às formulações filosóficas de teorias deontológicas, que consideram os direitos fundamentais tanto de um ponto de vista racional como natural.

Em que pese Richard Posner não refutar o caráter útil do silogismo jurídico para a solução de parte considerável das causas ajuizadas, notadamente aquelas mais simples, ele entende ser tal mecânica inoperante para solucionar, adequadamente, os casos considerados mais difíceis (BUSTAMANTE; DERZI, 2013, p. 334), o que, nessas situações especiais, em

---

115. No que diz respeito à divisão de tarefas entre juiz e legislador, é trazida à colação a seguinte passagem da obra de Posner: "O juiz cuja tarefa consiste em aplicar as provisões legais relativas à responsabilidade civil extracontratual, o direito contratual e de propriedade, carece de instrumentos eficientes para proceder a uma justa distribuição de riqueza, mesmo quando ele imagina saber como deve ser essa distribuição. Nessa tentativa, ele seria ainda mais prejudicado pela ausência, em nossa sociedade, de consenso sobre a natureza de uma distribuição justa – ausência que compromete seriamente a aceitabilidade social das tentativas de usar o órgão judicial para concretizar objetivos distributivos. Uma distribuição sensata de trabalho atribui ao juiz a função de criar regras e decidir casos, nas esferas regidas pelo common Law, de um modo que aumente o tamanho do bolo social, e que atribua à legislatura o papel de cuidar do tamanho das fatias." (POSNER, 2007, p. 520-521).

4.2.2. Da legitimação da ideia objetiva de praticabilidade pela análise econômica do direito na comunidade benthamista.

Do que foi exposto acerca da demonstração da concepção positiva da análise econômica do direito, na perspectiva de Richard Posner, fica claro que há, no seu discurso, no âmbito das tomadas de decisões, uma busca frenética e meramente utilitária pela eficiência no seio da comunidade por ele descrita.

Isso porque o conceito de eficiência buscado por Posner não é aquele de eficiência alocativa, denominado "ótimo de Pareto", "[...] segundo o qual será eficiente qualquer alteração econômica que coloque alguém em situação mais vantajosa sem que outro fique em situação desvantajosa." (VIEIRA, 2006, p. 69), e sim o conceito de "Kaldor-Hicks", que se verá um pouco adiante.

Primeiramente, deve-se observar que, para John Rawls (2002, p. 71), a eficiência refletida pelo "ótimo de Pareto" desenha-se do seguinte modo:

> [...] uma configuração é eficiente sempre que é impossível mudá-la de modo a fazer com que algumas pessoas (pelo menos uma) melhorem sua situação sem que, ao mesmo tempo, outras pessoas (pelo menos uma) piorem a sua. Dessa forma, uma distribuição de um estoque de mercadorias é eficiente se não existe redistribuição dessas mercadorias que melhore a situação de pelo menos um desses indivíduos sem que o outro fique em desvantagem.

No mesmo sentido, Liam Murphy e Thomas Nagel também têm a definição de eficiência do "ótimo de Pareto" como aquela mais tradicionalista (MURPHY; NAGEL, 2005, p. 67-68):

> A concepção mais conservadora de benefício para vários indivíduos é a concepção do ótimo de Pareto, também chamada de Pareto. Uma situação "A" é, segundo Pareto, uma melhora em relação a uma situação "B", ou é dita superior a esta última segundo Pareto, se pelo menos uma pessoa está em melhores condições em A do que em B e ninguém está pior.

Contudo, a eficiência, na perspectiva positiva da análise econômica do direito de Posner, aproximar-se-á mais do conceito de "Kaldor-Hicks" ou de "Pareto Potencial", segundo o qual "[...] situação eficiente é aquela em que os benefícios são superiores às perdas e os prejuízos sofridos por terceiros podem ser compensados, ainda que isso não ocorra." (VIEIRA, 2006, p. 69).

Portanto, por essa última análise, o bem-estar geral da comunidade será sempre aumentado quando os benefícios provocados por determinada ação superarem os prejuízos criados a terceiros. Não importa se alguém ficou em situação bastante desvantajosa, desde que à comunidade, como um todo, tenha sido proporcionado um benefício global que supere aquele eventual prejuízo. A perda individual deixa de ser o objeto da reflexão central, pois os olhos do observador se viram, totalmente, para os benefícios coletivos ou o bem-estar geral proporcionado.

A eficiência do "Pareto Potencial", ao contrário do "ótimo de Pareto" ou "Pareto superior", não se preocupa com o fato de, na transação final, terceiro ter ficado em situação mais desvantajosa, o que importa aqui é a utilidade geral, ou seja, se os benefícios globais superam os prejuízos sofridos por determinadas pessoas. Ocorrendo isso, será maximizada a riqueza da comunidade e a atuação será tida como eficiente. Tanto que, para Ronald Dworkin (2001, p. 412), Richard Posner "[...] insiste na relevância contínua do bem-estar para a justiça e, portanto, supostamente acrescenta uma dose de utilitarismo."

Tal perspectiva de eficiência mostra-se, dessa forma, bastante utilitarista e aproxima a perspectiva positiva da análise econômica do direito, de Posner, daquela da comunidade benthamista, como se pode observar da seguinte passagem do artigo conjunto de Thomas Bustamante e Misabel Derzi (2013, p. 329):

> Como explica Washington Peluso Albino de Souza, em uma lúcida crítica ao método de construção do direito proposto por Posner, 'a eficiência' corresponde à maximização da riqueza e tem, para o autor, a força de um 'valor em si', do valor, social máximo cuja realização assegura a eficiência da sociedade e de suas instituições, entre elas o Judiciário.
>
> Com isso Posner propõe desenvolver, como explica Brian Bix, uma versão mais 'prática' do utilitarismo [...].

No mesmo diapasão de maximização da riqueza social em conexão com o utilitarismo, como lógica das regras do *common law,* na análise econômica do direito, merece transcrição a passagem de trecho das lições de Robson Nunes Vieira (2006, p. 70):

> POSNER, baseando o fundamento da norma jurídica no conceito econômico de eficiência, afirma que o *common law* deve ser visto com um esforço para vincular custos à violação de princípios que operam para acentuar a eficiência de uma economia de mercado. As regras do *common law* tendem à realização de um lógica econômica de maximização da eficiência na alocação de recursos sociais, sendo, pois, um método de análise mais adequado para a compreensão das regras e instituições jurídicas. A eficiência passa a ser considerada o principal objetivo do Direito.

Apesar de Posner ter desenvolvido a análise econômica do direito com olhos mais voltados para a atuação judicial no *common law,* suas premissas de maximização das riquezas da comunidade e de redução dos custos de transação a aproximam, em muito, da ideia objetiva que subjaz da praticabilidade, quando utilizada como mero instrumento para o Estado alcançar metas políticas arrecadatórias de eficiência e de economicidade no custos de fiscalização e aplicação da regra-matriz de incidência no âmbito tributário.

TEORIA INSTITUCIONAL DA PRATICABILIDADE TRIBUTÁRIA

Tal assertiva é feita porque, ao se estabelecerem, por exemplo, com a praticabilidade, abstrações padronizantes, a subsunção individualizada da regra de direito é substituída por uma presunção que possibilita a aplicação massificada de uma determinada regra-matriz de incidência tributária. Com isso, são reduzidos os custos de transação na concretização dessa regra de direito, pois as presunções evitam a colheita de provas difíceis e facilitam, por demais, a fiscalização da ocorrência do fato gerador e a apuração do crédito tributário. Portanto, a economia gerada, instrumentalmente, pela praticabilidade, satisfazendo a uma política de economicidade em sentido estrito, demonstra a sua ligação direta com a redução dos custos de transação da análise econômica do direito na sua perspectiva positiva.

Todavia, os pontos de contato entre a praticabilidade e a análise econômica do direito não param por aí, já que a nuance desta última de buscar uma ação que sempre maximize a riqueza da comunidade, por meio do conceito de eficiência do "Pareto Potencial", tem uma conexão direta com a otimização dos resultados arrecadatórios que aquela proporciona, mesmo que, para tanto, por vezes, isso importe num maior sacrifício a uma parcela de contribuintes em favor do bem-estar geral de toda a coletividade beneficiada por essa arrecadação potencializada.

Desse modo, na perspectiva de uma comunidade benthamista, a praticabilidade nada mais é do que um instrumento do qual o Estado se vale para, numa ponta, reduzir os custos de transação da sua atuação e, na outra, poder maximizar a arrecadação tributária em prol da coletividade, aproximando tributação potencial e real, ainda que, para isso, se tenha de sacrificar o âmbito de proteção do núcleo essencial dos direitos fundamentais de determinado grupo de contribuintes, de modo a satisfazer as metas políticas comunitárias ora de eficiência, ora de economicidade em sentido estrito.

Nessa mesma toada, ou seja, de a análise econômica do direito trabalhar com a meta de tornar mais rica a comunidade

217

por meio de dois critérios – redução do custo social de transação e maximização da riqueza –, é interessante notar a seguinte passagem dos escólios de Thomas Bustamante e Misabel Derzi (2013, p. 329):

> A pauta geral a indicar a postura interpretativa ou a teoria da decisão de Posner, portanto, deve ser justamente o ideal de enriquecer a sociedade como um todo, diminuindo-se o custo social e maximizando a riqueza geral.

Assim, ao precificar todas as condutas, transformando todo agir numa questão de cálculo, quantificação e agregação, ínsitos da concepção positiva da análise econômica do direito, a comunidade benthamista legitimará a ideia objetiva de praticabilidade, aceitando-a juridicamente apenas pela utilidade geral que ela instrumentalmente proporciona a esse corpo social. Isso se dá por meio de uma política de eficiência, refletida no duplo critério de redução dos custos de aplicação e de fiscalização da regra-matriz de incidência tributária, e da otimização dos resultados arrecadatórios pela equalização entre a arrecadação real e a potencial, os quais, juntos, maximizarão a riqueza de toda a sociedade.

Em síntese, portanto, considera-se que há o assentimento da comunidade benthamista a essa ideia objetiva porque, por meio da praticabilidade, por sua utilidade geral, alcançam-se metas políticas finalísticas de eficiência (maximização da arrecadação tributária com sacrifícios a certa parcela de contribuintes, mesmo que à custa do núcleo essencial do âmbito de proteção de seus direitos fundamentais) e economicidade em sentido estrito (redução nos custos de transação social de aplicação e de fiscalização da regra-matriz de incidência tributária).

4.2.3. Das críticas à comunidade benthamista

Será possível que uma comunidade busque, a todo custo, legitimar, isoladamente, a eficiência – refletida na maximização da riqueza social – como um critério único de justiça para a tomada de decisões pelo Estado, desprezando os direitos naturais ou fundamentais de seus próprios membros?

Segundo Samuel Fleischacker, Jeremy Bentham responderia a essa pergunta positivamente, pois, segundo o declinado jurista, "É célebre a suspeita de Bentham dos 'direitos naturais'; ele não conseguia ver uma razão pela qual o bem de qualquer indivíduo devesse trunfar o bem maior dos outros." (FLEISCHACKER, 2006, p. 150).

Por sua vez, John Rawls (2002, p. 75), em posição diametralmente oposta a Bentham, responderia àquela questão negativamente:

> Essas reflexões demonstram apenas o que sempre soubemos, ou seja, que o princípio da eficiência sozinho não pode servir como uma concepção da justiça. Portanto é preciso completá-lo de alguma forma.

Embora não se concorde com Rawls, ou seja, que a eficiência seja um princípio – já que, dentro do marco teórico adotado do direito como integridade de Dworkin, ela seria uma *policy*, como demonstrado anteriormente nas seções 2.2.3.2.2 e 2.2.3.2.3 –, concorda-se com o professor de Harvard quando afirma que a maximização da riqueza gerada pela eficiência econômica não pode ser um objetivo de justiça isolado a ser perseguido por uma comunidade, deixando-se de lado outros valores fundamentais.

Isso porque essa forma de racionalidade, puramente econômica, abdica de qualquer critério de igualdade e de justiça, mesmo que no sentido formal ou mais generalista, como muito bem colocam Thomas Bustamante e Misabel Derzi (2013, p. 330):

> Esse método, por ser pautado em uma racionalidade exclusivamente econômica, é absolutamente indiferente em relação à justiça da forma como se fará a considerações morais ou igualitárias

como fatores de valoração do direito ou como parâmetros para os discursos de aplicação do direito válido.

Posner constrói, portanto, uma teoria que é rigorosamente indiferente ao valor da igualdade ou da justeza (*fairness*), que são vistos como irrelevantes para a interpretação do direito. Ao tratar das desigualdades de renda e da distribuição de justiça, por exemplo, o autor não descarta redistribuir a riqueza em favor dos mais ricos, caso essa medida se revele apta a maximizar a riqueza global da sociedade.

Embora esta pesquisa não trate, em seu âmago, de questões atinentes à justiça distributiva, as críticas formuladas por John Rawls, Misabel Derzi e Thomas Bustamante, por exemplo, a essa racionalidade genuinamente econômica, que procura dar à eficiência um caráter unilateral e fundante, caem como uma luva às objeções que se pretende imprimir à comunidade benthamista, ao legitimar a praticabilidade apenas por esse veio utilitário de eficiência na ótica do "Pareto Potencial." Até porque, como advertem Murphy e Nagel, além da eficiência econômica, na concepção de um sistema tributário deve-se dar valor também à justiça, sendo este o principal mister de quem o planeja: "[...] inventar um esquema que seja ao mesmo tempo eficiente e justo." (MURPHY; NAGEL, 2005, p. 17).

Isso porque o recurso do Estado à ideia objetiva de praticabilidade é, sem sombra de dúvida, um instrumento de utilidade geral para maximizar a riqueza da comunidade por meio da redução dos custos de aplicação e de fiscalização da regra -matriz de incidência e da otimização da arrecadação tributária, o que se dá com sacrifícios a uma determinada parcela de contribuintes, que será destinatária das ações estatais ora de confiança (Pr_2), ora de desconfiança (Pr_1). Todavia, os sacrifícios necessários que a ideia objetiva de praticabilidade instrumentalmente impõe, em nome de uma política de eficiência, a esses contribuintes – que são, em regra, minoria na comunidade –, não podem desnaturar o núcleo essencial do âmbito de proteção dos seus direitos fundamentais, já que eles estão tutelados por princípios maiores de justiça, de equidade e do

TEORIA INSTITUCIONAL DA PRATICABILIDADE TRIBUTÁRIA

devido processo legal adjetivo, os quais dão integridade ao sistema jurídico como um todo e independem até mesmo, para a sua aplicação, de qualquer institucionalização jurídica pelo Estado.

Nesse aspecto, são bastante relevantes as críticas que Michael Sandel faz a qualquer pretensão de abordagem utilitária que, buscando o bem-estar geral, procure solapar o núcleo essencial daqueles direitos humanos naturais de caráter universal (SANDEL, 2013, p. 135):

> Você poderia defender os direitos humanos baseando-se no fato de que, em longo prazo, respeitá-los maximiza a utilidade (a felicidade da maioria das pessoas). Nesse caso, entretanto, seu motivo para respeitar os direitos humanos não estaria baseado no respeito pelo indivíduo, mas sim no objetivo de tornar as coisas melhores para o maior número de pessoas. Uma coisa é condenar o sofrimento de uma criança porque ele reduz a felicidade geral e outra é condená-lo por ser moralmente inaceitável, uma injustiça com a criança.

Este é o grande equívoco da comunidade benthamista: ao agir em prol somente da eficiência para maximizar a riqueza comunitária, ela utiliza o indivíduo, por meio da praticabilidade, como um simples instrumento para alcançar a felicidade da coletividade em geral, e, assim, aproximar a arrecadação real daquela potencial. É óbvio que, quando a comunidade se socorre da ideia objetiva da praticabilidade, alguns contribuintes serão sacrificados em nome de uma supremacia do interesse público sobre o privado, mas os seus direitos fundamentais, ao serem restringidos por alguma ação do Estado, de confiança ou de desconfiança, não poderão ter o seu núcleo essencial maculado, sob pena de serem esvaziados princípios fundamentais que dão integridade a todo o sistema. Em verdade, a essência desses direitos intangíveis "[...] não se fundamenta na ideia de que somos donos de nós mesmos ou na afirmação de que nossa vida e nossa liberdade sejam presentes de Deus. Ao contrário: parte da ideia de que somos seres racionais [...]." (SANDEL, 2013, p. 136).

EDUARDO MORAIS DA ROCHA

Assim, os direitos fundamentais dos indivíduos são universais, inalienáveis e suplantam qualquer meta política coletiva de felicidade, não porque, como libertários, eles tenham um direito de propriedade sobre si mesmos, nem porque isso tenha sido imposto por alguma divindade superior, mas porque, ao obedecer às leis morais que esses mesmos indivíduos se impõem, eles são capazes de agir por meio de sua própria razão prática (imperativos categóricos), como se observa na seguinte passagem da obra de Kant (2006, p. 61):

> Esse princípio da humanidade e de toda a natureza racional em geral como fim em si mesma (princípio que é a condição suprema restritiva da liberdade das ações de cada homem) não é extraído da experiência – primeiro, pela sua universalidade, pois que se aplica a todos os seres racionais em geral, sobre o que nenhuma experiência tem alcance para determinar seja o que for; segundo, porque nele a humanidade representa não como fim dos homens (subjetivo), isto é, como objeto de que fazemos por nós mesmos efetivamente um fim, mas como fim objetivo, o qual, sejam quais forem os fins que tenhamos em vista, constitui lei, a condição suprema que restringe todos os fins subjetivos, e que, por isso mesmo, só pode derivar da razão pura.

Por isso, uma comunidade, para revelar-se justa, antes de ser eficiente, deve tratar seus membros como iguais, sem que um deles seja utilizado como mero instrumento para a felicidade da maioria, pois a virtude soberana de qualquer sociedade é a igualdade de oportunidades e de tratamento para todos, de modo que qualquer concepção utilitária de igualdade de bem-estar seja deixada de lado em favor da premissa de que a todos deve ser dispensado igual respeito e consideração, como muito bem adverte Ronald Dworkin (2011, p. 169):

> Faço essa afirmação ousada porque acredito estarmos hoje unidos na aceitação do princípio igualitário abstrato: o governo deve agir para tornar melhor a vida daqueles quem governa, e deve demonstrar igual consideração pela vida de todos.

Assim, embora, na sua aplicação pelo Estado, não seja sempre possível, com a ideia objetivada na praticabilidade,

TEORIA INSTITUCIONAL DA PRATICABILIDADE TRIBUTÁRIA

observar a igualdade material ou a justiça individual, que, em nome do igual respeito e consideração que todos os membros da comunidade merecem, seja respeitada, ao menos, a igualdade geral e a justiça formal, com o devido respeito ao núcleo essencial dos direitos fundamentais, quando se estiver diante de ações legislativas ou administrativas que restrinjam o seu âmbito de proteção.

A eficiência, na seara do direito tributário, é um norte que orienta qualquer comunidade que se pretenda organizada, mas tal meta política da coletividade, que importa em sacrifícios para certo grupo, não pode ser dissociada, no emprego de instrumentos para a sua consecução, dos princípios fundamentais que garantem os direitos individuais desses mesmos contribuintes. Nessa operação visando à eficiência das suas políticas tributárias, o Estado, para metodicamente instrumentalizar a praticabilidade, não poderá, de modo algum, ao restringir o âmbito de proteção dos direitos constitucionais que tutelam esses contribuintes, como, por exemplo, a igualdade e a capacidade contributiva, desconformar o seu núcleo essencial, pois esses sujeitos passivos sacrificados merecem, como todos os demais membros, igual respeito e consideração da comunidade em geral.

Ao se recorrer, por exemplo, às abstrações padronizantes – uma das facetas da praticabilidade –, os efeitos desiguais que tais presunções não podem deixar de causar à igualdade individual e à capacidade contributiva subjetiva devem ser sempre minorados, de forma que, não podendo aqui ser respeitada a igualdade material, que, pelo menos, seus efeitos deletérios sejam mitigados por meio de uma igualdade geral ou de uma justiça formal refletida numa presunção pela média dos fatos imponíveis verificados, de forma que eventuais dissonâncias sejam meramente acidentais.

Nesse sentido, é bastante esclarecedor o trecho a seguir transcrito da obra de Humberto Ávila, ao explicar a igualdade geral nessas padronizações pela média dos acontecimentos (ÁVILA, 2009, p. 96):

> Isso significa que a igualdade geral só será realizada se a padronização corresponder aos elementos concretos manifestados pela média das operações efetivamente praticadas, só sendo permitidas discrepâncias acidentais entre o valor presumido e o real.

Dessa feita, ao invés de as políticas de eficiência afastarem a praticabilidade da igualdade, elas devem ser compatibilizadas interpretativamente. E, para isso, ele propõe que "[...] o aplicador deve realizar, com eficiência, a igualdade dentro do poder de tributar previsto em regra de competência. [...] A eficiência, em vez disso, é o instrumento calibrador de realização da própria igualdade." (ÁVILA, 2009, p. 94).

Portanto, a eficiência não pode ser considerada como critério único de justeza (*fairness*), pois a maximização da riqueza social que ela promove, muitas vezes, solapa por inteiro o âmbito de proteção de princípios que dão coerência e integridade ao sistema e são caros ao Estado Democrático de Direito de desiderato social. Assim, nessa toada, é imperativo que a eficiência, como utilidade geral, não seja o critério fulcral, decisivo e único para legitimar o assentimento da comunidade à ideia objetiva de praticabilidade.

É preciso, pois, para que os princípios fundamentais e morais sejam respeitados dentro de um Estado Democrático de Direito, que seja refletida uma nova forma de comunidade, que não aquela benthamista de cunho puramente utilitário, onde a praticabilidade sirva instrumentalmente para garantir não apenas políticas de eficiência no cumprimento adequado das regras de direito, mas também a autoridade dos grandes princípios que dão integridade ao sistema jurídico. E isso será feito não por meio de uma comunidade benthamista, mas por intermédio de outra comunidade, revigorada por argumentos de princípio e valores morais totalmente diversos. Esse corpo social será personificado por esses mesmos princípios, que darão integridade ao direito, chamando-se, nas lições de Ronald Dworkin, comunidade personificada.

4.3. A comunidade personificada e o pragmatismo

Para compreender a dimensão que os princípios assumem e a forma como eles dão coerência e integridade ao sistema jurídico na comunidade personificada, é imperativo, antes, deixar claro que tal comunidade, no âmbito das tomadas de quaisquer decisões na seara pública, refuta argumentos pragmáticos de cunho puramente consequencialista-probabilístico.

Isso porque qualquer argumentação é sempre apresentada no intuito de persuadir um determinado público, como um processo de justificação, no intuito de convencê-lo de determinada pretensão (MACCORMICK, 2006, p. 17). Tais argumentos, quando ocorridos na esfera pública, como muito bem observa MacCormick, poderão ser "[...] bons e ruins, mais sólidos e menos sólidos, pertinentes e não pertinentes, aceitáveis ou inaceitáveis, em relação a controvérsias filosóficas, econômicas, sociológicas ou, acima de tudo, jurídicas sobre determinados focos de disputa." (MACCORMICK, 2006, p. 15).

No caso dos argumentos pragmático-utilitaristas, eles deixam de lado a pertinência e a coerência fornecidas pelos princípios, que são corroboradas, por vezes, também por decisões políticas do passado, despreocupando-se com os direitos subjetivos positivos ou naturais das partes envolvidas, para, em nome da eficiência, virtude soberana de justiça dessa forma de pragmatismo, propor uma atuação prospectiva nas tomadas de decisões estatais, preocupando-se, mais enfaticamente, com as consequências sistêmicas de suas decisões do que com a justiça de seus efeitos para os indivíduos singularmente considerados.

Nesse sentido, vale a citação dos seguintes escólios de Ronald Dworkin (1999, p. 187):

> O pragmático adota uma atitude cética com relação ao pressuposto que acreditamos estar personificado no conceito de direito: nega que as decisões do passado, por si sós, ofereçam qualquer justificativa para o uso ou não do poder coercitivo do

> Estado. Ele encontra justificativa necessária à coerção na justiça, na eficiência ou em alguma outra virtude contemporânea da própria decisão coercitiva, como e quando ela é tomada por juízes, e acrescenta que a coerência com qualquer decisão legislativa ou judicial anterior não contribui, em princípio, para a justiça ou a virtude de qualquer decisão atual. Se os juízes se deixarem guiar por esse conselho, acredita ele, então a menos que cometam grandes erros, a coerção que impõem tornará o futuro da comunidade mais promissor, liberado da mão morta do passado e do fetiche da coerência pela coerência.

O pragmático, na concepção preconizada por Richard Posner, deverá ponderar as consequências da sua decisão no caso concreto com as suas consequências sistêmicas, refutando um agir meramente formal, por ser o empirismo ínsito ao pragmatismo consequencialista. Isso se deve ao fato de que, para o pragmático, o recurso ao formalismo ou a procedimentos convencionalistas do passado não é suficiente para a solução dos casos tidos como mais complexos. Com tal argumento consequencialista, Posner procura situar as tomadas de decisões em território contrário ao do positivismo normativo, embora, como já ressaltado anteriormente, ele admita que se recorra ao silogismo jurídico em situações jurídicas de baixa complexidade.

O guia do pragmático, por ocasião da tomada de decisões e ao contrário da comunidade personificada, não serão os direitos institucionalizados ou naturais das pessoas, decorrentes de princípios como a igualdade ou a justiça material, mas sim a eficiência, na sua vertente mais utilitária, pois é por meio dessa concepção política que se maximizará a riqueza da comunidade.

Tanto isso é verdade que, expressamente, Dworkin adverte (1999, p. 186-187):

> O pragmatismo, ao contrário, nega que as pessoas tenham quaisquer direitos; adota o ponto de vista de que elas nunca terão direito àquilo que seria pior para a comunidade apenas porque alguma legislação assim o estabeleceu, ou porque uma longa fileira de juízes decidiu que outras pessoas tinham tal direito.

> [...]
>
> Assim, o pragmatismo pode ser uma interpretação possível de nossas práticas jurídicas se se verificar que nossos juízes declaram que as pessoas têm direitos apenas, ou principalmente quando um juiz conscientemente pragmático pretender que elas os têm.

Os direitos dos membros da comunidade, mesmo que postos por convenções legislativas ou judiciais pretéritas, seguindo essa toada pragmática, passam a ter caráter unicamente instrumental e serão úteis, somente, se servirem ao propósito moral comunitário de maximizar a riqueza social, pois, nas severas críticas de Ronald Dworkin, "[...] aquilo que chamamos de direitos atribuídos a uma pessoa são apenas os auxiliares do melhor futuro: são instrumentos que construímos para esse fim, e não possuem força ou fundamento independentes." (DWORKIN, 1999, p. 195).

Os juízes pragmáticos agem como delegatários da comunidade, de quem receberam "[...] o poder de julgar os processos da maneira que, a seus olhos, melhor sirva aos interesses da comunidade como um todo, e de inventar, com esse objetivo em mente, teorias úteis do tipo 'como se' [...]" (DWORKIN, 1999, p. 196) para, com esse móvel, atingir o objetivo maior de alcançar o bem-estar global, por meio da maximização da riqueza geral social, ainda que à custa de sacrifícios desarrazoados aos direitos fundamentais de alguns dos seus membros.

A seguinte passagem da obra de Fábio Martins de Andrade retrata, de forma sucinta, e com bastante clareza, a posição proativa, mas ao mesmo tempo constrangida, do magistrado pragmático, na concepção defendida por Posner (ANDRADE, 2011, p. 71):

> O autor reitera que a expressão que melhor descreve o magistrado médio norte-americano é "pragmático" ou, mais precisamente, "pragmático constrangido". De fato, pela sua ótica, a veia pragmática no ato de julgar do sistema norte-americano é ampla e profunda. Indagando sobre a possibilidade de o pragmatismo poder realmente oferecer uma explicação melhor para

o comportamento dos juízes norte-americanos, se comparado ao legalismo, ao realismo legal, ao procedimentalismo e às teorias mais abrangentes, o autor responde logo em seguida que: 'O cerne do pragmatismo jurídico é a adjudicação pragmática, cujo âmago é acrescido pela preocupação judicial das consequências e, deste modo, uma disposição para basear neles os julgamentos políticos, e não nos conceitualismos e generalidades'.

O autor registra que as consequências são fatos, não tendo qualquer significado normativo per se. Não é possível obter "dever ser" do "ser". Nesse sentido, um valor deve ser colocado em cada consequência. O pragmatismo fornece mais orientação local do que universal para a ação judicial. É que a sua utilidade local depende do grau no qual a sociedade é normativamente homogênea. Quanto mais homogênea e, portanto, maior o acordo acerca de que tipos de consequências são boas e quais são ruins, melhor será a orientação que o pragmatismo fornecerá.

Cabe ressaltar, todavia, que o pragmatismo consequencialista não deve ser confundido, de maneira alguma, com o realismo jurídico de Oliver Holmes Jr (2009), por exemplo, autor que autoriza ao magistrado, no âmbito das tomadas de decisões, agir livremente, desvinculado das amarras das regras jurídicas estabelecidas convencionalmente, por acreditar na inexistência do direito, que seria uma mera previsão do que farão os juízes, enquanto que, no pragmatismo, pelo contrário, a sua discricionariedade é sempre controlada e contida pela eficiência econômica, a qual será sempre o seu mote.

Contudo, para Posner, a vinculação do magistrado às regras positivadas ou institucionalizadas não pode restringir tanto a sua atuação quanto aquelas dos regimes convencionalistas, a ponto de não lhes admitir a aplicação direta de recursos de outros sistemas sociais, como o econômico, por exemplo. Isso porque, aqui, ao contrário do realismo jurídico, apesar de haver a imperiosidade de observar a lei e os contratos por meio do silogismo jurídico em casos mais simples, numa atuação mais voltada para o passado, há, em situações diametralmente opostas, de maior complexidade e não acobertadas pelas convenções postas nas regras legais ou nos precedentes, uma autorização tácita para uma atuação

TEORIA INSTITUCIONAL DA PRATICABILIDADE TRIBUTÁRIA

unicamente prospectiva, em favor do incremento do bem-estar da comunidade, não estando tolhido, portanto, nessas ocasiões, o agir político do juiz pelas convencionalidades das leis ou dos precedentes decorrentes do passado.

No sentido do que foi colocado acima – de não se admitir a confusão entre pragmatismo e realismo jurídico, além da maior flexibilidade do magistrado no âmbito das tomadas de decisões pragmáticas em comparação com as escolas convencionalistas –, vale a citação do seguinte excerto de Richard Posner (2008, p. 13, tradução nossa):[116]

> Leitores dos meus escritos prévios acerca do comportamento judicial esperarão que eu diga que o 'pragmatismo jurídico' divide juízes entre legalistas e pragmáticos e, então, classificando o legalismo como uma estratégica pragmática, transforme todos os nossos juízes em pragmáticos. Isso seria bastante fácil. Mas o pragmatismo é um importante componente do comportamento judicial americano e personagem importante neste livro. É amplamente mal-compreendida a pretensão de aproximar essa avaliação da versão extrema do realismo jurídico. O juiz pragmático é um pragmático constrangido. Ele está encaixotado, como todos os outros juízes estão, pelas normas que exigem dos juízes imparcialidade, consciência da importância da previsibilidade suficiente da lei para guiar o comportamento daqueles sujeitos (incluindo os juízes!), e uma devida consideração para a integralidade do que está escrito nos contratos e estatutos. A caixa não é tão pequena que exclua dela um juiz político, pelo menos em um sentido não partidário.

---

116. Readers of my previous writings on judicial behavior will expect me to say that it is 'legal pragmatism', to divide judges into legalists and pragmatists, and then, by classifying legalism as a pragmatic strategy, to turn all our judges into pragmatists. That would be too facile. But pragmatism is an important component of American judicial behavior and figures importantly in this book. It is widely misunderstood to be an 'anything goes' approach to judging, like extreme versions of legal realism. It is not. The pragmatic judge is a constrained pragmatist. He is boxed in, as other judges are, by norms that require of judges impartiality, awareness of the importance of the law's being predictable enough to guide the behavior of those subject to it (including judges!), and a due regard for the integrity of the written word in contracts and statutes. The box is not so small that it precludes his being a political judge, at least in a nonpartisan sense.

É importante evidenciar, novamente, que, quando Posner fala em um agir político dos magistrados, não está ele fazendo referência à política no sentido partidário, mas reforçando o seu enfoque de uma atuação judicial para o futuro, ou melhor, prospectiva, que permita aos juízes, em nome da eficiência, no conceito de Kaldor-Hicks, buscar a maximização da riqueza da comunidade, sem se importar com direitos decorrentes de princípios de igualdade ou de justiça, preocupando-se mais com a eficiência e as consequências sistêmicas das suas decisões para além do caso concreto objeto do julgamento.

Fazendo referência a essa atuação prospectiva, politicamente orientada, dos juízes no pragmatismo, são bem esclarecedores os ensinamentos de Fábio Martins de Andrade (2011, p. 67):

> No meio do caminho, os legalistas podem encontrar os pragmáticos por meio da aceitação da legitimidade da interpretação intencional de regras (*legitimacy of purposive interpretation of rules*). Essa interpretação é politicamente orientada (*policy oriented*), mas a política não é aquela partidária e não precisa ser própria do intérprete, isto é, pode ser realmente o programa político que motiva a lei, aquilo que os legisladores buscaram que fosse promovido pela lei. Desse modo, a discricionariedade judicial, embora não fosse eliminada, poderia ser contida.

Destarte, essa atuação política do pragmático, controlada juridicamente pela eficiência econômica, voltada para o futuro, e não para o passado, não preocupada com os princípios nas questões jurídicas mais complexas e com atenção especial para as consequências sistêmicas da sua decisão para a comunidade, não passou despercebida da crítica de Dworkin, preocupado com a coerência, a justiça e a integridade do sistema jurídico, como muito bem pode ser observado no trecho a seguir transcrito da obra já citada (ANDRADE, 2011, p. 84-85):

> Em homenagem ao crescente entusiasmo com o qual a doutrina nacional tem recebido os ensinamentos de Ronald Dworkin, este tópico dedica-se especificamente a trazer algumas críticas que elabora ao pragmatismo jurídico defendido por Richard Posner.

TEORIA INSTITUCIONAL DA PRATICABILIDADE TRIBUTÁRIA

O foco primordial é a identificação de como e onde alguns dos argumentos pragmáticos de Posner são falhos sob a ótica de Dworkin e, consequentemente, passíveis de viciar as (más) decisões. Dworkin assinala que, além de ser uma concepção cética do direito, o pragmatismo jurídico é também demasiadamente voltado ao futuro e pouco interessado no passado. Preocupa-se declaradamente com as melhores decisões para o futuro da comunidade. Com isso, ignora qualquer forma de coerência com o passado, seja em razão de outras decisões políticas, seja ainda como algo que tenha valor por si mesmo. De fato, cuidando-se das melhores decisões para o futuro da comunidade, Dworkin explica que: 'Enquanto concepção do direito, o pragmatismo não estipula quais, dentre as diversas noções de uma boa comunidade, são bem fundadas ou atraentes'. Para alcançar o elevado mister de tomar uma decisão de acordo com a noção de 'melhor comunidade futura', o caráter eminentemente instrumental e descomprometido do pragmatismo jurídico contribui para aumentar ainda mais o subjetivismo. Ao excessivo subjetivismo que pode defluir desta noção do direito – e a posição subalterna a qual é relegada a coerência sistêmica –, o autor aponta a maleabilidade por detrás do critério abstrato de atingir as melhores consequências para a comunidade futura.

As questões apontadas acima por Fábio Martins de Andrade, ao fazer referência às críticas de Dworkin ao pragmatismo puramente consequencialista, trazem à tona a questão de que até que ponto vale a pena uma comunidade se legitimar, somente, pela eficiência, deixando de lado a integridade e a coerência que são dadas pelos princípios? Por que pretensões juridicamente tuteladas de indivíduos podem ser instrumentalmente suprimidas por razões unicamente utilitárias de buscar, a qualquer custo, maximizar a riqueza social? Por que, em nome de uma igualdade de bem-estar, se pode, injustamente, solapar o núcleo essencial de direitos fundamentais de seus membros, dando uma discricionariedade exacerbada aos tomadores de decisões?

Essas são as perguntas fulcrais, formuladas por Ronald Dworkin, para questionar o substrato moral do pragmatismo consequencialista, como se pode observar a seguir (DWORKIN, 1999, p. 198-199):

> O pragmatismo pretende correr o risco de errar, pelo menos no que diz respeito à questão correta. Se as divisões judiciais e as opiniões polêmicas são, de qualquer modo, inevitáveis, pergunta o pragmático, por que a controvérsia não deveria voltar-se para o que realmente importa, para a decisão que produzirá a prática menos ineficiente ou que reduzirá ao mínimo a ocorrência de injustiças no futuro? Como esse objetivo pode ser, em si, injusto? Como pode a coerência de princípio ser importante por si mesma, particularmente quando é incerto e polêmico qual é, de fato, a exigência de coerência? Devemos responder a essas perguntas se quisermos sustentar a existência de pretensões juridicamente tuteladas contra o desafio pragmático; não se trata, em absoluto, de questões fáceis, nem de um desafio frágil. Se não pudermos fazer face ao problema – sustentar a importância da coerência de princípio contra a acusação do fetichismo –, devemos reconsiderar o desprezo popular pelo pragmatismo como interpretação de nossa prática jurídica.

Apesar dos questionamentos acima feitos por Dworkin ao pragmatismo – para tentar obter respostas que refutem qualquer argumentação interpretativa puramente pragmático-consequencialista –, antes de se trazer à colação as respostas a essas perguntas, que servirão para demonstrar quais seriam os verdadeiros contornos morais de uma comunidade coerente, personificada pelos princípios, e a forma como a ideia objetiva de praticabilidade integra esse projeto comunitário, deve-se, imperativamente, diferenciar essa comunidade personificada não somente daquelas comunidades pragmáticas – como já se tem feito até agora –, mas, também, daquelas puramente convencionalistas, sufocadas e presas integralmente ao passado, sem abertura para as adequações decorrentes das inevitáveis modificações sociais futuras.

4.3.1. A comunidade personificada e o convencionalismo

O convencionalismo, diversamente do pragmatismo, amarra-se totalmente às convenções sociais do passado, fazendo o sistema jurídico tornar-se parasitário dessas convenções jurídicas institucionalizadas, que terão o poder definitivo de determinar os direitos decorrentes das regras válidas

TEORIA INSTITUCIONAL DA PRATICABILIDADE TRIBUTÁRIA

socialmente, as quais serão, em geral, oriundas das leis ou dos precedentes judiciais postos. Segundo Ronald Dworkin, "O convencionalismo sustenta que a prática jurídica, bem compreendida, é uma questão de respeitar e aplicar essas convenções, de considerar suas conclusões, e nada mais, como direito." (DWORKIN, 1999, p. 142). Nesse mesmo sentido, Rosseau assevera que: "[...] a ordem social é um direito sagrado, que serve de base para todos os demais. Tal direito, entretanto, não advém da natureza; funda-se, pois, em convenções." (ROSSEAU, 1996, p. 9).

Exemplificando o que sejam tais convenções em países anglo-saxões, ressalta Dworkin (1999, p. 142):

> Nos Estados Unidos, é determinado por convenção que o direito é constituído pelas leis promulgadas pelo Congresso, ou pelas legislaturas do Estado, segundo o modo prescrito pela Constituição, e, na Inglaterra, que as decisões da Câmara dos Lordes são válidas para os tribunais inferiores.

Nota-se, no convencionalismo, uma forte ligação com a corrente norte-americana denominada interpretativista, capitaneada por Antonin Scalia (1997), que pretende, no mister interpretativo da Constituição, que os operadores do direito, principalmente os juízes, se atenham, unicamente, aos sentidos do texto posto ou, quando isso não for possível, que, pelo menos, se limitem aos significados implícitos que decorreriam da estrutura semântica, tentando sempre alcançar a real intenção do constituinte ou dos legisladores.

Discorrendo sobre essa vertente hermenêutica constitucional, denominada interpretativista, é trazida à colação a seguinte passagem da obra de Bernardo Gonçalves Fernandes (2013, p. 199-200, grifo nosso):

> Sendo assim, ao interpretar a Constituição, o leitor tem de ter os olhos **voltados apenas para o texto constitucional** que se situa à sua frente, tendo como limite máximo de abertura uma busca pela intenção dos fundadores. Alegam que dar um passo para além das molduras do texto seria subverter o princípio do *rule*

233

of Law, desnaturando-o na forma de um direito feito por magistrados (*law of judges*). Isso se mostraria imperativo no controle judicial dos atos legislativos, que deveria ser limitado à **moldura constitucional** sob alegação de violação do princípio democrático (fato da lei ou ato legislativo ter sido feito contando com apoio de uma maioria dos membros do órgão).

A corrente interpretativista desconsidera os relevantes e os consideráveis avanços hermenêuticos da fusão de horizontes, do giro linguístico e da busca de legitimação da coerção de tais normas, produto da interpretação (FERNANDES, 2013, p. 199), ficando arraigada somente naquelas regras convencionalmente postas na Constituição.

Esse convencionalismo do intérprete pode se mostrar bastante atraente para a solução de casos mais simples, que não tenham maiores complexidades fáticas ou jurídicas para o seu deslinde. Todavia, quais seriam as soluções apontadas para aqueles casos difíceis (*hard cases*), nos quais uma convenção social posta no contrato social do passado mostra a sua incompletude ou em que não tenha sido prevista, convencional e aprioristicamente, na regra positiva, uma resposta para um novo problema surgido no meio da comunidade?

Para responder a essa questão, Dworkin adverte que o convencionalismo teria duas respostas pós-interpretativas, uma positiva e outra negativa, como se observa a seguir (DWORKIN, 1999, p. 144-145):

> A primeira é positiva: os juízes devem respeitar as convenções jurídicas em vigor em sua comunidade, a não ser em raras circunstâncias. Insiste, em outras palavras, em que eles devem tratar como direito aquilo que a convenção estipula como tal. Uma vez que a convenção na Grã-Bretanha estabelece que as leis do Parlamento constituem direito, um juiz britânico deve aplicar até mesmo as leis do Parlamento que considera injustas ou insensatas. Esse aspecto positivo do convencionalismo corresponde plenamente ao lema popular de que os juízes devem seguir o direito, e não substituí-lo por um novo direito. A segunda afirmação, que é no mínimo igualmente importante, é negativa. Declara que não existe direito – nenhum direito decorrente de decisões tomadas no passado – a não ser que aquele que é

TEORIA INSTITUCIONAL DA PRATICABILIDADE TRIBUTÁRIA

extraído de tais decisões por meio de técnicas que são, elas próprias, questões de convenção, e que, portanto, em alguns casos não existe direito algum. Não existe direito sobre danos morais, por exemplo, se nunca se decidiu, por meio de nenhuma lei precedente ou qualquer outro procedimento especificado por convenção, que tais pessoas têm, ou não, direito à indenização por danos morais. Não se segue daí que os juízes confrontados com tal problema devam cruzar os braços e mandar as partes para casa sem tomar decisão alguma. Esse é o tipo de caso em que os juízes devem exercitar o poder discricionário há pouco descrito, isto é, usar padrões extrajurídicos para fazer o que o convencionalismo considera ser um novo direito. Depois, em casos futuros, a convenção do precedente transformará esse novo direito em direito antigo.

Assim, na comunidade convencionalista, somente haverá direito a ser tutelado se, **positivamente**, ele tiver sido previsto, de forma expressa, numa convenção social do passado, ou seja, "Cada um de nós põe em comum sua pessoa e todo o seu poder sob a suprema direção da vontade geral; e recebemos coletivamente, cada membro como parte indivisível do todo." (ROSSEAU, 1996, p. 22). Se, **negativamente**, tal situação não estiver prevista em determinada regra judicial ou legislativa posta convencionalmente, não haverá direito antigo tutelando a pretensão jurídica do indivíduo, ficando o juiz autorizado a decidir, **discricionariamente**, esse caso inédito. Todavia, essa decisão agora constituirá o direito novo e, em novas situações futuras, semelhantes e deduzidas em juízo, a novel convenção criada por aquele precedente torná-lo-á direito antigo e, consequentemente, posto por aquela convenção inédita, criada de forma desprendida do direito pretérito, passando doravante a integrá-lo. Essa é a dinâmica da engenharia jurídica motriz do convencionalismo, que opera numa perspectiva tanto positiva quanto negativa para, convencionalmente, definir o que seja o direito gerador de uma pretensão jurídica válida a ser tutelada por regras postas no passado (concepção positiva) ou por regra nova posta no presente, desprendida do direito antigo, mas que se aplicará à situação presente, servindo para integrar situações futuras como direito antigo (concepção negativa).

As questões políticas decididas preteritamente serão decisivas para delimitar os direitos existentes dos atuais membros dessa comunidade convencionalista. Esse modelo convencional refuta a ideia de que princípios não institucionalizados possam integrar os direitos, negando totalmente o seu apelo moral se não estiverem corroborados por uma convenção jurídica passada. É que "O convencionalismo defende a autoridade da convenção ao insistir em que as práticas convencionais estabelecem tanto o fim quanto o princípio do poder do passado sobre o presente." (DWORKIN, 1999, p. 146).

Acerca dessa perspectiva do convencionalismo, que coloca toda a amplitude do direito no legislador, vale a citação da seguinte passagem de Rosseau (1996, p. 107-18):

> O princípio da vida política repousa na autoridade soberana. O poder legislativo é o coração do Estado; o poder executivo, o cérebro que dá movimento a todas as partes. O cérebro pode paralisar-se e o indivíduo continuar a viver. Um indivíduo torna-se um imbecil e vive, mas, tão logo o coração deixa de funcionar, o animal morre.

Se, todavia, convencionalmente, certa situação for omissa ou incompleta, o que se verifica com bastante frequência nos chamados *hard cases*, não haverá direito prévio e a situação será decidida não positiva, mas negativamente, por meio do poder discricionário do julgador que, criando direito novo, desvinculado do antigo, aplicá-lo-á imediatamente aos litigantes presentes, tornando-se tal *decisum*, posteriormente, um precedente do passado que poderá ser aplicado a situações futuras similares.

O direito novo, não previsto convencionalmente, nos casos difíceis, criado negativamente, autoriza que o juiz "[...] escolha a regra que, segundo acredita, escolheria a legislatura então no poder, ou, não sendo isso possível, a regra que, em sua opinião, melhor representa a vontade do povo como um todo." (DWORKIN, 1999, p. 147). Mas aqui, no convencionalismo, mesmo na perspectiva negativa, o juiz não será guiado

TEORIA INSTITUCIONAL DA PRATICABILIDADE TRIBUTÁRIA

pela perspectiva moral da integridade do direito, pois ele sempre buscará soluções pontuais e discricionárias que reflitam, quando muito, a moral das decisões que tomaria o legislador ou a maioria da comunidade, deixando de lado qualquer preocupação com a coerência entre o direito antigo e o direito novo, que seria, eventualmente, imposta por princípios comuns, pressupostos às convenções e compartilhados pelos seus membros comunitários.

Isso porque, ao se afirmar que, nos casos não acobertados pelas convenções, não há direito prévio, nega-se o valor moral de integridade dos princípios que dão completude ao direito, deixando os juízes adeptos do modelo convencionalista despreocupados com a coerência das suas decisões novas em relação ao direito antigo para se preocuparem, tão somente, com a elaboração negativa e discricionária desse direito novo que valeria para o caso mais difícil.

Esta é a grande crítica de Dworkin ao convencionalismo: a sua falta de coerência na perspectiva negativa com o direito antigo, em face da ampla margem de liberdade discricionária outorgada ao juiz para criar o direito novo no caso mais complexo, como se pode notar a seguir (DWORKIN, 1999, p. 159):

> Chego, finalmente, à crítica ao convencionalismo. O convencionalismo estrito fracassa como interpretação de nossa prática jurídica, mesmo quando – sobretudo quando – enfatizamos seu aspecto negativo. E fracassa pela seguinte razão paradoxal: nossos juízes, na verdade dedicam mais atenção às chamadas fontes convencionais do direito, como as leis e os precedentes, do que lhes permite o convencionalismo. Um juiz consciente de seu convencionalismo estrito perderia o interesse pela legislação e pelo precedente exatamente quando ficasse claro que a extensão explícita dessas supostas convenções tivesse chegado ao fim. Ele então entenderia que não existe direito, e deixaria de preocupar-se com a coerência com o passado; passaria a elaborar um novo direito, indagando qual lei estabeleceria a legislatura em vigor, qual é a vontade popular ou o que seria melhor para os interesses da comunidade no futuro.

Portanto, a comunidade convencionalista diverge, profundamente, da comunidade personificada, como se verá adiante, porque aquela rejeita, ao contrário desta, "[...] a coerência de princípios como uma fonte do direito." (DWORKIN, 1999, p. 164). Os direitos, para a comunidade personificada, extrapolam as meras convenções sociais postas, tendo uma amplitude toda coerente por conta de direitos pressupostos por princípios compartilhados comunitariamente, que decorrem do respeito aos padrões de decisões políticas pretéritas, o qual exige dos juízes coerência, ainda que tenham concepções políticas totalmente divergentes. Todavia, tal coerência não é imposta, na concepção negativa do convencionalismo, ao se decidir o caso novo, pois o juiz "[...] não tem razões para reconhecer a coerência de princípio como uma virtude judicial, ou para examinar minuciosamente leis ambíguas ou precedentes inexatos para tentar alcançá-la." (DWORKIN, 1999, p. 164). Aqui ele está autorizado a, discricionariamente, buscar o direito novo.

Com isso, é possível notar as diferenças básicas para a tomada de decisões nos casos difíceis em cada uma dessas diversas comunidades, seja ela personificada, convencionalista ou mesmo pragmática.

Na comunidade personificada, o juiz age argumentativamente, por coerência de princípio, enquanto que, na comunidade convencionalista, pelo prisma negativo, ele atua por suas próprias razões estratégicas ao criar, discricionariamente, o direito novo. O consenso aqui será sempre provisório, pontual e "[...] só vai durar enquanto a maioria dos juristas aceite as convicções que o sustentem." (DWORKIN, 1999, p. 166). Por isso, o convencionalismo é extremamente falho, já que, segundo Dworkin, "Os argumentos mais bem sucedidos foram extraídos de movimentos mais gerais da cultura política e social, e desse modo passaram a fazer parte tanto da história intelectual como jurídica." (DWORKIN, 1999, p. 166).

Por fim, na comunidade pragmática também se age estrategicamente, como na convencionalista, na perspectiva

TEORIA INSTITUCIONAL DA PRATICABILIDADE TRIBUTÁRIA

negativa, mas, ao contrário desta, naquela a estratégia está sempre vinculada por sua utilidade geral, ou seja, os magistrados consideram não estarem amarrados às convenções "[...] quando acreditam que modificar as regras estabelecidas no passado irá favorecer o interesse geral, a despeito de provocar algum dano à autoridade das instituições políticas." (DWORKIN, 1999, p. 180).

Mas não somente na concepção negativa acima declinada, como também nas situações positivas que estejam expressamente abarcadas pelas convenções políticas do passado, a lógica de atuação de um convencionalista será totalmente oposta à de um pragmático. Com efeito, sob a perspectiva positiva, ao contrário da negativa, é mais fácil prever a atuação daquele do que a deste, porque o convencionalista está inteiramente preso às amarras do passado, enquanto que um pragmático, em nome da utilidade geral de sua decisão, poderá até passar por cima de tais convenções institucionalizadas, por entender que, para incrementar o bem-estar geral da coletividade, não terá o dever de respeitar o direito posto, bem como os direitos delas decorrentes. Assim, o agir do convencionalista será voltado para o passado, ao passo que a atuação do pragmático será, na maior parte das vezes, dirigida para o futuro.

Todavia, mesmo nessa concepção positiva, sendo o pragmatismo menos previsível do que o convencionalismo, Dworkin vê vantagens na atuação pragmática em relação à convencional, pois "[...] estimula a comunidade a esperar tais mudanças, e desse modo obtém uma boa parte do benefício da mudança sem o desgaste do litígio, ou sem o dispendioso, incerto e inconveniente processo de criação de direito." (DWORKIN, 1999, p. 181).

Por isso, se tiver de escolher entre a estratégia convencionalista ou pragmática para aliar previsibilidade e flexibilidade às mudanças, Ronald Dworkin, embora não compartilhe com nenhum desses dois modelos, faz uma opção expressa pelo pragmatismo, por ser muito mais adaptável às mudanças que

239

necessária e continuamente ocorrem no âmbito das comunidades e por não ser exacerbadamente inflexível (DWORKIN, 1999, p. 182-183):

> Não quero dizer que endosso o pragmatismo. Seus méritos e defeitos constituem o tema do próximo capítulo. Quero apenas oferecer a seguinte resposta ao argumento da coordenação como um argumento favorável ao convencionalismo. Se formos tentados a optar pelo convencionalismo com base no argumento de que oferece uma estratégia aceitável para chegar ao equilíbrio mais eficaz entre certeza e flexibilidade, devemos optar pelo pragmatismo, que parece ser uma estratégia muito melhor. Em resumo, na primeira parte deste capítulo afirmei que o convencionalismo se ajusta mal a nossas práticas jurídicas. Indaguei se tal concepção justificaria essas práticas, oferecendo um quadro sedutor da finalidade do direito, caso se ajustasse bem. Vimos agora que não, que não temos razão para forçá-lo a esse ajuste. O insucesso do convencionalismo enquanto interpretação do nosso direito é completo, pois ocorre nas duas dimensões da interpretação.

Portanto, Dworkin (1999, p 192) apresenta uma dupla falha do convencionalismo: **positivamente**, "[...] a imagem do direito como uma questão de convenções – um jogo de espaços vazios entre as regras – apresenta uma descrição muito distorcida do modo como as práticas estabelecidas vêm a ser questionadas e modificadas [...]"; **negativamente**, não se ofereceu uma solução coerentemente plausível, "[...] capaz de explicar o traço dominante da deliberação judicial em casos difíceis [...]" (DWORKIN, 1999, p. 192), mostrando-se o pragmatismo, em sua visão, muito mais promissor, na medida em que a deliberação judicial torna-se vinculada, de alguma forma, pelo menos pela eficiência, além de ser menos inflexível interpretativamente. Até mesmo porque, nos denominados *hard cases*, torna-se quase impossível, para controlar a discricionariedade dos convencionalistas, "[...] tentar descobrir as intenções dos legisladores mortos há muito tempo, intenções que, de qualquer modo, devem ser obscuras, polêmicas e inacessíveis ao grande público." (DWORKIN, 1999, p. 193).

TEORIA INSTITUCIONAL DA PRATICABILIDADE TRIBUTÁRIA

Todavia, apesar de o pragmatismo se revelar bem mais vantajoso do que o convencionalismo, em qualquer uma das perspectivas adotadas – negativa ou positiva –, Dworkin pretende mostrar que uma comunidade pode aceitar, juridicamente, outra via argumentativo-interpretativa alternativa mais satisfatória e sofisticada para justificar a legitimação do direito pela comunidade, ou seja, por meio do argumento da integridade dos princípios que personificarão aquela comunidade, trazendo explicações mais plausíveis para a real motivação pela qual "[...] o direito é a autoridade capaz de legitimar a coerção." (DWORKIN, 1999, p. 232).

4.3.2. A comunidade personificada pelos princípios na perspectiva de Ronald Dworkin

A vida política na comunidade, segundo Ronald Dworkin (1999, p. 199), "[...] é mais evolutiva que axiomática." Nesse corpo social, são compartilhados certos ideais políticos morais de imparcialidade, de distribuição igualitária de recursos, de oportunidades e de um procedimento bem mais equitativo de aplicação das regras de direito, aos quais o declinado jurista norte-americano chamava, respectivamente, de "[...] virtudes da eqüidade, justiça e devido processo legal adjetivo." (DWORKIN, 1999, p. 200), apesar de, na sua obra "O Império do Direito", ele dedicar atenção muito maior às duas primeiras do que ao último.

De acordo com Dworkin, a virtude da equidade "[...] é uma questão de encontrar os procedimentos políticos – métodos para eleger dirigentes e tornar suas decisões sensíveis ao eleitorado – que distribuem o poder político de maneira adequada." (DWORKIN, 1999, p. 200). Já a virtude política da justiça "[...] se preocupa com as decisões que as instituições políticas consagradas devem tomar tenham ou não sido escolhidas com eqüidade." (DWORKIN, 1999, p. 200). Assim, se o ideal da justiça for aceito comunitariamente, ela irá exigir que as autoridades constituídas naquela comunidade distribuam,

241

com igualdade, os recursos e as oportunidades materiais, além de tutelar a liberdade dos seus membros.

Por fim, em relação à última virtude política, a do devido processo legal adjetivo, Dworkin esclarece que ela tem o desiderato de estabelecer (DWORKIN, 1999, p. 200-201)

> [...] procedimentos corretos para julgar se algum cidadão infringiu as leis estabelecidas pelos procedimentos políticos; se o aceitarmos como virtude, queremos que os tribunais e instituições análogas usem procedimentos de prova, de descoberta e de revisão que proporcionem um justo grau de exatidão, e que, por outro lado, tratem as pessoas acusadas de violação como devem ser tratadas as pessoas em tal situação.

Essa concepção, com suas três virtudes, "Exige que o governo tenha uma só voz e aja de modo coerente e fundamentado em princípios com todos os seus cidadãos, para estender a cada um os padrões fundamentais de justiça e eqüidade que usa para alguns." (DWORKIN, 1999, p. 201). É isso que se tornará uma exigência de moralidade política, ou seja, que um mesmo princípio utilizado para justificar uma determinada decisão do governo sirva de padrão para, coerentemente, ser aplicado a outro caso assemelhado, ao qual Dworkin (1999, p. 202) dá "[...] um título mais grandioso: é a virtude da integridade política." E essa denominação foi dada por ele para demonstrar a vinculação estreita dessa moralidade política com o modelo de moral pessoal; ou seja, que as pessoas tenham, em todas as ações que permeiam a sua vida, integridade, seja na vida política ou pessoal, evitando um agir de forma puramente estratégico, extravagante ou caprichoso.

Explicando com mais vagar o que seja a integridade, vale a transcrição da seguinte passagem de Dworkin (1999, p. 202):

> A integridade torna-se um ideal político quando exigimos o mesmo do Estado ou da comunidade considerados como agentes morais, quando insistimos em que o Estado aja segundo um conjunto único e coerente de princípios mesmo quando seus cidadãos estão divididos quanto à natureza exata dos princípios de justiça e eqüidade corretos. Tanto no caso individual quanto

TEORIA INSTITUCIONAL DA PRATICABILIDADE TRIBUTÁRIA

> no político, admitimos a possibilidade de reconhecer que os atos das outras pessoas expressam uma concepção de eqüidade, justiça e decência mesmo quando nós próprios não endossamos tal concepção. Essa capacidade é uma parte importante de nossa capacidade mais geral de tratar os outros com respeito, sendo, portanto, um requisito prévio de civilização.

Assim, a integridade, para Dworkin, não é uma superstição qualquer existente no âmbito da comunidade, mas a própria exigência de coerência de princípio em todas as suas ações comunitárias, ou seja, "[...] é a vida do direito tal qual o conhecemos." (DWORKIN, 1999, p. 203). Por isso, ele divide tais exigências de integridade em, basicamente, duas: a primeira, que ele chama de princípio da integridade da legislação, exige que os órgãos de poder criem regras de direito que sejam coerentes com os princípios; a segunda, denominada de princípio de julgamento ou de integridade na prestação jurisdicional, impõe às decisões judiciais coerência com o que foi decidido no passado, não podendo os juízes agir estrategicamente, de forma discricionária, como se o direito fosse uma colcha de retalhos (DWORKIN, 1999, p. 203).

Essa integridade exigida não somente na conduta pessoal, mas, principalmente, na vida política de todos os membros da comunidade, no processo de criação, de aplicação ou de fiscalização do direito, torna aquela comunidade política um ente distinto dos membros que a compõem, visto que ela poderá obedecer aos seus próprios princípios, assim como qualquer indivíduo pode respeitar seus ideais, metas e convicções pessoais. Portanto, essa exigência de integridade política da comunidade, que requer que ela, coerentemente, se engaje em padrões que lhe impõem princípios ínsitos de ação, personifica-a, tornando-a uma entidade que pode agir por "[...] seus próprios princípios, que pode honrar ou desonrar, que pode agir de boa ou má-fé, com integridade ou de maneira hipócrita, assim como o fazem as pessoas." (DWORKIN, 1999, p. 2004).

243

EDUARDO MORAIS DA ROCHA

A partir da constatação de que a integridade personifica a comunidade, Dworkin faz dois questionamentos: "Posso, de fato, pretender personificar a comunidade de maneira assim vívida? Posso mesmo querer atribuir ao Estado ou à comunidade princípios que não são simplesmente aqueles da maioria de seus membros?" (DWORKIN, 1999, p. 2004). Ele responde a essas perguntas positivamente, ressaltando, todavia, que, com a personificação, não pretendeu tornar essa comunidade uma pessoa real de "carne e osso", na medida em que ela não tem uma existência física própria, sendo, por isso, não somente uma criação do pensamento e das práticas de linguagem próprias de um mundo inteligível, mas, também, uma construção não axiomática, prática e interpretativa da própria comunidade com um todo. O desiderato de Dworkin, com a expressão comunidade personificada, é demonstrar, no sentido figurado, um modo de raciocínio a ser feito em um duplo estágio acerca das responsabilidades das autoridades constituídas e das pessoas, "[...] que encontra sua expressão natural na personificação da comunidade e não pode ser reproduzida, por uma tradução redutiva, na forma de exigências às autoridades e cidadão individualmente." (DWORKIN, 1999, p. 205).

O que se pretende, com a denominação de personificação da comunidade, é deixar claro que ela pode, politicamente, cumprir com integridade ou descumprir com hipocrisia princípios morais próprios diversos daqueles a que suas autoridades constituídas e seus membros, individualmente, devem obedecer. Separando-se as responsabilidades comunitárias das individuais, por serem entes com personificações diversas, pode-se, conforme Dworkin, justificar as responsabilidades coletivas da comunidade por equívocos do passado sobre os quais os seus membros atuais, isoladamente, não tinham controle e pelos quais, por isso mesmo, individualmente, não poderiam ser responsabilizados.

O exemplo a seguir, formulado por Dworkin, é lapidar para aclarar essa tormentosa questão (DWORKIN, 1999, p. 209-210):

TEORIA INSTITUCIONAL DA PRATICABILIDADE TRIBUTÁRIA

> É evidente que seria absurdo culpar os alemães de hoje pelo que fizeram os nazistas; mas, uma vez que esse julgamento se situa na extremidade de um modo de argumentar diferente e independente, não é absurdo supor que os alemães atuais têm responsabilidades especiais porque os nazistas também eram alemães.

Ao se estabelecer uma responsabilidade coletiva da comunidade diversa da responsabilidade individual dos seus membros, separam-se os pontos de vista pessoais, as convicções íntimas, as ambições privadas, o egoísmo, os interesses particulares e os projetos individuais – todos característicos da esfera de liberdade de escolha de cada um dos indivíduos – da responsabilidade especial das autoridades constituídas naquele corpo social. Isso porque, sendo tais autoridades representantes da comunidade, elas terão o dever de imparcialidade de tratamento em relação a todas as pessoas daquele *corpus* e de parcialidade no trato dos interesses destas com pessoas estranhas àquele meio comunitário (DWORKIN, 1999, p. 211).

Nesse sentido, vale a seguinte citação (DWORKIN, 1999, p. 211):

> Dizemos que eles devem tratar todos os membros de sua comunidade como iguais, e o que é para um indivíduo a liberdade normal do uso das preferências individuais, para o administrador público é chamado de corrupção. Não podemos estabelecer essa responsabilidade especial das autoridades simplesmente aplicando nossos parâmetros habituais sobre as responsabilidades individuais às circunstâncias específicas de seus casos.

Assim, por ter uma personificação própria, os membros dessa comunidade compartilham o entendimento comum de que os princípios que regem as suas liberdades de escolha individuais não são os mesmos que conduzem as decisões das autoridades comunitárias, as quais, como agentes da comunidade, devem tratar a todos com igual dever de imparcialidade, respeito e consideração. E é a partir desse ponto de vista, de uma responsabilidade compartilhada entre as pessoas, que surge a ideia que Dworkin chama de uma "culpa coletiva", que dará ensejo a que esses membros da comunidade se sintam envergonhados se as autoridades constituídas traírem os **princípios comunitários**, agindo, injustamente, de modo hipócrita. E esses, segundo o declinado professor, são os princípios práticos de integridade, quais sejam, integridade na legislação e na decisão judicial (DWORKIN, 1999, p. 212).

Desse modo, as deliberações dessa comunidade não serão pautadas pela ascendência de uma maioria sobre uma minoria, pela força econômica de um determinado grupo dentro daquele *corpus*, com decisões voltadas para o futuro, desconsiderando totalmente o passado, ou, unicamente, por contratos sociais objeto de consensos provisórios, postos em regras preexistentes no passado, mas sim pela força vinculante de princípios comunitários morais próprios, sempre em construção, que impõem uma conduta coerente e íntegra dos agentes daquela comunidade, dentro de padrões pressupostos de equidade, de justiça e do devido processo legal adjetivo. Essas são as verdadeiras virtudes ideais de uma comunidade personificada em relação às comunidades benthamista e convencionalista.

Por isso, as soluções conciliatórias devem ser rejeitadas em favor da integridade, revelada em princípios que exijam justiça e coerência no tratamento de casos semelhantes, pois as decisões consensuais têm o grave defeito de poder tratar as pessoas injustamente, de forma incoerente, em nome dessa estratégica de consenso da maioria, fato que jamais ocorreria se um princípio, contramajoritariamente, estivesse justificando a decisão comunitária.

Dworkin rechaça esse agir estrategicamente orquestrado da comunidade, refletido em regras conciliatórias, em favor da integridade dos princípios, usando o seguinte sentido figurado (DWORKIN, 1999, p. 222-223):

> Os astrônomos postularam a existência de Netuno antes de descobri-lo. Sabiam que só um outro planeta, cuja órbita se encontrasse além daquelas já conhecidas, poderia explicar o

TEORIA INSTITUCIONAL DA PRATICABILIDADE TRIBUTÁRIA

comportamento dos planetas mais próximos. Nossos instintos sobre a conciliação interna sugerem outro ideal político ao lado da justiça e da eqüidade. A integridade é nosso Netuno. A explicação mais natural de por que nos opomos às leis conciliatórias apela a esse ideal: dizemos que um Estado que adota essas conciliações internas age sem observar princípios, ainda que nenhuma autoridade que tenha votado pela conciliação (ou que a aplique) tenha feito alguma coisa que, a julgar seus atos individuais pelos padrões correntes da moral pessoal, não deveria ter feito. O Estado carece de integridade porque deve endossar princípios que justifiquem uma parte dos seus atos, mas rejeitá-los para justificar o restante. Essa explicação distingue a integridade da coerência perversa de alguém que se recusa a resgatar alguns prisioneiros por não poder salvar todos. Se tivesse salvado alguns, escolhidos ao acaso, não teria violado nenhum princípio do qual necessita para justificar outros atos. Mas um Estado age desse modo quando aceita uma solução conciliatória salomônica; o que a integridade condena é a incoerência de princípio entre os atos do Estado personificado.

Em nome de estratégias conciliatórias, no passado, injustamente, permitiu-se a escravidão, perpetrou-se a homofobia, sufragou-se o voto censitário, suprimiram-se os direitos femininos, exterminaram-se minorias étnicas e proibiu-se o exercício de práticas religiosas que destoavam da maioria, ou seja, criaram-se regras de direito que trataram os membros da comunidade daquela época de forma diferente, com parcialidade e incoerência, em busca de um consenso que sempre foi provisório. Se a comunidade daquele período fosse personificada pela integridade, esse agir dos agentes constituídos não teria sido aceito juridicamente, pois estaria corrompido e seria contrário a uma moral política coletiva construída, refletida em princípios de justiça, equidade e do devido processo legal adjetivo, os quais teriam imposto a exigência de coerência, imparcialidade e integridade no trato de todos os seus respectivos membros. É por isso que, segundo Dworkin: "Insistimos na integridade porque acreditamos que as conciliações internas negariam o que é frequentemente chamado de 'igualdade perante a lei' e, às vezes de 'igualdade formal'." (DWORKIN, 1999, p. 225).

Todavia, poderia um pragmático ressaltar que tal comunidade personificada não passa de uma metáfora, que, na verdade, ela não é mais do que um grupo de indivíduos e que "[...] se nenhuma dessas pessoas individualmente agiu em contradição com seus princípios, que sentido pode ter a afirmação de que o Estado que representam assim o fez?" (DWORKIN, 1999, p. 227).

O erro do pragmático na indagação acima, de acordo com Dworkin, está justamente em considerar que a moral política da comunidade se confunde com a moral dos seus membros individualmente considerados, quando, na verdade, por força da integridade da legislação, deve-se compreender "[...] a própria comunidade como um agente moral." (DWORKIN, 1999, p. 227).

E, sendo um agente moral, a comunidade, apesar de observar princípios próprios, por intermédio da integridade enriquece a vida moral dos seus indivíduos, na medida em que as leis nela postas não serão meras convenções negociadas, mas deverão refletir também os compromissos políticos pressupostos compartilhados pelos seus membros, ampliando-se, consideravelmente, a dimensão moral desses acordos políticos, pois, como adverte Ronald Dworkin, "A integridade infunde às circunstâncias públicas e privadas o espírito de uma e de outra, interpenetrando-as para o benefício de ambas." (DWORKIN, 1999, p. 230).

4.3.2.1. A legitimidade do direito na comunidade personificada

Se, na comunidade personificada, o uso do poder coercitivo do direito não se justifica pela sua utilidade geral, nem pelos acordos tácitos do passado, nem por um dever natural de apoiar as instituições que passaram no teste da justiça abstrata, muito menos por uma concepção de *"jogo limpo"*, no sentido de que, se alguém recebeu benefícios de uma determinada comunidade, terá a obrigação de assentir com as suas

TEORIA INSTITUCIONAL DA PRATICABILIDADE TRIBUTÁRIA

deliberações políticas, de onde vem, então, a legitimidade e a autoridade desse poder?

Dworkin tenta resolver essa intrincada questão, mostrando que uma comunidade verdadeira, em que seus membros aceitam as virtudes políticas da integridade, por meio de uma **atitude interpretativa**, e não convencional ou impositiva, tem argumentos muito mais fortes em favor da demonstração de onde o direito retira a sua autoridade para legitimar o uso da coerção do que aquelas que não admitem tais virtudes (DWORKIN, 1999, p. 232).

Nesse sentido, vale a transcrição da seguinte passagem da obra de Dworkin, que mostra uma maior força da atitude interpretativa na construção de vínculos associativos do que a da imposição unilateral da coerção ou de convenções para a construção de obrigações mútuas dentro de um grupo (DWORKIN, 1999, p. 238):

> Mas a prática social define grupos e obrigações não por decreto ou ritual, não através da extensão explícita das convenções, mas de maneira mais complexa, introduzida pela atitude interpretativa. Os conceitos que utilizamos para descrever esses grupos e para afirmar ou rejeitar essas obrigações são interpretativos; pode-se argumentar racionalmente, à maneira interpretativa, sobre a verdadeira natureza da amizade e sobre o que devem os filhos a seus pais quando se tornam adultos. Os dados brutos sobre o modo como os amigos geralmente tratam uns aos outros não são mais conclusivos no caso dos argumentos sobre as obrigações de amizade do que eram conclusivos os dados brutos para os argumentos sobre a cortesia na comunidade que imaginei, ou os argumentos sobre direito para nós.

As relações que formam uma comunidade e as respectivas obrigações entre os seus membros são similares àquelas das relações afetivas ou de amizade, ou seja, formam-se a partir de uma história comum que é construída, paulatinamente, pela tradição, por meio do encadeamento de acontecimentos e de escolhas, que quase sempre passam despercebidos, e não por meio de um compromisso contratual deliberado qualquer. Essa é a série "[...] de eventos e atos que atraem obrigações,

249

e raramente nos damos conta de estar assumindo um status especial à medida que a história se desenrola." (DWORKIN, 1999, p. 239). Ao serem construídas, interpretativamente, tais pontes entre as pessoas, formam-se as obrigações que existem para ser honradas, mesmo "[...] quando essa amizade as deixa saturadas ou desconcertadas, e então já é tarde demais para rejeitá-las sem que isso implique uma forma de traição." (DWORKIN, 1999, p. 239).

Fica claro que os conceitos associativos formados dentro da comunidade personificada são tão interpretativos quanto aqueles que formam outros laços sociais, como a amizade, e são construídos, historicamente, por meio de uma relação de reciprocidade entre as pessoas, decorrente de obrigações que surgem das práticas sociais, as quais, consequentemente, geram responsabilidades especiais entre os seus membros.

Dworkin estabelece quatro atitudes básicas para que se tenham responsabilidades especiais, oriundas de obrigações recíprocas construídas entre membros de um grupo, de forma que se forme uma verdadeira comunidade (DWORKIN, 1999, p. 242-243):

> Primeiro, devem considerar as obrigações do grupo como especiais, dotadas de um caráter distintivo no âmbito do grupo, e não como deveres gerais que seus membros devem, igualmente, a pessoas que não pertencem a ele. Segundo, devem admitir que essas responsabilidades são pessoais: que vão diretamente de um membro a outro, em vez de percorrerem o grupo todo em um sentido coletivo [...].

> Terceiro, os membros podem ver essas responsabilidades como decorrentes de uma responsabilidade mais geral, o interesse que cada um deve ter pelo bem-estar de outros membros do grupo; devem tratar as obrigações específicas que surgem apenas em circunstâncias especiais, como a obrigação de ajudar um amigo com graves problemas financeiros, como decorrência e expressão de uma responsabilidade mais geral, que se manifesta de diferentes maneiras através da associação [...].

> Quarto, os membros devem pressupor que as práticas do grupo mostram não apenas interesse, mas um *igual* interesse por todos os membros. Nesse sentido, as associações fraternais são conceitualmente igualitárias.

TEORIA INSTITUCIONAL DA PRATICABILIDADE TRIBUTÁRIA

Assim, as pessoas não deliberam expressamente nem são forçadas a participar de uma comunidade verdadeira. A construção dos seus vínculos associativos é interpretativa e formatada, historicamente, por meio daquelas quatro atitudes acima descritas por Dworkin, que, na maioria das vezes, sequer são notadas e passam despercebidas. Todavia, é claro que, se as atitudes e as práticas sociais de seus membros satisfizerem, mesmo que imperceptivelmente, àquelas quatro condições declinadas, "[...] as pessoas que pertencem a uma simples comunidade básica têm as verdadeiras obrigações de uma comunidade verdadeira, queiram-nas ou não [...]." (DWORKIN, 1999, p. 244).

Por isso, a real legitimidade política do direito, para Dworkin, não será encontrada "[...] – no árido terreno dos contratos, dos deveres de justiça ou das obrigações do jogo limpo, que poderiam ser válidos entre estranhos –, mas no campo mais fértil da fraternidade, da comunidade e de suas obrigações concomitantes." (DWORKIN, 1999, p. 250).

Todavia, a comunidade personificada pela integridade – que legitima o direito por meio de uma atitude interpretativa dos seus membros, ao estabelecerem responsabilidades especiais e obrigações recíprocas entre eles – jamais pode ser confundida com uma comunidade em que os seus partícipes estejam associados "[...] apenas como um acidente de fato da história e da geografia, entre outras coisas, e, portanto, como uma comunidade associativa que nada tem de verdadeira." (DWORKIN, 1999, p. 252). Nessa comunidade de fato, ao contrário da que se personifica verdadeiramente, os seus membros não se tratam como iguais, porém como meros instrumentos para a consecução dos seus próprios desideratos egoístas e finalísticos.

Também a comunidade personificada não pode ser equiparada a um modelo de comunidade "das regras", em que as pessoas aceitam que são governadas, exclusivamente, por compromissos postos convencionalmente e que têm a obrigação cega de obedecê-los por terem participado da sua

251

negociação, sem levar em consideração quaisquer princípios morais pressupostos a essas convenções e que poderiam ser por eles compartilhados (DWORKIN, 1999, p. 253).

Esses dois modelos de comunidade, a comunidade de fato e a de regras, segundo Dworkin, "[...] concordam em rejeitar a única base na qual poderíamos assentar nossa oposição aos acordos conciliatórios, que é a idéia de integridade, de que a comunidade deve respeitar princípios necessários [...]" (DWORKIN, 1999, p. 227), os quais são imperativos para qualquer tentativa válida de justificação do direito real pela comunidade.

Por isso, para Dworkin, é o modelo da comunidade de princípios que realmente espelha a verdadeira comunidade, aquela personificada pela integridade, apresentando, desse modo, argumentos mais sólidos para a legitimação do direito, como se pode observar a seguir (DWORKIN, 1999, p. 254-255):

> O terceiro modelo de comunidade é o modelo do princípio. Concorda com o modelo das regras que a comunidade política exige uma compreensão compartilhada, mas assume um ponto de vista mais generoso e abrangente da natureza de tal compreensão. Insiste em que as pessoas são membros de uma comunidade política genuína apenas quando aceitam que seus destinos estão fortemente ligados da seguinte maneira: aceitam que são governados por princípios comuns e não apenas por regras criadas por um acordo político. Para tais pessoas, a política tem uma natureza diferente. É uma arena de debates sobre quais princípios a comunidade deve adotar como sistema, que concepção deve ter de justiça, eqüidade e justo processo legal, e não a imagem diferente, apropriada a outros modelos, na qual cada pessoa tenta fazer valer suas próprias convicções no mais vasto território de poder ou de regras possível. Os membros de uma sociedade de princípio admitem que seus direitos e deveres políticos não se esgotam nas decisões particulares tomadas por suas instituições políticas, mas dependem, em termos gerais, do sistema de princípios que essas decisões pressupõem e endossam. Assim, cada membro aceita que os outros têm direitos, e que ele tem deveres que decorrem desse sistema, ainda que estes nunca tenham sido formalmente identificados ou declarados. Também não se presume que esses outros direitos e deveres estejam condicionados à sua aprovação integral e sincera de tal sistema;

TEORIA INSTITUCIONAL DA PRATICABILIDADE TRIBUTÁRIA

> essas obrigações decorrem de fato histórico de sua comunidade ter adotado esse sistema, que então é especial para ela, e não da presunção de que ele o teria escolhido se a opção tivesse sido inteiramente sua. Em resumo, cada um aceita a integridade política como um ideal político distinto, e trata a aceitação geral desse ideal, mesmo entre pessoas que de outra forma estariam em desacordo sobre a moral política, com um dos componentes da comunidade política.

Nessa comunidade personificada, todos os seus membros serão tratados como iguais, pois aceitam a moral política da integridade compartilhada por princípios como o seu móvel, não esgotando o direito somente nas regras postas, ou seja, "[...] o direito será escolhido, alterado, desenvolvido e interpretado de um modo global, fundado em princípios." (DWORKIN, 1999, p. 258).

Apesar de a moral ter um caráter autônomo, e não heterônomo, ao contrário do que se observa nas regras institucionalizadas, e por isso ser aquela um tanto mais discursiva como polêmica em relação a estas, já que cada indivíduo pode ter concepções morais diversas e próprias diferentes das dos demais membros de uma comunidade, todos esses desacordos morais nem sempre se revelam razoáveis. É que, como visto na seção 2.3.3, certos tipos de concepções morais não se justificam por meio de um discurso racional, como, por exemplo, pretender dividir a sociedade em castas, subordinar as mulheres ao jugo dos homens, ou mesmo subjugar a liberdade de um indivíduo frente a outro, como se ele fosse uma mera mercadoria (MACCORMICK, 2011, p. 337).

Desse modo, pode-se notar que as regras postas pelo direito, apesar de institucionalizadas e heterônomas, não podem ser positivadas com qualquer tipo de conteúdo, já que as instituições corporativas, que criam o direito objetivo, ou a regra de direito, como se preferir, são limitadas por meio da integridade, ou melhor, por meio de argumentos morais que definem o direito válido, na medida em que este deve estar sempre, imperativamente, engajado com aquela concepção de justiça que prevalece e é construída na comunidade.

EDUARDO MORAIS DA ROCHA

O direito, como queria MacCormick, em que pese ser institucionalizado e heterônomo, carrega consigo sempre uma pretensão implícita de justiça (MACCORMICK, 2011, p. 339, tradução nossa):[117]

> O ponto não é que toda legislação de fato persegue a justiça abaixo de algum critério do que seja justo, senão que toda legislação tem que expressar uma concepção de justiça coerente, ainda que controvertida. Uma teoria de justiça sustenta que infligir sofrimento desnecessário a qualquer criatura sensível é injusto e que a prevenção das atividades humanas que infligem tal sofrimento desnecessário é exigida pela justiça.

Aliás, anteriormente a Ronald Dworkin e a Neil MacCormick, o próprio publicista francês Maurice Hauriou já havia vislumbrado uma moralidade administrativa não institucionalizada e desvinculada das amarras de uma moralidade institucional própria das regras de direito, atribuindo-lhe, também, a característica de vincular as ações dos agentes públicos, como faz notar Onofre Alves Batista Júnior (2012, p. 298):

> O princípio da moralidade administrativa descende das sementes plantadas por Hauriou, que ousou em sua época distinguir a moral institucional, fruto exclusivo das leis, de uma moralidade administrativa, apta a condicionar o próprio exercício discricionário do poder administrativo.

Se os agentes da comunidade frustrarem essa pretensão de justiça ou de integridade do direito, agindo de forma incoerente com a moral política de fundo e com as virtudes decorrentes da justiça, da equidade e do devido processo legal adjetivo, eles se corromperão e o seu projeto de direito fracassará.

---

117. El punto no es que toda legislación de hecho persigue la justicia bajo algún criterio de lo justo, sino que toda legislación tiene que expresar una concepción de la justicia coherente, aunque que controvertible. Una teoria de la justicia sostiene que infligir sufrimento innecesario a cualquier criatura sensible es injusto y que la prevención de las actividades humanas que infligen tal sufrimiento innecesario es exigido por la justicia.

Consequentemente, eles perderão a sua legitimidade, por não se coadunarem mais com aqueles princípios morais pressupostos compartilhados pelos membros da comunidade e que servem de padrão válido para qualquer conduta estatal, o que acarretará que, não tendo agido com integridade, mas sim com hipocrisia, não obtenham mais o assentimento dos indivíduos àquele objetivo político comunitário.

A integridade, portanto, é uma atitude interpretativa e construtiva, não um produto pronto e acabado, e vincula as práticas sociais na comunidade, servindo de fundamento, controle e legitimidade para sustentar todas as ações dos agentes públicos nela constituídos, inclusive quando eles recorrerem à subinstituição praticabilidade para reduzir custos e otimizar os resultados de aplicação de determinada regra-matriz de incidência tributária, como será demonstrado, com mais vagar, na seção 4.4.1. Até mesmo porque, como já foi dito, a integridade desmembra-se em dois aspectos: a integridade na legislação e a integridade na deliberação judicial.

4.3.2.2. A integridade e a construção do direito na comunidade personificada

O direito, nessa comunidade, não será fruto da criação exclusiva do legislador, da jurisprudência de algum tribunal superior ou dos seus demais aplicadores, pois a sua autoria será obra de um autor exclusivo, "a comunidade personificada", e, por tal motivo, Ronald Dworkin rejeita, "[...] por considerar inútil, a questão de se os juízes descobrem ou inventam o direito; sugere que só entendemos o raciocínio jurídico tendo em vista que os juízes fazem a duas coisas e nenhuma delas." (DWORKIN, 1999, p. 271).

Isso porque a sua construção será executada não por um caminho de mão única, direcionado unicamente ao passado, como pretendem os convencionalistas da concepção positiva, ou mesmo por instrumentos utilitários, dirigidos exclusivamente ao futuro e ao bem-estar comunitário da maioria, como pretendem os pragmáticos da comunidade benthamista, mas por meio de uma atitude mais inflexivelmente interpretativa que as demais, que mesclará tanto futuro quanto passado em contínua e constante evolução, com coerência e respeito a argumentos também morais, como as virtudes da justiça, da equidade e do devido processo legal adjetivo (DWORKIN, 1999, p. 271-272).

E o fio condutor dessa viagem interpretativa de construção do direito é a história, já que impõe "[...] uma coerência de princípio mais horizontal do que vertical ao longo de toda a gama de normas jurídicas que a comunidade agora faz vigorar." (DWORKIN, 1999, p. 273).

Cabe ressaltar, todavia, que a comunidade personificada, embora entenda que a história seja importante para justificar, pelo passado, a coerência do direito presente, não pactua com a congruência ortodoxamente cega do convencionalismo, na sua perspectiva positiva, no sentido de um legalismo exacerbado, e nem com a visão cínica do realismo. Por isso, Dworkin considera que esses dois aspectos estão, "[...] enraizados na mesma falsa dicotomia entre encontrar e inventar a lei." (DWORKIN, 1999, p. 274).

Assim, para justificar a coerência histórica do direito com o passado e a sua constante evolução interpretativa, revelada como facetas da integridade, Dworkin propõe que os juízes sejam, simultaneamente, autores e críticos de uma obra coletiva escrita como um "romance em cadeia." (DWORKIN, 1999, p. 275).

Para que isso ocorra, o juiz, ao mesmo tempo em que respeitará os precedentes das decisões passadas, escreverá, na sua *novel* decisão, um novo capítulo, podendo, inclusive, como em qualquer romance, alterar os rumos do precedente do capítulo anterior, mas somente se puder ser feito com coerência e com responsabilidade, respeitando-se a integridade daqueles princípios morais compartilhados pela comunidade.

256

No intuito de melhor esclarecer o que seja esse romance em cadeia, é trazida à colação a seguinte passagem da obra de Dworkin (1999, p. 276):

> Em tal projeto, um grupo de romancistas escreve um romance em série, cada romancista da cadeia interpreta os capítulos que recebeu para escrever um novo capítulo, que é então acrescentado ao que recebe o romancista seguinte, e assim por diante. Cada um deve escrever seu capítulo de modo a criar da melhor maneira possível o romance em elaboração, e a complexidade dessa tarefa reproduz a complexidade de decidir um caso difícil de direito com integridade. O projeto literário é fantástico, mas não irreconhecível. [...] Em nosso exemplo, contudo, espera-se que os romancistas levem a sério suas responsabilidades de continuidade; devem criar em conjunto, até onde for possível, um só romance unificado que seja da melhor qualidade possível.

Portanto, quando um juiz reescrever, com a sua nova decisão, o próximo capítulo, ele deverá manter a coerência com o que já foi escrito antes, não podendo deixar nenhum desses importantes novos contornos do romance em cadeia sem argumentações palpáveis ou plausíveis nos princípios. Caso contrário, de acordo com Dworkin, a sua interpretação "[...] será mal sucedida se deixar sem explicação algum importante aspecto estrutural do texto, uma trama secundária tratada como se tivesse grande importância dramática, ou uma metáfora dominante ou recorrente." (DWORKIN, 1999, p. 277).

Em razão disso, o juiz, ao reescrever os próximos capítulos, não terá uma discricionariedade total de criação e nem estará integralmente vinculado ao que já foi escrito. Ou seja, se comparado a um magistrado convencionalista, na perspectiva positiva, pode-se verificar que ele tem uma maior liberdade criativa. Todavia, se o parâmetro de comparação for com um pragmático-consequencialista, um realista ou mesmo com um convencionalista, na perspectiva negativa, a observação será a de que ele sofre uma maior repressão à sua verve criativa discricionária (DWORKIN, 1999, p. 281).

Isso porque o juiz da comunidade personificada respeita a integridade moral dos princípios compartilhados comunitariamente e sabe que os outros magistrados que decidiram casos assemelhados ao dele, embora não idênticos, fizeram daquelas decisões pretéritas parte de uma história que foi construída tradicionalmente. E, agora, ele não pode querer que tal romance seja reinventado, subvertendo tudo o que foi feito antes, de forma totalmente incongruente com o que já foi escrito, como se fosse um salto da natureza. Essa nova decisão faz parte de uma longa trajetória histórica. Desse modo, a sua atitude interpretativa tem que dar o melhor encaminhamento possível a essa obra coletiva, respeitando a moral política daquela comunidade, que exige que o direito seja estruturado por meio de um conjunto de princípios de justiça, de equidade e do devido processo legal adjetivo, coerentemente aplicados.

Por tais encargos extraordinários de argumentação na reconstrução dos fatos, exigidos do juiz pela comunidade personificada, Dworkin denomina esse julgador de Hércules, pois "[...] nenhum juiz real poderia impor nada que, de uma só vez, aproxime de uma interpretação plena de todo o direito que rege sua comunidade. É por isso que imaginamos um juiz hercúleo, dotado de talentos sobre-humanos [...]." (DWORKIN, 1999, p. 294).

Todavia, por se tratar de um ser finito e limitado pelo tempo, sendo-lhe inviável alcançar uma interpretação completa do direito e sustentar, diariamente, esse esforço hercúleo e sobre-humano, Dworkin assevera que o seu Hércules da vida prática, real e cotidiana fará grande parte desse processo interpretativo inconscientemente, pois "[...] um juiz experiente terá um conhecimento suficiente do terreno em que se move seu problema para saber, instintivamente, qual interpretação de um pequeno conjunto de casos sobreviverá [...]." (DWORKIN, 1999, p. 294). Desse modo, ele excluirá outras diversas possibilidades de sua argumentação, limitando bastante o seu horizonte interpretativo. Nessa linha de pensamento, então, considerando que os argumentos apresentados pelas

TEORIA INSTITUCIONAL DA PRATICABILIDADE TRIBUTÁRIA

partes adversárias, numa lide, são antagônicos, "[...] uma interpretação é mais satisfatória se mostrar um menor dano à integridade que sua rival." (DWORKIN, 1999, p. 295).

Por isso, afirma-se que, despendendo todo esse esforço interpretativo sobre-humano e intenso, o juiz Hércules fará com que a comunidade personificada se torne a única e exclusiva autora da obra coletiva do direito, pois, segundo Dworkin (1999, p. 305), ele "[...] eliminará as interpretações que, de outro modo, alguns juízes prefeririam, de tal modo que os fatos brutos da história jurídica limitarão o papel que podem desempenhar, em suas decisões, as convicções pessoais [...]."

Nessa perspectiva, na medida em que tornam, via interpretação, esse sistema social um todo coerente, não compartimentalizado, "[...] as opiniões judiciais formalmente anunciadas nos repertórios jurídicos são, em si mesmas, atos da comunidade personificada que, sobretudo quando recentes, devem ser incluídos na esfera da integridade." (DWORKIN, 1999, p. 297).

Com isso, a tradição histórica do direito não permite que as suas preferências pessoais abram brechas para que, discricionariamente, desconsiderem o que foi escrito no passado, pois, caso contrário, esse juiz estaria se autoenganando, ou mesmo agindo de má-fé, ao tentar ludibriar a comunidade personificada, a verdadeira detentora dos direitos autorais desse romance coletivo (DWORKIN, 1999, p. 306).

Portanto, naquelas situações que a doutrina denomina de *hard cases*, ou seja, passíveis de mais de uma interpretação, o juiz, ao fazer a sua escolha por uma delas, ao contrário do que se possa pensar, não terá liberdade ou alternativa alguma, já que a única solução possível será aquela preestabelecida pela comunidade personificada, a qual pode ser justificada historicamente, "em sua melhor luz", sob a perspectiva da moral política daquele corpo social (DWORKIN, 1999, p. 306). E essa luz, que guiará o Hércules, bem mais reflexiva e instintiva do que metódica, será a integridade, refletida em

259

princípios pressupostos a qualquer convenção política do Estado e compartilhados por todos os membros da comunidade (DWORKIN, 1999, p. 316).

Por isso, para Dworkin, é incorreto falar em casos fáceis e difíceis, já que a integridade, por ser mais interpretativa e menos metodológica, tornará inconscientemente fáceis todos aqueles casos supostamente difíceis, como se verifica a seguir (DWORKIN, 1999, p. 317):

> O direito como integridade explica e justifica tanto os casos fáceis quanto os difíceis; também mostra por que são fáceis. [...] Assim, para o direito como integridade os casos fáceis são apenas casos especiais de casos difíceis, e a reclamação dos críticos é apenas aquilo que o próprio Hércules se daria por satisfeito em reconhecer: que não precisamos fazer perguntas quando já conhecemos as respostas.

Assim, Dworkin ressalta o seu ponto de vista de que a integridade informa todo o direito e de que os eventuais conflitos aferíveis entre os princípios são apenas aparentes, podendo eles sempre conviver harmonicamente, dentro da melhor interpretação possível de um caso concreto. Portanto, "A partir dessa perspectiva, o conflito entre eles não é um problema prático eventual, mas um sintoma de profunda esquizofrenia doutrinária." (DWORKIN, 1999, p. 323). Ou seja, ao invés de se tentar um discurso para justificar a uniformidade e a coerência dos princípios, buscam-se, em boa parte das concepções filosóficas, argumentos para, tão somente, fazer prevalecer a contradição.

Em relação a essa oposição observada entre a corrente que pretende que prevaleça a harmonia e a integridade entre os princípios e a outra, cujo desiderato final é alcançar a desarmonia e o conflito, Dworkin ressalta ser isso fruto "[...] de duas ideologias profundamente antagônicas em guerra no interior do direito; uma delas, talvez, proveniente de impulsos comunitários de altruísmo e interesse mútuo, e a outra derivada de idéias contraditórias de egoísmo [...]." (DWORKIN, 1999, p. 324).

A escolha feita nesta pesquisa coaduna-se, integralmente, com a proposta de Dworkin, sendo essa a concepção de

TEORIA INSTITUCIONAL DA PRATICABILIDADE TRIBUTÁRIA

comunidade que será adotada para justificar e legitimar o assentimento do corpo social à praticabilidade, qual seja, a de uma comunidade harmônica, na qual prevalecem a integridade e os interesses mútuos e se rejeitam, interpretativamente, os antagonismos e as contradições entre os princípios.

Desta feita, compreendida a concepção teórica de Dworkin do que seja a comunidade personificada, como ela legitima e interpretativamente constrói o direito através da integridade – direito que é obra de autoria exclusiva dessa sociedade –, e já se tem elementos suficientes para explicar como a praticabilidade, um dos componentes desse sistema jurídico, opera em conjunto com a integridade e como essa subinstituição é legitimada por esse mesmo corpo social. Com isso, ter-se-á implementado o segundo requisito que subjaz da praticabilidade, exigido por Maurice Hauriou, qual seja, o da comunhão de vontade dos membros desse *corpus* acerca da ideia objetiva de uma racionalidade instrumental no sentido de uma aplicação coerente do direito.

Porém, antes de se analisar a forma como os membros da comunidade personificada legitimam a **praticabilidade** e dela comungam por intermédio da integridade, é imperativo, preliminarmente, entender como **as metas políticas de eficiência** operam de forma distinta nessa sociedade, pois, embora não se confundam, a praticabilidade é um dos principais meios ou instrumentos institucionais para se alcançar tais metas coletivas na aplicação e fiscalização das regras de direito, principalmente, no âmbito do subsistema tributário, evitando-se a fraude e a sonegação fiscal e aproximando-se a arrecadação real da potencial.

4.3.2.3. Das políticas em geral de eficiência administrativa na comunidade personificada

A comunidade personificada, apesar de se pautar pelas virtudes da justiça, da equidade e do devido processo legal adjetivo, não abdica da meta política de eficiência, pois, segundo Dworkin (1999, p. 229), "A integridade também contribui para a eficiência do direito no sentido que já assinalamos aqui."

Por tal motivo, a eficiência, nas ações dos agentes dessa comunidade e nos seus resultados, será sempre uma meta política a ser alcançada, mas não da mesma forma que na comunidade benthamista, onde se busca a maximização da riqueza da sociedade a qualquer custo, solapando-se o núcleo essencial dos direitos fundamentais de parte dos seus membros em favor de uma utilidade geral que incremente o bem-estar da maioria. Tampouco o será do mesmo modo que nas comunidades que exacerbam burocraticamente as garantias individuais, inviabilizando esse objetivo político coletivo.

Inclusive, a advertência de Onofre Alves Batista Júnior é no sentido de não se confundir a eficiência ínsita ao Estado Democrático de Direito de cunho social da Constituição Federal de 1988 com a proposta de eficiência utilitarista da análise econômica do direito, como se pode observar a seguir (BATISTA JÚNIOR, 2012, p. 20):

> O maior de todos os receios está na possibilidade de se confundir a ideia de eficiência administrativa posta pela principiológica Constituição da República Federativa do Brasil de 1988 (CRFB/88), própria de um Estado Democrático de Direito de desiderato social, solidário e responsável, com os testes de eficiência propostos por Richard Posner, ou mesmo com ideias do pragmatismo utilitarista.

A eficiência é sempre um objetivo a ser almejado em qualquer comunidade, mas, como muito bem adverte John Rawls (2002, p. 75), ela não pode ser perseguida como um critério único de justiça. É imperativo que, para empreender essa *policy*, a comunidade respeite a sua própria moral política e aja com integridade em relação aos padrões políticos que ela mesma se impõe. Ou seja, ao estabelecer sacrifícios para alguns indivíduos na busca da otimização dos seus resultados coletivos, esse corpo social não poderá transformar a minoria em mero instrumento para obter a felicidade coletiva.

Ao se aliar a virtude da equidade e da justiça às políticas de eficiência, justificam-se, moralmente, os sacrifícios

TEORIA INSTITUCIONAL DA PRATICABILIDADE TRIBUTÁRIA

impostos, coercitivamente, a determinados indivíduos para que aquela meta coletiva de eficiência seja alcançada, como se observa na obra de Dworkin, na qual o autor procura legitimar a coercibilidade do direito pela moral política da integridade (DWORKIN, 1999, p. 228):

> Mostrarei que uma sociedade política que aceita a integridade como virtude política se transforma, desse modo, em uma forma especial de comunidade, especial num sentido que promove sua autoridade moral para assumir e mobilizar o monopólio de força coercitiva.

A eficiência será uma meta coletiva tanto da comunidade personificada quanto do Estado Democrático de Direito de cunho social e, para se atingir tal desiderato, esse corpo social poderá mobilizar todo o aparato da força coercitiva do direito, na qual a tributação, sem sombra de dúvidas, nas palavras de Liam Murphy e Thomas Nagel, destaca-se como um dos meios mais óbvios de efetividade da coerção jurídica (MURPHY; NAGEL, 2005, p. 62).

Todavia, a tributação, como um meio efetivo de coerção jurídica, não pode ser utilizada pela comunidade de uma forma utilitária, mas com integridade, tendo em vista que, ao mesmo tempo em que sacrificará alguns indivíduos para otimizar as metas arrecadatórias perseguidas, deverá respeitar o núcleo essencial[118] dos direitos fundamentais de titularidade

---

118. Explicando o que seja a proteção ao núcleo essencial dos direitos fundamentais, Canotilho faz alusão a duas teorias contrapostas: "A teoria objectiva considera referir-se a proteção do núcleo essencial ao direito fundamental como norma objectiva e não como direito subjectivo individual. Por outras palavras: o objectivo de proteção do preceito é a garantia geral e abstracta prevista na norma e não na posição jurídica concreta do particular. A teoria subjectiva toma como referente a protecção do núcleo essencial do direito fundamental na sua dimensão do direito subjectivo do indivíduo. De acordo com a primeira teoria, visa-se assegurar a eficácia de um direito fundamental na sua globalidade; de acordo com a segunda, pretende-se afirmar que, em caso algum, pode ser sacrificado o direito subjectivo de um homem, a ponto de, para ele, esse direito deixar de ter qualquer significado. A solução do problema não pode reconduzir-se a alternativas radicais porque a restrição dos direitos, liberdades e garantias deve ter em atenção a função dos direitos na vida comunitária, sendo irrealista uma teoria subjectiva desconhecedora desta função,

desses sacrificados. Assim é porque eles, como todos os demais membros desse corpo social, devem ser tratados com imparcialidade dentro da comunidade, sendo todos dignos de igual respeito e consideração, não podendo ser vistos como meros instrumentos úteis para o bem-estar geral. De outro modo, estar-se-ia perante uma comunidade benthamista, onde os indivíduos sacrificados por objetivos políticos seriam tratados instrumentalmente, sem serem considerados dignos de titularizar direitos fundamentais, pois "[...] um pragmático utilitarista talvez precise preocupar-se com a melhor maneira de entender a idéia de bem-estar comunitário, por exemplo." (DWORKIN, 1999, p. 273).

A virtude política de integridade da comunidade personificada a aproxima dos anseios do Estado Democrático de Direito de desiderato social, já que suas virtudes, segundo Onofre Alves Batista Júnior (2012, p. 20-21),

> [...] não coadunam com uma subvalorização do ideal de liberdade individual, em prol de nenhuma ideia de Estado eficiente. Mas, também, em nome do puro "garantismo", não há como pensar um Estado ineficiente, incapaz de atender à sua missão primeira de servir ao bem comum.

A comunidade personificada não se volta totalmente para o passado das convenções políticas consagradas, unicamente, em regras de direito, como a comunidade convencionalista, e nem se dirige isoladamente às políticas futuras, desconsiderando os direitos consagrados no passado, como a comunidade benthamista de cunho pragmático. De fato, as sociedades

---

designadamente pelas consequências daí resultantes para a existência da própria comunidade, quotidianamente confrontada com a necessidade de limitação dos direitos fundamentais mesmo no seu núcleo essencial (exs.: penas de prisão longas para crimes graves, independentemente de se saber se depois de seu cumprimento restará algum tempo de liberdade ao criminoso). Todavia, a proteção do núcleo essencial não pode abdicar da dimensão subjectiva dos direitos fundamentais e daí a necessidade de evitar restrições conducentes à aniquilação de um direito subjectivo individual (ex.: proibição de prisão perpétua ou pena de morte, pois estas penas violariam o seu núcleo essencial do direito à liberdade ou do direito à vida.)." (CANOTILHO, 1993, p. 619).

TEORIA INSTITUCIONAL DA PRATICABILIDADE TRIBUTÁRIA

que respeitam a integridade "[...] combinam elementos que se voltam tanto para o passado quanto para o futuro; interpretam a prática jurídica contemporânea como uma política em processo de desenvolvimento." (DWORKIN, 1999, p. 272).

E esse ir e vir interpretativo da comunidade personificada, tanto no respeito aos direitos do passado como na busca de soluções políticas eficientes no futuro, equaliza seus ideais com os do Estado Democrático de Direito de cunho social da Constituição Federal de 1988, como se nota nesta passagem das lições de Onofre Batista Júnior (2012, p. 21):

> Da mesma forma, o Estado Democrático de Direito posto pela CRFB/88 não compactua com um liberalismo burguês pretensamente modernista, nem com um utilitarismo isento de pressupostos éticos. Se de um lado, é impensável o risco à liberdade, por outro, não mais se tolera a fome, o precário sistema de saúde e ensino, a miséria, a deficiente e ineficiente atuação administrativa.

Ora, na comunidade personificada, bem como no Estado Democrático de Direito de desiderato social da CF de 1998, os direitos não estão estruturados, formal ou estaticamente, apenas em convenções de caráter puramente garantístico e libertário, sendo que, por vezes, eles podem até mesmo ser restringidos por uma atuação política em prol da eficiência, desde que seja sempre respeitado o seu núcleo essencial. O que não se admite aqui, de forma alguma, é uma atuação hipócrita dos agentes constituídos, que traia a moral política da comunidade e, com isso, desnature o núcleo de tais direitos fundamentais e a dignidade da pessoa humana em nome do bem-estar coletivo.

Os princípios morais de fundo compartilhados comunitariamente garantem direitos judicializáveis aos membros dessa comunidade, independentemente de estarem institucionalizados em convenções sociais postas. Todavia, apesar de serem verdadeiros trunfos dos indivíduos contra as políticas comunitárias, tais direitos não podem ser sacralizados e encarados como se tivessem um caráter totalmente absoluto.

Aliás, mesmo para Dworkin – para quem os princípios prevalecem em relação às *policies* –, eles nem sempre poderiam deixar de ser sopesados e, em alguma medida, restringidos. Embora, o princípio, como direito, seja um "objetivo político individuado", que tenha certo peso contra as diretrizes políticas (DWORKIN, 2002, p. 142), e, desse modo, sirva de trunfo contramajoritário do indivíduo contra as metas políticas coletivas, ele nem sempre poderá ser sacralizado.

De fato, tanto aqueles direitos, refletidos em princípios, como os objetivos comunitários, espelhados nas *policies*, podem ser sopesados e, portanto, não ser considerados com sendo absolutos, como se nota a seguir (DWORKIN, p. 2002, p. 144-145):

> Os direitos também podem ser menos que absolutos: um princípio pode ter que capitular diante de outro, ou mesmo diante de uma política intransigente com a qual esteja em conflito a propósito de determinados fatos. Podemos definir o peso de um direito, admitindo que ele não é absoluto, como sua capacidade de suportar tal concorrência. [...] Para simplificar, podemos estipular que não chamaremos de direito qualquer objetivo político, a menos que ele tenha um certo peso contra as metas coletivas em geral; a menos que, por exemplo, não possa ser invalidado mediante apelo a qualquer das metas rotineiras da administração política, mas somente por uma meta de urgência especial.

Portanto, os princípios não são qualquer tipo de objetivo político que possa ser individuado, pois, para ser considerado como tal, ele deve ter um peso que lhe possibilite, ao menos, fazer frente àquelas metas coletivas ordinárias da administração pública. Todavia, resta claro que, em situações especiais, esses direitos, apesar de preferirem às políticas, mesmo na concepção dworkiana, admitem pesagem e, consequentemente, restrições, sem que sejam, é claro, desnaturados utilitariamente diante de metas políticas extraordinárias e, por isso, urgentes e relevantes, tendo em vista que, até para Dworkin, "[...] os direitos podem ser menos que absolutos" (DWORKIN, 2002, p. 144). Por tal razão, "Os princípios possuem uma dimensão que as regras não têm – a dimensão do

TEORIA INSTITUCIONAL DA PRATICABILIDADE TRIBUTÁRIA

peso ou importância. Quando os princípios se intercruzam, [...] aquele que vai resolver o conflito tem de levar em conta a força relativa de cada um." (DWORKIN, 2002, p. 42).

Por isso mesmo, Humberto Ávila (2013, p. 40) ressalta que, na proposta de Dworkin, em caso de colisão, o peso de um princípio, apesar de, por vezes, relativo (*dimension of weight*), não faz com que ele perca a sua validade. Tanto é assim que o novel Código de Processo Civil (lei n. 13.105/2015) previu, expressamente, no seu artigo 489, §2°, a possibilidade de o juiz ponderá-los em caso de conflito com outras normas, devendo, para tanto, justificar a sua decisão dentro de razões que sejam demonstráveis racionalmente e se aproximem, em muito, dos critérios de ponderação alexyanos, como se nota a seguir:

> Art. 489. São elementos essenciais da sentença:
>
> [...]
>
> § 2° No caso de colisão entre normas, o juiz deve justificar o objeto e os critérios gerais da ponderação efetuada, enunciando as razões que autorizam a interferência na norma afastada e as premissas fáticas que fundamentam a conclusão.
>
> (BRASIL, 2015)

Desse modo, ao contrário do que afirma, por exemplo, Lenio Streck,[119] não há essa pretensa vedação total de ponderação nos argumentos de princípio da teoria dworkiana, que a torne diametralmente oposta e totalmente incompatível com a teoria da argumentação de Robert Alexy. Até porque Dworkin reconhece situações limítrofes entre princípio

---

119. Lenio Streck é um franco opositor de qualquer possibilidade de ponderação dos princípios pelos aplicadores do direito, chamando a quem faça isso de solipsista (STRECK, 2008, p. 141). É também um fervoroso crítico da teoria da argumentação de Robert Alexy, como se nota adiante: "Com efeito, pensar que o embate entre regras e princípios se resolve (sic) na base do tudo ou nada (não no sentido de que fala Dworkin, mas no sentido da apropriação equivocada desse conceito feito por Alexy) é entender que o caráter ôntico da regra (texto normativo) segura a interpretação, confinando-a nos marcos causais desse como apofântico." (STRECK, 2008, p. 54).

e política, nas quais tais argumentos principiológicos podem ser sopesados diante dessas *policies*, devendo, em certos casos, até mesmo ceder a elas, como se observa no exemplo a seguir (DWORKIN, 2002, p. 150-151):

> É uma falácia, porém, imaginar que, como sempre poderemos encontrar um argumento de princípio para substituir um argumento de política, ele venha tão cogente ou poderoso quanto teria sido o argumento de política apropriado. Se reivindicação de uma lei contra a discriminação, por parte de uma minoria, for baseada em uma política e possa, portanto, ser suplantada por um apelo de bem-estar geral ou utilidade, então o argumento que menciona o mal-estar ou a contrariedade da maioria bem pode ser suficientemente poderoso.

E um argumento de política que, sem sombra de dúvida, se revela extremamente poderoso para restringir, sem desnaturar por completo, direitos fundamentais assegurados em princípios é o da eficiência administrativa; não naquele sentido utilitarista e próprio da comunidade benthamista, mas numa concepção oposta, em que se observem os ideais da virtude de integridade da legislação, na medida em que a eficiência não pode funcionar como sendo um critério exclusivo de justiça dentro de qualquer comunidade que respeite a dignidade da pessoa humana.

A eficiência é um objetivo político a ser alcançado pela comunidade personificada, como também o é no Estado Democrático de Direito de vertente social, mas sempre com respeito às virtudes políticas comunitárias, pois, como adverte Dworkin (1999, p. 228): "A integridade protege contra a parcialidade, a fraude ou outras formas de corrupção oficial, por exemplo."

Portanto, para a comunidade personificada, também são válidas as advertências de Onofre Alves Batista Júnior no sentido de que "[...] questões éticas e de justiça reclamam o seu esboço, entretanto, por certo, se sua ideia refuta um 'formalismo estéril', rejeita, da mesma forma, uma visão utilitarista amorfa." (BATISTA JÚNIOR, 2012, p. 21). E este será

TEORIA INSTITUCIONAL DA PRATICABILIDADE TRIBUTÁRIA

o caminho interpretativo a ser trilhado pela eficiência nessa comunidade revigorada pela integridade: recusar o "formalismo estéril" de convenções postas e bloquear o "utilitarismo amorfo" do pragmatismo da comunidade benthamista.

No Estado Democrático de Direito de cunho social, formatado na CF de 1988, as políticas de eficiência refletem, segundo Onofre Batista Júnior, os anseios de "[...] manutenção dos valores da dignidade da pessoa humana, liberdade, igualdade material, fraternidade, condições dignas de sobrevivência." (BATISTA JÚNIOR, 2012, p. 27). E tais ideias, traduzidas nessa concepção de eficiência mais humanizada e menos utilitária, nada mais evidenciam que as virtudes políticas de justiça, de equidade e do devido processo legal adjetivo da comunidade personificada, que servem para dar substrato e integridade à atuação dos agentes comunitários regularmente constituídos.

Assim, do Estado Democrático de Direito de vertente social, bem como da comunidade personificada, exigem-se tanto imposições negativas, voltadas para o passado e de respeito às garantias dos direitos fundamentais, como, também, deveres de prestação positiva, cada vez mais voltados para o futuro, que sejam concretizados do modo mais eficiente possível para satisfazer os anseios coletivos e reduzir as desigualdades materiais no âmbito comunitário. Isso se contrapõe, nitidamente, aos preceitos positivistas do libertarismo do Estado Policial, em que há mera subsunção mecânica da atividade administrativa aos preceitos policiais das regras de direito postas, convencionalmente, no passado e de pouca utilização prática hodiernamente.

Ressaltando esse aspecto do avanço das necessidades de implemento de prestações positivas pelo Estado, com resultados cada vez mais otimizados em razão dos insuficientes recursos tributários, e para atingir tal meta em contraposição ao constrangimento que isso pode gerar no âmbito de proteção dos direitos individuais dos seus membros, Thomas Nagel e Liam Murphy (2005, p. 9-10) afirmam que:

EDUARDO MORAIS DA ROCHA

As discordâncias sobre o âmbito legítimo dos benefícios e constrangimentos governamentais, e sobre a relação entre esse âmbito e os direitos individuais, estão geralmente por trás das divergências sobre a tributação, mesmo quando aquelas questões não se explicitam. Essas questões dizem respeito à extensão e aos limites da autoridade coletiva que, por meio de nossas instituições comuns, temos uns sobre os outros.

Hoje em dia, muitos crêem que a função do governo vai muito além do fornecimento de segurança interna e externa através da prevenção da violência entre pessoas, a proteção da propriedade privada e a defesa contra ataques externos. [...] Porém, as maiores controvérsias giram em torno do uso do poder governamental não só para fornecer coisas que são boas para todos, mas também para providenciar recursos para os mais pobres, a partir da idéia de que certas espécies de desigualdade social econômica são injustas ou de algum modo maléficas e de que todos nós temos, para com nossos concidadãos, a obrigação de corrigir ou aliviar esses problemas.

De acordo com Onofre Alves Batista Júnior, espera-se que a eficiência, no Estado Democrático de desiderato social, seja operada de modo "bipotencial" (BATISTA JÚNIOR, 2012, p. 99), já que ela somente faz sentido se se tiver em mente que os recursos financeiros oriundos da tributação são finitos e parcos para saciar todos os anseios sociais, ao mesmo tempo em que devem, também, ser utilizados para reduzir as desigualdades materiais. Por isso, a eficiência deve centrar o seu duplo foco tanto na ação instrumental dos órgãos públicos quanto nos resultados aferíveis alcançados nesse corpo social, ou seja, ela impõe, simultaneamente, "[...] o aproveitamento ao máximo das potencialidades existentes, [...], dos recursos escassos [...], com resultado quantitativamente e qualitativamente otimizado, no que concerne ao atendimento das necessidades coletivas." (BATISTA JÚNIOR, 2012, p. 99).

Mas, para se atingir essa eficiência "bipotencial" nas ações instrumentais e nos resultados otimizados aferíveis, ao contrário da comunidade benthamista, deve-se aliar a integridade da virtude da justiça à eficiência para, com isso, respeitar-se a moral política, que exige, na tributação, a observância da equidade no âmbito de proteção dos direitos fundamentais. É por esse fato que, para Murphy e Nagel, "Além da eficiência econômica, o valor social a que tradicionalmente se dá peso na formulação de um sistema tributário é a justiça; a tarefa daquele que formula o sistema é a de inventar um esquema que seja ao mesmo tempo eficiente e justo." (MURPHY; NAGEL, 2005, p. 16).

Por esse motivo, há a necessidade de se calibrarem, no sistema de tributação da comunidade personificada, mecanismos de cunho instrumental que sirvam de meio para a implementação de políticas arrecadatórias e fiscalizatórias mais eficientes, mas que, todavia, respeitem a dignidade da pessoa humana e o núcleo essencial dos seus direitos fundamentais. É por esse fato que não se pode pretender que tais garantias sejam vistas como direitos absolutos imponderáveis, sacralizados por meio de princípios, fulcro de uma mentalidade "fundamentada no mito do garantismo." (BATISTA JÚNIOR, 2012, p. 102).

As amarras de um garantismo exacerbado, que tanto engessaram as ações do Estado no passado, tornando-o refém de uma máquina estatal burocratizada e ineficiente, não podem servir de modelo para a sua captura por um argumento de princípio garantístico, de cunho absoluto.

É claro que não se olvida que, no Estado Democrático de Direito de desiderato social, haja uma supremacia dos princípios em relação às regras convencionalmente postas, como bem enfatiza Onofre Alves Batista Júnior (BATISTA JÚNIOR, 2012, p. 105):

> A resposta a ser dada deve considerar o fato de que a efetivação da liberdade provém muito menos da lei do que dos princípios constitucionais. Se o velho Estado Liberal fazia o culto da lei, o Estado Democrático de Direito cultua a Constituição. A lei, como mostrou o passado, pode corromper e escravizar, em ocasiões sociais e políticas de profunda crise e comoção, proporcionando até a legalidade das ditaduras, ao passo que a Constituição

EDUARDO MORAIS DA ROCHA

é, com maior força, garantia de um poder livre e de autoridade legítima, em proveito da dignidade da pessoa humana.

Todavia, apesar de sua supremacia, a sacralização desses princípios não pode tornar o Estado ineficiente, pois isso, também, não se pactua com o padrão de moral política que é exigido da comunidade personificada, na medida em que, "A ausência de eficiência significa que uma porção de interesse público foi posta de lado, quer dizer, que o bem comum não foi buscado plenamente." (BATISTA JÚNIOR, 2012, p. 107-108). E esse comportamento leniente e hipócrita, que não persegue de forma plena e integral o bem comum, não respeita a dignidade de seus membros e deixa de lado, pela ineficiência, parcela do interesse público, traindo aquele padrão de conduta moral política de integridade da legislação imposto à comunidade personificada.

Isso porque, ao não se promover de modo pleno e cabal o interesse público, da forma como poderia maximizar a utilização desses parcos recursos tributários, deixa-se de observar, conforme assevera Onofre Alves Batista Júnior, aquela ideia de dignidade da pessoa humana, como se nota a seguir (BATISTA JÚNIOR, 2012, p. 108):

> Em países menos abastados como o Brasil, a ideia de dignidade da pessoa humana pressupõe o direito a condições mínimas de existência humana digna e, para tanto, exigem-se prestações estatais positivas. Exatamente por isso, perante recursos flagrantemente escassos, "o mínimo existencial", que deve ser assegurado pelo Estado, exige uma atuação eficiente da AP nessa direção. Isso quer dizer que, especialmente em países pobres, com maior intensidade, a dignidade da pessoa humana reclama uma atuação da AP no sentido de maximizar a utilização dos recursos escassos, para que se possa assegurar, ou mesmo descomprimir a necessidade de atendimento, pelo menos, das condições mínimas de existência humana digna.

Estando, portanto, a ideia de dignidade da pessoa humana intrincada na noção de eficiência administrativa, fica claro, então, que esta jamais poderá ser confundida, na comunidade

TEORIA INSTITUCIONAL DA PRATICABILIDADE TRIBUTÁRIA

personificada ou no Estado Democrático de Direito de cunho social, com a mera eficiência econômica de ordem privada, que restringe o seu alcance somente ao aspecto da economicidade, na medida em que muitas das prestações positivas comunitárias serão realizadas independentemente do móvel lucro. A eficiência administrativa, como um objetivo político, tem um aspecto multifacetado "[...] que deve considerar uma série de referenciais axiológicos, como ingredientes éticos e políticos, bem como se curvar a aspectos garantísticos, sendo que, antes de tudo, deve reverência ao próprio traçado das normas do ordenamento jurídico." (BATISTA JÚNIOR, 2012, p. 167).

Apesar de a eficiência administrativa expressar um conceito indeterminado, cujo significado pode variar conforme o tipo de comunidade de que se esteja a tratar, Onofre Alves Batista Júnior ressalta que, no Estado Democrático de Direito de desiderato social, há um núcleo determinável que tem por principais aspectos "[...] a eficácia, a eficiência *stricto sensu,* cada uma com as suas diversas facetas, que as caracterizam e informam." (BATISTA JÚNIOR, 2012, p. 176). Portanto, para o declinado jurista, a eficiência *lato sensu,* por ser "bipotencial", pode ser desmembrada em dois aspectos básicos: um centrado na sua ação instrumental, que é o aspecto da eficiência *stricto sensu,* e outro focado em seus resultados, que é o da eficácia, cada um dos quais com elementos próprios e peculiares (BATISTA JÚNIOR, 2012, p. 176).

Segundo, ainda, o referido autor, "A eficácia, assim, traduz a necessária persecução otimizada do bem comum e não a de determinado interesse público isoladamente considerado." (BATISTA JÚNIOR, 2012, p. 180). Dessa forma, os resultados perseguidos pela comunidade não podem ser compartimentalizados, atendendo a interesses de uma maioria ou só de determinados grupos. Eles devem ser os mais amplos possíveis, refletindo uma completude própria da integridade na consecução do bem comum, beneficiando a coletividade como um todo, através de uma universalidade de resultados (BATISTA JÚNIOR, 2012, p. 181).

Já a eficiência *stricto sensu* centra o seu foco na forma de ação que pauta a conduta da comunidade e nos meios de que ela dispõe para atingir aqueles resultados otimizados, desdobrando a sua análise nos aspectos "[...] produtividade, economicidade, celeridade e presteza, qualidade, continuidade e desburocratização [...]." (BATISTA JÚNIOR, 2012, p. 182-183).

A produtividade, ainda, de acordo com o declinado jurista, tem relação direta com "[...] a otimização da relação meio/fim. Nesse sentido, a ideia de produtividade abre-se em dois caminhos concomitantes: o da maximização dos resultados [...] e o da minimização no emprego dos recursos escassos [...]." (BATISTA JÚNIOR, 2012, p. 184).

A celeridade e a presteza fazem referência a "[...] uma exigência de otimização da relação 'tempo x custo x benefício' na atuação administrativa." (BATISTA JÚNIOR, 2012, p. 197).

E, no aspecto qualidade, "[...] o norte balizador é o bem comum, o referencial de eficiência está na pessoa humana, que deve ter as condições de sua vida favorecida, e não em clientes, usuários, contribuintes ou consumidores." (BATISTA JÚNIOR, 2012, p. 194).

A continuidade, por sua vez, nas lições do declinado autor, impõe que (BATISTA JÚNIOR, 2012, p. 199)

> [...] a AP deve tomar todas as medidas necessárias para afastar os óbices e obstáculos ao regular exercício das atividades postas sob sua competência; a descontinuidade, assim, é uma quebra do dever de atuar, de perseguir sempre o bem comum.

O aspecto desburocratização exige "[...] o abandono das exageradas estruturas-meio, impondo, ao contrário, a concentração da força motriz administrativa nas atividades-fim, voltadas para o atendimento das necessidades públicas." (BATISTA JÚNIOR, 2012, p. 201).

Por fim, o aspecto economicidade faz referência "[...] à otimização na articulação dos meios financeiros." (BATISTA JÚNIOR, 2012, p. 186). Essa faceta tem grande relação com a adequação da execução da receita orçamentária do Estado, mediante a redução de seus custos, para, com isso, otimizar os seus gastos.

Num enfoque "macro" ou amplo, todavia, Onofre Alves Batista Júnior adverte que a economicidade não deve se restringir apenas à minimização dos custos para o exercício da sua atividade financeira, mas, também, atentar para a exigência de se maximizar as receitas tributárias, ou seja, tanto a prestação de serviços quanto a arrecadação dessas receitas para fazer frente às despesas devem ser eficientes (BATISTA JÚNIOR, 2012, p. 189).

Assim, a faceta macro da economicidade, que impõe, além da redução dos gastos, a maximização das receitas tributárias, não implica aumentar, desproporcionalmente, a carga tributária para os contribuintes, mas sim combater a fraude, a corrupção, a evasão e a sonegação fiscal, fazendo com que "[...] a distância entre a tributação juridicamente devida e o aporte real de recursos tributários aos cofres públicos seja minimizada." (BATISTA JÚNIOR, 2012, p. 189).

Nesse aspecto mais amplo da economicidade, inclusive, nota-se a exigência de uma responsabilidade especial dos agentes públicos no sentido de sempre empreender uma atitude ativa e eficiente de combate à fraude, à sonegação e à evasão fiscal (BATISTA JÚNIOR, 2012, p. 190), havendo, desse modo, uma clara aproximação dessa faceta da eficiência *stricto sensu* com as virtudes e os ideais de integridade da comunidade personificada. Isso porque, nessa comunidade, são impostas responsabilidades especiais aos agentes estatais, como aquelas vistas na economicidade, no sentido macro, que derivam de uma moral política, sendo bastante distintas da moral privada, pois "[...] o que é para um indivíduo a liberdade normal do uso das preferências individuais, para o administrador público é chamado de corrupção." (DWORKIN, 1999, p. 211).

Aliás, a partir desse enfoque mais amplo dado à economicidade, é possível observar que a eficiência administrativa não restringe seus efeitos somente à "administração prestacional", como um importante fator de promoção da justiça distributiva e de respeito à dignidade humana, mas também à chamada "administração agressiva", na qual, na busca da maximização de receitas tributárias, equalizam-se os anseios dos ideais de justiça fiscal (BATISTA JÚNIOR, 2012, p. 190) e de integridade às garantias individuais, o que poderá ser notado, com mais vagar, na seção 4.3.2.4.

Apesar de a economicidade ser um aspecto importante da eficiência, Onofre Batista Júnior faz o importante alerta de não se poder focar toda a luz da eficiência na economicidade, pois ela nunca poderá ser um critério exclusivo para se aferir se determinada atuação pública é eficiente. Assim é porque a questão da redução de custos pode ficar em segundo plano no que atine à eficiência, como se nota no exemplo a seguir (BATISTA JÚNIOR, 2012, p. 191):

> Embora importante, a economicidade pode mesmo não ser relevante em diversas situações concretas da atuação da AP. Basta verificar que, em diversas situações, o próprio custo da prestação pode não merecer relevância em face da força dos interesses em jogo. Para ilustrar, vale tomar o caso do custo de vacinas na iminência de epidemia de grandes proporções. Não que a economicidade desapareça e deva ser por completo desconsiderada, mas, em determinadas circunstâncias, a sua pujança é ofuscada. No caso do exemplo, por certo, a diferença no custo das vacinas pode ser desprezível em face de outros aspectos, como a celeridade, por exemplo.

Nesse exemplo, percebe-se que, sendo o custo mais facilmente mensurado do que um eventual benefício, ele, por vezes, pode camuflar uma atuação ineficiente, motivo pelo qual, a fim de evitar tais distorções, Onofre Alves Batista Júnior pugna no sentido de a economicidade não se tornar o mote único da eficiência *lato sensu*, pois, apesar de aquela ser um aspecto importante desta, a minimização de custos,

TEORIA INSTITUCIONAL DA PRATICABILIDADE TRIBUTÁRIA

isoladamente, não traduz com integridade e coerência o que seja eficiência (BATISTA JÚNIOR, 2012, p. 192).

A meta política de eficiência administrativa assim como seus diversos aspectos de ação instrumental, ou de resultado, exigem do agente da comunidade que alcance uma "solução ótima" no caso concreto, não bastando uma solução "mediana" ou "razoável." (BATISTA JÚNIOR, 2012, p. 271). Por isso, essa meta coletiva opera limitando a suposta discricionariedade do administrador, na medida em que ele não tem, no caso concreto, liberdade de escolha para adotar qualquer solução. A resposta que se revelar a mais eficiente possível, dentre as possibilidades existentes, vinculará todos os seus atos administrativos, mesmo aqueles supostamente discricionários, já que a sua discrição "[...] apenas expressa que o dever de escolha da melhor solução, perante as circunstâncias, foi deixado, pelo legislador, para o administrador." (BATISTA JÚNIOR, 2012, p. 270).

Desse modo, não é possível definir, aprioristicamente, longe do caso concreto, o que seja uma resposta eficiente, pois a solução ótima, no sentido de mais eficiente possível, não é aquela que, simplesmente, promova a redução de custos, ou que, utilitariamente, maximize a riqueza da sociedade, mas a que se revele, concretamente, a mais concertada com os diversos aspectos da multifacetada ideia de eficiência, respeitando sempre o núcleo essencial daqueles direitos fundamentais dos indivíduos objeto dessa ação.

Nesse sentido, vale a citação de outra passagem da obra de Onofre Alves Batista Júnior (BATISTA JÚNIOR, 2012, p. 273-274):

> O melhor resultado possível não é simploriamente aquele de menor custo (economicidade), ou apenas aquele de maior qualidade para o usuário, mas é aquele mais eficiente, que considere a complexidade e multiplicidade dos fins que o Estado busca, bem como só pode ser aquele que tome em conta os múltiplos aspectos da ideia de eficiência. Por isso que, abstratamente, não existe, *a priori*, uma solução unívoca a ser aplicada em cada caso concreto.

> A solução ótima (eficaz), portanto, que deve ser buscada eficientemente, é a que maximiza o atendimento das necessidades sociais e a persecução do bem comum. Não se trata daquela que simploriamente maximiza a riqueza social, mas a que, além da visão estritamente economicista e utilitarista, preserve equilibradamente a ideia constitucional núcleo da dignidade da pessoa humana, que vele pelos valores de justiça e igualdade.

Assim, o que se constata até aqui é que a eficiência, no Estado Democrático de Direito de desiderato social, observa em tudo a virtude da exigência de integridade da legislação na atitude dos agentes constituídos na comunidade personificada, por dois motivos principais, como se verá.

Primeiro, porque, para Dworkin (1999, p. 264), "A integridade exige que as normas públicas da comunidade sejam criadas e vistas na medida do possível, de modo a expressar um sistema único e coerente de justiça e equidade na correta proporção." E, ainda, de acordo com o filósofo norte-americano, "[...] a integridade na legislação pede aos que criam o direito por legislação que o mantenham coerente quanto aos princípios." (DWORKIN, 1999, p. 203).

Ora, ao se impor a exigência de que as metas coletivas de eficiência tenham coerência com o princípio da dignidade da pessoa humana e com os direitos constitucionais ou morais garantísticos dos indivíduos, o que foi feito, na verdade, foi estabelecer a obrigação de integridade dessa norma pública, materializada em um ato administrativo discricionário, não somente com a lei, regra de direito que lhe serviu de fundamento direto, mas também com princípios maiores, pressupostos às regras convencionais e compartilhados pelos membros dessa comunidade, que servem para conformá-la. Com isso, bloqueia-se qualquer pretensão de uso utilitário da eficiência e se "[...] determina que, na política, estamos todos juntos para o melhor ou o pior; que ninguém pode ser sacrificado, como os feridos em um campo de batalha, na cruzada pela justiça total." (DWORKIN, 1999, p. 257).

TEORIA INSTITUCIONAL DA PRATICABILIDADE TRIBUTÁRIA

Segundo, ao se estabelecer que a eficiência administrativa limita a discricionariedade do administrador no caso concreto, impondo-lhe apenas uma única solução ótima, ou seja, aquela mais eficiente possível, que melhor traduza integralmente o interesse público, passa-se a exigir daquele agente administrativo uma atividade hercúlea. Isso porque ele terá de analisar todos os aspectos multifacetados da eficiência *lato sensu*, que são a eficácia, além da eficiência *stricto sensu* e seus diversos elementos, quais sejam, a produtividade, a economicidade, a celeridade e presteza, a qualidade, a continuidade e a desburocratização, para, somente então, ter a solução correta para aquele caso concreto (BATISTA JÚNIOR, 2012, p. 182-183).

Essa esgotante atividade interpretativa realizada para concretizar a regra de direito, por meio de um ato administrativo que traga a solução correta (eficiente) e mais coerente com os multifacetados aspectos da eficiência *lato sensu*, dentro dos parâmetros de integridade da legislação, aproxima o mister do administrador eficiente ao daquele do juiz Hércules de Dworkin de buscar a única resposta correta para o caso concreto (DWORKIN, 1999, p. 305-308).

Portanto, na comunidade personificada, não somente os seus juízes, mas também os seus agentes administrativos serão verdadeiros Hércules na busca frenética pela eficiência. Todavia, aqui, esse desiderato de eficiência deve respeitar as virtudes da integridade e observar a exigência de coerência com o princípio da dignidade da pessoa humana e com os direitos garantísticos dos seus indivíduos, evitando-se que suas ações instrumentais (*eficiência stricto sensu*) e os resultados delas (*eficácia*) sejam utilizados com um veio utilitário, pois todos os seus membros são dignos de tratamento imparcial, além de igual respeito e consideração.

Nesse ponto, inclusive, vale a advertência de Onofre Alves Batista Júnior (BATISTA JÚNIOR, 2012, p. 284-285):

Naturalmente que a eficiência não veicula autorização para afronta à lei e muito menos proporciona a vinda, ao presente, dos modelos de Estado de Polícia, mas exige a interpretação correta da lei administrativa, à luz dos princípios reitores, em especial atenção ao elemento finalístico.

[...]

A leitura que se busca da normatização administrativa, mais coerente como o Estado Democrático de Direito de desiderato social, que possa bem sopesar as considerações da legalidade e da eficiência, deve ser capaz de reequilibrar as preocupações exacerbadas com o garantismo extremo às com a efetividade da atuação da AP e com o adequado atendimento real das necessidades sociais.

Embora Onofre Alves Batista Júnior seja um crítico das posições de Ronald Dworkin relativas à justiça distributiva, com relação à igualdade de recursos e de oportunidades, a construção dele, através da eficiência administrativa, procura desenhar de coerência o seu Estado Democrático de Direito de desiderato social, aproximando-o, em muito, com outras palavras e sob outro enfoque, do perfil de uma comunidade personificada, que legitima o direito pela integridade, e não apenas pela sua utilidade.

E a afirmativa acima pode ser confirmada pelos contrapontos feitos por Dworkin entre a sua comunidade ideal e as comunidades convencionalista e pragmática (DWORKIN, 1999, p. 271-273):

O direito como integridade nega que as manifestações do direito sejam relatos factuais do convencionalismo, voltados para o passado, ou programas instrumentais do pragmatismo jurídico, voltados para o futuro. Insiste em que as afirmações jurídicas são opiniões interpretativas que, por esse motivo, combinam elementos que se voltam tanto para o passado quanto para o futuro; interpretam a prática jurídica contemporânea como uma política em processo de desenvolvimento.

[...]

O direito como integridade é, portanto, mais inflexivelmente interpretativo do que o convencionalismo ou o pragmatismo.

TEORIA INSTITUCIONAL DA PRATICABILIDADE TRIBUTÁRIA

[...]

O direito com integridade é diferente: é tanto o produto da interpretação abrangente da prática jurídica quanto sua fonte de inspiração.

Portanto – embora com palavras e enfoques diversos, mas objetivos comuns de coerência nas margens de discrição dos operadores jurídicos, por intermédio dos princípios –, assim como Dworkin, com a integridade, procura romper com o libertarismo e a legalidade formal, próprios do convencionalismo, e com o utilitarismo inconsequente do pragmatismo, Onofre Alves Batista Júnior, com a sua eficiência administrativa, no Estado Democrático de Direito de desiderato social, procura superar o "garantismo exacerbado" do Estado Liberal e o utilitarismo da análise econômica do direito.

Tanto é assim que Onofre Alves Batista Júnior, buscando, por meio da eficiência, controlar as margens de discricionariedade do administrador atribuídas pela lei, defende que (BATISTA JÚNIOR, 2012, p. 310-311)

O ordenamento confere, através da lei, margens de discricionariedade para o administrador exatamente para que este possa, diante da diversidade de casos concretos, encontrar a providência que propicie maior justiça, maior eficiência. Entretanto, a margem de discrição aberta não abre ensejo ao arbítrio, mas à possibilidade de adoção de soluções tendencialmente vinculadas pelos princípios reitores da atuação administrativa [...].

Não basta que a motivação seja coerente e racional, ou que o objetivo seja adequado, ou que o objeto seja adequado, ou que ambos guardem entre si coerência, mas a própria opção deve ser tal a possibilitar um resultado razoável, equilibrado. Trata-se, aqui, de exigência atinente ao próprio resultado.

[...]

Se os meios são escassos, a AP, a partir de um mesmo sacrifício, deve eficientemente gerar um resultado maximizado e, da mesma forma, para um determinado resultado considerado ótimo, a eficiência da atuação da AP exige o menor sacrifício possível aos administrados.

Em síntese, a eficiência, em linhas gerais, pede a otimização da relação meio/fim, a maximização do resultado, com a minimização do sacrifício.

Essa excessiva coerência argumentativa, exigida por Onofre Alves Batista Júnior do administrador público eficiente, que, ao mesmo tempo, seja também adequada à minimização dos sacrifícios dos administrados, nada mais é do que, em outras palavras, a observância às virtudes de integridade dos princípios, que Dworkin também procura impor ao seu juiz Hércules no controle de sua margem de discricionariedade decisória, por intermédio da moral política da comunidade personificada.

Conclui-se, portanto, que, se a eficiência ádministrativa do Estado Democrático de Direito de desiderato social respeita a integridade da moral política, será essa, então, a modalidade de eficiência que irá operar na comunidade personificada, e não aquela exacerbadamente garantista, tampouco a da comunidade benthamista, que desconsidera os direitos fundamentais individuais, em razão de um pragmatismo utilitarista, próprio da análise econômica do direito.

4.3.2.4. Da ideia objetiva de praticabilidade como meio para a consecução das políticas tributárias de eficiência na comunidade personificada

Como visto anteriormente, a eficiência administrativa cria as suas exigências tanto no âmbito da "administração prestacional", que lhe impõe prestações estatais de índole positiva, como na sua outra contraface genérica e abstrata, chamada "administração agressiva", corolário do Estado tributário e da necessidade de obter recursos para fazer frente a despesas prestacionais cada vez maiores, impondo que "[...] o benefício social global da atuação da AP deve ser maior do que a 'agressão' proporcionada pela tributação." (BATISTA JÚNIOR, 2012, p. 188).

TEORIA INSTITUCIONAL DA PRATICABILIDADE TRIBUTÁRIA

É no âmbito do poder de tributar que se situa a "administração agressiva", local por excelência, na visão de Onofre Alves Batista Júnior (2012, p. 189), onde a economicidade, aspecto da eficiência *stricto sensu*, revela a sua maior pujança. Mas a economicidade aqui deve ser compreendida não somente no seu sentido estrito, de "minimização de custos e gastos públicos", mas também naquele seu aspecto mais amplo, "de maximização da receita e da arrecadação" (BATISTA JÚNIOR, 2012, p. 188).

E, para alcançar esse mister "macro" da economicidade, de não apenas reduzir custos prestacionais, mas também maximizar receitas tributárias, não há como deixar de, por meio das medidas agressivas de tributação, "sacrificar interesses privados." E é justamente nesse ponto que, segundo Onofre Alves Batista Júnior (2012, p. 320), "A ideia de eficiência administrativa pede, concomitantemente, a otimização da relação meio/fim, a maximização do resultado, com a minimização do sacrifício."

Assim o é porque, numa comunidade personificada pela virtude dos ideais de integridade da legislação – e não numa comunidade benthamista, na qual os indivíduos podem ser pragmaticamente utilizados como meros instrumentos para a obtenção da felicidade coletiva –, o indivíduo tem os seus direitos fundamentais respeitados frente à coletividade. Em tal comunidade, todos os seus membros são dignos de igual respeito e consideração e devem ser tratados, por ela, com um dever de imparcialidade e de estrita observância aos princípios pressupostos compartilhados, os quais, independentemente de estarem institucionalizados em convenções postas, impõem, aos agentes públicos, padrões de comportamento conformes à moral política comunitária. "Por isso que a ideia de eficiência administrativa não se desprende da ideia de dignidade da pessoa humana, isto é, não pede a subordinação utilitarista absoluta do indivíduo à sociedade." (BATISTA JÚNIOR, 2012, p. 321).

EDUARDO MORAIS DA ROCHA

Por outro lado, na comunidade personificada, conquanto os sacrifícios impostos aos seus membros devam ser minimizados na atuação agressiva da administração, no exercício do poder tributário não se pode admitir que, em nome das amarras às convenções liberais do passado, defenda-se um exacerbado garantismo, vulgarmente libertário, que capture o Estado pela burocracia ineficiente, possibilitando a ampla evasão e sonegação tributárias e inviabilizando a otimização dos resultados arrecadatórios, com isso afastando de vez a tributação real da potencial.

Em razão disso, é imperativo, nessa comunidade, pensar em ideias objetivo-institucionais que, instrumentalmente, viabilizem atingir as metas coletivas de eficiência da administração agressiva, na qual, nas palavras de Onofre Alves Batista Júnior, "[...] Resultado e sacrifício coletivo estão inseridos na ideia de eficiência: sacrifício como meio." (BATISTA JÚNIOR, 2012, p. 322).

Sem sombra de dúvidas, a praticabilidade é uma dessas ideias objetivas institucionalizadas de que a comunidade pode se valer para racionalizar instrumentalmente, com coerência e de forma eficiente, a aplicação e a fiscalização das regras -matrizes de incidência tributária num subsistema de massas cada vez mais complexo. Ou seja, ela pode ser um meio lídimo para que a comunidade alcance o seu objetivo político (*policy*)[120] de eficiência administrativa.

Até mesmo porque as eventuais simplificações que a praticabilidade pode, racionalmente, promover na concretização da regra de direito não são fins em si mesmas, mas uma forma de impor sacrifícios a alguns contribuintes para, suplantando

---

120. Como já se deixou claro na seção 2.2.3.2.2, não se refere, dentro do marco teórico adotado nesta pesquisa, à eficiência como princípio, preferindo-se enquadrá-la como uma *policy*. Humberto Ávila também recusa o enquadramento da eficiência como princípio, pois, em sua concepção, ela seria uma metanorma, como se pode observar a seguir: "A eficiência é, pois, uma metanorma ou norma de segundo grau. Sozinha, ela sequer tem sentido, pois depende sempre de um objeto cuja aplicação irá pautar: só se é eficiente *em relação a*, ou em *alguma coisa*." (ÁVILA, 2009, p. 92).

TEORIA INSTITUCIONAL DA PRATICABILIDADE TRIBUTÁRIA

a complexidade premente, ínsita à seara tributária, tornar mais eficiente a execução dessa regra, propiciando, assim, ao mesmo tempo, a redução nos custos de sua aplicação ou de sua fiscalização e, é claro, a otimização das receitas arrecadatórias, o que gera, por conseguinte, uma economicidade em sentido amplo. Isso propicia que os tributos tenham um fluxo adequado para os cofres públicos, mitigando a possibilidade de evasão e de sonegação fiscal e diminuindo eventuais discrepâncias entre o devido abstratamente e o efetivamente recolhido.

Todavia, por se estar numa comunidade personificada, e não libertária e convencionalista, a praticabilidade não pode ser somente um meio para garantir a aplicação das regras de direito, mas também deve servir de instrumento institucional para preservar a própria autoridade dos princípios pressupostos a essas regras e que são compartilhados por todos os membros da comunidade, servindo para pautar, como padrões, a moral política comunitária.

Por isso, quando se recorre à ideia objetiva de praticabilidade através das abstrações padronizantes, por exemplo, como modo de racionalizar instrumentalmente a execução das regras-matrizes de incidência tributária para alcançar as metas coletivas de eficiência da chamada "administração agressiva", não se pode, ao impor sacrifícios aos contribuintes, desprezar a autoridade dos princípios reitores da comunidade – como o da igualdade, reflexo da virtude de justiça, que, na esfera tributária, é refletido no da capacidade contributiva –, os quais são, incontestavelmente, direitos fundamentais dos contribuintes.

É óbvio que a capacidade contributiva, numa comunidade personificada, e não libertária, não pode ser compreendida somente pela faceta individual e exacerbadamente garantista de proteção do direito de propriedade, na conotação de um mero limite negativo ao poder tributário do Estado. Isso porque ela, igualmente, tem uma dimensão positiva, que deve refletir, ainda, os imperativos de uma tributação justa para a

285

sociedade como um todo, afastando as discriminações injustificadas, próprias de um regime libertário de propriedade, e servindo, também, de mecanismo para a redistribuição de renda, de forma a garantir a todos os membros da comunidade um acesso mínimo aos bens que lhes dão uma vida mais digna.

Nesse mesmo sentido, são as afirmações de Neil MacCormick (2011, p. 252, tradução nossa):[121]

> Toda propriedade é adquirida conforme o direito, e os regimes de propriedade que consagram uma discriminação inaceitável entre o rico e o pobre não podem se justificar. Uma forma de remediar isso é através dos impostos e da redistribuição. Os direitos humanos nessas matérias se traduzem no direito de todos de ter um acesso mínimo e decente aos bens deste mundo, quer se trate de aquisições pessoais ou obtidos como resultado de uma distribuição deliberada do total do produto social. Tudo isso concerne à solidariedade.

A capacidade contributiva não pode ser encarada apenas com base na proporção dos benefícios recebidos pelos contribuintes de um Estado, ou de acordo com seu talento pessoal, ou mesmo com fulcro na repartição igual dos sacrifícios entre todos os membros de uma comunidade. Tal princípio, para respeitar a dignidade humana de todos os integrantes dessa coletividade, deve, segundo Murphy e Nagel, ser concebido dentro de uma ideia igualitária que imponha fardos progressivos bem maiores aos mais ricos, de forma que "A única coisa igual para todos nesse esquema tributário é a proporção de bem-estar perdida pelos contribuintes." (MURPHY; NAGEL, 2005, p. 41).

---

121. Toda propiedad es adquirida conforme al derecho, y los regímenes de propiedad que consagran una discriminación inaceptable entre el rico y el pobre no pueden justificarse. Una forma de remediar esto es a través de los impuestos y la redistribución. Los derechos humanos en estas materias se traducen en el derecho de todos a tener un aceso mínimo decente a los bienes de este mundo, sea que se trate de adquisiciones personales o que se obtengan como resultado de una distribución deliberada de total del producto social. Todo esto concierne a la solidearidad.

TEORIA INSTITUCIONAL DA PRATICABILIDADE TRIBUTÁRIA

A praticabilidade, como instrumento institucional para a consecução de metas políticas de eficiência, não pode se dissociar do princípio da igualdade e dessa conotação igualitária e positiva de capacidade contributiva. Caso contrário, a comunidade personificada agiria sem integridade alguma, de forma hipócrita, negando padrões próprios da sua moral política, pois é a partir da ideia de que se pode impor aos mais ricos um maior sacrifício real, que a tributação se torna um instrumento legítimo para redistribuir a todos os ganhos maiores de alguns no mercado, beneficiando, com isso, a parcela mais pobre da comunidade (MURPHY; NAGEL, 2005, p. 42).

Por isso, ao se recorrer, por exemplo, às abstrações padronizantes para superar a premente complexidade do subsistema tributário, a finalidade política de eficiência em suas ações instrumentais não pode afastar, por completo, nem o âmbito de proteção dos princípios tributários que, negativamente, consagram direitos e deveres para os contribuintes, nem a concepção positiva de uma tributação justa para toda a coletividade.

Em face disso, para alcançar essa meta de eficiência, na busca de uma tributação mais justa para todos, a comunidade, no uso de padronizações, por exemplo, deve, segundo Humberto Ávila, calibrá-la, ou seja, aliá-la à igualdade tributária, nos limites das regras de competência, e nunca recorrer a qualquer justificativa que deixe totalmente de lado o seu âmbito de proteção (ÁVILA, 2009, p. 93-94).

O âmbito de proteção da igualdade e o seu desdobramento na seara tributária – a capacidade contributiva, negativamente considerada – não podem ser afastados pelo dever de eficiência da administração agressiva na comunidade personificada, principalmente quando se recorra às abstrações padronizantes. Isso porque, de acordo com as lições de Paulo Gustavo Gonet Branco, "Os direitos de defesa caracterizam-se por impor ao Estado um dever de abstenção, um dever de não-interferência, de não intromissão no espaço de autodeterminação do indivíduo." (BRANCO, 2002, p. 140). No mesmo

287

diapasão, Gilmar Ferreira Mendes ressalta ser o princípio da igualdade, em sua dimensão negativa, um legítimo direito de defesa "[...] que outorga ao indivíduo um direito subjetivo que permite evitar interferências indevidas no âmbito de proteção do direito fundamental ou mesmo a eliminação de agressões que esteja sofrendo em sua esfera de autonomia pessoal." (MENDES, 2002a, p. 201).

Tendo o princípio da igualdade, negativamente, um âmbito de proteção próprio, que recobre certa parcela da realidade, tornando-a objeto de uma proteção especial, no momento em que a comunidade recorre às padronizações para promover uma arrecadação eficiente, seja reduzindo custos, seja evitando a coleta de provas difíceis ou maximizando as receitas tributárias, essa medida agressiva, que impõe restrições aos direitos fundamentais, enquanto direitos de defesa de determinados contribuintes, não pode desnaturar o seu núcleo essencial. E isso devido ao fato de o Estado, ao promover restrições ao núcleo essencial de um direito fundamental, não poder "[...] perder de vista, porém, que tais restrições são limitadas. Cogita-se aqui dos chamados limites imanentes ou limites dos limites [...]" (MENDES, 2002b, p. 241), que servem para demarcar e regular essa atividade estatal restritiva.

A busca por uma tributação justa, ao mesmo tempo em que obedece aos imperativos de uma concepção positiva de capacidade contributiva e, ainda, de eficiência, possibilita que direitos fundamentais individuais sejam restringidos. Todavia, tal restrição, feita pelo legislador por meio de padrões, por exemplo, não pode, de forma alguma, desnaturar esses princípios, enquanto direitos de defesa, já que tais direitos, embora não sejam absolutos, como visto na seção 4.3.2.3, e possam ser relativizados, não admitem que, utilitariamente, tenham o seu núcleo duro maculado.

Portanto, ao estabelecer, em lei, padrões que possibilitem ao fisco massificar a aplicação da regra-matriz de determinado tributo, o legislador não poderá esvaziar, substancialmente, o núcleo essencial do direito fundamental de defesa da igualdade ou da capacidade contributiva, que é o seu desmembramento na seara tributária, pois, de acordo com os ensinamentos de Gilmar Ferreira Mendes (2002b, p. 242), "[...] a ausência de instrumentos asseguradores de efetividade dos direitos fundamentais em face dos atos administrativos contribuíam ainda mais para a onipotência do legislador."

Por isso, as padronizações estabelecidas pelo Legislativo, que possibilitam a atividade administrativa agressiva e eficiente do fisco, não podem solapar o núcleo essencial da igualdade, enquanto direito de defesa, já que esse núcleo duro "[...] destina-se a evitar o esvaziamento do conteúdo do direito fundamental decorrente de restrições descabidas, desmesuradas ou desproporcionais." (MENDES, 2002b, p. 243). Exatamente em razão disso, Onofre Alves Batista Júnior (2012, p. 320) propõe que, "Nesse contexto, as ideias de eficiência e proporcionalidade se encontram e apresentam um ponto de contato, ambas exigindo o menor sacrifício possível do administrado e a adequabilidade do objeto."

A aplicação simplificada e massificada da instituição-coisa regra-matriz de incidência tributária, proporcionada pela subinstituição praticabilidade, portanto, deve se adequar à igualdade e à capacidade contributiva – sua decorrência no terreno tributário –, de modo que as restrições que essas padronizações causam a esses princípios não desnaturem o seu núcleo essencial, sendo, com isso, preservada a sua imperativa autoridade e respeitada a sua supremacia no seio da comunidade personificada.

Como, porém, seria possível recorrer a tais padronizações na busca da eficiência administrativa, respeitando-se o âmbito de proteção do núcleo essencial dos princípios da igualdade e da capacidade contributiva, enquanto direitos de defesa dos contribuintes?

Respondendo a essa indagação, Humberto Ávila pugna que, no uso dessas padronizações pelo Estado, a solução mais plausível para adequar os anseios de eficiência aos de praticabilidade e respeito ao núcleo essencial da igualdade seria não por meio de uma concepção particularista de igualdade, mas de outra concepção, que, sendo mais restritiva, desconsidere os requisitos individuais do caso concreto, em prol de uma análise de fatores comuns à maioria dos casos (ÁVILA, 2009, p. 84).

E diversos seriam os fatores que justificam a desconsideração dessas particularidades em favor da generalização, como se nota a seguir (ÁVILA, 2009, p. 88):

> Como antes foi lembrado, essas características particulares, no entanto, podem deixar de ser analisadas se, por ser impossível ou extremamente onerosa a fiscalização de tributos, as particularidades dos contribuintes e dos casos não puderem ser verificadas, porque sua consideração causaria – pela falta de previsão, controle, coordenação, modicidade e conhecimento – mais generalização do que individualização. Nesse momento, entra em cena a generalização por meio da criação de padrões legais.

Essa justificativa apresentada por Humberto Ávila para o fisco, em nome da eficiência, recusar a análise de todas as particularidades do fato jurígeno-tributário nada mais é do que, em outras palavras, o recurso às padronizações como mecanismo para racionalizar, instrumentalmente, a aplicação e a fiscalização da regra-matriz de incidência tributária em situações de complexidade premente, mesmo que isso importe um considerável arranhão ao princípio da igualdade tributária.

Todavia, apesar de tal arranhão ser justificado, não se admite, na comunidade personificada, que a igualdade tenha o seu núcleo essencial totalmente esvaziado, já que pelo menos esse aspecto deve ser preservado das restrições que as padronizações causam à capacidade contributiva concreta, negativamente considerada.

Aliás, como questiona Humberto Ávila (2009, p. 89), "[...] o critério da capacidade contributiva pode ser abandonado ou simplesmente desconsiderado, quando a simplificação serve de justificativa para a tributação? A resposta é negativa."

TEORIA INSTITUCIONAL DA PRATICABILIDADE TRIBUTÁRIA

E a resposta foi nesse sentido porque, como adverte o jurista gaúcho, "Na tributação padronizada, opta-se pela efetivação da igualdade geral mediante consideração de elementos presumidamente presentes na maior parte dos casos concretos." (ÁVILA, 2009, p. 89).

Assim, embora não seja possível, com as abstrações padronizantes, alcançar todos os objetivos da igualdade individual e da capacidade contributiva subjetiva, concretizando-se, na sua plenitude, o princípio da igualdade, pelo menos em sendo considerados, nos padrões, os elementos aferíveis na maioria dos fatos jurígenos concretos, consegue-se preservar o núcleo essencial do âmbito de proteção desse direito de defesa do contribuinte. E isso devido ao fato de que, ao não se esvaziar totalmente tal garantia, seus traços mínimos serão preservados por meio da igualdade geral, minorando-se os sacrifícios dos contribuintes que sejam abrangidos por essa tributação institucionalmente orientada pela praticabilidade.

E essa vinculação à realidade, exigida dos padrões para que seja preservado o núcleo essencial do princípio da igualdade como direito de defesa, impõe-se tanto antes da sua formação quanto depois dela.

A vinculação anterior desses padrões à realidade, de acordo com Humberto Ávila (2009, p. 89-90), exige "[...] a necessidade de um suporte empírico considerável que permita comprovar a correspondência do padrão ao valor médio efetivo da maioria de casos. [...] ela exige uma vinculação com a realidade média dos casos."

Ademais, tal exigência, além de atender aos reclamos do princípio da igualdade, observa, também, outros princípios que dão integridade à comunidade personificada, como os da publicidade e do devido processo legal adjetivo. O primeiro é obedecido na medida em que, "[...] sem uma pesquisa que sirva de base à padronização, não se dá transparência à atividade administrativa, nem se fundamenta o seu exercício." (ÁVILA, 2009, p. 90). Já o segundo é observado "[...] porque sem uma pesquisa específica o contribuinte, a rigor, não tem como controlar a regularidade do padrão por meio do exercício da ampla defesa e do contraditório." (ÁVILA, 2009, p. 90).

Todavia, a vinculação anterior do padrão à realidade, isoladamente considerado, não é suficiente para a preservação do núcleo essencial do princípio da igualdade. É imperativo que haja, ainda, uma vinculação posterior, ou seja, é necessário que se tenha instrumentos para aferir dissonâncias significativas, e não meramente marginais, entre a presunção e o fato jurígeno. Portanto, se aquele padrão não permanecer mais correspondendo à média dos casos ou sua imposição for desproporcionalmente exacerbada para certo contribuinte, a sua aplicação ficará superada, por abandonar a realidade da qual ela é sempre dependente (ÁVILA, 2009, p. 90).

Ao serem observadas as vinculações anteriores e posteriores das padronizações à realidade, alia-se, institucionalmente, através da praticabilidade, a eficiência à igualdade e, consequentemente, preserva-se o seu núcleo essencial, na medida em que a igualdade individual servirá, ao menos, de parâmetro para aferir a adequação dos padrões representativos da igualdade geral, como explica Humberto Ávila (2009, p. 91):

> Essas considerações anteriores demonstram que a simplificação e a economia de gastos não podem ser consideradas propriamente como finalidades da padronização. Elas são consequências almejadas com a padronização, mas a finalidade continua sendo a realização eficiente da igualdade geral, e essa, a seu turno, deve ser buscada com o permanente cotejo com a igualdade individual, que é mantida como critério da tributação. Repita-se, generalização por meio da tipificação, em vez de contradizer o princípio da igualdade, serve precisamente de instrumento para sua realização.

E é exatamente pela necessidade de uma dupla vinculação dos padrões à realidade que a política de eficiência, instrumentalizada pela ideia objetiva de praticabilidade, deixa de ter o caráter utilitário da comunidade benthamista e passa a respeitar a autoridade da integridade de princípios, como os do devido processo legal adjetivo, da publicidade e da igualdade, enquanto direito de defesa, que personificam a conduta dessa comunidade.

Isso porque tais padrões não serão o reflexo de uma pauta fiscal aleatória qualquer, concebida apenas com o escopo de, discricionariamente, aumentar a arrecadação do Estado e reduzir o custo da coleta de provas difíceis ou fixada por arbitramento como uma forma de punição dos contribuintes, mas, pelo contrário, eles serão objeto de uma criteriosa avaliação dos preços médios praticados em estreita vinculação anterior e posterior à realidade fática, como muito bem observa Humberto Ávila (2009, p. 89-90):

> Por isso mesmo, por exemplo, a planta geral de valores dos imóveis de um Município deve ser baseada numa pesquisa criteriosa dos preços dos imóveis no perímetro urbano do Município; a tabela de preços dos veículos deve ser fundada numa pesquisa ampla dos preços de mercado dos veículos em determinado Estado; a pauta de valores de venda de mercadorias deve ser fundada numa pesquisa adequada dos preços de venda das mercadorias em determinado Estado, e assim, sucessivamente. Sem uma base empírica que permita verificar a dimensão média dos valores, não se atende ao princípio da igualdade geral [...].

Portanto, na comunidade personificada, ao se recorrer à ideia objetiva de praticabilidade nas padronizações, longe de se solapar, utilitariamente, o âmbito de proteção do núcleo essencial do princípio da igualdade em nome de políticas de eficiência na tributação, a eficiência torna-se, ao invés disso, nos dizeres de Humberto Ávila (2009, p. 94), um "[...] instrumento calibrador de realização da própria igualdade." Com isso, a comunidade age com integridade, dentro do seu padrão de moralidade política, pois, ao mesmo tempo em que não abdica do mote da eficiência administrativa e da tributação justa na atuação da sua administração agressiva, respeita as virtudes da equidade, da justiça e do devido processo legal adjetivo, tratando todos os seus membros com imparcialidade, e não como meros instrumentos de utilidade para o bem-estar geral.

4.4. Da diferenciação da legitimação da praticabilidade entre a comunidade benthamista e o garantismo do libertarismo

Como visto anteriormente, na comunidade personificada, o Estado, ao recorrer à ideia objetiva de praticabilidade para a consecução de políticas tributárias eficientes e justas, não levará as garantias individuais de seus membros "nem tanto ao mar", como se procede na exacerbação do garantismo, e "nem tanto à terra", como se faz na comunidade benthamista.

E isso porque, se as garantias individuais forem exacerbadas ao extremo, fato que burocratiza a atividade administrativo-tributária por meio de uma cristalização inconsequente dos direitos e liberdades dos indivíduos, esse apego demasiado a esses direitos fará com que eles sejam absolutizados, não podendo, em quaisquer circunstâncias, ser sopesados e nem relativizados. Como lembra Michael Sandel (2013, p. 78), "Os libertários defendem os mercados livres e se opõem à regulamentação do governo, não em nome da eficiência econômica, e sim em nome da liberdade humana."

Os direitos de liberdade e de propriedade, na concepção do libertarismo, se sobrepõem a qualquer pretensão de eficiência econômica, pois, para os seus defensores, "[...] cada um de nós tem o direito fundamental à liberdade – temos o direito de fazer o que quisermos com aquilo que nos pertence, desde que respeitemos os direitos dos outros de fazer o mesmo." (SANDEL, 2013, p. 78).

A racionalidade do Estado tributário libertário existe para a manutenção dos contratos, da propriedade privada e da paz, sendo injustificada moralmente qualquer pretensão comunitária que vá além dessas premissas (SANDEL, 2013, p. 79), não se justificando a tributação, em hipótese alguma, como meio de justiça distributiva ou de instrumento para políticas de eficiência.

A sacralização de direitos por meio do garantismo do libertarismo torna o direito menos inflexivelmente interpretativo, além de mais axiomático e estanque, visto que, ao estar totalmente preso às amarras desses direitos, não se moderniza nem vem a se adequar às cambiantes mudanças sociais. Isso tudo o faz extremamente garantista e convencional, tolhendo-se a eficiência administrativa como meta de aplicação das regras de direito, por se recusar o seu aplicador a olhar também para o futuro.

Liam Murphy e Thomas Nagel são críticos bastante fervorosos dessa exacerbação das garantias individuais, a quem chamam de "libertarismo vulgar", na medida em que "[...] é comprometida com a ideia de um rigoroso direito moral à propriedade; insiste em que cada pessoa tem um direito moral inviolável à acumulação de bens resultante de trocas verdadeiramente livres." (MURPHY; NAGEL, 2005, p. 45).

Os direitos institucionalizados, nessa perspectiva libertária, tornam-se um limite à ação administrativa, e não um mecanismo para a otimização dos seus resultados, pois a preocupação basilar centra-se na propriedade e na liberdade do indivíduo, devendo toda intervenção nessa esfera ter um cunho excepcional, nos estritos limites das convenções postas e nada mais. Por isso mesmo, para Onofre Alves Batista Júnior, o Estado, nessa concepção extremamente liberal, deveria unicamente "[...] evitar a perturbação da ordem e assegurar o livre exercício das liberdades, colocando-se como um poder de equilíbrio, prevenindo e corrigindo entrechoques individuais." (BATISTA JÚNIOR, 2012, p. 38).

Aliás, esse acordo tácito entre os indivíduos dava ao **soberano** a obrigação de garantir e preservar as liberdades e os interesses dos seus **súditos**, inclusive, destes contra aquele e de uns contra os outros, como bem observou Rosseau (1996, p. 24):

> Mas o corpo político ou o soberano, tirando seu ser unicamente da santidade do contrato, jamais pode obrigar-se, mesmo em

relação a outrem, a nada que derrogue esse ato primitivo, como alienar uma parte de si mesmo ou submeter-se a outro soberano. Violar o ato pelo qual ele existe seria aniquilar-se, e o que nada é nada produz.

Tão logo essa multidão se encontre assim reunida num corpo, não se pode ofender um dos membros sem atacar o corpo, nem muito menos, ofender o corpo sem que os membros disso se ressintam. Assim, o dever e o interesse obrigam igualmente as duas partes contratantes a se ajudarem mutuamente, e os homens devem buscar reunir, sob essa dupla relação, todas as vantagens que dele emanam.

Ora, o soberano sendo formado apenas pelos particulares que o compõem, não tem nem pode ter interesse contrário ao deles; consequentemente, o poder soberano não tem nenhuma necessidade de garantia em face dos súditos, porque é impossível que o corpo queira prejudicar todos os seus membros e veremos a seguir que não pode prejudicar ninguém em particular. O soberano, só pelo fato de sê-lo, é sempre tudo aquilo que deve ser.

Essa maior atenção do Estado libertário com o garantismo extremo, as liberdades individuais e a propriedade privada, voltando-se exclusivamente para a capacidade contributiva, num enfoque puramente negativo, torna-o um mero árbitro, e não um verdadeiro agente promotor da igualdade material, tendo decorrido "[...] da preocupação de subtrair o aparelho administrativo das mãos do soberano [...] em face das ameaças e circunstâncias de então, viu-se diante da necessidade de reforçar as garantias jurídicas e isto buscou pela sacralização da lei." (BATISTA JÚNIOR, 2012, p. 101).

A absolutização dos direitos individuais, que sacraliza a lei, não abre brechas para o Estado recorrer à ideia objetiva de praticabilidade, nem mesmo diante das exigências de um direito tributário de massas. Isso, naturalmente, burocratiza, por demais, aquela comunidade, tornando a atividade administrativa agressiva altamente ineficiente pela impossibilidade de submeter os seus membros a sacrifícios mínimos que sopesem esses direitos, ainda que em face da necessidade de otimização dos resultados arrecadatórios em favor do bem -estar geral, na tentativa de se equalizar a tributação real à

TEORIA INSTITUCIONAL DA PRATICABILIDADE TRIBUTÁRIA

potencial. Segundo Murphy e Nagel, no libertarismo vulgar, legitima-se somente "[...] a tributação compulsória a fim de sustentar um governo que possibilite a operação do mercado, e isso justificaria a divisão da carga por igual entre todos." (MURPHY; NAGEL, 2005, p. 45).

Portanto, a tributação apenas se legitima se for servir ao propósito de permitir as premissas morais de sustentação de um governo que garanta a segurança jurídica e o mero funcionamento do mercado. Fora essa necessidade, não há que se falar em redistribuição tributária de renda e nem de ofensa aos direitos absolutos de liberdade e propriedade.

Não há, no libertarismo, espaço para aquela concepção positiva de capacidade contributiva, no sentido de uma tributação justa e eficiente. Consequentemente, inexiste aqui espaço para a chamada justiça distributiva, em seu sentido moderno, que, imperativamente, "invoca o Estado para garantir que a propriedade seja distribuída por toda a sociedade de modo que todas as pessoas possam se suprir com um certo nível de recursos materiais." (FLEISCHAKER, 2006, p. 8).

Os interesses do Estado libertário coadunam-se, unicamente, com aqueles da classe burguesa, deixando de lado qualquer tipo de preocupação com uma tributação eficiente e socialmente justa, pois, como adverte Onofre Alves Batista Júnior, é isso "[...] o que justifica o realce dado às liberdades individuais (como a liberdade contratual e a reverência à absolutização da propriedade privada)." (BATISTA JÚNIOR, 2015, p. 22).

Por cristalizar não somente o núcleo essencial, mas todo o âmbito de proteção desses direitos de defesa, ficando eles impassíveis de qualquer restrição estatal, mesmo que por razões políticas de eficiência tributária, a ideia de racionalidade instrumental na execução das regras matrizes de incidência para tornar mais coerente a sua aplicação e fiscalização resta inviabilizada, já que não há como pensar, objetivamente, na praticabilidade – principalmente como sinônimo de desconfiança

(Pr_1) –, sem que se imponham sacrifícios mínimos que sejam à esfera de proteção dos direitos fundamentais, refletidos nas garantias individuais.

A legitimação do direito pelo prisma exclusivo do ultra-garantismo esvazia de conteúdo, substancialmente, qualquer pretensão de eficiência administrativa, seja no enfoque de suas ações instrumentais seja no dos seus resultados, minguando -a, consideravelmente, ao mesmo tempo em que deslegitima o uso instrumental da praticabilidade por essa comunidade.

Assim, se as garantias individuais fossem levadas tão a sério, de forma que se exacerbassem os direitos de defesa, por exemplo, a tributação padronizada – que é, segundo Ávila (2009, p. 89), orientada por uma causa simplificadora que opta por efetivar a igualdade geral – deixaria de ter espaço nessa comunidade, mesmo que isso tornasse a atividade da administração agressiva mais eficiente, pelo maior fluxo de recursos tributários para o Estado e pela maior facilidade de fiscalização do fato imponível. Na comunidade garantista, ter-se-ia espaço, tão somente, para aquela sistemática denominada pelo declinado tributarista gaúcho de tributação não orientada por uma causa simplificadora, na qual é privilegiada "[...] a realização da igualdade individual por meio da valorização da capacidade contributiva concreta de um caso." (ÁVILA, 2009, p. 89).

A longo prazo, porém, esse garantismo característico e próprio do individualismo libertário, que inviabiliza o recurso às abstrações padronizantes, desaguaria num sistema de tributação altamente ineficiente, burocratizado, onde, em nome dessa ampla liberdade individual e da sacralização do direito de propriedade, práticas de evasão, sonegação e elisão fiscal tornar-se-iam corriqueiras e habituais, pelo fato de a fiscalização deixar de ter praticidade. Isso acarretaria uma enorme discrepância entre os recursos reais arrecadados pela administração e o que virtual e idealmente seria devido como um todo para o Estado, em favor de uma tributação tida como socialmente justa.

TEORIA INSTITUCIONAL DA PRATICABILIDADE TRIBUTÁRIA

Assim, por essa perspectiva contratualista e liberal, a legitimação do direito inviabilizaria a ideia objetiva de praticabilidade em virtude do garantismo exacerbado e faria dessa comunidade um corpo social cujas ações instrumentais e a eficácia de seus resultados se tornariam cada vez mais ineficientes. Aqui, as metas políticas de eficiência seriam deixadas de lado por se estar focado, exclusivamente, nos direitos garantísticos dos contribuintes individualmente considerados.

Portanto, o libertarismo revela-se um campo minado para a praticabilidade, pois nele haverá pouco ou nenhum espaço argumentativo hábil para a construção comunitária dessa ideia objetiva. Nessa comunidade, esse modo de pensar a praticabilidade terminará, portanto, asfixiado pelo garantismo cego do passado, acarretando isso tudo uma concepção mais ineficiente de Estado, no qual as metas políticas de eficiência sofrem do raquitismo da mediocridade interpretativa, presa a concepções extremamente formalistas do que seja o verdadeiro e íntegro direito.

Contrapondo-se a essa perspectiva totalizante e absoluta dos direitos fundamentais, ínsita do garantismo libertário, a comunidade benthamista, em nome do bem-estar coletivo, solapa, pragmaticamente, as garantias do indivíduo, desconsiderando totalmente o seu âmbito de proteção, por desnaturar por completo o seu núcleo essencial. E isso é feito porque a meta política de eficiência funcionará como um critério exclusivo de justiça, passando os direitos a serem considerados instrumentalmente, desde que se mostrem úteis para a felicidade da coletividade, pois, do contrário, poderiam ser superados. Os direitos consagrados em princípios deixam de ser, portanto, trunfos contra as políticas da maioria formada comunitariamente.

Essa perspectiva utilitária leva a comunidade benthamista a adotar a seguinte via interpretativa, como observa Humberto Ávila (2009, p. 94):

> De um lado, pode-se interpretar a eficiência como um princípio jurídico autônomo que não só tem o poder de afastar o princípio da igualdade, como, também, tem a eficácia de ampliar o poder de tributar previsto em regras de competência. Segundo essa interpretação, o aplicador deve realizar a eficiência, apesar de inexistir poder de tributar previsto em regra de competência. Em decorrência dessa alternativa interpretativa, a eficiência tem o poder de criar competência, de afastar o princípio da igualdade e de transformar presunção em ficção.

Esse vale-tudo interpretativo da comunidade benthamista, voltado exclusivamente para o futuro e livre de quaisquer das amarras garantistas, desvincula a praticabilidade – principalmente quando utiliza as abstrações padronizantes – dos parâmetros obrigatórios de referência à realidade, já que tais padrões, por se dissociarem totalmente da igualdade, seja geral, seja individual, as tornam não meras presunções, mas verdadeiras ficções dissonantes de qualquer aspecto realístico.

Em busca de um Estado eficiente, a coerência exigida da legislação, em relação aos princípios morais, é deixada de lado como virtude comunitária, passando somente a eficiência a legitimar qualquer uso do poder coercitivo estatal, como lembra Dworkin (1999, p. 185):

> O pragmático adota uma atitude cética com relação ao pressuposto que acreditamos estar personificado no conceito de direito: nega que as decisões políticas do passado, por si sós, ofereçam qualquer justificativa para o uso ou não do poder coercitivo do Estado. Ele encontra a justificativa necessária à coerção na justiça, na eficiência ou em alguma virtude contemporânea da própria decisão coercitiva [...], e acrescenta que a coerência com qualquer decisão legislativa ou judicial anterior não contribui, em princípio, para a justiça ou a virtude de qualquer decisão atual.

Isso significa que, se o Estado, deixando de lado qualquer argumento de princípio, resolver, por um argumento exclusivo de política, criar, legislativamente, um padrão incoerente com qualquer parâmetro da realidade e a administração agressiva resolver aplicá-lo – mesmo isso gerando enormes sacrifícios para o

TEORIA INSTITUCIONAL DA PRATICABILIDADE TRIBUTÁRIA

núcleo essencial dos direitos de um determinado número de contribuintes, os quais poderiam ser minimizados por outra atitude menos agressiva e mais coerente –, tal conduta estatal, embora hipócrita, e não íntegra, estará legitimada pela comunidade benthamista, caso se revele a mais apta a produzir um maior bem-estar geral à coletividade e a maximizar a riqueza social como um todo.

Nessa comunidade benthamista, a praticabilidade demonstra toda a sua faceta utilitária e perversa, pois os direitos dos seus membros não serão tratados como uma questão de princípio, mas de utilidade política, de modo que os interesses dos indivíduos somente serão levados a sério se eles, estrategicamente, fizerem parte da maioria. Caso contrário, estarão fadados a ser meros instrumentos da felicidade coletiva.

Essa comunidade trata seus membros não com imparcialidade, mas com parcialidade, no interesse daqueles que formam a maioria em detrimento da minoria. Com isso, ao recorrer à ideia objetiva de praticabilidade por intermédio das padronizações, os agentes comunitários poderão, para maximizar as receitas tributárias e reduzir os custos de aplicação e de fiscalização das regras -matrizes de incidência tributária, desconsiderar integralmente direitos fundamentais de defesa, como a igualdade tributária e a capacidade contributiva objetiva, e macular totalmente o âmbito de proteção dessas garantias, desde que isso se revele útil para o incremento do bem-estar da comunidade. Tais direitos não serão considerados deontologicamente, mas unicamente pelas suas consequências probabilísticas para o aumento da riqueza social.

Aqui a praticabilidade terá por escopo, então, garantir a aplicação utilitária das regras-matrizes de incidência tributária, já que os seus membros não têm direito a nada, a não ser que os seus interesses, instrumentalmente, revelem-se úteis à comunidade benthamista em geral, sem qualquer preocupação de coerência com as decisões políticas convencionalmente tomadas no passado. Nessa vertente, portanto, a ideia objetiva de praticabilidade legitima-se pela sua utilidade para incrementar o bem-estar geral da sociedade.

Por isso, as abstrações padronizantes que serão operadas pelos agentes públicos dessa comunidade não precisarão respeitar nem mesmo as premissas de igualdade geral, de modo que tais padrões podem deixar de ser, legitimamente, reflexos presuntivos concretos da média dos fatos imponíveis, já que, na busca pela eficiência, não se exigirá que se respeitem quaisquer parâmetros principiológicos de igualdade, publicidade ou do devido processo legal adjetivo, balizadores dessas metas políticas coletivas.

Nota-se, portanto, que a legitimidade da praticabilidade na comunidade **benthamista** contrapõe-se, frontalmente, à da **libertária-garantista**. Isso porque, enquanto naquela há uma legitimação plena e total da praticabilidade como instrumento institucionalmente útil para alcançar metas políticas utilitárias de eficiência, nesta a comunidade dela não comunga, já que nenhuma meta de maximização de riqueza da sociedade é justificativa hábil para sacrificar o âmbito de proteção de um direito fundamental, enquanto direito de defesa do indivíduo, ainda que tal ação agressiva administrativa não desnature o núcleo essencial desse direito individual.

Não se pode, todavia, pretender que a ideia objetiva de praticabilidade seja deixada de lado por completo, como no garantismo exacerbado, pois essa subinstituição-coisa é imperativa para a adequada e eficiente aplicação da instituição-coisa regra de direito, principalmente quando se observa a incapacidade administrativa do Estado de fazer frente aos maiores múnus que lhe são impostos numa sociedade que se torna cada vez mais complexa.

As garantias individuais são importantes direitos de defesa dos indivíduos, mas seu âmbito de proteção não pode ser sacralizado, impedindo qualquer restrição mínima a esses direitos quando o Estado, por exemplo, não tenha outra forma mais coerente de sua aplicação – ainda mais em se tratando o subsistema tributário, hoje em dia, de um típico direito de massas.

TEORIA INSTITUCIONAL DA PRATICABILIDADE TRIBUTÁRIA

A eficiência é um primado político do qual nenhuma comunidade jamais pode abdicar em nome de um exacerbado garantismo, pois sacrifícios, em qualquer comunidade, sempre existiram e continuarão a existir. O que não se pode admitir, todavia, é que, nos sacrifícios impostos em favor da coletividade, os direitos fundamentais sejam esvaziados e tenham os seus núcleos essenciais totalmente desfigurados.

Também não se pode dar à eficiência uma primazia absoluta que a torne o critério único de justiça e, com isso, permitir que a praticabilidade seja utilizada com um viés puramente utilitário. É que a complexidade premente do direito tributário justifica, instrumentalmente, o recurso à praticabilidade para que a regra-matriz de incidência seja executada da forma mais coerente e eficiente possível.

Ocorre, todavia, que apenas a utilidade que a eficiência promove não é um fator para ser levado em consideração isoladamente, pois, numa comunidade, todos os seus membros são dignos de igual respeito e consideração. Por tal motivo, a praticabilidade dever ser um instrumento institucional racional para a maximização das receitas tributárias e para a redução dos gastos de aplicação e de fiscalização da regra-matriz de incidência tributária. Além disso, ela também servirá a um outro propósito maior, que é, nesse dever de eficiência na execução das regras de direito, garantir a autoridade dos grandes princípios pressupostos e compartilhados pela comunidade em geral.

4.4.1. Da opção pela comunidade personificada como meio de assentimento comunitário à ideia objetiva de praticabilidade

Após o amplo debate promovido até aqui entre as teorias deontológicas e consequencialistas e a eficiência nas comunidades benthamista, personificada e no garantismo, é possível responder às questões formuladas no início desta seção no sentido de não se poder legitimar a praticabilidade pelo

303

seu aspecto utilitário, mesmo sendo a mola motriz da sua engenharia as políticas de eficiência e de economicidade, que provocam, sem sombra de dúvida, o incremento do bem-estar da comunidade em geral. Por outro lado, não é possível que a praticabilidade simplesmente seja deslegitimada numa comunidade cada vez mais complexa, onde os múnus estatais aumentam exponencialmente, desconsiderando, assim, os seus efeitos práticos para suplantar a real complexidade premente do subsistema tributário e tornar a aplicação da regra-matriz de incidência mais eficiente.

Por isso, é imperativo pensar numa forma alternativa de legitimação da praticabilidade pela comunidade que alie, ao mesmo tempo, metas políticas de eficiência ao respeito devido ao núcleo essencial do âmbito de proteção dos direitos fundamentais dos seus membros, enquanto direitos de defesa consagrados em princípios. E a forma de fazê-lo é por meio da virtude da integridade.

Até porque, como já foi dito, a integridade se desmembra em dois aspectos: a integridade na legislação e a integridade na deliberação judicial. Por esse motivo, ao se socorrer da praticabilidade para concretizar uma regra de direito, o órgão de poder que for executá-la não poderá nunca deixar que tal ideia objetiva seja aplicada de forma incoerente com aqueles princípios comunitários pressupostos. De outro modo, essa subinstituição-coisa estaria dissociada de um dos seus importantes requisitos necessários, qual seja a legitimidade, pela falta de assentimento dos membros daquela comunidade a essa forma de racionalidade na execução da regra de direito quando demonstrado que a sua aplicação ocorreu de maneira incoerente com a integridade dos princípios.

A integridade da legislação exige que todas as regras de direito institucionalizadas e as demais subinstituições, que existem instrumentalmente para aplicá-la, "[...] sejam criadas e vistas, na medida do possível, de modo a expressar um sistema único e coerente de justiça e equidade na correta proporção." (DWORKIN, 1999, p. 264). E, dessa virtude, nenhuma

TEORIA INSTITUCIONAL DA PRATICABILIDADE TRIBUTÁRIA

instituição, seja corporativa seja coisa, poderá se afastar, pois, como adverte Dworkin, a integridade na legislação "[...] restringe aquilo que nossos legisladores e outros partícipes de criação do direito podem fazer corretamente ao expandir ou alterar nossas normas públicas." (DWORKIN, 1999, p. 261).

Esse outro partícipe no processo de criação, expansão e alteração das normas públicas, que não o legislador, pode ser, justamente, o administrador, ao recorrer à praticabilidade para, expandindo ou alterando o alcance da regra de direito, suplantar a alta complexidade do sistema e tornar a aplicação de uma lei mais eficiente e prática.

Todavia, nesse afã de tornar a aplicação de uma lei tributária mais eficiente, a administração agressiva, ao recorrer às padronizações, por exemplo, não poderá tentar legitimar as suas aplicações unicamente pela utilidade geral de maximizar as receitas tributárias ou de reduzir os custos de fiscalização dessa regra-matriz, ou mesmo de evitar a coleta de provas difíceis.

Isso porque, como adverte Onofre Alves Batista Júnior, num Estado Democrático de Direito de desiderato social, a eficiência não pode nunca desconsiderar a dignidade da pessoa humana, com se observa a seguir (BATISTA JÚNIOR, 2012, p. 57):

> Para o Estado tributário eficiente que se exige, o problema não está na atribuição de fins novos, mas no traçado de programas de ação eficazes; na edificação de um aparato administrativo adequado; na maximização dos resultados para os recursos escassos disponíveis, etc., de forma a assegurar, pelo menos, um vetor de anteparo à possibilidade de retrocesso das conquistas sociais, que, em respeito à dignidade da pessoa humana, não se pode verificar. Sem dúvidas, esse Estado eficiente, além de manter democrático, tributário e social, na essência, deve ser também prospectivo. Mais do que eficiente, exige-se um Estado eficiente voltado para as questões sociais (social); orientado pelas normas postas (de Direito) e guiado por valores gerados pela própria sociedade (legítimo e democrático).

Portanto, o agente da comunidade, ao recorrer à praticabilidade, somente terá legitimidade democrática no seu agir, se essa subinstituição não for aplicada como meio para a consecução de metas políticas utilitárias. "Por isso que a ideia de eficiência administrativa não se desprende da ideia de dignidade da pessoa humana, isto é, não pede a subordinação utilitarista do indivíduo à sociedade." (BATISTA JÚNIOR, 2012, p. 321). E é exatamente por esse motivo que a **eficiência**, antes de ser afastada da **igualdade tributária** no tratamento dos contribuintes, deve, pelo contrário, como adverte Humberto Ávila, ser o seu instrumento calibrador (ÁVILA, 2009, p. 94).

Não é sem razão que, para Neil MacCormick, o direito tem uma pretensão implícita de justiça, exigindo-lhe sempre a observância de um mínimo moral, de forma que a praticabilidade, como qualquer regra jurídica institucionalizada, mesmo sendo justificada instrumentalmente, não pode nunca, como qualquer outra regra decorrente da legislação posta, deixar de lado essa sua característica essencial de coerência, como se pode observar a seguir (MACCORMICK, 2011, p. 341-342, tradução nossa):[122]

> O ponto não é que toda legislação de fato persegue a justiça por baixo de algum critério do justo, senão que toda a legislação tem que expressar uma concepção da justiça coerente, ainda que controvertida. [...] Os atos de criação de leis são atos que têm a pretensão implícita de avançar em algum aspecto do bem comum de modo consistente com as restrições de uma concepção

---

122. El punto no es que toda legislación de hecho persigue la justicia bajo algún criterio de lo justo, sino que toda legislación tiene que expresar una concepción de la justicia coherente, aunque que controvertible. [...] Los actos de creación de leyes son actos que tienen la pretensión implícita de avanzar algún aspecto del bien común de modo consistente con las restricciones de una concepción razonable de la justicia, o de avanzar algún aspecto de esta que es entendido como algún elemento del bien común. [...] Todo esto parece reforzar todavia más la conclusión de que a pesar de la distinción conceptual entre el derecho institucional y la moral autônoma, existe un mínimo moral que debe ser satisfecho por todo aquello que pueda ser reconocido como derecho. Cualquier critério preciso para establecer dicho mínimo debe estar positivado, como se ha hecho a través de la garantia de derechos humanos justiciables.

TEORIA INSTITUCIONAL DA PRATICABILIDADE TRIBUTÁRIA

> razoável de justiça, ou de avançar em algum aspecto disso que é entendido como algum elemento do bem comum. [...] Tudo isso parece reforçar mais, todavia, a conclusão de que, apesar da distinção conceitual entre o direito institucional e a moral autônoma, existe um mínimo moral que deve ser satisfeito por todo aquele que possa ser reconhecido como direito. Qualquer critério necessário para estabelecer dito mínimo deve estar positivado, como se tem feito através da garantia de direitos humanos judicializáveis.

Assim, para legitimar a maximização dos resultados práticos, na aplicação de uma regra-matriz de incidência tributária, o fisco deve sempre minimizar os sacrifícios dos contribuintes, observando esse mínimo moral exigido de quaisquer regras jurídicas institucionalizadas, respeitando o núcleo essencial do âmbito de proteção dos direitos fundamentais dos indivíduos. Ao agir desse modo, a administração, embora agressiva, o estará fazendo com a devida integridade de princípio e observará o seu dever de consonância com essa exigência implícita de justiça e de imparcialidade para com todos os seus membros. Isso porque, nessa perspectiva, nenhum deles se torna um mero instrumento útil para a felicidade coletiva.

O que não se admite da administração é um agir hipócrita, incoerente com os princípios compartilhados pela comunidade e, portanto, pressupostos às regras de direito, que servem para pautar a sua conduta conforme os padrões exigidos pela moralidade política. Desse modo, a praticabilidade não tem, nessa comunidade personificada pelas virtudes dos ideais de integridade, o escopo único de dar, a qualquer custo, exequibilidade às regras de direito postas, mas tem, também, o desiderato de preservar e garantir a autoridade dos grandes princípios fundantes da comunidade, reflexo da moral política comunitária, o que será feito aliando-se as metas políticas de eficiência, na busca por uma tributação justa, às garantias individuais dos princípios enquanto direitos de defesa. Ao equalizar os objetivos coletivos e individuais, a subinstituição-coisa praticabilidade receberá o assentimento da comunidade e, consequentemente, se legitimará em consonância com aquele

307

EDUARDO MORAIS DA ROCHA

mínimo moral exigido de qualquer regra ou sub-regra jurídica institucionalmente posta.

Por isso, ao recorrer às padronizações, por exemplo, para otimizar a produção de efeitos na execução de uma regra-matriz de incidência tributária, Humberto Ávila não admite que o Estado possa "[...] escolher casos atípicos como pano de fundo. Ele deve orientar-se pela normalidade, pela média e manter uma relação razoável com os encargos médios." (ÁVILA, 2009, p. 95).

Desse modo, se uma eventual padronização não se orienta pela média dos casos concretos, a atitude da comunidade não será íntegra, mas sim hipócrita, por não mostrar qualquer vinculação posterior ou anterior com a realidade e nem coerência com os princípios pressupostos da comunidade, quais sejam a igualdade, a publicidade e o devido processo legal adjetivo. Ressalte-se que tais princípios, por ajudarem a conformar a sua moral política, servem para dar integridade a qualquer tipo de legislação dessa comunidade e, caso porventura a sua aplicação seja deixada de lado, ficará o uso dessa subinstituição-coisa, nessa situação, deslegitimado, por não ser comungado pelos seus membros. Até mesmo porque tais padrões, antes de serem presunções, acabariam por se tornar verdadeiras ficções totalmente dissociadas da realidade.

De forma contrária, todavia, se a comunidade agir de modo íntegro, vinculando as suas padronizações, tanto anteriormente quanto posteriormente, à realidade fática e se orientando pela média dos fatos jurígenos, a sua conduta mostrará respeito e integridade para com os padrões impostos pela moralidade política e observará aquela pretensão mínima de justiça, exigida de qualquer regra jurídica, por demonstrarem tais presunções uma total coerência com aqueles princípios pressupostos já mencionados, compartilhados comunitariamente como direitos de defesa.

Com efeito, o núcleo essencial do âmbito de proteção do princípio da publicidade será respeitado, porque o padrão não poderá refletir a média dos acontecimentos sem uma pesquisa prévia e criteriosa que sirva de parâmetro à presunção. Somente assim haverá a transparência imperativa para fundamentar a sua aplicação (ÁVILA, 2009, p. 90).

O princípio do devido processo legal adjetivo, enquanto direito de defesa, também será observado, na medida em que, por meio dos critérios tornados públicos naquela pesquisa prévia realizada pelo poder público, o contribuinte terá um mecanismo claro para aferir, posteriormente, a vinculação daquela presunção à realidade fática nas vias judiciais ou administrativas próprias, onde lhe será garantido o direito ao contraditório e à ampla defesa (ÁVILA, 2009, p. 90).

O princípio da igualdade também será respeitado por meio da capacidade contributiva concreta, revelada pela exigência de se vincular tais presunções a "[...] uma base empírica ampla e visível [...]" (ÁVILA, 2009, p. 90), demonstrada através de uma média de fatos imponíveis refletidos na abstração padronizante.

Apesar de não ser possível, nesses casos, alcançar a igualdade individual – que seria o ideal e fruto de uma tributação não orientada por uma causa simplificadora, se a complexidade do subsistema tributário não fosse tão premente –, os traços de generalidade da igualdade geral, pelo menos, são garantidos pela média dos acontecimentos, permitindo-se que o núcleo duro da igualdade e da capacidade contributiva seja mantido no padrão, respeitando-se, com isso, o mínimo moral exigido dessas regras instrumentais institucionalizadas. Desse modo, não há um esvaziamento completo do conteúdo do seu âmbito de proteção e, assim, a restrição que essa presunção causa a esse direito fundamental do contribuinte minimiza o seu sacrifício, por não se revelar descabida e nem desmesurada, porquanto respeita, pela média, o núcleo essencial do seu direito de defesa, ao mesmo tempo em que otimiza e maximiza os resultados de uma determinada regra-matriz de incidência tributária, tornando, consequentemente, a sua aplicação bem mais eficiente, justa e coerente para todos.

Essa concepção generalista de igualdade, conquanto imponha maiores sacrifícios ao contribuinte do que a concepção individual, não desnatura a igualdade tributária e nem a capacidade contributiva concreta como limite negativo, já que o fato presumido no padrão manterá uma vinculação pela média com a realidade, permitindo que, embora não seja alcançada a capacidade contributiva subjetiva, seja preservada a capacidade contributiva objetiva (ÁVILA, 2009, p. 86-87). E isso servirá de controle para a vinculação do padrão não somente no momento de sua consecução, mas posteriormente, impedindo que seja adotada uma base de cálculo presumida dissonante, que possa, eventualmente, como uma verdadeira ficção, solapar o núcleo essencial do âmbito de proteção dos princípios da igualdade e da capacidade contributiva enquanto direitos de defesa.

Ao agir dessa forma, o Estado – buscando sempre a maximização dos resultados na aplicação das regras-matrizes de incidência tributária, mas com sacrifícios minimizados aos contribuintes, e observando, pelos menos, o núcleo essencial do âmbito de proteção dos seus direitos fundamentais – respeita a coerência imposta pela moral política comunitária e a própria pretensão implícita de justiça do direito. Nesse contexto, as normas públicas que impõem praticabilidade à legislação, embora restritivas aos direitos fundamentais, respeitarão o princípio da integridade da legislação. Isso porque essas sub-regras de direito instrumentais, que buscam tornar a execução e a fiscalização das regras matrizes mais práticas, manter-se-ão coerentes com a autoridade dos princípios pressupostos e compartilhados pela comunidade, pois, embora restringido o seu âmbito de proteção, o núcleo essencial desse direito de defesa preservará os seus traços mínimos e não será esvaziado, tendo em vista que, pelo menos, será mantida uma concepção generalista de igualdade.

Pela maximização de resultados e minimização de sacrifícios, a praticabilidade alia eficiência à integridade, afastando-a do utilitarismo e, com isso, legitima-se, obtendo o

TEORIA INSTITUCIONAL DA PRATICABILIDADE TRIBUTÁRIA

assentimento da comunidade a essa ideia objetivada no sistema jurídico. Até mesmo porque a eficiência é uma meta política coletiva de que nenhum corpo social que se pretenda organizado pode abdicar. Todavia, tal meta não pode ser perseguida, maculando princípios que conformam a moral da comunidade e servem ao propósito de personificá-la, pois é também através do tripé princípio, *policy* (eficiência) e praticabilidade, que se terá integridade na legislação tributária.

Ao ser legitimada pela integridade, a comunidade passa a comungar da praticabilidade pelo fato de ela respeitar a pretensão implícita de justiça ínsita a todas as regras postas no ordenamento jurídico, ficando, com isso, preenchido o outro requisito exigido por Maurice Hauriou para que se tenha uma instituição-coisa ou, mais precisamente para o que se propõe nesta pesquisa, uma subinstituição-coisa, qual seja a comunhão de vontades dos membros da comunidade em torno daquela ideia objetiva de racionalidade instrumental na aplicação coerente do direito em geral (HAURIOU, 2009, p. 20).

5. DOS ÓRGÃOS DE PODER ORGANIZADOS PARA A EXECUÇÃO DA PRATICABILIDADE

O último elemento para que se tenha uma instituição seja coisa, seja corporativa, é a existência de órgãos de poder organizados para a execução da ideia que dela subjaz. A diferença, contudo, é que, segundo Hauriou, enquanto na corporativa "[...] ocorre um fenômeno de incorporação, ou seja, de interiorização do elemento poder organizado e do elemento manifestações de comunhão dos membros do grupo, no âmbito da idéia da obra a realizar, e que essa incorporação leva à personificação [...]" (HAURIOU, 2009, p. 21), na instituição-coisa, o processo é totalmente diverso, pois "[...] os elementos do poder organizado e das manifestações de comunhão dos membros do grupo não são interiorizados no âmbito da idéia da obra; eles existem, contudo, no meio social, mas permanecem exteriores à ideia [...]" (HAURIOU, 2009, p. 20), sendo a regra de direito, na concepção do publicista francês, o exemplo de instituição-coisa, por excelência.

Por tal motivo, há órgãos de poder organizados próprios para implementar a ideia em estado objetivo que subjaz da regra de direito, cada um exercendo um âmbito de competência definido previamente, de modo que a atuação de um órgão não se superponha à dos demais, agindo todos concertadamente. Destarte, enquanto o Legislativo exerce o chamado poder de deliberação acerca dessas regras, os órgãos

313

executivos têm a competência de executá-las, aplicando-as, em regra, concretamente.

Nesse sentido, inclusive, vale a transcrição da seguinte passagem de Maurice Hauriou, na qual o publicista francês explica com clareza essa questão (HAURIOU, 2009, p. 26-27):

> Toda a separação de poderes é uma separação de competências, coisas espirituais; na separação do Estado moderno, o poder executivo tem a competência intuitiva da decisão executória, o poder deliberante a competência discursiva da deliberação e o poder de sufrágio a do assentimento. Sem dúvida essas competências são confiadas a órgãos humanos, mas a melhor prova de que os órgãos são subordinados às competências é a pluralidade dos órgãos que devem se concertar entre eles para exercer o mesmo poder; para o exercício do poder executivo, o Presidente da República e os ministros, para o exercício do poder deliberante, as duas Câmaras, para o do sufrágio, os eleitores de uma circunscrição.

Dessa forma, o último requisito para que a regra de direito perfaça uma instituição-coisa é que haja órgãos de poder que apliquem, adequadamente, a ideia objetiva que dela decorre, cada qual dentro de um âmbito de competência próprio e delimitado, expressamente, na Constituição Federal, de forma que tais competências específicas e privativas, quanto às fontes de criação da regra de direito, não se superponham.

Com isso, cria-se um ambiente de segurança jurídica quanto a essas fontes produtoras das regras jurídicas postas e institucionalizadas, podendo, inclusive, apesar da rígida separação de competências entre esses órgãos, haver formas de colaboração entre Executivo e Legislativo em tal processo legislativo, como faz notar, inclusive, Heleno Taveira Torres (2011, p. 381-382):

> Da separação rígida de poderes aflora um regime de colaboração e participação do executivo na atividade legislativa, o que se verifica pela atribuição de poderes de iniciativa e de promulgação das leis ao Executivo ou mesmo pelo direito de legislar, à atuação do Poder Legislativo, por antecipação (medidas provisórias) ou por delegação (leis delegadas).

TEORIA INSTITUCIONAL DA PRATICABILIDADE TRIBUTÁRIA

Sendo a regra de direito uma perfeita instituição-coisa, segundo Hauriou (2009, p. 20), "[...] na qualidade de idéia, ela se propaga e vive no meio social, mas, visivelmente ela não engendra uma corporação que lhe seja própria; ela vive no corpo social, por exemplo, no Estado, tomando emprestado deste último seu poder de sanção [...]." E isso é feito porque, como uma ideia em estado objetivo, ela necessita da força de coerção dessas instituições corporativas subjetivadas e personificadas, órgãos de poder democraticamente eleitos através do poder de sufrágio, no qual também se revela o assentimento da comunidade a essa ideia objetivada, o que, em outras palavras, traduz umas das virtudes da integridade, qual seja o ideal da equidade que, segundo Ronald Dworkin (1999, p. 200), "[...] é uma questão de encontrar procedimentos políticos – métodos para eleger dirigentes e tornar suas decisões sensíveis ao eleitorado – que distribuem o poder político da maneira adequada."

Apesar de Maurice Hauriou fazer alusão somente ao Executivo e ao Legislativo como órgãos de poder organizados aptos a aplicar a instituição-coisa regra de direito, não se pode descurar que o Judiciário esteja legitimado, também, para tanto. Isso porque, na França, país de origem do declinado publicista, o Judiciário não era, à época dos seus escritos, nos primórdios do século passado, considerado, em sua plenitude, um órgão de poder autônomo na medida em que não podia rever, por exemplo, as atividades dos corpos administrativos, que eram objeto de um contencioso administrativo próprio.[123] Desse modo, a referência que ele faz ao Executivo abrange

---

123. Nesse sentido, vale a citação da seguinte passagem da obra do administrativista Hely Lopes Meirelles (1990, p. 44): "A Constituição de 3.8.1791 consignou: 'Os tribunais não podem invadir as funções administrativas ou mandar citar, para, perante eles comparecerem, os administradores, por atos funcionais.' Firmou-se, assim, na França, o sistema do administrador-juiz, vedando-se à Justiça comum conhecer de atos da Administração, os quais se sujeitam unicamente à jurisdição especial do contencioso administrativo, que gravita em torno da autoridade suprema do Conselho de Estado, peça fundamental do sistema francês. Essa orientação foi conservada na reforma administrativa de 1953, sendo mantida pela vigente Constituição de 4.10.1988."

tanto a sua atividade administrativa, de execução de ofício da regra de direito (lei) em prol da coletividade, quanto a função judicante, ou seja, de aplicação da regra jurídica provocada pelas partes em litígio para a resolução de um caso concreto específico envolvendo uma determinada lide.

Cabe ressaltar ainda que, embora os agentes políticos do Judiciário não sejam, no Brasil, por exemplo, democraticamente eleitos e não detenham aquilo que Maurice Hauriou chama de poder de sufrágio, ou o que Dworkin prefere denominar de virtude da equidade, esse órgão de poder obtém o assentimento da comunidade às suas regras de direito por outra via, de acordo com Thomas Bustamante (2012b, p. 541): "É pela via das teorias da argumentação que o Judiciário, mesmo carente de representação democrática característica do Poder Legislativo, pode legitimar as normas jurídicas que ele deixa assentadas em suas decisões." Assim, por meio do dever de fundamentação de suas decisões – artigo 93, IX, da CF (BRASIL, 1988) –, o seu discurso ganha contornos de racionalidade para ser justificado argumentativamente, passando as regras de direito postas pelos precedentes judiciais a ganhar foro de universalidade e a suprir, assim, o seu déficit de legitimidade democrática, naquele sentido mais equitativo.

Portanto, a separação dos órgãos de poder em função deliberante e executiva assegura, para Hauriou, a supremacia das competências de cada um deles, além de uma nítida limitação, nessas regras jurídicas postas, ao exercício dessas funções, evitando o seu uso arbitrário e despótico pelo Estado, como se nota a seguir (HAURIOU, 2009, p. 27):

> É a essa separação dos poderes, que acarreta uma separação ainda maior dos órgãos, que o poder deve o fato de não ser uma simples força, de ser, ao contrário, um poder de direito capaz de criar direito; as separações asseguram a supremacia das competências sobre o poder de dominação em direção ao qual, sem essa precaução, os órgãos seriam levados.

TEORIA INSTITUCIONAL DA PRATICABILIDADE TRIBUTÁRIA

Contudo, para que o Estado, dentro de suas competências, possa suplantar, por exemplo, a premente complexidade do subsistema tributário – que hodiernamente tornou-se um direito de massas –, urge reconhecer a existência de outra subideia que existe também objetivamente no sistema jurídico, mas de forma unicamente instrumental, visando assegurar a execução eficiente e coerente daquela outra ideia objetiva, contida na regra jurídica, que é a praticabilidade. E por isso, sendo a praticabilidade uma subinstituição-coisa que existe também para permitir a exequibilidade daquela instituição-coisa maior, regra de direito, esta como aquela terão os mesmos três requisitos necessários.

Por isso, apesar de a eficiência aliada à integridade dos princípios justificarem a comunhão de uma comunidade em torno dos subplanos decorrentes da subideia objetiva que perfaz a subinstituição-coisa praticabilidade, é imperativo que haja um entendimento dessas diversas vontades individuais, por intermédio de órgãos de poder organizados que, por meio de um procedimento próprio, deem-lhe concretização, de forma a poder executar, adequadamente, os planos que se revelam traçados na ideia objetivada nas regras de direito.

É nesse ponto que se verifica o último elemento exigido por Maurice Hauriou para que a praticabilidade seja também considerada uma instituição-coisa, pois, para a realização dessa ideia objetiva, considerada fundamental pela comunidade (COSTA, 2007, p. 92-93), o poder público se organiza para viabilizar a sua adequada aplicação. E essa organização, para propiciar uma execução positivamente eficiente e coerente das regras de direito, é feita por meio de órgãos de poder constitucionalmente constituídos, quais sejam Executivo e Legislativo, cada um dentro de sua esfera de atribuição.

Verifica-se, assim, a existência de órgãos de poder juridicamente organizados para dar concretude àquela subideia em estado objetivo advinda da praticabilidade que, como um subplano, tem por escopo propiciar uma aplicação otimizada das regras de direito do sistema normativo, coerente com os

317

princípios comunitários superpostos. Todavia, diversamente da regra de direito – em relação à qual o Legislativo está legitimado para deliberar e o Executivo e o Judiciário estão aptos para executá-la, de ofício ou mediante provocação, respectivamente, cada qual dentro do seu âmbito de competência –, ao se fazer referência à praticabilidade, a situação muda substancialmente, embora ambas sejam instituições-coisa. Isso porque, aqui, falece competência ao Judiciário para operar a praticabilidade por meio de um juízo positivo, pois não lhe foi outorgada confiança sistêmica pelos planejadores do sistema para aplicar as regras de direito de uma forma massificada, desconsiderando as diferenças concretas que lhe permitam fugir da "senda da casuística", como se verá oportunamente na seção 5.2.2.

A economia de confiança outorgada ao Judiciário para operar a praticabilidade nunca poderá ocorrer por meio de um juízo positivo, já que a sua esfera de confiabilidade sistêmica para operá-la fica restrita, somente, a um juízo meramente negativo, ou seja, cabe a esse órgão de poder, no que tange à utilização dessa subinstituição-coisa, estatuir limites ao âmbito de atuação do Executivo e do Legislativo quando agirem positivamente operando a praticabilidade, como será demonstrado na seção 5.2.2.1.

Desse modo, apenas Executivo e Legislativo estão legitimados a levar a cabo, numa perspectiva positiva, os subplanos objeto da subideia que subjaz da praticabilidade, embora o grau de confiança outorgado a esses órgãos para a aplicação e a execução de tal subideia seja bastante distinto. Todavia, para melhor compreender essa confiabilidade distinta, que não se confunde, de modo algum, com arbitrariedade, urge fazer uma breve incursão na teoria da economia da confiança desenvolvida pelo jurista norte-americano Scott J. Shapiro na obra "Legality", que esclarecerá o modo como essa confiança é distribuída dentro do sistema.

318

TEORIA INSTITUCIONAL DA PRATICABILIDADE TRIBUTÁRIA

5.1. A economia da confiança para Scott Shapiro

Para Scott Shapiro, como visto na seção 3.2 ao se abordar a ideia objetiva da regra de direito como planejamento, as normas jurídicas nada mais são do que planos dotados de meios para orientar comportamentos no intuito de atingir certos objetivos. A utilidade de tais planos, na concepção do jurista norte-americano, está em se estabelecer metas comuns entre os indivíduos, na medida em que eles têm a capacidade de coordenar comportamentos de agentes e indivíduos, em diversos contextos, que passam a ser, entre os participantes do plano, típicas ações compartilhadas intencionalmente (SHAPIRO, 2011, p. 120). Com isso, os planos se tornam fundamentais para que as pessoas resolvam vários problemas da vida em sociedade, mitigando-se os encargos existentes (SHAPIRO, 2011, p. 152). Ou seja, o planejamento que o direito promove permite que os membros daquela comunidade superem as diversas contingências que os cercam em face das suas limitações (SHAPIRO, 2011, p. 151).

Assim, o plano pode ser compreendido como o núcleo daquela ideia objetiva decorrente da regra de direito a que faz alusão Maurice Hauriou (2009, p. 20), porque o seu comando determina a cada um dos indivíduos aos quais é dirigido o que deve ser executado. Nada obstante, é impossível, como já estudado ao se abordar a regra de direito, que, segundo Shapiro, um plano venha a colmatar todos os aspectos comportamentais de um determinado agir, de forma que ele pode deixar um considerável espaço de discrição aos seus executores na realização de suas tarefas, para suprir o seu déficit de juridicidade. Desse modo, o ordenamento jurídico distribui, em escala distinta, confiança aos aplicadores e executores dos planos, de sorte que a confiança depositada permita e autorize uma maior ou menor discricionariedade do aplicador da norma, levando em conta a posição desse ator dentro do sistema. A esse critério de distribuição de confiança interpretativa, de aplicação e de criação do direito, feita pelos planejadores do sistema, à luz das competências que são estabelecidas

319

constitucionalmente, Shapiro (2011, p. 335-340) denomina de economia da confiança.

Nesse contexto, as maiores e as menores possibilidades de interpretação e de criação da norma jurídica serão sempre, segundo Shapiro (2011, p. 334-335), uma atividade relativa ao campo onde está situado o ator, dentro da economia da confiança que o sistema lhe outorgou. Portanto, a confiança (C_s) e a desconfiança (D_s) sistêmicas têm papel nodal na concretização dos planos pelos seus executores quando exercem o seu mister de executar e de aplicar o que foi traçado pelos planejadores do sistema.

Nesse sentido, vale a citação da seguinte passagem de sua obra (SHAPIRO, 2011, p. 331, tradução nossa):[124]

> [...] quanto mais confiança for depositada numa pessoa, maior será a discricionariedade atribuída; Inversamente, quanto menor for a confiança atribuída a alguém na vivência jurídica, menos discricionariedade lhe será outorgada. Ações de confiança são centrais para a metainterpretação do direito [...]

Sendo a confiança decisiva na construção e na reconstrução interpretativa dos planos, cujo objetivo final é estabilizar as expectativas de comportamento, a economia da confiança depositada em cada um dos partícipes delimitará o espaço que tal ator terá reservado para a concretização do plano imposto (SHAPIRO, 2011, p. 332). Assim, na execução dos planos, cada órgão do poder deve exercitar a sua competência dentro daquilo que os planejadores do sistema (constituintes) confiaram a ele, não exercendo mister que não lhe tenha sido reconhecido expressamente. Com isso, nos setores do sistema onde prevaleçam ações de desconfiança (D_s), haverá uma maior especificação conceitual,[125] diminuindo os espaços de

---

124. [...] that more trustworthy a person is judged to be, the more discretion he or she is accorded; conversely, the less trusted one is in other parts of legal life, the less discretion one is allowed. Attitudes of trust are central to the meta-interpretation of law [...].

125. Para uma melhor compreensão do que seja a distinção empreendida entre o

TEORIA INSTITUCIONAL DA PRATICABILIDADE TRIBUTÁRIA

discricionariedade do intérprete, ao contrário daqueles campos jurídicos onde prevalecem ações de confiança (C_s), em que poderá prevalecer o pensamento tipológico, com uma maior discricionariedade interpretativa.

Em suma, segundo Shapiro (2011, p. 336), nenhum critério de aplicação do direito pode permitir que os agentes refutem os múnus que os planos lhes impuseram ou tentem compensar a ausência de atribuições que os planos não lhes outorgaram. E é nesse ponto que devemos atentar para a economia da confiança, pois sistemas de desconfiança exigem dos executores dos planos métodos de concretização mais restritivos, enquanto que sistemas de confiança impõem métodos com menor rigor interpretativo e espaços maiores de discricionariedade.

Com isso, o sistema jurídico, procurando suprir a sua própria deficiência de juridicidade na realização dos planos, concebe mecanismos que capitalizam confiança em determinados atores e, por outro lado, compensam, com desconfiança, outros partícipes, até mesmo porque, de acordo com as lições de Scott Shapiro (2011, p. 336, tradução nossa),[126] "O único meio de observar a função de administração da confiança de um plano é respeitando a sua economia de confiança, ou seja, as ações de confiança e desconfiança que fundamentaram a sua criação."

Assim, as questões de maior ou de menor especificidade conceitual ou de prevalência do pensamento tipológico dizem respeito a como essa confiança é distribuída dentro do sistema por meio da planificação. Ou seja, quanto maior a confiança, menor será a necessidade de sua conceituação legal; porém, quanto maior a desconfiança, maior será o pensamento

---

chamado pensamento conceitual e o tipológico, remete-se o leitor à seção 2.1.1.1, da presente pesquisa, onde estão postos os pressupostos conceituais dessa discussão.

126. The only way to respect a plan's trust management function is to defer to its economy of trust, namely, the atitudes of trust and distrust that motivated its creation.

conceitual, sendo exigida mais regulação da matéria com uma menor discricionariedade interpretativa. E é por isso que o sistema pode capitalizar confiança ou compensar com desconfiança as ações dos seus agentes públicos para suprir os déficits de juridicidade dos planos (SHAPIRO, 2011, p. 338).

Scott Shapiro destaca dois possíveis argumentos metainterpretativos que podem ser desenvolvidos em relação à economia da confiança, quais sejam o do *God's-eye method* (método do olho de Deus) – que leva em conta a noção de confiabilidade dos próprios executores dos planos – e o do *planners method* (método dos planejadores) – que considera como mais apropriada a noção de confiabilidade dos próprios planejadores do sistema (SHAPIRO, 2011, p. 345). A perspectiva interpretativa do *God's-eye method*, aludida por Shapiro, aproxima-se daquela noção hermenêutica da comunidade benthamista referida nas seções 4.2 e seguintes, própria do pragmatismo-consequencialista de Richard Posner, enquanto a do *planners method* tem uma ligação mais estreita com a concepção de interpretação da comunidade convencionalista aludida na seção 4.3.1, que, segundo Shapiro, enquadra-se na perspectiva mais formalista preconizada por Anthony Scalia (SHAPIRO, 2011, p. 342-346). Isso porque, enquanto Posner tem uma maior desconfiança do legislador e uma maior confiança no magistrado, Scalia coloca a maior parte da carga da confiança sistêmica no Legislativo e restringe, bastante, a autonomia interpretativa dos demais operadores do direito.

Na verdade, o embate que Shapiro faz entre o textualismo do *planners method* e o propositivismo do *God's-eye method* realça a remissão àquela discussão, já exaustivamente debatida na seção 4.4, a respeito das comunidades libertária-garantista e benthamista, valendo mais, para o que se pretende discutir nesta seção, a sua conclusão de que a discussão de qual método deve prevalecer não pode ser resolvida aprioristicamente. É que a melhor maneira de interpretar, para o autor norte-americano, depende da confiança que o sistema

TEORIA INSTITUCIONAL DA PRATICABILIDADE TRIBUTÁRIA

depositará no agente e no setor do sistema em que ele está situado (SHAPIRO, 2011, p. 354-355).

Assim, no âmbito do direito tributário, por exemplo, onde prevalecem *authority systems* em detrimento de *opportunistic systems*, mais visível no direito dos contratos (SHAPIRO, 2011, p. 350) – por se trabalhar com conceitos mais fechados naquele do que neste setor jurídico e, com isso, ter-se uma maior desconfiança dos seus intérpretes e dos seus aplicadores com uma menor margem de discrição argumentativa –, os operadores jurídico-tributários terão uma menor discricionariedade do que a dos operadores do ramo do direito contratual. Até mesmo porque, na seara tributária, a aceitação dos planos decorre mais da própria autoridade planejadora, e não do seu conteúdo, ao contrário do que prevalece no direito contratual.

Nota-se, portanto, na construção teórica em tela, que todos os operadores, sejam oficiais ou não, têm um papel importante na tarefa interpretativa, ficando a sua atividade hermenêutica vinculada ao grau de confiança que lhe foi outorgado pelo sistema, como se pode observar na seguinte afirmação de Shapiro (2011, p. 358, tradução nossa):[127]

> Consequentemente, o metaintérprete deve sempre ter o cuidado de manter a sua posição no sistema dentro de uma visão global e adequar o seu método interpretativo de forma a harmonizá-lo com o grau de confiança que lhe foi outorgado.

Por isso, mesmo Shapiro adverte que o intérprete dos planos deve observar três etapas no seu mister, quais sejam, as de especificação, extração e avaliação, como faz notar a seguir (SHAPIRO, 2011, p. 359, tradução nossa):[128]

---

127. Consenquently, the meta-interpreter must always be carefull to keep her position in the system in full view, and to tailor her interpretative method so as to harmonize with the degree of trust accorded to her.

128. 1. *Specification* – What competence and character are needed to implement different sorts of interpretive procedures?
2. *Extraction* – (a) What competence and character that the planners believed actors possess led them to entrust actors with the task that they did? (b) Which syste-

> 1. Especificação – que competências e características são imperativas para a consecução de diferentes tipos de procedimentos interpretativos?
>
> 2. Extração – (a) que competência e características os planejadores vislumbraram nos atores, que os impeliram a atribuir, a esses mesmos atores, determinadas tarefas? (b) quais são os objetivos sistêmicos que os planejadores pretendem que os variados atores promovam e concretizem?
>
> 3. Avaliação – que procedimento melhor promove e concretiza os objetivos sistêmicos atribuídos aos atores, presumindo-se que eles, de fato, detêm as competências e características esperadas?

Portanto, para Shapiro, ao interpretar os planos, os atores devem **certificar** as diversas metodologias interpretativas para, a partir daí, **extrair** as incumbências que os planejadores do sistema lhes outorgaram dentro do seu âmbito de competência sistêmico e, com isso, identificar se o grau de confiança que lhes foi atribuído é absoluto ou relativo, possibilitando, assim, com o decorrer do tempo, que esses planos sejam construídos e reconstruídos. Por fim, a partir daquela certificação e extração prévia, é possível **avaliar** qual meio interpretativo melhor alcança os objetivos traçados nos planos, de acordo com o nível de confiança que foi outorgado pelo sistema.

Destarte, os setores do sistema com grau de confiança absoluto baixo são aqueles que buscam tutelar as liberdades e a segurança jurídica, prevalecendo o pensamento conceitual, como os ramos do direito tributário e penal, que têm um maior apelo ao textualismo do *planners method,* sendo inviável a outorga de uma alta dose de discrição interpretativa. Por sua vez, no setor do sistema em que prevalece a igualdade e a autonomia da vontade, o grau de discrição interpretativa poderá ser bem maior, garantindo-se um alto grau de confiança

---

mic objectives did the planners intend various actors to further and realize?
3. *Evaluation* – Which procedure best furthers and realizes the systemic objectives that the actors were intended to further and realize, assuming that they have the extracted competence and character?

TEORIA INSTITUCIONAL DA PRATICABILIDADE TRIBUTÁRIA

sistêmica por ter mais apelo, aqui, o propositivismo do *God's-eye method*, podendo prevalecer, deste modo, o pensamento tipológico, o que se verifica, por exemplo, no âmbito do direito contratual e das obrigações.

O mais importante, assim, é que o intérprete saiba identificar em que parte do sistema ele está atuando, para, com isso, conhecer qual o grau de confiança que lhe foi outorgado para a construção e reconstrução do que foi planejado. Desse modo, poderá agir dentro dos parâmetros estabelecidos, não desrespeitando a lógica dos planos postos no sistema jurídico pelos seus planejadores.

E é exatamente em virtude disso que Scott Shapiro adverte que o intérprete deve respeitar os estritos limites da moldura estabelecida por esses planos, dentro do espaço de confiança que lhe foi conferido. "Isso porque a lógica do planejamento é respeitada somente quando o processo de interpretação jurídica não desestabiliza aquelas questões que o direito objetiva estabilizar." (SHAPIRO, 2011, p. 398, tradução nossa).[129]

Dessa forma, pode-se notar que, apesar de Scott Shapiro tentar mostrar sua teoria do planejamento como sendo mais analítica, o que se observa, entretanto, é que, diversamente do preconizado, ela tem uma significativa justificativa moral ao distribuir a economia de confiança entre os diferentes operadores do direito de forma distinta, estando, portanto, bem mais próxima de uma teoria normativa do que o próprio Shapiro acredita estar. Isso porque o principal objetivo do seu sistema de planejamento é suprir os déficits de juridicidade do direito, resolvendo disputas morais da melhor maneira possível (BUSTAMANTE, 2012a, p. 227).

Conclui-se, desse modo, que, embora Shapiro se denomine um positivista exclusivo e pretenda que a sua teoria seja

---

129. For the logic of planning is respected only when the process of legal interpretation does not unsettle those questions that the law aims to settle.

meramente analítica, retirando dela qualquer substrato moral, ela, contraditoriamente, como anota Thomas Bustamante (2012a, p. 228), assume uma feição mais fortemente normativa, interpretativa e moral, ao introduzir objetivos a serem alcançados pelo direito, conforme a economia da confiança atribuída pelos planejadores do sistema, sendo essa, inclusive a sua contribuição mais importante para a construção de uma teoria jurídica de interpretação (BUSTAMANTE, 2012a, p. 249-250).

Exatamente por isso, se o intérprete verificar que a sua operação está fazendo referência a um ramo jurídico em que não foi outorgada uma confiança absoluta pelos planejadores do sistema, seja porque aqui se fazem prevalecer as liberdades, seja porque essa matéria é altamente contenciosa, a sua posição interpretativa será bem mais restritiva e textual, pois se estará diante de um *authority system,* no qual prevalece o textualismo do *planners method.*

Todavia, se se observar uma maior discrição interpretativa – porque em determinado setor jurídico prevalece a igualdade e a autonomia da vontade ou porque se tem uma menor contenciosidade por se estar diante de *opportunistic system,* no qual prevalece o *purposivism* próprio do *God's-eye method* – haverá um maior grau de confiança sistêmica outorgada pelos planejadores do sistema aos intérpretes-aplicadores, o que permitirá, de fato, uma maior liberdade de interpretação jurídica.

5.2. A distribuição da economia da confiança no sistema jurídico e a integridade dos princípios

O direito, como um sistema jurídico, segundo preconiza Joseph Raz (2012, p. 4), é "[...] normativo, institucionalizado e coercitivo, e essas são suas características mais gerais e importantes." O seu primeiro aspecto é ser normativo "[...] porque serve e deve servir como orientação para o comportamento humano." (RAZ, 2012, p. 4). Já o seu caráter institucionalizado

TEORIA INSTITUCIONAL DA PRATICABILIDADE TRIBUTÁRIA

diz respeito ao fato de que "[...] sua aplicação e modificação são, em larga medida, executadas ou reguladas por instituições." (RAZ, 2012, p. 4). E, por fim, sua outra característica é ser coercitivo, "[...] na medida em que a obediência a ele e sua aplicação são garantidas internamente, em última instância, pelo uso da força." (RAZ, 2012, p. 4).

Assim, apesar de se concordar, em parte, com as colocações de Raz, verifica-se que, por ter notas próprias e características, qualquer que seja a conotação filosófica sob a qual seja compreendido, o direito, como um sistema, deve se diferenciar funcionalmente de outros sistemas sociais, como a economia ou a política, por exemplo, trabalhando, por meio de binômios próprios. Por isso mesmo, para Niklas Luhmann, como já aludido anteriormente, o sistema jurídico é autopoiético,[130] ou seja, operacionalmente fechado em suas operações internas em relação a outros sistemas, embora, do ponto de vista semântico, sempre se abra para o ambiente exterior através de acoplamentos estruturais, pois as suas normas em geral, por questões, por exemplo, de praticabilidade, como visto na seção 2.2.3.1 com a norma tributária em branco do SAT, podem estar repletas de conceitos indeterminados, normas em branco e cláusulas gerais.

Em razão disso, tais acoplamentos decorrentes dessa abertura semântica, apesar de causarem irritações e perturbações no sistema, permitem que ele os absorva como informações novas e, por meio de seus próprios elementos, reinterprete-os e selecione-os, obtendo-se, assim, uma nova resposta para os problemas introduzidos, o que enseja o seu constante evoluir sistêmico. Exatamente por isso, Paulo Roberto Coimbra Silva (2007, p. 269) ressalta: "Os sistemas são, pois, operacionalmente fechados, mas devem ser arejados e permeáveis a

---

130. Para o jurista Marcelo Neves, países periféricos, como o Brasil, não alcançaram, ainda, sistemas verdadeiramente autorreferenciais, por não existir uma significativa diferenciação do sistema jurídico em relação a outros sistemas, como o político e o econômico, sendo para ele tais sistemas alopoiéticos (NEVES, 2006, p. 255-258).

EDUARDO MORAIS DA ROCHA

certas influências ambientais, na infindável tentativa de suprimir sua incompletude e provisoriedade."

Aliás, nesse sentido, valem as citações textuais das lições de Niklas Luhmann (1991-1992, p. 1433, tradução nossa):[131]

> Os conceitos gêmeos de fechamento e acoplamento estrutural excluem a ideia de uma informação vinda de fora entrar no sistema. Mesmo no caso das expectativas cognitivas, isso é impossível porque as seleções das informações são sempre construídas internamente, e as expectativas cognitivas nada mais são do que formas específicas de se estar preparado para as irritações (surpresas, imprevisibilidades). Mas, sem o acoplamento estrutural, não haveria perturbações e, ao sistema, faltaria qualquer chance de aprender e transformar as suas estruturas. Portanto, o acoplamento estrutural, juntamente com a complexidade interna suficiente, é uma pré-condição necessária para desenvolver referências e, com isso, construir ordem do barulho ou redundância da variedade. Comunicação nunca se torna pensamento, mas sem ser continuamente irritado pela comunicação, um indivíduo não se tornaria um indivíduo socializado; ele permaneceria dependente diretamente de seu fluxo de percepções, ou seja, dependente dos acoplamentos estruturais e, internamente, de outros tipos de referências.

Em outras palavras, para Luhmann, de acordo com Misabel Derzi (2009, p. 54), embora o sistema jurídico seja operacionalmente fechado e autorreferencial em relação ao ambiente, do ponto de vista cognitivo e semântico ele sempre será aberto. Cabe ressaltar que essa abertura do sistema

---

131. The twin concepts of closure and structural coupling exclude the idea of information "entering" the system from the outside. Even in the case of cognitive expectations this is impossible because selections of information are always internally constructed, and cognitive expectations are nothing but specific forms to be prepared for irritations (surprises, unpredictabilities). But without structural coupling there would be no perturbation and the system would lack any chance to learn and transform its structures. Hence, structural coupling, together with sufficient internal complexity, is a necessary precondition for building up regularities to construct order from noise or redundancy from variety. Communication never becomes thought, but without being continually irritated by communication, an individual would not become a socialized individual; it would remain dependent upon its flow of perceptions, that is, dependent upon structural couplings and internally constructed regularities of another type.

TEORIA INSTITUCIONAL DA PRATICABILIDADE TRIBUTÁRIA

jurídico, no que se refere à semântica, não o torna alopoiético, permanecendo autopoiético e autorreferencial, na medida em que os sistemas não absorvem as informações diretamente do ambiente como sendo novas, mas as selecionam e as reinterpretam através de elementos existentes dentro do próprio sistema.

Por isso, a teoria funcional luhmanniana combina autopoiese com seleção interna de dados coletados do ambiente, como ensina Marcelo Neves (2006, p. 61-62):

> Na teoria biológica da autopoiese, há, segundo Luhmann, uma concepção radical do fechamento, visto que, para a produção das relações entre sistema e meio ambiente, é exigido um observador fora do sistema, ou seja, um outro sistema. No caso de sistemas constituintes de sentido, ao contrário, a "auto-observação torna-se componente necessário da reprodução autopoiética." Eles mantêm o seu caráter autopoiético enquanto se referem simultaneamente a si mesmos (para dentro) e ao seu meio ambiente (para fora), operando internamente com a diferença fundamental entre sistema e meio ambiente. O seu fechamento operacional não é prejudicado com isso, considerando-se que sentido só se relaciona com sentido e só pode ser alterado através de sentido. Porém, a incorporação da diferença "sistema/meio ambiente" no interior dos sistemas baseados no sentido (a auto-observação como "momento operativo da autopoiese") possibilita uma combinação de fechamento operacional com abertura para o meio ambiente, de tal maneira que a circularidade da autopoiese pode ser interrompida através da referência ao meio ambiente. Portanto, na teoria dos sistemas sociais autopoiéticos de Luhmann, o meio ambiente não atua perante o sistema nem meramente como "condição infraestrutural de possibilidade da constituição dos elementos", nem apenas como perturbação, barulho, "bruit"; constitui algo mais, "o fundamento do sistema". Em relação ao sistema, atuam as mais diversas determinações do meio ambiente, mas elas só são inseridas no sistema quando este, de acordo com os seus próprios critérios e código-diferença, atribui-lhes sua forma.

Portanto, qualquer sistema, ainda que fechado autopoieticamente, deve, de algum modo, ter válvulas de escape para a realidade, pois, como lembra Misabel Derzi, mesmo Hans Kelsen – que pretendeu separar, drasticamente, os planos do ser do dever-ser – não olvidou que eles tivessem algum ponto de contato, como se nota a seguir (DERZI, 2013, p. 401-402):

> Também HANS KELSEN previa dois pontos (injustamente criticados por muitos), como pontos de contato com a realidade: a norma fundamental, como pressuposto fundante do sistema, e a concepção de validade-eficácia social, pois a norma jurídica sem qualquer eficácia, ainda que mínima, medida por sua observância social, deixaria de ter validade. Ambos, em especial a norma fundamental, são furos do dever-ser para o mundo do ser. Acresça-se, ainda, que HANS KELSEN pensou o ato normativo (a lei, a sentença, o ato administrativo), tanto como ato de aplicação da norma superior como ato normativo produtivo do Direito, dentro dos espaços de sentidos possíveis deixados ao operador. Todos esses pontos do real não recobertos pelo sistema da ciência pura.

Assim, embora o sistema jurídico seja autopoiético, ele necessariamente terá aberturas, pois seria impossível abarcar todos os dados da realidade. Como lembra Paulo Roberto Coimbra Silva (2007, p. 269), "O sistema é sempre inacabado e inacabável, sendo inexoráveis os constantes movimentos almejando sua evolução." Mesmo Claus-Wilhem Canaris (2002, p. 134-135) – para quem o sistema jurídico seria uma ordem axiológica e teleológica móvel e aberta – reconhecia a existência de subsistemas rígidos, fechados, imóveis, nesse sistema móvel, tendo em vista que, naqueles, ao contrário deste, a maior parte das notas seriam não graduáveis, fixas e irrenunciáveis.

Aliás, vale a advertência de Misabel Derzi (2013, p. 405-406), ao fazer distinção entre essas partes imóveis e móveis do sistema jurídico:

> Com isso, CANARIS demonstra os limites do sistema móvel, descobrindo-lhe a parte fixa [...]
>
> [...]
>
> Ele contém uma parte fixa e convive, dentro do Direito, com partes imóveis inerentes àqueles setores em que prevalece a segurança jurídica em relação à justiça como igualdade. Nos direitos

TEORIA INSTITUCIONAL DA PRATICABILIDADE TRIBUTÁRIA

reais, nos títulos de crédito e nas sucessões (diremos ainda no Direito Tributário e no Direito Penal), em que cresce a importância da segurança jurídica, avultam as previsões normativas rígidas, vazadas em conceitos determinados fechados.

Mas interessa ainda destacar que, naqueles sítios, onde se impõem a igualdade e as diferenciações relevantes, a ordem jurídica autoriza o sistema móvel, em que os elementos se combinam em número e intensidade variável, tudo disponível para abarcar as fluidas transições de um caso concreto a outro. Mesmo assim, ressalta o jurista, o sistema móvel sofre limitações, pois os elementos que o compõem são limitados pela própria ordem jurídica, o que reduz a possibilidade de se estender até o fim às peculiaridades de cada caso concreto.

Portanto, qualquer que seja a concepção que se adote de sistema jurídico, sendo fechado ou aberto, ele sempre terá presentes partes imóveis, fixas, não graduáveis, cujas notas serão irrenunciáveis e onde prevalecerá o pensamento conceitual sobre o tipológico, destacando-se, dentre eles, os direitos das sucessões, reais, penal e tributário.

Por isso, a confiança sistêmica interpretativa para a execução dos planos que subjazem da ideia objetiva das regras jurídicas será distribuída entre os diversos órgãos de poder organizados de forma diferente nas diversas ramificações do direito, de modo que as abstrações generalizantes contidas nesses planos podem ser mais abertas ou cerradas. Até porque, em se subdividindo o sistema jurídico em diversos ramos, ou melhor, em diferentes subsistemas, cada um deles obedecerá a princípios determinados, com especificidades e limites próprios (SILVA, 2007, p. 269).

O direito, mesmo tendo certa autonomia da moral, nunca deixa de estar engajado com uma determinada concepção de justiça e com os princípios que lhe servem de suporte, de forma que, da mesma maneira, os seus diversos ramos, ou subsistemas, como se preferir, observam prevalentemente princípios de justiça próprios e característicos, conforme o objeto ou bem da vida que se busca tutelar. Exatamente por isso, Neil MacCormick adverte que, no direito público, por exemplo,

EDUARDO MORAIS DA ROCHA

prevalecem discussões acerca de justiça distributiva, enquanto o direito penal envolve-se mais com questões de justiça retributiva e, no direito civil, por seu turno, sobressaem aqueles debates referentes à justiça corretiva (MACCORMICK, 2011, p. 325-326).

Dessa forma, se o operador estiver situado naqueles domínios onde prevalecem a justiça distributiva, a retributiva, a segurança jurídica e a proteção das liberdades individuais, a confiança depositada nele será menor, pois é onde preponderam os conceitos determinados e fechados através de regras jurídicas mais rígidas. Todavia, se no sítio em que ele estiver operando prevalecerem a justiça corretiva, a igualdade e a autonomia da vontade, a confiança depositada nele, pelos planejadores do sistema, será maior, tendo em vista que aqui se pode fazer valer o pensamento tipológico, por conter regras com tipos mais abertos, graduáveis e fluidos, cujas notas podem ser renunciadas ou deixadas de lado, para que esses operadores as reconstruam interpretativamente.

Destarte, enquanto no subsistema dos direitos dos contratos, por exemplo, na execução dos planos traçados pelas regras de direito, prevalece o propositivismo do *God's-eye method* – no qual se estabelece que a interpretação mais adequada é aquela em que se leva em consideração a impressão de confiabilidade dos próprios intérpretes –, no direito tributário, que é o subsistema jurídico que interessa mais especificamente a esta pesquisa, tem primazia o textualismo do *planners method*, o qual indica que a interpretação adequada deve levar em conta a nota de confiabilidade dos próprios elaboradores do plano.

Isso porque, como demonstrado na seção anterior, Shapiro estatui que a melhor argumentação interpretativa está sempre relacionada aos domínios jurídicos em que o operador do plano está situado, de modo que a prevalência do *planners method,* no direito tributário, decorre da aceitação do plano fechado dentro de conceitos determinados pela própria autoridade planejadora (*authority systems*), enquanto que, no

332

TEORIA INSTITUCIONAL DA PRATICABILIDADE TRIBUTÁRIA

subsistema dos contratos, a aceitação dos planos deriva mais do seu conteúdo concreto e próximo da realidade, por se estar diante de um *opportunistic system*, com regras contendo tipos mais abertos e cuja prevalência faz transparecer o *God's-eye method*.

Assim, na essência, a distribuição da confiança dentro do sistema, em geral, ocorrerá justamente para suprir as deficiências de juridicidade específicas de cada sítio jurídico, de modo que os planos contidos nas regras jurídicas administrarão, de forma planejada, o substrato de confiabilidade depositado nos operadores jurídicos de cada órgão de poder, ora capitalizando confiança por meio de tipos abertos, nos setores em que prevalecem os *opportunistic systems*, ora compensando com desconfiança, através de conceitos determinados e fechados, altamente especificados, naqueles setores em que predominam o *planners method*, dentre os quais se destaca o subsistema tributário.

Portanto, o sistema jurídico é arquitetado por seus planejadores, alocando a confiança sistêmica de maneira tal que os déficits de juridicidade dos planos sejam resolvidos ora com maior discrição interpretativa e menor rigor conceitual, ora com menor discrição e maior rigor, de modo a se respeitar a coerência exigida pelos princípios da equidade, da justiça e do devido processo legal adjetivo, virtudes de integridade de qualquer comunidade, impedindo-se, desse modo, o abuso, a exploração e o desvio interpretativo na execução do que foi planejado. E assim, a um só tempo, o sistema alia a economia da distribuição de confiança – decorrente dos planos traçados pelas instituições e destinados a seus agentes – à integridade dos princípios, que são pressupostos a esses mesmos planos e compartilhados pelos membros da comunidade em geral.

Com isso, apesar de os planos alocarem a confiança de modo diferenciado nos diversos subsistemas jurídicos, a discrição interpretativa dos órgãos de poder para a construção e reconstrução do que foi planejado para os seus intérpretes estará sempre vinculada ao parâmetro estabelecido pelas virtudes da integridade moral política daquela comunidade refletidas em princípios pressupostos a esses planos postos institucionalmente. E isso impedirá que abusos argumentativos que sirvam de pretexto para a construção ou reconstrução dos planos contidos nas regras de direito solapem o núcleo essencial das garantias principiológicas dos membros dessa sociedade.

Apesar de Scott Shapiro ser um ferrenho crítico e opositor de Ronald Dworkin, por entender que ele, equivocadamente, era também um adepto do formalismo e do convencionalismo, acredita-se que a teoria de planejamento do direito, proposta por aquele, pode se compatibilizar, perfeitamente, com a teoria do direito como integridade. Contudo, antes de demonstrar tal compatibilidade, cabe ressaltar que Shapiro (2011, 260-263) acusa Dworkin de ser um formalista, em razão da sua exigência de o juiz buscar sempre a resposta correta vinculada a argumentos de princípio. Isso porque, para Shapiro, Dworkin estabeleceria uma solução baseada na determinabilidade jurídica, não deixando espaço algum de conformação para a discricionariedade na criação do direito nos chamados casos difíceis, o que, para ele, faria com que Dworkin se enfileirasse nas trincheiras do convencionalismo jurídico.

Tal crítica de Shapiro soa como simplória e pueril, pois Dworkin (1999, p. 192) tece críticas ferrenhas às escolas formalistas, chegando, inclusive, a dizer que, no caso de uma escolha interpretativa entre a adjudicação pragmática de Posner e o formalismo do convencionalismo, aquela seria bem mais vantajosa do que esta: "[...] trata-se de uma concepção do direito mais poderosa e persuasiva do que o convencionalismo, e um desafio mais forte ao direito como completeza." (DWORKIN, 1999, p. 188).

Na verdade, a afirmação de Shapiro, de que a solução apresentada por Dworkin remete a uma determinabilidade jurídica, acaba por ignorar a sua descrição do romance em cadeia (DWORKIN, 1999, p. 275-279), no qual a sua

TEORIA INSTITUCIONAL DA PRATICABILIDADE TRIBUTÁRIA

argumentação jurídica não se vê amarrada somente ao passado, mas também voltada para o futuro, podendo o juiz romper com o passado, desde que o faça observando uma coerência argumentativa, pois a integridade é, antes de tudo, uma atitude interpretativa e construtiva, não um produto pronto e acabado como preconiza o formalismo.

Portanto, Dworkin (1999, p. 192) demonstra existir falhas no formalismo, pois ao pretender retratar "[...] a imagem do direito como uma questão de convenções – um jogo de espaços vazios entre as regras – apresenta uma descrição muito distorcida do modo como as práticas estabelecidas vêm a ser questionadas e modificadas [...]". E, exatamente por isso, ele pretende mostrar que uma comunidade pode aceitar, juridicamente, outra via argumentativa alternativa mais satisfatória e sofisticada do que a do formalismo para a justificação e a legitimação do direito pela comunidade, como já foi, inclusive, exaustivamente debatido nas seções 4.3.2 e seguintes. E esse argumento é pela integridade dos princípios que personificarão aquela comunidade, trazendo explicações bem mais plausíveis para a sua real legitimação (DWORKIN, 1999, p. 232).

Por tal motivo, a vida política na comunidade, nessa perspectiva interpretativa, ao contrário dos formalistas, "[...] é mais evolutiva que axiomática." (DWORKIN, 1999, p. 199), pois, se o ideal da integridade for aceito comunitariamente, ele irá exigir que as autoridades constituídas naquela localidade tutelem, igualmente e com imparcialidade, as liberdades dos seus membros.

Destarte, Dworkin, em momento algum, olvida que o intérprete tem maior economia de confiança interpretativa nos subsistemas jurídicos onde prevalece o pensamento tipológico do que naqueles sítios onde sobressai o pensamento conceitual. O que ele não admite é que os operadores de qualquer setor do sistema, em casos difíceis, possam agir de forma incoerente e hipócrita na construção e na reconstrução dos planos traçados pelas regras de direito. E essa coerência interpretativa dos planos será exigida por virtudes morais de equidade,

335

justiça e devido processo legal adjetivo, impondo que as metas e os resultados, que se objetiva alcançar em nome dos planos postos pelas instituições, jamais maculem o núcleo duro das garantias decorrentes de princípios contramajoritários pressupostos a tais regras de direito. Assim, a integridade funciona como uma baliza hermenêutica para a execução do que foi planejado nas regras postas.

Por isso, a economia da confiança outorgada aos intérpretes para suprir os déficits de juridicidade dos planos – maior ou menor conforme o subsistema em que estiver situado – exigirá deles um grande esforço interpretativo para saber, instintivamente, qual sentido objetivo será o mais coerente com os princípios personificados e, desse modo, só "[...] um pequeno conjunto de casos sobreviverá [...]" (DWORKIN, 1999, p. 294), excluindo outras diversas possibilidades de argumentação, o que limitará bastante a discricionariedade do seu horizonte interpretativo. Nessa linha de raciocínio, então, dentro da margem de economia de confiança dada pelos planejadores do sistema, considerando os diversos argumentos antagônicos que podem ser levados em consideração pelos operadores dos planos, "[...] uma interpretação é mais satisfatória se mostrar um menor dano à integridade que sua rival." (DWORKIN, 1999, p. 295).

Todo esse esforço argumentativo coloca parâmetros na discrição dos executores do plano e "[...] eliminará as interpretações que, de outro modo, alguns juízes prefeririam, de tal modo que os fatos brutos da história jurídica limitarão o papel que podem desempenhar, em suas decisões, as convicções pessoais [...]." (DWORKIN, 1999, p. 305). Portanto, nos *hard cases*, aqueles casos suscetíveis de mais de uma interpretação, o intérprete, ao contrário do que se possa pensar, não terá liberdade ou alternativa alguma para agir de modo incoerente e hipócrita. De fato, a única solução viável será aquela escolha que, dentro da preestabelecida margem de discrição decorrente da confiança outorgada, pode ser justificada historicamente, "em sua melhor luz", sob a perspectiva da moral política daquele corpo social (DWORKIN, 1999, p. 306).

TEORIA INSTITUCIONAL DA PRATICABILIDADE TRIBUTÁRIA

Assim é porque a integridade informa todo o direito e serve como balizamento para a economia da confiança depositada nos planos – queira Shapiro ou não – e é por isso que se afirma ser possível coadunar a perspectiva interpretativa de planejamento da regra de direito com a escolha feita, nesta pesquisa, pela proposta de Ronald Dworkin.[132] Será essa, portanto, a concepção de sistema jurídico que se adotará para demonstrar como a economia da confiança é depositada nos diversos órgãos de poder no subsistema tributário para a aplicação institucional da praticabilidade.

Apesar de, no direito tributário, os órgãos de poder institucionalizados não terem a margem de discrição que têm em outros ramos jurídicos para executar os planos traçados em suas regras – já que aqui predomina o pensamento conceitual, por prevalecer a impressão de confiabilidade dos elaboradores do plano (*planners method*), tendo em vista que a sua aceitação decorre mais da autoridade planejadora (*authority systems*) –, há também um espaço para resíduos tipológicos (DERZI, 2007, p. 316).

Isso porque, nada obstante em cada subsistema prevalecerem princípios próprios que respeitam as suas especificidades mais relevantes, o ordenamento jurídico nunca deixará de lado a sua unidade interna, de forma que seus subsistemas irão sofrer influxos uns dos outros, o que provocará irritações interiores, com uma relativa permeabilidade não somente em relação ao ambiente exterior, mas também entre eles próprios (SILVA, 2007, p. 269).

Exatamente por isso, as irritações que os resíduos tipológicos provocam na prevalência da especificidade conceitual reinante no subsistema tributário serão verdadeiros

---

132. Aliás, Thomas Bustamante já havia vislumbrado que essa pretensa incompatibilidade entre a teoria do planejamento e a do direito como integridade não ocorre da forma pretendida por Scott Shapiro, tendo em vista que sua teoria jurídica, além de fortemente normativa, está impregnada de um forte conteúdo moral, que faz com que a metainterpretação dela exija o mesmo tipo de interpretação construtiva de teorias como a de Ronald Dworkin (BUSTAMANTE, 2012a, p. 245-249).

acoplamentos estruturais internos intrassistêmicos, visíveis não apenas entre o sistema jurídico e o ambiente, mas também entre os seus diferenciados ramos.

Nesta toada, inclusive, são as esclarecedoras lições de Paulo Roberto Coimbra Silva (2007, p. 269):

> Se ao próprio sistema – sem prejuízo de seu fechamento operacional – são admitidos acoplamentos estruturais, inevitavelmente o mesmo há de ocorrer entre seus subsistemas, cujos lindes tendem a ser operacionalmente fechados, mas permeáveis à vigorosa influência dos princípios gerais fundantes e estruturantes.

Assim, embora prevaleça o raciocínio por meio de conceitos determinados, existe campo para uma residual margem de discrição do operador, onde se verifica, nesses resquícios de irritações tipológicas, uma certa flexibilidade decorrente de uma maior confiabilidade nos próprios intérpretes, característica do *God's-eye method*, típica de *opportunistic systems*, fora das características próprias do subsistema tributário pelo fato de, nesse ponto, excepcionalmente, a aceitação dos planos derivar mais do seu conteúdo do que de sua autoridade.

Nesses resíduos tipológicos decorrentes de irritações intrassistêmicas, embora operando no subsistema tributário, o operador jurídico do órgão de poder terá estruturas jurídicas mais graduáveis e flexíveis. Apesar de não se poder chamá-las de verdadeiros tipos abertos, tendo em vista que os impostos serão sempre fruto de conceituação legal taxativa, e não se admitindo formas de imposições tributárias mistas, "[...] não se está a negar a existência de uma zona cinzenta ou da chamada zona de penumbra de Carrió [...]." (DERZI, 2007, p. 314).

A propósito, Misabel Derzi cita os seguintes exemplos como resíduos tipológicos: "[...] imposto sobre importação, a exportação, a produção industrial, operações financeiras e câmbio – com relação aos quais o Poder Executivo pode alterar a alíquota. A lei só fixa os limites dentro dos quais será exercida a discricionariedade." (DERZI, 2007, p. 316).

TEORIA INSTITUCIONAL DA PRATICABILIDADE TRIBUTÁRIA

E esses resíduos tipológicos são observados, com mais clareza, naqueles campos do direito tributário em que, pela impossibilidade de a regra de direito prever com determinação conceitual todas as vicissitudes da realidade, o legislador deixa aberto um espaço para o administrador identificar a situação prática e concretizá-la de modo mais adequado (COSTA, 2007, p. 178). Esse resquício do *God's-eye method* na seara tributária, no qual todos os seus critérios de aplicação não são definidos conceitual e aprioristicamente pelo legislador, pode ser observado, além dos exemplos acima declinados por Misabel Derzi, também na praticabilidade refletida na norma geral antielisiva – de constitucionalidade duvidosa –, ou na norma tributária em branco do SAT, como já visto na seção 2.2.3.1 desta pesquisa, "[...] cujo conteúdo é passível de ser integrado por ato administrativo normativo, com vistas à sua atualização." (COSTA, 2007, p. 250).

Isso porque, apesar de a liberdade individual e a segurança jurídica fazerem prevalecer, claramente, a especificação conceitual no subsistema tributário, há setores, nesse ramo jurídico, em que tais vetores são mitigados, mas não desnaturados, em nome de interesses institucionais outros, como, por exemplo, a praticabilidade na administração agressiva, o que muito bem ressalta Misabel Derzi (2007, p. 317):

> O Poder Executivo vem, então, instituindo e reinstituindo tributos sem lei, exatamente naquele setor onde a segurança jurídica é enfraquecida em nome de outros interesses e valores considerados não menos relevantes. Setor no qual podemos falar, ainda que em caráter restrito, de resíduos tipológicos.

Mas tais resíduos tipológicos não são facetas aferíveis somente em subsistemas como o tributário, já que, no penal, também é possível atentar para certas estruturas jurídicas, nas quais o pensamento conceitual é deixado um pouco de lado, passando-se a operar, de certo modo, com possibilidades de gradação e comparação, como se observa no campo da dosimetria da pena, em que a sua gradação é fixada dentro de parâmetros máximos e mínimos (DERZI, 2007, p. 317). Por isso é que, "[...] em todo ramo jurídico, existem tais reservas ou resíduos tipológicos em maior ou menor grau, que jamais se extinguem. Estão a serviço de princípios – valores – jurídicos e configuram aquilo que se denomina de 'respiradouros' do direito." (DERZI, 2007, p. 241).

Todavia, qualquer que seja o grau de confiança depositado no operador de determinado órgão de poder que esteja atuando no subsistema tributário – menor, se estiver operando por meio de conceitos determinados, dentro de uma zona onde prevalecem princípios referentes às liberdades e à segurança jurídica; maior, se estiver autorizado a agir por resíduos tipológicos –, a sua discrição interpretativa estará sempre delimitada pela coerência da sua ação, revelada pelas virtudes da integridade, que servirão, sempre, como pauta da sua conduta e limite para a sua liberdade argumentativa. Isso evita eventuais abusos e desvios interpretativos que uma alocação inadequada de confiança pelos planejadores do sistema possa acarretar, já que os objetivos traçados nos planos podem, muitas vezes, utilitariamente, em nome do bem-estar coletivo, tentar macular o núcleo essencial de garantias fundamentais de uma minoria refletidas em princípios contramajoritários, que são verdadeiros limites negativos ou direitos de defesa dos indivíduos singularmente considerados.

A virtude da integridade, portanto, impõe que todos os membros de determinada comunidade sejam tratados com igual respeito e consideração. E exatamente por esse motivo, ela permite a qualquer deles controlar, posteriormente, por meio de mecanismos institucionalizados juridicamente – como pelo Judiciário, por meio de um juízo negativo, por exemplo –, a forma como a economia da confiança é distribuída pelos planejadores do sistema em cada subsistema e também verificar e aferir se os órgãos de poder organizados a estão aplicando corretamente, dentro das margens e dos parâmetros de confiabilidade preestabelecidos, como se poderá observar com mais vagar na seção 5.2.2.1. Isso tudo se faz,

TEORIA INSTITUCIONAL DA PRATICABILIDADE TRIBUTÁRIA

também, de acordo com os princípios morais pressupostos aos planos institucionalizados e condizentes com cada setor de cada subsistema jurídico que compõe o ordenamento jurídico como um todo.

5.2.1. Da economia da confiança atribuída aos órgãos de poder organizados

No subsistema jurídico-tributário, para a concretização das regras de direito positivadas objetivamente, os órgãos de poder institucionalizados subjetivamente (instituições corporativas) têm uma menor margem de confiança para executar o seu mister, tendo em vista que, nessa seara, prevalece o pensamento conceitual, em que pese a existência de resíduos tipológicos.

Nada obstante, mesmo naqueles sítios em que prevalece o pensamento tipológico, local onde esses órgãos de poder têm uma maior confiabilidade interpretativa, observa-se que, na verdade, o sistema jurídico, como um todo, existe autopoieticamente, apesar de Claus-Wilhem Canaris (2002), por exemplo, ter uma concepção divergente, como visto anteriormente.

Por tal motivo, esse fechamento operacional do sistema é imperativo para um verdadeiro Estado Democrático de Direito, não somente para que, segundo Misabel Derzi, seja uma reação ao "vale-tudo",[133] que permita chegar ao real

---

133. Neste ponto, merece destacar o que seria a denominada reação "vale-tudo", nas palavras da própria jurista mineira: "Não obstante, essa compreensão mais profunda das coisas, em especial do papel criador do juiz, não autoriza um 'vale-tudo', sem controle, que leva à negação da separação dos poderes e, com isso, da ordem jurídica e do Estado de Direito; nem tampouco se pode perder a idéia de tipo em acepção técnica e restrita, inerente ao Direito Civil, na parte dos contratos, para se extrair a idéia equivocada de que toda flexibilidade ou mutação de sentido, simples evolução dos conceitos, inclusive jurisprudencial, seria ainda tipo, como ordenação fluida do pensamento, nos setores em que o Direito positivo jamais autorizou essa forma de raciocínio, assim como no Direito Civil, na parte dos direitos reais ou da sucessão, no Direito Penal ou Tributário. Enfim, a forma de raciocinar por meio de conceitos, agora iluminados pelos significados alternativos ou possíveis da palavra, não apenas encontra seu lugar no Direito, mas é ainda essencial à própria

conhecimento científico, mas porque, assim agindo, dentro da concepção sistêmica luhmanniana, o Judiciário e mesmo o Executivo, por estarem situados na parte central do sistema jurídico, ficam impedidos de selecionar informações diretamente do ambiente externo (como os sistemas econômico, social ou político). De outro ângulo, o legislador, por estar na periferia, operando nas porosidades desse sistema, direcionado para *output*, funciona, para Misabel Derzi, apoiada nos escólios de Luhmann, como um primeiro filtro, no qual as informações desses outros sistemas são processadas e introduzidas para dentro do próprio direito (DERZI, 2009, p. 57).

Assim, nesse modelo sistêmico, funcional e autopoiético, Executivo e Judiciário voltam-se, em regra, para o *input* do sistema, operando as informações que já foram seletivamente nele introjetadas, em regra, por meio da dogmática ou das leis postas pelo legislador. Por isso mesmo, o Legislativo tem sempre compromisso com o futuro. Daí que estatui regras de conduta gerais e universais, voltadas para *output*, como expectativas normativas, valendo-se de princípios mais ou menos abertos, cláusulas gerais sempre abertas e de conceitos abstratos, mais ou menos determinados, mais ou menos tipificados (DERZI, 2009, p. 207-210).

Destarte, o sistema jurídico deve ser fechado, autorreferencial, não admitindo em suas operações a abertura para outros sistemas, de modo que Executivo e Judiciário, por ocasião da aplicação das leis, não possam selecionar diretamente as informações da economia, por exemplo, como se verifica na comunidade benthamista, pois, na comunidade personificada, tais fatos econômicos são introjetados, de maneira deformada e *a posteriori*, no sistema jurídico pelo Legislativo, que tem a competência própria para decodificar a linguagem econômica e suas respectivas informações, tornando-as jurídicas (DERZI, 2009, p. 223-224).

---

autonomia e auto-referência do sistema jurídico, como quer NIKLAS LUHMANN." (DERZI, 2009, p. 105).

TEORIA INSTITUCIONAL DA PRATICABILIDADE TRIBUTÁRIA

No sentido da nítida separação do sistema econômico e jurídico, vale a transcrição da seguinte passagem da obra de Niklas Luhmann (1991-1992, p. 1435, tradução nossa):[134]

> O sistema econômico depende dos códigos de propriedade e dinheiro. Sem uma clara divisão entre o ter e o não ter direitos de propriedade, as transações não seriam possíveis. Todavia, as consequências econômicas e jurídicas de uma transação são completamente diferentes, porque elas ocorrem em diferentes sistemas, com diferentes redes recursivas sob diferentes critérios e condições concretas. Os sistemas econômico e jurídico são e permanecem separados, e ambos operam sob a condição do fechamento operacional, porém, para isso, necessita-se de um mecanismo de acoplamento estrutural, acima de tudo, na forma de propriedade e contrato.

Apesar de adotar o direito como operacionalmente fechado e funcionalmente diferenciado de outros sistemas, Luhmann jamais aceitou a concepção isolacionista de setores do positivismo formalista que defendiam a completude do direito como um produto pronto e acabado. Isso porque, na sua autopoiese, o sistema não se fecha totalmente para o ambiente, já que, embora nas suas operações internas utilize códigos e critérios próprios, fazendo uma autorreferência, no plano da linguagem, ou melhor, da cognscibilidade, ele sempre se abre ao fazer uma heterorreferência a outros sistemas.

Acerca desse paradoxo entre o fechamento e a abertura do sistema em relação ao ambiente, releva notar a seguinte passagem das lições de Marcelo Neves (1994, p. 110):

> A positivação do Direito na sociedade moderna implica o controle do código-diferença "lícito/ilícito" exclusivamente pelo

---

134. The economic system depends on the codes of property and money. Without a clear divide between having and not having property rights, no transaction would be possible. Nevertheless, the economic and the legal consequences of a transaction are completely different because they occur in different systems in different recursive networks under different criteria and concrete conditions. The economic and the legal systems are and remain separate, and both operate under the condition of operational closure; but this needs a specific mechanism of structural coupling, above all in the form of property and contract.

343

sistema jurídico, que adquire dessa maneira seu fechamento operativo. Nesse sentido, a positividade do Direito é conceituada como autodeterminação operacional do Direito. Assim como em relação aos outros sistemas sociais diferenciados, não se trata aqui de autarquia (quase), privação de meio ambiente. Se o fato de dispor exclusivamente do código-diferença "lícito-ilícito" conduz ao fechamento operacional, a escolha entre lícito e ilícito é condicionada pelo meio ambiente. Por outro lado, a autodeterminação do Direito fundamenta-se na distinção entre expectativas normativas e cognitivas, que só se tornaram claras a partir da codificação binária da diferença entre lícito e ilícito exclusivamente pelo sistema jurídico. Com base na distinção entre normativo e cognitivo, o fechamento operativo do sistema jurídico é assegurado e simultaneamente compatibilizado com sua abertura ao meio ambiente. À respeito escreve Luhmann: "sistemas jurídicos utilizam essa diferença para combinar o fechamento da autoprodução recursiva e a abertura de sua referência ao meio ambiente. O Direito constitui, com outras palavras, um sistema normativamente fechado, mas cognitivamente aberto."

Assim, para Marcelo Neves, Luhmann quis deixar claro que, convivendo ao lado da política e da economia, o direito é um dentre os diversos sistemas sociais que podem condicionar, em graus diferentes, a produção e a criação do próprio direito. Ocorre, todavia, que as informações que o sistema jurídico colherá desses outros sistemas existentes, que são abertos por meio da comunicação e da linguagem, serão processadas e operacionalizadas por meio de filtros próprios. Ao selecioná-las, esse sistema irá reinterpretar tais informações segundo seus códigos, nas suas operações internas, permitindo com isso a sua constante evolução.

Em outras palavras, para Luhmann, apesar de o sistema jurídico ser operacionalmente fechado e autorreferencial em relação a outros sistemas sociais – já que o Judiciário e o Executivo selecionam as informações a partir de elementos do próprio sistema jurídico –, do ponto de vista cognitivo ele sempre será aberto (DERZI, 2009, p. 54). Cabe ressaltar, todavia, que essa abertura do sistema, no que diz respeito à semântica, não o torna alopoiético, tendo em vista que os sistemas não absorvem essas informações diretamente do ambiente como se fossem novas, porém as selecionam e as reinterpretam por meio de parâmetros internos próprios.

Por isso mesmo que, em qualquer sítio do sistema jurídico autopoiético em que estiver situado – seja no *authority systems*, onde prevalece a especificação conceitual e a aceitação dos planos, contidos nas regras de direito, decorrentes da autoridade dos planejadores do sistema, seja no *opportunistic systems*, onde prevalece o pensamento tipológico e a aceitação desses planos decorre mais de seu conteúdo –, o Legislativo terá sempre uma maior margem de confiabilidade do que o Executivo e o Judiciário.

Assim é porque, apesar de ter sempre a obrigação de adequar as suas regras àquilo que foi determinado pelos planejadores do sistema na Constituição e nos princípios compartilhados comunitariamente, o legislador estará sempre situado na periferia do sistema e, por isso, ser-lhe-á confiado colher e selecionar informações diretamente desses outros sistemas (*output*), como o econômico, por exemplo, e convertê-las em informações novas, introjetando-as de forma recodificada para o interior do sistema jurídico.

Ao Judiciário e ao Executivo, pelo contrário, não foi outorgado esse nível de confiança absoluto, e sim relativo, já que ambos, conforme visto, por estarem situados no centro do sistema, não podem selecionar tais informações diretamente de outros sistemas sociais. Esses órgãos de poder somente podem selecionar aquilo que já passou pelo filtro do legislativo (*input*), de forma que a sua margem de confiança para operar tais informações será sempre menor, por serem dependentes desses conversores internos, tendo em vista que, do ponto de vista operacional, as informações econômicas, por exemplo, serão processadas a partir do que foi recodificado nas vias legislativas.

Desse modo, na execução dos planos contidos na Constituição e que foram traçados pelos planejadores do sistema, o Legislativo sempre terá uma economia de confiança maior que os demais órgãos de poder constituídos. Isso porque, na fase que Shapiro (2011, p. 359) chama de extração interpretativa dos planos, cada órgão receberá níveis de confiança distintos, de acordo com o seu grau de confiabilidade, que pode ser tanto absoluto quanto relativo. Contudo, durante esse processo de extração, na interpretação, a economia da confiança não é apenas identificada, mas também reconstruída interpretativamente no processo de concretização desses planos pelos órgãos institucionalizados.

Por isso, as regras de direito postas pelo legislador terão maior grau de confiança do que do que aquelas infralegais. Até porque, além da hierarquia aludida por Shapiro (2011, p. 368-370), o legislador seleciona diretamente elementos do *output* do sistema, enquanto os demais órgãos operam somente por meio de informações colhidas recodificadamente no seu *input*.

E assim, a partir da definição das diferentes competências que os planejadores do sistema acreditaram a esses distintos órgãos de poder institucionalizados, será possível definir quais objetivos sistêmicos o Legislativo, o Executivo e o Judiciário foram incumbidos de promover – positiva ou negativamente – e realizar em relação à subinstituição-coisa praticabilidade, nos limites da economia de confiança que lhes foi outorgada.

5.2.1.1. A economia de confiança atribuída ao Legislativo e ao Executivo para a execução da praticabilidade no subsistema tributário

Como visto, os órgãos de poder organizados institucionalizados têm uma menor economia de confiança para executar os planos estatuídos nas regras de direito no âmbito do subsistema tributário em comparação a outros subsistemas jurídicos, pois a alta especificação conceitual que sobressai, nesse sítio, faz com que o substrato de confiabilidade nos seus atores seja compensado com desconfiança e pouca capitalização de confiança.

Na seara tributária, em razão dos conceitos altamente determinados, que são traçados nas suas regras, prevalece a impressão de confiabilidade dos elaboradores dos planos (*planners method*), em detrimento dos próprios órgãos de poder legitimados para a sua aplicação, já que aqui se tem um *authority system*, onde a aceitação do que foi planejado decorre mais da autoridade planejadora do que a do próprio conteúdo executado.

Apesar de a grande especificação conceitual fazer ressaltar a menor margem de confiabilidade dos operadores jurídicos no subsistema tributário, ao Legislativo será sempre capitalizado um maior grau de confiança sistêmico do que ao Executivo, que enxergará os outros sistemas sociais, que não o jurídico, pelos olhos do Legislativo, por estar situado no centro do sistema, enquanto que o legislador, por estar na periferia do sistema jurídico autopoiético, poderá coletar, por exemplo, informações diretamente do sistema econômico para, recodificando-as, reconstruir os planos traçados. Os planos contidos nas regras do Legislativo são mais genéricos e abstratos e, na sua execução, irão ramificar-se em subplanos mais específicos e determinados, contidos nas regras postas pelo Executivo, de forma a orientar a atividade de todos os membros da comunidade, possibilitando-lhes ter "[...] os melhores meios de evitar conflitos e, assim, eliminar a necessidade de deliberar a todo instante sobre como impedi-los [...]." (SHAPIRO, 2011, p. 152, tradução nossa).[135]

Destarte, para muitas vezes dar exequibilidade aos planos contidos nas regras de direito postas pelo legislador (instituição-coisa), o Executivo poderá se socorrer de subplanos,

---

135. [...] the best ways to avoid conflict and hence eliminate the need to deliberate at every turn about how to steer clear of trouble [...].

ou melhor, da subinstituição-coisa denominada praticabilidade para, com isso, "[...] não somente reduzir os custos e aumentar a previsibilidade de comportamento, mas também tornar mais fácil a criação de uma ética de respeito em toda a comunidade." (SHAPIRO, 2011, p. 153, tradução nossa).[136]

Portanto, nesse contexto, a praticabilidade não deixa de ser um subplano existente para que o sistema possa superar as deficiências morais de juridicidade dos planos mais genéricos e abstratos, traçados e contidos nas demais regras de direito institucionalizadas (SHAPIRO, 2011, p. 172), as quais, no direito tributário, são mais especificamente chamadas de regra-matriz de incidência tributária.

Assim, é possível afirmar que ela é uma verdadeira instituição-coisa de cunho instrumental que permite, por meio do planejamento, suplantar a complexidade inerente ao subsistema tributário e cujo principal escopo é compensar os déficits de juridicidade de aplicação dos planos contidos nas regras-matrizes de incidência. E é em razão disso que os órgãos Executivo e Legislativo devem sempre estar atentos às suas respectivas posições no sistema – de modo a harmonizar a criação dos seus subplanos, decorrentes da praticabilidade, ao grau de confiança a eles atribuído pelos planejadores do sistema na Constituição – e à própria integridade exigida da legislação como um todo.

Por isso, a liberdade de criação normativa do Executivo, por meio da praticabilidade, será sempre mais restrita que a do Legislativo, pois os atos administrativos de qualquer ordem, mesmo de conteúdo normativo, que tenham como escopo facilitar a execução da *lex* devem sempre ficar adstritos aos comandos da lei em sentido formal. Por tal razão, Regina Helena Costa ressalta que a praticabilidade que pode ser empreendida pelo Executivo no seu múnus fica restrita àquilo que o próprio ato administrativo "[...] pode dispor, ao conteúdo

---

136. [...] are able not only to economize on costs and increase predictability of behavior, but also to facilitate an ethic of respect among the entire community.

TEORIA INSTITUCIONAL DA PRATICABILIDADE TRIBUTÁRIA

que pode abrigar, nos estritos limites traçados pela lei – esta, sim, veículo amplo para suas manifestações." (COSTA, 2007, p. 391).

E é exatamente por esse motivo que, mesmo prevalecendo no direito tributário o *planners method,* não se pode comparar a margem de discrição do Legislativo à do Executivo para a utilização da praticabilidade, pois a economia da confiança outorgada ao primeiro órgão é maior do que a do segundo, já que a lei retira o seu fundamento de validade diretamente da Constituição, enquanto que o ato administrativo, ato normativo secundário, deve, em regra, além de submeter-se aos dispositivos constitucionais, também retirar a sua validade de uma lei, ato normativo primário, não podendo, salvo raríssimas exceções, inovar na ordem jurídica.

Assim, nem sob o pretexto de otimizar e simplificar a execução de determinada lei por razões de eficiência, o Executivo poderá, ao recorrer à praticabilidade, exercitar competências e atribuições exclusivas de ato normativo primário e que, por tal razão, não lhe foram confiadas. Isso porque os planejadores do sistema compensaram com desconfiança os atos normativos secundários, enquanto que capitalizaram de confiança os atos normativos primários, conforme se pode observar no disposto no artigo 84, IV, da Constituição Federal (BRASIL, 1988).

Portanto, apesar de ser lícito, positivamente, aos órgãos Executivo e Legislativo o recurso à subinstituição-coisa praticabilidade, a economia da confiança sistêmica deste último, como já visto, é maior do que a daquele. Desse modo, o espaço reservado à lei é mais amplo do que o do ato administrativo para a criação, por exemplo, de padronizações que, de um modo geral, facilitem e otimizem, em nome da eficiência e da economicidade, a concretização da ideia objetivada nos planos contidos nas demais regras de direito.

Cabe ressaltar, todavia, que Onofre Alves Batista Júnior, apoiado nas lições do jurista português Paulo Otero (BATISTA

JÚNIOR, 2012, p. 73), por exemplo, discorda, frontalmente, dessa visão – considerada por ele como exacerbadamente positivista – que coloca como secundária e coadjuvante a atuação do Executivo em relação ao Legislativo. É que, para o declinado publicista mineiro, o Executivo exercitaria, também, uma relevante função política, não restrita somente a fazer valer a vontade mecânica do legislador, indo muito além disso, já que, ao realizar a sua atividade de concretização do direito, ele "[...] põe em curso, por si, a vontade do Estado, os desígnios constitucionais." (BATISTA JÚNIOR, 2012, p. 73).

Nesse sentido, vale a citação de um trecho relevante da obra de Onofre Alves Batista Júnior, no qual esse autor critica, veementemente, aqueles que pretendem que haja uma subordinação irrestrita e cega da atividade administrativa à lei, como se ela pudesse exaurir, em si, todas as diretrizes políticas possíveis e imagináveis (BATISTA JÚNIOR, 2012, p. 73-74):

> É verdade que a desmistificação do poder sacrossanto da lei, como fonte bastante de todas as soluções, desnudou a percepção de que a mera observância literal dos ditames legais não é capaz de possibilitar o cumprimento do próprio objetivo maior da AP de proporcionar o bem comum, o melhor interesse público possível. O entendimento de que a atuação da AP deve apenas se subsumir aos ditames da lei bem atende às máximas do positivismo, mas é de escassa utilidade para os anseios do Estado Democrático de Direito eficiente, que tem tanto funções garantísticas como deveres prestacionais e, para tanto, deve ser eficiente.
>
> Por isso, a AP, ao invés de mera executora servil dos ditames da lei, merece ser vista como a gestora concreta do bem comum, por certo limitada pelos termos da lei e pelo cravado pelo ordenamento jurídico. De mais a mais, em especial em sistemas presidencialistas, como o brasileiro, o Executivo é legitimado pelas urnas e é conduzido ao posto pela maior porção de votos.
>
> Em resumo, o Executivo legítimo é também fonte orientadora e fundamentadora da atuação da AP, podendo e devendo nortear a função administrativa. Dessa forma, não tem uma mera função de segundo grau com relação à lei, em que pese lhe dever respeito, sob pena de ofensa à máxima posta pelo desenho de

TEORIA INSTITUCIONAL DA PRATICABILIDADE TRIBUTÁRIA

> Estado de Direito. Em segundo lugar, a AP vista como a gestora concreta do bem comum é instrumental e centrada nesse desiderato maior. Para tanto, é limitada, em sua atuação, aos ditames da lei, e apenas pode atuar com fundamento nas normas do ordenamento jurídico, que lhe atribui, apenas para cumprir a sua finalidade de bem atender ao bem comum, um poder-dever finalisticamente orientado e vinculado.
>
> Enfim, a AP é um complexo organizativo predisposto pelo ordenamento jurídico, em especial pelo Legislativo, para realizar, de modo equilibrado e democrático, as finalidades traçadas na Constituição.

A alusão à passagem acima, apesar de extensa, tem a serventia de demonstrar que a pretensa contradição de enfoques entre esta pesquisa e a concepção declinada, no que tange à atividade administrativa, como secundária, e a lei, como primária, é apenas retórica e tão somente aparente.

Isso porque, apesar de, neste trabalho, utilizarem-se expressões consagradas juridicamente como ato normativo secundário e primário para fazer referência, respectivamente, a atos do Executivo e do Legislativo, jamais se olvidou que a lei, como qualquer outro ato normativo legal, não pode exaurir toda a atividade do administrador público. Tanto é assim que haverá, principalmente nos chamados atos discricionários, um espaço político de discrição do administrador, espaço que, todavia, será sempre balizado por parâmetros não somente de eficiência, mas, também, por virtudes de integridade. E é exatamente isso que irá distinguir a comunidade convencionalista da personificada, como amplamente já discutido nas seções 4.3.1 e seguintes.

Por esse motivo, na comunidade personificada – que é a vertente comunitária adotada nesta pesquisa para legitimar a praticabilidade –, os membros dos órgãos de poder executores da lei não se restringem a uma atividade interpretativa mecanicista, voltada, exclusivamente, para as convenções legais positivadas no passado. Tais operadores jurídicos, dentre os quais se inclui o administrador público, devem sempre, ao concretizar as regras de direito, buscar aquela solução ótima e eficiente que melhor atenda aos interesses e anseios dessa comunidade e, ao mesmo tempo, respeite as garantias individuais dos seus membros, sem ficar presa às amarras de uma legalidade extremamente formalista e cega.

O romance em cadeia, proposto por Ronald Dworkin ao fazer alusão a Hércules, como já observado na seção 4.3.2.2, embora preconizado para os juízes, tem, também, serventia prática para a administração pública, na medida em que os administradores, como afirma Onofre Alves Batista Júnior (2012, p. 73), são "gestores do bem comum" e exercem uma típica função política de concretizar, além da lei, também os "desígnios constitucionais." Contudo, no exercício do seu mister, eles, dentro do seu âmbito de competência e discrição política, deverão sempre manter uma coerência interpretativa e argumentativa com aquilo que já foi concretizado preteritamente pela administração pública conforme os parâmetros da eficiência e os princípios que expressam a moral política da comunidade de exigência de integridade da legislação como um todo.

Na verdade, a referência que é feita, nesta pesquisa, a ato normativo primário e secundário é, tão somente, para distinguir a posição desses órgãos de poder dentro do subsistema jurídico-tributário para, com isso, fazer alusão à maior margem de confiança outorgada ao Legislativo do que ao Executivo pelos planejadores do sistema no emprego da subinstituição praticabilidade. Até mesmo porque, como já ressaltado, o legislador encontra-se na periferia do sistema jurídico, podendo selecionar diretamente informações de outros sistemas (*output*), enquanto que o administrador público, por estar situado no centro desse sistema, somente enxergará os outros sistemas pelos olhos do legislador, que já terá recodificado as informações ao introjetá-las para dentro do sistema jurídico (*input*). Exatamente em razão disso, o Legislativo, ao editar um ato normativo primário (lei), sempre terá uma maior confiabilidade sistêmica do que o Executivo com os seus diversos atos normativos secundários.

TEORIA INSTITUCIONAL DA PRATICABILIDADE TRIBUTÁRIA

Portanto, de nada adiantaria que houvesse um plano objetivado numa regra de direito positivada na Constituição Federal, por exemplo, se não existissem subplanos outros a lhe dar exequibilidade, de forma que os seus executores possam suplantar a complexidade sistêmica premente e tornar a sua aplicação mais prática. A título exemplificativo, é por isso que o Legislativo, ao estatuir uma determinada padronização num ato normativo primário para tornar mais prática a aplicação da regra-matriz de incidência-tributária do ICMS – cuja competência pelo Constituinte foi atribuída aos Estados-membros –, terá sempre um maior espaço de confiança do sistema jurídico para operar a praticabilidade do que o Executivo ao, eventualmente, editar os chamados atos normativos secundários para cumprir esse desiderato.

É essa a perspectiva que se pretende imprimir ao se fazer referência à lei como ato normativo primário para distingui-la desse outro ato secundário, que tem um menor âmbito de confiança dentro do subsistema tributário, subsistema esse cuja confiabilidade em seus operadores já é, por demais, restrita em comparação a outros subsistemas jurídicos diversos, ante a alta especificação conceitual exigida de suas regras jurídicas.

Apesar de ter uma maior confiabilidade dos planejadores do sistema, o Legislativo não poderá, a pretexto de recorrer à ideia objetiva de praticabilidade, agir de forma hipócrita, usurpando competências tributárias dos outros entes tributantes ou transformando a base de cálculo das taxas em impostos e vice-versa, ou, ainda, deixando de observar princípios que limitam o poder de tributar e são verdadeiras garantias contramajoritárias dos membros de sua comunidade. Isso porque, tanto as leis utilitárias que, em prol da eficiência, solapam o núcleo essencial de garantias individuais em nome do bem-estar coletivo, quanto as leis meramente conciliatórias e exacerbadamente garantistas, mas ineficientes, também ofendem e maculam a virtude de integridade na legislação, tornando, nesses casos, o direito legislado incoerente com os

353

princípios que conformam a moral política comunitária e devem condicionar o exercício do poder organizado de todos os órgãos legitimamente constituídos.

Tanto é assim que Dworkin (1999, p. 258-259) expressamente assevera:

> O legislativo deveria ser guiado pelo princípio legislativo de integridade, e isso explica por que não deve promulgar leis conciliatórias apenas por uma preocupação com a equidade. Contudo, as leis conciliatórias constituem uma violação flagrante – e fácil de evitar – da integridade; daí não se segue que o legislativo nunca deve, sejam quais forem as circunstâncias, tornar o direito mais incoerente em princípio do que ele já é.

Essa defesa intransigente de Dworkin da integridade em todas as funções estatais serve para que se coloquem balizas às margens de confiabilidade que são outorgadas não apenas ao Legislativo, no uso da praticabilidade, mas também ao próprio Executivo, que, embora em termos mais restritos, também opera instrumentalmente essa importante subinstituição-coisa. Por meio da integridade, os órgãos de poder passam a ter a obrigação de agir de forma mais coerente e justificada historicamente e, ao agir assim, eventuais restrições que provoquem, com a praticabilidade, no âmbito de proteção dos direitos fundamentais dos contribuintes, passam a ser legitimadas juridicamente.

Dessa forma, para que o Legislativo aja com integridade ao recorrer à praticabilidade, as padronizações decorrentes das leis, por exemplo, que possibilitem a sua aplicação em massa, tornando-as exequíveis, somente se legitimarão juridicamente se não for desnaturado, pelo menos, o núcleo essencial das garantias individuais dos contribuintes consagrado em princípios contramajoritários. Caso contrário, o recurso à praticabilidade – apesar de a lei ter o atributo da generalidade e ser ele utilizado para evitar complicações na sua execução – estará fadado ao insucesso, pois os princípios servem de parâmetros obrigatórios para controlar a discrição legislativa,

TEORIA INSTITUCIONAL DA PRATICABILIDADE TRIBUTÁRIA

dentro do seu âmbito de confiabilidade sistêmico, para a execução dos planos, mesmo estando o legislador nas porosidades do sistema jurídico e, com isso, podendo selecionar informações diretamente dos outros sistemas sociais.

Com efeito, o legislador deve tratar todos os membros da comunidade com igual respeito e consideração, não podendo nenhum dos seus membros ser utilizados como um mero instrumento para a felicidade coletiva, pois, só assim, conforme Dworkin, é que "[...] podemos sustentar a legitimidade de nossas instituições, e as obrigações políticas que elas pressupõem, como uma questão de fraternidade, e deveríamos portanto tentar aperfeiçoar nossas instituições em tal direção." (DWORKIN, 1999, p. 258).

Por isso, a exigência de imparcialidade e fraternidade no trato dos membros da comunidade – decorrência da integridade da legislação – impede não somente o recurso utilitário da praticabilidade pelo legislador, mas também quaisquer práticas legislativas conciliatórias, que, em busca de um pretenso consenso majoritário, procurem deixar de lado as garantias consagradas em princípios sempre pressupostos às regras postas, como muito bem observa Ronald Dworkin (1999, p. 257-258):

> Está aqui, portanto, nossa defesa da integridade, a razão para nos empenharmos em ver, até onde seja possível, seus princípios acerca da legislação e da jurisdição nitidamente presentes em nossa vida política. Uma comunidade de princípios aceita a integridade. Condena as leis conciliatórias e as violações menos clamorosas desse ideal como uma violação da natureza associativa de sua profunda organização. Leis resultantes de um compromisso interno não podem ser vistas como decorrentes de um sistema coerente de princípios; pelo contrário, servem ao objetivo incompatível de uma comunidade baseada em regras, que é o de encontrar o meio-termo entre as convicções ao longo das linhas de poder. Contradizem, em vez de confirmar, o engajamento necessário para transformar uma sociedade política ampla e diversa em uma verdadeira, e não em uma simples comunidade: a promessa de que o direito será escolhido, alterado, desenvolvido e interpretado de um modo global, fundado em princípios. Uma

comunidade de princípios, fiel a essa promessa, pode reivindicar a autoridade de uma verdadeira comunidade associativa, podendo, portanto, reivindicar a autoridade moral – sua decisões coletivas são questões de obrigações, não apenas de poder – em nome da fraternidade.

Cabe ressaltar que, apesar de as abstrações padronizantes serem, por excelência, a forma pela qual o legislador possibilita a aplicação massificada das disposições de suas regras, tornando-as práticas e simplificadas, tais padronizações, por si sós, não esgotam as possibilidades do recurso à praticabilidade por intermédio da lei formal. Isso porque, muitas das vezes, todos os aspectos da realidade não podem ser previstos e antecipados pelo legislador, impondo-lhe estabelecer outras formas de abstrações generalizantes a garantir a exequibilidade dos seus comandos normativos, que não por meio de padrões. Exatamente por esse motivo, é usual que ele se socorra de "[...] conceitos jurídicos indeterminados, das cláusulas gerais e dos princípios, os quais, deixando parcialmente aberta a decisão, transferem para o aplicador da norma a função de verificar as particularidades do caso concreto." (COSTA, 2007, p. 56-57).

Mesmo no subsistema tributário, onde prevalece a especificação conceitual, é impossível que o legislador antecipe todas as hipóteses fáticas e, em algumas situações, não abra buracos para realidade, como lembra Misabel Derzi (2009, p. 30), que permitam que o executor da lei complemente e determine, em certos pontos, os conceitos postos nas regras.

Apesar disso, merece relevo a ressalva de Misabel Derzi no sentido de não se admitir, no âmbito tributário, a complementação das suas normas, como acontece no direito contratual, por exemplo, por meio da analogia ou da interpretação extensiva para a imposição ou para a exoneração tributária, como se observa a seguir (DERZI, 2011, p. 409):

> Ora, o Direito Tributário está iluminado por valores e princípios como segurança jurídica (e seus desdobramentos no Estado de

TEORIA INSTITUCIONAL DA PRATICABILIDADE TRIBUTÁRIA

Direito), que impedem a completabilidade de suas normas, como se dá no Direito dos contratos. Ao contrário, as normas tributárias são incompletas (em relação à realidade) e incompletáveis por meio do uso da analogia ou da extensão criativa.

Assim, as abstrações generalizantes postas pelo legislador, num terreno onde prevalece a especificação conceitual, são, na verdade, resíduos tipológicos, que, em nome da praticabilidade, deixam em aberto ao Executivo, por meio de conceitos indeterminados, cláusulas gerais ou normas em branco, o poder de complementá-las. Todavia, ao outorgar tal poder de decisão aos órgãos executores responsáveis pela concretização das suas regras, o Legislativo deve agir *cum grano salis* para que não sejam extrapoladas as margens de confiabilidade sistêmica estabelecidas pelos planejadores do sistema e, com isso, não se permita que o Executivo exercite competências e atribuições, em nome da praticabilidade, mais amplas do que as reconhecidas pela Constituição Federal.

Até mesmo porque é "[...] a lei o instrumento de praticabilidade por excelência [...]" (COSTA, 2007, p. 61) e, portanto, é nela que se terá um maior espaço de confiabilidade sistêmica para operar tal subinstituição-coisa. Devem, portanto, as normas executivas, mais concretas e próximas da realidade, seguir as diretrizes planejadas e traçadas naquelas outras normas mais gerais e abstratas, como muito bem observado por Regina Helena Costa (2007, p. 57):

> As normas gerais e abstratas, principalmente as contidas na Lei Fundamental, exercem um papel relevantíssimo, pois são o fundamento de validade de todas as demais, indicando os rumos e os caminhos que as regras inferiores haverão de seguir, mas é naquelas individuais e concretas que o Direito se efetiva, se concretiza, se mostra como realidade normada, produto final do intenso e penoso trabalho de positivação.

A realidade fática impõe limites óbvios à lei, por ser altamente mutável e cambiante, de modo que, se as regras jurídicas postas e institucionalizadas tentassem, inocuamente, superá-los, essa tentativa demandaria do legislador alterações legislativas diárias e constantes, como no mito de **Sísifo**, impossibilitando o regular exercício do seu mister, porque, além de ser impossível essa revisão periódica, é, ainda, inviável o regramento total dos fatos sociais com esgotamento pleno de todas as possibilidade reais dos acontecimentos (COSTA, 2007, p. 188).

Além disso, também em face da separação de poderes, a lei, em regra, deve ser geral e abstrata, deixando a tarefa da sua concretização e determinação para os órgãos executivos com competência constitucional própria para esse múnus (COSTA, 2007, p. 188). É por isso que o recurso às abstrações generalizantes, como forma de dar praticabilidade à lei, não pode ser encarado como uma delegação legislativa indevida se, no processo de concretização dessas cláusulas gerais, conceitos indeterminados e normas em branco, não se extrapolarem a margens de confiabilidade sistêmica próprias do Executivo, sempre mais restritas e menos abstratas que as do legislador e pautadas, é óbvio, pelas virtudes da integridade na legislação.

Nesse sentido, inclusive, vale a citação de Misabel Derzi (2012, p. 615):

> A liberdade legislativa ou regulamentar do Poder Executivo estão restringidas por aqueles valores e princípios fundamentais, sua discricionariedade não se confunde com arbítrio de um querer qualquer, que não encontra justificação nas normas superiores da Constituição.

Exemplificando, no recurso às abstrações generalizantes, o legislador infraconstitucional, no artigo 22, II, § 3º, da lei n. 8.212/91 (BRASIL, 1991), com a finalidade de dar praticabilidade à regra de direito contida no artigo 7º, XXVIII, da CF (BRASIL, 1988), que estabeleceu a contribuição ao Seguro de Acidentes do Trabalho (SAT), a um só tempo atribuiu "[...] a possibilidade do emprego de conceitos indeterminados na hipótese de incidência tributária, bem como a existência de

TEORIA INSTITUCIONAL DA PRATICABILIDADE TRIBUTÁRIA

norma tributária em branco, cujo conteúdo é passível de ser integrado por ato administrativo normativo [...]." (COSTA, 2007, p. 250). Impende notar que, se aqui prevalecesse a alta especificidade conceitual no enquadramento das empresas nos riscos de sua atividade preponderante, a sua atualização teria que ser feita por meio de revisões legislativas periódicas, que constantemente alterassem tais conceitos determinados, fato que tornaria tal regra jurídica legal impraticável, maculando a exigência maior da integridade na legislação.

A delegação ao Executivo, por questões práticas, da atribuição de determinar os conceitos de atividade preponderante e os graus de riscos grave, médio e leve, no SAT, mostra-se perfeitamente adequada à economia de confiança para a execução do que foi planejado na Constituição, pois seria impossível que o legislador, cujas leis devem ser gerais e abstratas, aferisse concretamente tais dados através de conceitos determinados. Isso devido ao fato de que tais atividades são, além de complexas, extremamente cambiantes, tornando impraticável qualquer tentativa de, legislativamente, fechá-las conceitualmente.

Cabe ressaltar, inclusive, que Regina Helena Costa não reconhece, no SAT, uma hipótese de mera delegação do poder final de decisão ao Executivo, pois, para a citada jurista, trata-se "[...] do reconhecimento, pela lei, de sua impossibilidade de descer a detalhamentos técnicos, dependentes de aferição de dados *in concreto* – e, portanto, insuscetíveis de serem fixados no patamar de normas gerais e abstratas." (COSTA, 2007, p. 253).

A economia da confiança existe, justamente, para reconhecer os déficits de juridicidade na aplicação dos planos contidos nas regras jurídicas, mesmo no direito tributário, onde há prevalência do pensamento conceitual como tentativa de tolher eventual discrição do aplicador no momento da concretização da lei. Assim, não é crível desconhecer a possibilidade de o Legislativo ou o Executivo recorrerem à praticabilidade, enquanto uma subinstituição-coisa que contém subplanos, para superar esse real estado de complexidade fática e jurídica na execução do que foi planejado na instituição-coisa regra de direito. Por isso, fica suplantada aquela noção de legalidade estrita, inflexivelmente positivista, de escolas exegéticas ou pandectistas, por exemplo, pois "[...] o direito positivo está comprometido com a noção de 'legalidade suficiente' – ou seja, aquela que basta à segurança jurídica." (COSTA, 2007, p. 254).

Nada obstante, o Executivo não terá uma "carta branca" para, no caso das abstrações generalizantes, aplicar as regras de direito contidas na lei como bem queira. É que, apesar de os conceitos indeterminados, as cláusulas gerais e as normas em branco, em virtude da abertura ou imprecisão da linguagem, darem, por razões de praticabilidade, uma certa discrição aos órgãos incumbidos da execução da lei, a sua escolha, nesse processo de concretização, será sempre aquela que se mostre, além de mais eficiente, mais coerente com as virtudes da integridade na legislação.

Por esse motivo, a pretensa discricionariedade administrativa, conferida pela praticabilidade no uso das abstrações generalizantes, nada mais é do que a outorga de uma economia de confiança relativa ao Executivo para facilitar a concretização dos planos mais gerais contidos nas leis ou na Constituição Federal. Isso ocorre pelo fato de os atos administrativos desse órgão de poder estarem mais próximos do caso concreto e, dessa forma, poderem alcançar a solução mais justa, eficiente e, consequentemente, mais coerente com a moral política comunitária pressuposta a esses planos.

Aliás, não é outro o entendimento de Regina Helena Costa (2007, p. 66) acerca do que foi afirmado anteriormente:

> Em nosso sentir, a discricionariedade administrativa consubstancia relevante expediente genericamente utilizado pela lei com vista à praticabilidade. Com efeito, se um dos fundamentos para a existência da discricionariedade consiste no fato de que o legislador, ao disciplinar determinada situação hipotética, reconhece, por vezes, que o administrador público, por se encontrar

TEORIA INSTITUCIONAL DA PRATICABILIDADE TRIBUTÁRIA

> diante do caso concreto e, assim, ter o domínio de suas peculia-
> ridades, terá melhores condições de buscar a solução justa a ser
> aplicada, evidentemente tal proceder revela-se mais prático que
> a imposição de uma disciplina vinculada, propiciadora do risco
> de que não venha alçar a tão almejada justiça.

Em virtude disso, a praticabilidade é uma subinstituição-coisa que se abre, operacionalmente, como um subplano tanto para o Executivo quanto para o Legislativo, mas que nunca perfaz um fim em si mesma. No subsistema tributário, a praticabilidade existe, precipuamente, para tornar exequíveis os comandos de uma determinada regra-matriz de incidência tributária e, assim, superar a alta complexidade sistêmica, fática e jurídica, cada vez mais presente e visível nas diversas sociedades de massa modernas.

Sendo, portanto, a praticabilidade, tanto no uso das abstrações padronizantes quanto nas generalizantes, um mero instrumento de exequibilidade de outra instituição-coisa, a regra de direito, o seu uso deve ser feito dentro das margens de confiança sistêmica próprias desses órgãos de poder, não se alterando com ela as competências específicas de cada um deles.

Com isso, Legislativo e Executivo não podem exercer competências indevidas, não previstas pelos planejadores do sistema, devendo, além disso, ser respeitadas as virtudes da integridade na legislação, que impõem uma coerência irrestrita entre os princípios, a atividade legislativa e a executiva, esta última sempre com um menor espaço de confiabilidade sistêmica do que aquela para operar, positivamente, a subinstituição-coisa praticabilidade.

5.2.2. Da ausência de confiança sistêmica no Judiciário para recorrer positivamente à praticabilidade

Apesar de existirem órgãos de poder com diversos graus de confiabilidade para levar a cabo esse modo de pensar, a ideia objetiva que subjaz da praticabilidade, e que é comungada por

361

todos que vivem em determinada sociedade, somente pode ser empreendida, numa perspectiva positiva ($Pr_1 = Pr_2$), pelo Legislativo ou pelo Executivo – dentre os diversos órgãos do poder organizados –, mas nunca pelo Judiciário, pois, a esse órgão não foi conferida confiança sistêmica alguma para com ela agir positivamente.

Com efeito, o Judiciário, assim como o Executivo, encontra-se situado no centro do sistema jurídico, não podendo colher informações diretamente de outros sistemas sociais, como o econômico ou o político, por exemplo, ao contrário do Legislativo, que, estando na sua periferia, pode absorver tais informações daqueles outros sistemas e introjetá-las, recodificadamente, no seu interior. Desse modo, por estar temporalmente voltado sempre para o *output* – esteja situado no setor do sistema em que prevalece o *authority systems* ou no setor onde o *opportunistic systems* tenha prevalência –, o Legislativo terá sempre uma margem de economia de confiança sistêmica maior do que a dos demais órgãos de poder, que, estando direcionados para o *input*, extraem do sistema um grau de confiabilidade invariavelmente relativo e menor do que o daquele.

No sentido de que tanto o Judiciário quanto o Executivo operam no centro do sistema voltados para o seu *input*, vale a transcrição da seguinte passagem da obra de Misabel Derzi (2009, p. 55 e 57):

> Partindo da premissa de que estamos em um Estado de Direito, todos os Poderes, por mais criativa que seja a função do legislador, ponto de fusão entre o político e o jurídico, encontram-se sob a regência do Direito, e a diferenciação da localização de cada um deles – se no centro ou na periferia do sistema – não esconde o fato de que ainda estamos falando de sistema.
>
> [...]
>
> Do ponto de vista do tempo, tanto o Poder Executivo quanto o Poder Judiciário estão voltados para o passado, para o *input* do sistema, para o que pôs o legislador, atuando em estrita vinculação à lei, à Constituição, ao Direito. E o futuro? O futuro é

TEORIA INSTITUCIONAL DA PRATICABILIDADE TRIBUTÁRIA

olhado, sem dúvida, na forma de passado-futuro, ou seja, dentro daquilo que já filtrou o legislador.

Todavia, apesar de o Executivo e o Judiciário estarem situados no centro do sistema jurídico e terem a função precípua e institucionalizada de executar, respectivamente, de ofício ou mediante provocação,[137] as regras de direito (instituição-coisa) postas pelo Legislativo, no que se refere a esses dois órgãos acima aludidos, somente o administrador público estará legitimado, em razão da confiabilidade outorgada pelo sistema, para recorrer, num juízo positivo, à ideia objetiva e instrumental da praticabilidade (subinstituição-coisa).

Na sua atividade judicante, o juiz, pelo contrário, não será depositário de qualquer tipo de economia de confiança sistêmica para agir, positivamente, nesse mister, mas apenas por meio de um juízo dito negativo. É que, na distribuição da confiabilidade para a execução dos planos postos, nas regras de direito, pelos planejadores do sistema jurídico brasileiro, a praticabilidade, como uma instituição-coisa instrumental, não pode ser aplicada pelo Judiciário, a pretexto de tornar a sua aplicação mais prática e possibilitar que os seus julgamentos sejam simplificados substancialmente, deixando de lado a avaliação detalhada que lhe exige cada caso concreto.[138]

---

137. Aqui, torna-se bastante esclarecedor o trecho do livro de Misabel Derzi, em que, citando Seabra Fagundes, procede à distinção entre as atividades executivas do Judiciário e do Executivo na execução das regras de direito postas pelo Legislativo: "Fenômeno diferente se passa com os demais Poderes, chamados conjuntamente por HANS KELSEN, de executivos, ou seja, o Poder Executivo propriamente dito e o Poder Judiciário. No Estado de Direito, ao primeiro, ensinou SEABRA FAGUNDES, cabe executar a lei de ofício, ao segundo, mediante provocação. Não podem se localizar na linha fronteiriça do sistema jurídico, não podem, ambos, trabalhar porosamente, em relação ao ambiente, não podem filtrar primária e primeiramente os fatos puros, econômicos, políticos e sociais, como se dão no ambiente. Lêem o ambiente externo pelos olhos do legislador, e, pois, de modo impermeável. Se assim não for, serão dispensáveis as tarefas do legislador. Essa a primeira diferenciação fundamental que nos dita o princípio da separação dos poderes." (DERZI, 2009, p. 57).

138. Cabe ressaltar que, nesta pesquisa, a alusão que se faz à atuação negativa de controle do Judiciário, no uso positivo da praticabilidade pelos demais órgãos de Poder, não se refere, obviamente, ao controle concentrado de normas feito, por

EDUARDO MORAIS DA ROCHA

Isso porque, como adverte Misabel Derzi (2009, p. 55), "[...] a norma judicial não se pode desprender da casuística, dos casos concretos que motivaram a sua criação. Esse é o limite que nos assegura que a jurisprudência consolidada obriga, vincula, impõe-se a todos, mas, não é lei."

Não se olvida, por exemplo, que, na Alemanha, seja admitida a utilização dessa forma de pensar pelo Judiciário. Aliás, é célebre a afirmação de Eberhard Weinrich, à qual Misabel Derzi faz alusão, no sentido de que o "modo de pensar tipificante" não estaria nas leis, mas seria produto de criação da jurisprudência (DERZI, 2007, p. 325), muito embora, em sentido diverso, a própria autora acima declinada faça referência ao jurista germânico Josef Isensee, que, de forma veemente, refuta ao Judiciário alemão tal recurso (DERZI, 2007, p. 341).

Nada obstante, o Tribunal Superior de Finanças e o Tribunal Federal de Finanças da Alemanha massificaram as suas decisões para tornar genericamente indedutíveis todos os pretensos gastos de formação de doutorandos, mesmo daqueles que tinham um real interesse na carreira acadêmica, como faz notar Misabel Derzi (2007, p. 322):

> Assim, com base nas normas citadas, ao examinar o caso de um doutorando, para quem o título de doutor é pressuposto para atingir a carreira de professor de escola superior, o BFH generalizou. Esse órgão considerou que a maioria dos acadêmicos não tem interesse na carreira de professor, mas objetivam a titulação como meio de angariar prestígio social, por isso decidiu que os gastos de formação dos doutorandos são genericamente indedutíveis (para todos os acadêmicos).

Nesse sentido, os declinados tribunais germânicos também estabeleceram, em suas decisões, ainda que sem previsão

---

exemplo, em sede de ADI, que é um processo objetivo, sem partes, num aspecto subjetivo de interesses qualificados por pretensões contrapostas, já que, nesse tipo de processo, não há que se falar em lide. Toda referência que é feita à atuação judicial de controle negativo alude a um processo subjetivo, com partes subjetivamente interessadas na resolução do feito, por terem suas pretensões resistidas, ou seja, onde verdadeiramente se tem uma lide no sentido liebmaniano.

TEORIA INSTITUCIONAL DA PRATICABILIDADE TRIBUTÁRIA

legal, os limites generalizados de gastos dedutíveis com parentes considerados juridicamente pobres em sessenta marcos alemães, quando o parente é acolhido na casa do contribuinte, e em cem marcos alemães, quando as famílias residem em domicílios diferentes (DERZI, 2007, p. 323).

No Brasil, até a promulgação da Constituição da República de 1891 – por influência do direito peninsular ibérico contido nas Ordenações Afonsinas (1446) e, posteriormente, nas Manuelinas (1521) e nas Filipinas (1603), mantido na Lei da Boa Razão (1769) –, existiu o instituto jurídico dos *assentos*, que foi uma tentativa de criar um processo de unificação da própria interpretação do direito por intermédio da jurisprudência consolidada dos tribunais superiores da época, massificando a sua aplicação (BUSTAMANTE, 2013, p. 80-81).

Ressalta Thomas Bustamante, citando José Rogério Cruz e Tucci (BUSTAMANTE, 2013, p. 80), que, em caso de dúvida quanto ao sentido de determinado comando legal, a questão era levada à Casa de Suplicação, onde, em caso de persistência da incerteza, a questão era submetida ao rei. Definida a interpretação a ser dada à lei – ou pela Casa de Suplicação, ou pelo rei –, a *ratio decidendi* era assentada em um livro e aquele enunciado passava a ter força vinculante para todos os casos futuros, podendo o juiz que deixasse de aplicar o "assento" ser suspenso das suas funções judicantes.

Nesse sentido, vale a citação de Thomas Bustamante (2013, p. 80):

> Como sintetiza José Rogério Cruz e Tucci, já nas Ordenações Manuelinas se irrompem as seguintes regras:
>
> a) em caso de dúvida objetiva quanto à aplicação de determinada lei, a questão deveria ser levada ao regedor da Corte que, por sua vez, deveria submetê-la a alguns desembargadores perante a "mesa grande" [da Casa da Suplicação];
>
> b) se, porventura, a dúvida ainda subsistisse diante daquele órgão, o regedor deveria submeter o problema à interpretação e resolução do rei;

c) em ambas as hipóteses, a decisão era inserida em um "livrinho" para evitar futuras dúvidas; e, por fim,

d) se algum juiz procedesse em desobediência a tal determinação, decidindo em estado de dúvida, sem recorrer ao regedor, seria suspenso até quando fosse remido pela graça real.

A interpretação jurídica dada pela Corte Suprema tinha uma inegável força vinculante, "[...] com finalidade específica de limitar o processo de individualização do Direito, com o escopo de evitarem-se os juízos de valor próprios por parte dos órgãos de aplicação da norma jurídica." (BUSTAMANTE, 2013, p. 82).

Desse modo, fica claro que, com o instituto dos *assentos*, buscou-se, no direito brasileiro antes de 1891, assim como no direito português, conferir praticabilidade às decisões judiciais por meio da simplificação demasiada e da padronização do pensamento jurídico, uniformizando-se a interpretação e possibilitando que um determinado entendimento fosse aplicado a uma massa de feitos em detrimento das individualidades e das vicissitudes que um conflito poderia ter em relação a outro concretamente. Exatamente em virtude disso, Thomas Bustamante, citando Guilherme Braga da Cruz, assevera que, "[...] uma vez inseridos no 'livrinho', os assentos 'eram dotados de valor normativo idêntico ao das próprias leis interpretadas' e, portanto, 'projetavam eficácia vinculativa para casos futuros semelhantes'." (BRAGA DA CRUZ apud BUSTAMANTE, 2013, p. 81).

Em razão dessa constatação, o declinado jurista (BUSTAMANTE, 2013, p. 82) afere a inegável semelhança entre o assento e a súmula, já que ambos, com fulcro na autoridade conferida pelas decisões das Cortes Superiores, buscavam consolidar uma nova norma judicial, com pretensão de generalidade e abstração e com validade para toda a ordem jurídica. Mas, apesar dessas semelhanças, ele acaba por concluir pela sua não identidade (BUSTAMANTE, 2013, p. 105), pois as súmulas devem ser contextualizadas com os princípios vigentes na atual conjuntura constitucional, como os da

TEORIA INSTITUCIONAL DA PRATICABILIDADE TRIBUTÁRIA

igualdade material e da justiça, que impedem a aplicação em massa de uma lei, sem que o juiz esgote todas as potencialidades fáticas e jurídicas daquele caso concreto.

A execução simplificadora da lei pelo Judiciário, hodiernamente, não será possível nem diante de uma súmula vinculante, pois, mesmo aqui, o juiz *a quo*, além de verificar se a *ratio decidendi*[139] da súmula é semelhante à do caso concreto para fazer a sua aplicação analógica, terá de proceder, se necessário for, ao *distinguish*,[140] justificando que o conflito, embora semelhante, não possui características suficientes nas premissas normativas ou fáticas para motivar uma solução idêntica. Aliás, o próprio tribunal que editou a súmula poderá

---

139. A *ratio decidendi* é nada mais do que a regra de direito que se extrai, como ideia objetivada, do precedente judicial para ser subsumida aos casos concretos que se assemelhem a ela, valendo, aliás, nesse ponto, a citação de trecho da obra de Thomas Bustamante, que, com clareza, coloca a questão: "A técnica do precedente apenas se torna relevante nos casos em que é possível extrair uma *ratio decidendi* do tipo *regra* que seja capaz de elevar o grau de objetivação do Direito. São os precedentes com uma estrutura hipotético-condicional, com uma estrutura de *regra*, que cumprem sua função de produzir certeza e objetividade para o Direito. Sem uma estrutura silogística, a universalizabilidade e a igualdade de tratamento em face de um caso concreto deixam de ser atingíveis. Se a *ratio decidendi* é uma norma do tipo regra, então segue-se que a operação básica necessária para sua aplicação em caso futuro será a subsunção. Esse tipo de *ratio decidendi* pode ser visualizado com clareza ao adotarmos o método silogístico desenvolvido no n. 3.2 do capítulo anterior. É através da subsunção dos fatos do caso concreto a uma norma universal previamente existente que são aplicados os precedentes judiciais." (BUSTAMANTE, 2012b, p. 468).

140. O *distinguish* não implica que a regra de direito posta no precedente seja infirmada, mas que, no caso concreto, ela seja excepcionada, sem que seja invalidada, como faz notar Thomas Bustamante: "Normalmente afirma-se que o *distinguish* pode se manifestar de duas maneiras: (1) por meio do reconhecimento de uma exceção direta (*direct exception*) à regra judicial invocada (justificada por circunstâncias especiais no caso *sub judice*) ou (2) pelo estabelecimento de uma exceção indireta (*indirect exception ou circumvention*) [Whittaker 2006:731]. Nesse último caso – também denominado de *fact- adjusting* – os fatos do caso presente são 'reclassificados' como algo diferente para o fim de evitar a aplicação do precedente judicial [ibidem]. A diferença entre essas duas modalidades está no acento que é posto ora na premissa maior (*ou normativa*) e ora na premissa menor (*ou fática*) do silogismo jurídico. Porém, em ambas as situações o efeito da decisão é o mesmo: o afastamento da regra jurisprudencial sem abalar sua validade, de sorte que as duas podem ser descritas como equivalentes funcionais." (BUSTAMANTE, 2012b, p. 470-471).

excepcionar a sua aplicação pelo *overruling*,[141] sendo que, nesse caso específico, tal regra judicial poderá não somente ser superada, mas também infirmada e invalidada na sua aplicação (BUSTAMANTE, 2013, p. 73).

Portanto, a aplicação analógica da regra judicial contida na súmula vinculante a casos assemelhados não pode ser feita de forma padronizada pelo Judiciário, a pretexto de dar praticabilidade às suas decisões, sem que sejam esgotadas as análises de todas as premissas normativas e fáticas necessárias para a sua subsunção ao caso concreto. Até mesmo porque pode haver algum fato, particularmente considerado, que excepcione a sua aplicação, embora o precedente continue perfeitamente válido para outros casos.

Exatamente por isso, Thomas da Rosa de Bustamante (2012b, p. 476-477) assevera:

> Nesse sentido, as normas jurídicas, incluindo-se aquelas que chamamos de "regras", são condicionais superáveis, isto é, sujeitos a exceções implícitas. [Alchourrón 2000:23]. A descoberta dessas exceções é tarefa do intérprete, que parte da análise das prescrições normativas e do contexto em que elas foram elaboradas a fim de chegar até a *ratio* para qual a norma foi construída.

Por isso, as regras judiciais objetivadas nas súmulas, vinculantes ou não, podem ser excepcionadas por situações específicas que fazem essas particularidades fugir do seu componente descritivo-normativo, ensejando que tais regras

---

141. Por meio do *overruling*, a regra posta no precedente é superada, sendo invalidada ou mesmo afastada e deixada de lado em determinada hipótese, como demonstrado a seguir: "O que diferencia o *overruling* e o torna especialmente relevante é que ele não se refere a um simples problema de aplicação do precedente judicial – não se contenta com a não-ocorrência de suas conseqüências no caso concreto –, mas vai, além disso, já que apresenta uma ab-rogação da própria norma adscrita aceita como precedente. O *overruling* apresenta-se como o resultado de um discurso de justificação em que resultada infirmada a própria validade da regra antes visualizada como correta. Por isso, razões que o justificam devem ser ainda mais fortes que as que seriam suficientes para o *distinguish* (seja a interpretação restritiva ou a redução teleológica do precedente judicial)." (BUSTAMANTE, 2012b, p. 388).

TEORIA INSTITUCIONAL DA PRATICABILIDADE TRIBUTÁRIA

sejam superadas por fundamentos fáticos ou jurídicos que se sobressaiam a elas (BUSTAMANTE, 2012b, p. 480).

Essa comparação imposta ao juiz entre a situação aferível na *ratio* do precedente judicial, contido em súmula ou não, e o caso concreto é feita por um tipo de argumentação a que Thomas Bustamante (2012b, p. 502) chama de argumento *per analogiam*, fato que impede que seja atribuída exequibilidade a tais regras judiciais por meio da aplicação positiva da subinstituição-coisa praticabilidade. Até mesmo porque, como adverte Misabel Derzi (2012, p. 615), "A praticidade não tem primazia sobre a justiça (que sempre exige considerações de aspectos individuais)."

Isso se deve ao fato de que "[...] o núcleo do argumento *per analogiam* está na noção de comparação, e essa, por sua vez, se apresenta como um elemento central da atividade judiciária e um ponto nuclear de qualquer teoria de justiça." (BUSTAMANTE, 2012b, p. 502-503). Destarte, as exigências da virtude da justiça e do devido processo legal adjetivo, facetas da integridade, impõem ao juiz a necessidade de esgotar todas as premissas fáticas e normativas do caso concreto, comparando-o, em todos os seus contornos jurídicos e outros aspectos fáticos mais importantes, com a *ratio decidendi* do precedente judicial para a sua efetiva subsunção, impedindo que as súmulas e as demais regras judiciais sejam aplicadas de forma padronizada e mecânica, sem que sejam esgotadas todas as potencialidades do caso *sub judice*.

A integridade exige que as partes litigantes façam jus a um devido processo legal adjetivo, e não meramente formal, e, portanto, que sejam julgadas por normas coerentes com o momento do julgamento do seu caso concreto, o que seria violado se o Judiciário, ao invés de se render a essas individualidades, criando, coerentemente, a norma individual aplicável àquele caso particular, aplicasse um padrão pronto para ser subsumido, sem que fossem consideradas ou desconsideradas todas as suas vicissitudes.

369

EDUARDO MORAIS DA ROCHA

Nesse mesmo sentido, embora não estivesse fazendo alusão à praticabilidade, vale a citação da seguinte passagem de Ronald Dworkin (1999, p. 263), na qual se demonstra a importância, para a integridade, do devido processo legal na aplicação individual do direito em cada caso concreto:

> O juiz que aceitar a integridade pensará que o direito que esta define estabelece os direitos genuínos que os litigantes têm a uma decisão dele. Eles têm o direito, em princípio, de ter seus atos e assuntos julgados de acordo com a melhor concepção daquilo que as normas jurídicas da comunidade exigiam ou permitiam na época em que se deram os fatos, e a integridade exige que essas normas sejam consideradas coerentes, como se o Estado tivesse uma única voz. No entanto, ainda que essa exigência honre a virtude política do devido processo legal, que seria violado pelo menos *prima face* se as pessoas fossem julgadas segundo outras normas que não as normas jurídicas do momento, outros aspectos mais poderosos da moral política poderiam ter mais importância que essa exigência em circunstâncias particulares e excepcionais.

Aliás, o Judiciário está tolhido de recorrer instrumentalmente à praticabilidade em quaisquer circunstâncias, não somente quando aplica uma regra judicial, como também quando procede à aplicação de qualquer outra regra de direito, ainda que legislada, até mesmo por não haver diferenças consideráveis, do ponto de vista das consequências jurídicas, entre essas regras, como bem observa Thomas Bustamante (2012b, p. 511):

> Entretanto, do ponto de vista analítico não há grande diferenças entre a aplicação analógica de uma regra extraída da legislação parlamentar e de uma regra jurisprudencial. Em ambas as situações busca-se aplicar as conseqüências jurídicas de uma regra já conhecida a um caso não expressamente regulado pelo direito positivo.

A diferença entre a regra judicial e a legislada não está, portanto, nas suas consequências jurídicas, mas no fato de que aquela nunca será, ontologicamente, lei em sentido formal, porém uma mera cristalização de um único sentido objetivo

370

TEORIA INSTITUCIONAL DA PRATICABILIDADE TRIBUTÁRIA

possível, dado pela jurisprudência consolidada às regras jurídicas postas pelo legislador: "Por isso, está, ainda, na raiz do princípio da regra de separação dos Poderes compreender que a norma judicial não se desprende da casuística, dos casos concretos que motivaram a sua criação." (DERZI, 2009, p. 55).

Assim, embora se busque, com as súmulas vinculantes, a súmula impeditiva de recursos e a repercussão geral a uniformização na aplicação do direito, o juiz não poderá proceder à sua aplicação mecanizada ou padronizada, simplificando demasiadamente o seu mister, pois, no caso concreto, ele terá de proceder a um tratamento analógico-comparativo entre os fundamentos do enunciado e todos os argumentos trazidos em juízo e fazer, ainda, a aludida distinção dos fatos quando as semelhanças entre o enunciado e o feito não se mostrarem relevantes (BUSTAMANTE, 2013, p. 76). Terá o juiz, aqui, um verdadeiro encargo extra de fundamentação, pois, caso contrário, como muito bem assevera Thomas Bustamante (2013, p. 76), criar-se-ia um verdadeiro estado de "perplexidade", que levaria à inconstitucionalidade de boa parte das recentes reformas processuais levadas a cabo no Brasil.

Na mesma toada, Dierle Nunes ressalta que, para essas recentes reformas adequarem-se ao sistema processual previsto na Constituição Federal pátria, é preciso que o juiz jamais se furte de apreciar todas as nuances e argumentos do caso concreto. Por isso, ao analisar, especificamente, o artigo 285-A do Código de Processo Civil de 1973 (lei n. 5.869, de 11/01/1973) – que autorizava ao juiz, em litígios de massa, a reprodução de sentença de improcedência do feito já prolatada, se a matéria debatida for exclusivamente jurídica –, o declinado processualista mineiro também caminha no sentido de que o magistrado não abdique nunca do dever de demonstrar, analiticamente, que o caso em julgamento enquadra-se, *in totum*, na demanda anteriormente julgada por ele, como se observa a seguir (NUNES, 2008, p. 171):

> Ocorre que, para a aplicação minimamente adequada (se for possível) do novo preceito legal, o juiz deveria, na sentença repetida, realizar uma demonstração analítica dos elementos identificadores entre os casos, fato que talvez conduza a um maior trabalho na elaboração da sentença do que se o julgador escolhesse esperar o contraditório (apresentação da contestação) e proferisse o julgamento conforme o estado do processo (art. 330 do CPC).

O Judiciário nunca poderá deixar de enfrentar as variadas nuances e argumentos produzidos no caso concreto, analisando toda a produção probatória e esgotando as suas potencialidades, para, após uma investigação individualizada, dizer se o caso é análogo ao da súmula ou se, por alguma circunstância fática relevante ou mesmo jurídica, distingue-se daquele contido no enunciado, pois "[...] o Poder Judiciário não pode abandonar sua missão institucional de criar a norma individual, caso a caso." (DERZI, 2012, p. 615).

Com isso, a simplificação que se opera com o "modo de pensar tipificante" não se aplica ao Judiciário, pois, do contrário, tais enunciados converter-se-iam em padrões absolutos para mitigar o acesso à justiça e "[...] desafogar os tribunais por meio da recusa à investigação isolada do caso concreto, discrepante da média dos casos, que ensejaram a edição de determinada súmula." (DERZI, 2012, p. 614).

O legislador pátrio, inclusive, pareceu tão preocupado em impedir a adoção do modo de pensar tipificante pelo Judiciário que, expressamente, previu no artigo 498, §1º, I, IV, V, VI, do novo Código de Processo Civil (lei n. 13.105/2015), vigente, a necessidade de o juiz sempre identificar os fundamentos determinantes pelos quais aquele caso se enquadra na súmula, bem como motivar as hipóteses em que o feito em julgamento distingue-se do disposto no enunciado, como pode ser notado a seguir:

> Art. 498. São elementos essenciais da sentença:
>
> [...]
>
> § 1º Não se considera fundamentada qualquer decisão judicial, seja ela interlocutória, sentença ou acórdão, que:

TEORIA INSTITUCIONAL DA PRATICABILIDADE TRIBUTÁRIA

I – se limitar à indicação, à reprodução ou à paráfrase do ato normativo, sem explicar sua relação com a causa ou a questão decidida;

[...]

IV – Não enfrentar todos os argumentos deduzidos no processo capazes de, em tese, infirmar a conclusão adotada pelo julgador;

V – se limitar a invocar precedente ou enunciado de súmula, sem identificar seus fundamentos determinantes nem demonstrar que o caso sob julgamento se ajusta àqueles fundamentos;

VI – deixar de seguir enunciado de súmula, jurisprudência ou precedente invocado pela parte, sem demonstrar a existência de distinção no caso em julgamento ou superação do entendimento.

(BRASIL, 2015)

Misabel Derzi (2012, p. 614), aliás, já havia, antes mesmo da edição do novel Código de Processo Civil (lei n. 13.105/2015), expressamente demonstrado que, no caso das súmulas vinculantes e demais institutos afins, não há uma recusa do Poder Judiciário à investigação do caso concreto, mas tão somente a criação de mecanismos para a racionalização e a uniformização do sistema processual, o que, todavia, não o afasta do seu múnus de examinar minuciosamente, com vagar, cada caso que lhe é posto, por estar o princípio da justiça ligado umbilicalmente ao seu mister.

Ao contrário do que se pode imaginar, as reformas processuais recentes não buscaram afastar o Judiciário da sua função precípua de fazer justiça no caso concreto, em troca da simplificação exacerbada de seus julgamentos por meio de padronizações. O intuito delas foi dar eficiência a esses julgamentos, tentando torná-los mais céleres e, com isso, otimizar os seus resultados, e não impor a esse órgão de poder o recurso à praticabilidade num juízo positivo, padronizando-se e massificando-se cegamente os seus julgados – até mesmo porque a falta de celeridade não é uma faceta exclusiva do Judiciário, como adverte, sabiamente, Onofre Alves Batista Júnior (2012, p. 196):

EDUARDO MORAIS DA ROCHA

A falta de presteza e de celeridade não é uma exclusividade do Poder Executivo, mas um problema que aflige tanto o Legislativo, no qual a produção legislativa não consegue acompanhar, indubitavelmente, a mutação da realidade da sociedade tecnológica, como o Judiciário, no qual a própria justiça das decisões é arranhada pela demora do processo.

A propósito, vale relembrar que praticabilidade e eficiência judicial são fenômenos distintos, que não se confundem. O primeiro é uma instituição-coisa instrumental que tem como fito primordial dar, racionalmente, exequibilidade a outra instituição-coisa maior, a regra de direito, coerente com os princípios, muitas vezes evitando a produção de provas difíceis, enquanto que a eficiência é uma *policy*, como, inclusive, já amplamente debatido nas seções 2.2.3.2.2 e seguintes desta pesquisa.

A passagem a seguir, da obra do processualista Dierle Nunes, torna bastante claro que o mote das recentes reformas processuais foi dar eficiência à atuação judicial, e não praticabilidade às ações do Judiciário, como se percebe a seguir (NUNES, 2008, p. 171):

> É nítido o fato de que o legislador realiza a reforma buscando a redução do tempo processual, com menos atos processuais e a diminuição do trabalho do magistrado, especialmente em casos idênticos (identidade genérica, e não de especificidades), recorrentemente propostos perante o Poder Judiciário, envolvendo unicamente matéria jurídica.

> No entanto, se o juiz, ao repetir a sentença já proferida, sem contraditório, e analisando o mérito, declarar a improcedência sem realização de uma demonstração analítica da identidade, será possível e fácil para um advogado hábil demonstrar o descumprimento do devido processo legal, do contraditório e da ampla defesa caso não tenha acesso aos autos dos processos originários, dos quais provêm as sentenças anteriores, e elabore razões do recurso de apelação, no qual apontará o aludido descumprimento. Ou, caso possua acesso aos autos, poderá demonstrar que existem diversidades das ações, e, assim, será possível obter o provimento (acatamento) de seu recurso no Tribunal, com reenvio do processo para o primeiro grau.

374

TEORIA INSTITUCIONAL DA PRATICABILIDADE TRIBUTÁRIA

Cabe ressaltar, todavia, que há importantes autores na área tributária que, diferentemente da concepção aqui exposta, admitem o recurso à praticabilidade pelo Poder Judiciário, a exemplo de Eduardo Maneira (2004, p. 67), como se pode notar no seu discurso em torno do advento da súmula vinculante, em palestra na Associação Brasileira de Direito Tributário (ABRADT):

> Nós, como advogados da área tributária, devemos lutar, em minha opinião pessoal, pela praticidade no exercício do poder Judiciário, que pode ser muito bem representada pela adoção de súmula vinculante em processo objetivo de matéria tributária, e cujo conteúdo seja exclusivamente de direito. Não faz sentido – vejo aqui jovens e competentes juízes federais que ainda tem mais 20, 30,40 anos de carreira, – que possam perder grande parte de seu precioso tempo, do seu brilhantismo, de sua capacidade de trabalho para ser máquinas repetidoras de sentença. Matéria tributária, de conteúdo estritamente jurídico, que não há provas a serem produzidas nos autos, uma vez o Supremo firmando entendimento em relação àquele tributo, como já ocorreu com empréstimo compulsório de veículos, como já ocorreu com expurgos de fundo de garantia – não faz o menor sentido os processos, caso a caso, se arrastarem anos e anos.

Na mesma linha de entendimento, Regina Helena Costa (2007, p. 70) também aceita a praticabilidade nos atos jurisdicionais, respaldada "em valores igualdade/segurança/economia/respeitabilidade". Todavia, no seu entendimento, o recurso a essa instituição por esse órgão de poder, no caso das súmulas, por exemplo, não autoriza uma simplificação demasiada em que o Judiciário se negue à "investigação de um caso isolado" (COSTA, 2007, p. 73).

Isso porque, segundo a declinada jurista (COSTA, 2007, p. 74),

> [...] embora seja possível perceber manifestações de praticabilidade na apreciação da disciplina normativa dos atos jurisdicionais, não parece razoável afirmar-se, igualmente, que essa praticabilidade possa advir do emprego do modo de raciocinar "tipificante" ou "padronizante", autorizado, em certa medida, na prática de atos administrativos.

Apesar da inconteste autoridade dos declinados tributaristas, não se pode, nesse particular, concordar com eles. Ao realizar a sua função precípua de fazer justiça, ao Judiciário não é dado, em hipótese alguma, recorrer, positivamente, à praticabilidade. A ausência de extração de confiabilidade sistêmica nesse órgão não se restringe apenas à vedação ao recurso do "modo de pensar tipificante ou padronizante", mas, ainda, a qualquer forma de abstração generalizante que se pretenda a ele imputar. Somente o Legislativo e o Executivo encontram-se, constitucionalmente, legitimados para utilizar de abstrações generalizantes, já que a eles foi outorgada, num juízo positivo, uma economia de confiança pelos planejadores do sistema para tanto, estando, todavia, terminantemente vedada ao juiz a utilização dessa subinstituição-coisa nessa perspectiva, por estarem os órgãos do Judiciário vinculados, inevitavelmente, à "senda da casuística" (VILHENA, 1985, p. 362).

As súmulas, vinculantes ou não, a repercussão geral, a uniformização de jurisprudência, a possibilidade de prolação de sentenças de improcedência repetitivas sem oitiva da parte contrária, além de outros importantes institutos jurídicos que buscam dar celeridade aos julgamentos, são instrumentos que existem para dar concretude a uma meta coletiva (*policy*) de eficiência judicial, insculpida e positivada no artigo 5º, LXXVIII, da CF de 1998 pela Emenda Constitucional n. 45, de 2004 (BRASIL, 2004), que, de modo algum, pode ser confundida com a instituição-coisa instrumental praticabilidade.

Aliás, nesse mesmo sentido, Onofre Alves Batista Júnior demonstra que o declinado dispositivo constitucional positivou o mandamento da eficiência judicial, e não o da praticabilidade, nos atos jurisdicionais, como é possível notar a seguir (BATISTA JÚNIOR; SANTOS, 2013, p. 8):

> Por outro lado, o art. 5º, LXXVIII, da CRFB/1998, incluído pela Emenda Constitucional n. 45, de 2004, determina que deva ser assegurado a todos a "razoável duração do processo" e os meios que garantam a celeridade de sua tramitação. Nesse compasso,

introduziu-se, no Direito brasileiro, certo mandamento de "eficiência judicial", a partir do momento que a CRFB/1998 determina que o aparato judicial deva ser capaz de garantir processos judiciais céleres.

Portanto, observa-se que o que hodiernamente se preconiza como praticabilidade nos atos jurisdicionais é, na verdade, um fenômeno totalmente distinto, pois a eficiência jamais se confunde com a praticabilidade, até mesmo porque não há como se fazer justiça individual e concreta com abstrações de qualquer tipo, desvinculando-se da senda da casuística.

Aliás, a eficiência judicial sequer pode ser comparada à eficiência administrativa, porque, embora ambas sejam *policies*, suas metas políticas são bem diversas, pois, naquela, "[...] não se veicula um mandamento de relativização da ideia de justiça; não é esse o objetivo que se pode ter por central, sob pena de se desprezar a função precípua do Judiciário, que é a de proporcionar justiça para a coletividade." (BATISTA JÚNIOR; SANTOS, 2013, p. 9).

Destarte, praticabilidade é uma subinstituição-coisa que, em regra, por meio de abstrações generalizantes ou padronizantes, busca dar exequibilidade às regras de direito, muitas vezes evitando-se a investigação de provas difíceis. Eficiência, por seu turno, é uma meta política coletiva, traçada em determinada comunidade, sendo que os objetivos da administração, em geral, não podem ser confundidos com os jurisdicionais. A meta central da administração pública, com a eficiência, é alcançar o bem de todos, otimizando os resultados de sua prestação, já a do Judiciário é "[...] prestar um serviço à coletividade o mais eficiente possível", mas sem se afastar da "inarredável ideia de propiciar justiça" (BATISTA JÚNIOR; SANTOS, 2013, p. 9), ou seja, a solução que melhor atenda as particularidades do caso concreto.

A seguinte passagem das lições de Onofre Alves Batista Júnior sintetiza muito bem a distinção que se deve fazer entre praticabilidade, eficiência administrativa e judicial (BATISTA JÚNIOR; SANTOS, 2013, p. 9-10):

> Enfim, uma ideia de "eficiência judicial" não pode ser confundida com a de "eficiência administrativa", nem com a de "praticidade". O exercício da função jurisdicional não se baliza pelos mesmos princípios que regem o exercício da função administrativa. A "praticidade" tem relação com técnicas de execução simplificadora do Direito, exatamente para se evitar a investigação exaustiva do caso isolado e dispensar a coleta de provas difíceis em cada caso concreto. Essa ideia não tem relação com o exercício da função jurisdicional, que não admite ofensas ao núcleo essencial da ideia de justiça. Da mesma forma, o produto da atuação da AP é distinto do que resulta da atuação jurisdicional, desse modo, uma "eficiência administrativa" não pode se confundir com o que se pode denominar "eficiência judicial", exatamente porque a função jurisdicional apenas atende às necessidades da coletividade quando é, substancialmente, justa. Não se trata, portanto, de propiciar o atendimento otimizado das necessidades da coletividade, como se dá com a prestação dos serviços públicos administrativos ("eficiência administrativa"), mas de se zelar por uma solução necessariamente justa e que seja a mais célere possível ("eficiência judicial").

As súmulas vinculantes ou impeditivas de recurso, a sentença de improcedência sem contraditório, a uniformização de jurisprudência e os demais mecanismos de racionalização da prestação jurisdicional, objeto das recentes reformas processuais e da declinada emenda constitucional, não pretendem dar praticabilidade aos atos jurisdicionais, mas tão somente, por uma questão de política judiciária, tornar essas decisões mais céleres e eficientes sem, todavia, propiciar, positivamente, a criação de normas judiciais injustas que, massificando suas decisões, incoerentemente fujam da "senda da casuística."

Numa comunidade personificada pela integridade e coerência nas decisões dos órgãos de poder organizados e institucionalizados, a prestação jurisdicional deve ser ágil, sem ser utilitária, de modo a não macular o núcleo essencial da garantia individual do princípio da justiça, pois o que se espera do

TEORIA INSTITUCIONAL DA PRATICABILIDADE TRIBUTÁRIA

Judiciário é sempre a decisão que ponha fim à lide de maneira mais justa, e não qualquer deliberação massificada, que, apesar de célere e a pretexto de diminuir o estoque quase inesgotável de processos que se avolumam nos escaninhos das secretarias judiciais, se mostre injusta e incompatível com os fins precípuos desse órgão de poder.

Assim, numa comunidade não benthamista e também não convencionalista, os órgãos do Poder Judiciário devem ser eficientes e, consequentemente, céleres. Todavia, essa celeridade não pode descambar em decisões que se recusem a investigar exaustivamente todas as nuances dos argumentos produzidos no caso concreto ou a deferir as provas de difícil produção, substituindo a exigida justiça individual por quaisquer abstrações que sejam, pois a integridade, como faz lembrar Dworkin (1999, p. 312), impõe ao juiz, além da presteza e celeridade, que seja "[...] sensível à justiça no sentido reconhecido por Hércules."

Por isso, a eficiência judicial não pode ser confundida com a otimização dos resultados de suas tomadas de decisões – no sentido de potencializar a satisfação do interesse público em detrimento do interesse individual, próprio da eficiência administrativa –, nem com a recusa da investigação atenciosa do caso concreto e da produção de provas difíceis, inerentes à praticabilidade, que, por vezes, está atenta mais à igualdade geral do que à individual, sob pena de o Estado-Juiz agir de forma hipócrita, ao invés de se manter íntegro e coerente com a extração de confiabilidade sistêmica que lhe foi outorgada.

Fica, assim, bastante nítido que não se extrai do sistema jurídico-brasileiro qualquer economia de confiança para o Judiciário recorrer à subinstituição-coisa praticabilidade, visando dar exequibilidade às regras jurídicas. Falta a esse órgão de poder qualquer tipo de substrato de confiabilidade sistêmica, seja relativa seja absoluta, para operar tal subinstituição num juízo positivo, ao contrário do que ocorre, por exemplo, com o Legislativo e o Executivo, a quem foi outorgada, pelos planejadores do sistema, em maior e menor escala,

379

confiança para estatuir mecanismos operacionais os mais variados, a fim de executar, de forma mais prática, as diversas regras de direito em consonância sempre, é claro, com os princípios morais de fundo compartilhados.

5.2.2.1. Da economia da confiança atribuída ao Judiciário para negativamente operar a praticabilidade

Se ao Judiciário falece autorização sistêmica para operar positivamente a praticabilidade, num chamado juízo negativo, foi a ele que os planejadores do sistema outorgaram economia da confiança suficiente para limitar e invalidar, se necessário for, a atuação dos órgãos do Executivo e do Legislativo quando exorbitarem, de forma não íntegra, da sua atuação positiva no recurso a tal subinstituição-coisa.

Isso porque, na comunidade personificada, quaisquer órgãos de poder estarão sempre limitados em seu agir por direitos fundamentais, institucionalizados ou não,[142] que refletem princípios morais compartilhados comunitariamente (DWORKIN, 1999, p. 254) – como verdadeiros trunfos ou direitos de defesa contra qualquer tipo de política pública estatal ou ação instrumental utilizada para alcançar essas *policies* –, visando à proteção da posição jurídica de seu titular e dando dignidade à pessoa humana.

Devem-se estabelecer limites à esfera de atuação de todos os órgãos de poder ao recorrerem positivamente à praticabilidade, respeitando-se o âmbito de proteção dos direitos fundamentais, sob pena de, em não o fazendo, abrirem-se brechas

---

142. Esta tese não objetiva discutir se, na noção de direitos fundamentais, também estão inseridos os chamados direitos sociais ou somente aqueles de caráter individual, já que tal tema demandaria uma investigação própria, sendo essa, inclusive, uma questão bastante em voga e discutida na Comunidade Européia, em face das sucessivas supressões de direitos sociais que lá vêm ocorrendo e da gritante crise financeira por que passam alguns de seus países membros. Nesse sentido, há vasta doutrina de constitucionalistas portugueses, valendo conferir as obras de Carlos Blanco de Morais (2014), Cristina Queiroz (2006), Jorge Reis Novais (2014) e Jorge Miranda (2014).

TEORIA INSTITUCIONAL DA PRATICABILIDADE TRIBUTÁRIA

para o utilitarismo na sua forma mais pura ou, ainda, à própria arbitrariedade opressiva de uma maioria contra uma minoria, como, inclusive, faz muito bem notar Neil MacCormick (2011, p. 254, tradução nossa):[143]

> Há um consenso internacional cada vez maior acerca da necessidade de estabelecer limites aos poderes estatais (incluindo o poder Legislativo), com o objeto de proteger a dignidade humana, a liberdade, a igualdade e a solidariedade, junto com o reconhecimento de direitos políticos de cidadania e de direitos a uma justa administração da justiça. As ordens políticas que falham nisso carecem de algumas virtudes essenciais do direito, ainda que sejam exitosas em manter alguma forma de ordem normativo-institucional e, nessa medida, de um sistema jurídico.

Isso porque são nesses direitos fundamentais que está retratada, de forma mais clara, aquela pretensão implícita de justiça que o direito carrega em si, revelando a necessidade de suas regras observarem esse imperativo de mínimo moral. Por tal motivo, os diferentes poderes estatais encontram, nesses direitos, os seus verdadeiros limites, de modo que as leis, bem como "[...] as normas produzidas pela Administração [...] possam ser objeto de controle para verificar se respeitam os direitos, sendo válidas somente na medida em que observem estas restrições." (MACCORMICK, 2011, p. 250).

O direito fundamental de defesa do contribuinte, por exemplo, deve prevalecer diante do emprego utilitário da praticabilidade como método, tanto pelo Executivo quanto pelo Legislativo, para se alcançar políticas de eficiência que visem, unicamente, otimizar a arrecadação tributária ou facilitar a aplicação e fiscalização de uma regra-matriz de incidência

---

143. Hay un consenso internacional cada vez mayor acerca de la necessidad de establecer limites a los poderes estatales (incluyendo al poder legislativo), con el objeto de proteger la dignidad humana, la libertad, la igualdad y la solidaridad, junto con el reconocimiento de derechos políticos de la ciudadanía y de derechos a una justa administración de justicia. Los ordenes políticos que fallan en esto carecen de algunas de las virtudes esenciales del derecho, aunque sean exitosos en mantener alguna forma de orden normativo institucional y, en esa medida, de un sistema jurídico.

sem que se respeite a dignidade humana. E tal medida será feita por meio de argumentos não de política, mas de princípios dirigidos ao Judiciário, caso não se tenha, por exemplo, obtido êxito na esfera administrativa, pois "[...] o ponto central da integridade é o princípio [...]" (DWORKIN, 2003, p. 205), visto que tais direitos, neles refletidos, são os verdadeiros trunfos individuais contramajoritários contra tais *policies*, e mesmo contra as subinstituições-instrumentais utilizadas como meios para alcançar a sua consecução.

Esses direitos, decorrentes de princípios, colocam o Judiciário, principalmente as Cortes Constitucionais, como órgão de vanguarda e principal responsável por determiná-los, quando haja controvérsias acerca do seu âmbito de proteção, realizando-os e concretizando-os, "[...] pois os princípios são internos ao direito e desenvolvidos pelo Judiciário." (MORRISON, 2006, p. 510).

E é por meio dos princípios que, garantindo-se direitos morais mínimos aos membros da comunidade, o poder de coerção estatal, ínsito às regras institucionalizadas (instituição-coisa) – da qual a praticabilidade é, instrumentalmente, parte integrante –, legitima-se validamente dentro da comunidade personificada. Por isso mesmo, Wayne Morrison, fazendo alusão a Dworkin, afirma que "O direito deve ser tratado como uma rede inconsútil – os princípios dão à rede estrutura que tem a proteção aos direitos como uma racionalidade moral fundamental." (MORRISON, 2006, p. 510).

Portanto, no que diz respeito à praticabilidade, o Judiciário não atua positivamente, massificando as suas decisões e abdicando da "senda da casuística", mas somente por meio de um juízo eminentemente negativo, de limitação ao âmbito de atuação positiva dos demais órgãos de poder, para, assim, proteger, pelo menos, o núcleo duro dos diversos direitos fundamentais, institucionalizados ou não. Isso porque tais direitos impõem obrigações, mesmo que não estejam postos numa regra estabelecida convencionalmente, pois a sua cogência é decorrência do fato de uma obrigação jurídica poder

TEORIA INSTITUCIONAL DA PRATICABILIDADE TRIBUTÁRIA

ser imposta por uma constelação de princípios (DWORKIN, 2002, p. 71). Tal fato revela nada mais do que a necessidade de reconhecimento, pelas instituições-corporativas que criam as regras de direito (instituição-coisa), da exigência de observância de um mínimo moral pelo direito posto.

Portanto, por não ser o direito neutro no que diz respeito à moral, tanto as sub-regras legislativas quanto as executivas que institucionalizam a praticabilidade, para se tornarem legítimas e passarem pelo crivo limitativo do Judiciário, devem não somente observar os procedimentos legais de normatização, mas, além disso, ser, também, moralmente justificadas. Caso contrário, os órgãos judiciais, dentro da sua respectiva esfera de competência, limitarão, negativamente, a atuação desses demais órgãos e invalidarão as sub-regras instrumentais que, ilegitimamente, positivaram tal subinstituição-coisa, a pretexto de facilitar a execução de outra regra de direito.

Eventuais consensos que serviriam para institucionalizar a praticabilidade sem atentar para aquele mínimo moral exigido podem ser objetados e impugnados pelos indivíduos, com argumentos de princípios, perante os tribunais competentes, cujo fim precípuo não é outro que não o de garantir e efetivar os direitos fundamentais, dando-lhes concretude. E isso devido ao fato de que, na comunidade personificada, todos os seus membros são dignos de igual respeito e consideração, não podendo argumentos majoritários, de uma maioria sempre provisória, servir de justificativa plausível para se solaparem, por inteiro, direitos compartilhados comunitariamente, reconhecidos ou não institucionalmente.

Também não se pode, pragmaticamente, entender que os indivíduos não tenham direito subjetivo a nada e, por isso mesmo, admitir que os objetivos coletivos da comunidade ou os instrumentos utilizados para tal sejam colocados acima deles, pois os argumentos políticos de eficiência, isoladamente, não podem jamais servir de mote para que a praticabilidade sirva como método para, em nome desses fins, escamotear o âmbito de proteção dos direitos fundamentais.

Até porque, como adverte Michael Sandel (2013, p. 322),

> [...] a abordagem utilitária contém dois defeitos: primeiramente, faz da justiça e dos direitos uma questão de cálculo, e não de princípios. Em segundo lugar, ao tentar traduzir todos os bens humanos em uma única e uniforme medida de valor, ela os nivela e não considera as diferenças qualitativas existentes entre eles.

A legislação em geral, refletida em atos legislativos e executivos, aí incluídas as sub-regras que positivam a praticabilidade, deve ser sempre coerente com a moral política da comunidade, sendo tal exigência de coerência ou integridade revelada quando as regras de direito institucionalizadas respeitam essa moral compartilhada comunitariamente e não tratam tais direitos como uma questão de mero cálculo.

Assim é porque, na comunidade dita personificada, a legitimidade do direito está, essencialmente, fulcrada na sua coerência com os compromissos morais comunitários revelados nos princípios, e não, unicamente, na utilidade das políticas públicas e dos seus respectivos instrumentos para a coletividade. Para isso, cabe ao Judiciário, como órgão que tem uma economia de confiança sistêmica suficiente para tanto, aferir se as regras de direito postas pelo Executivo e Legislativo se compatibilizam com esses princípios e, portanto, se mostram íntegras ou, de forma contrária, se elas se revelam incompatíveis com eles – o que torna hipócrita o agir desses órgãos de poder e importa, ao fim, que seus atos sejam lidimamente invalidados.

A praticabilidade, mesmo sendo fruto de uma convenção decorrente de uma suposta supremacia do interesse público sobre o privado (COSTA, 2007, p. 93) ou, ainda, de um meio para fazer valer uma política de eficiência, nunca se justifica desconsiderando frontalmente direitos fundamentais resultados de princípios contramajoritários, os quais, independentemente da vontade das maiorias formadas na comunidade, existem como garantia das minorias, impedindo que estas

TEORIA INSTITUCIONAL DA PRATICABILIDADE TRIBUTÁRIA

sejam utilizadas pela coletividade como mero instrumento para a felicidade daquelas. E, como seu garante, o indivíduo tem, no Judiciário, o seu último guardião, ou seja, aquele que limitará o âmbito de ação dos demais órgãos de poder com base nas exigências da virtude do devido processo legal adjetivo.

Isso porque, na comunidade personificada, dentro dessa forma de racionalidade, "[...] os princípios são mais importantes do que as regras (uma vez que envolvem a estrutura das regras) ou as políticas (ou objetivos coletivos da sociedade) que devem ser fomentadas pelo Poder Legislativo democraticamente eleito." (MORRISON, 2006, p. 510).

É óbvio, todavia, que, apesar da posição central e de verdadeiro destaque dos princípios nessa comunidade, não se pode pretender sacralizar os direitos deles decorrentes como se fossem absolutos e, portanto, impassíveis de qualquer tipo de restrição ou conformação.

A assertiva acima foi feita porque, como bem ressalta Robert Alexy, onde há princípios absolutos não podem existir direitos fundamentais (ALEXY, 1993, p. 106, tradução nossa):[144]

> É fácil argumentar contra a validade de princípios absolutos no ordenamento jurídico que reconhece direitos fundamentais. [...] Quando o princípio absoluto refere-se a direitos individuais, sua falta de limitação jurídica conduz à conclusão de que, no caso de colisão, os direitos de todos os indivíduos fundamentados pelo princípio têm que ceder frente ao direito de cada indivíduo fundamentado pelo princípio, o que é contraditório. Para tanto, vale

---

144. És fácil argumentar en contra de la validez de princípios absolutos en un ordenamiento jurídico que reconece derechos fundamentales. [...] Cuando el principio absoluto se refiere a derechos individuales, su falta de limitación jurídica conduce a la conclusión de que, en caso de colisión, los derechos de todos los indivíduos fundamentados por el principio tienen que ceder frente al derecho de cada individuo fundamentado por el principio, lo que es contradictorio. Por lo tanto, vale el enunciado según el cual los princípios absolutos o bien no son conciliables con los derechos individuales o bien sólo lo son cuando los derechos individuales fundamentados por ellos no corresponden a más de un solo sujeto jurídico.

385

o enunciado segundo o qual os princípios absolutos ou não são conciliáveis com os direitos individuais ou somente o são quando os direitos fundamentados por eles não correspondem a mais de um só sujeito jurídico.

Por não haver direito fundamental que não seja passível de relativização, Alexy adverte que "O princípio da dignidade de pessoa pode ser realizado em diferentes graus. [...] Por isso, se pode dizer que a norma da dignidade da pessoa não é um princípio absoluto." (ALEXY, 1993, p. 108-109, tradução nossa).[145]

Em face disso, Legislativo e Executivo, ao recorrem à subinstituição-coisa praticabilidade, podem, muitas vezes, restringir esses direitos dos contribuintes, como claramente se nota quando, por lei, por exemplo, são criadas abstrações padronizantes que deixam de lado a observância da exigência da igualdade individual. Todavia, nesses casos, apesar de a igualdade ter o seu âmbito de proteção restringido, tais padrões não poderão desnaturar o seu núcleo essencial, de forma que, para que ele seja preservado, a igualdade geral deve ser respeitada pela sua consonância com a média dos fatos imponíveis. E não somente isso, mesmo se o padrão se mostrar integralmente coerente com essa média, podem existir situações marginais ou excepcionais que demonstrem que os encargos da tributação padronizada se mostram desproporcionalmente excessivos para determinado contribuinte.

Essas diversas situações exigem formas de efetivo controle das condutas positivas dos órgãos estatais no recurso à praticabilidade, que deve, precipuamente, ser feito negativamente pelo Poder Judiciário, dentro de sua esfera própria de competência, podendo, inclusive, se for o caso, se socorrer do postulado da proporcionalidade, "[...] com suas três máximas parciais de adequação, necessidade (postulado do meio mais

---

145. El princípio de la dignidad de la persona puede ser realizado en diferentes grados. [...] Por eso, puede decirse que la norma de la dignidad de la persona no es un principio absoluto.

TEORIA INSTITUCIONAL DA PRATICABILIDADE TRIBUTÁRIA

benigno) e proporcionalidade em sentido estrito (o postulado da ponderação propriamente dito) [...]." (ALEXY, 1993, 111-112, tradução nossa).[146]

Por isso, a proporcionalidade, com as suas três vertentes – pertinência ou adequação, necessidade e proporcionalidade em sentido estrito[147] –, funciona como elemento de contenção, ou seja, de bloqueio para toda atividade estatal que macule os direitos fundamentais do contribuinte.

Especificamente no âmbito do subsistema tributário, Helenílson Cunha Pontes ressalta que o princípio da proporcionalidade, no quesito adequação, exige que a forma escolhida pelo Estado para atingir a capacidade contributiva do contribuinte, embora afete a sua liberdade de planejamento tributário, deve ser a mais satisfatória para tal mister, no que ele denomina de "[...] uma racional relação de meio-fim entre a medida adotada e a finalidade buscada." (PONTES, 2000, p. 193). Já no que tange ao elemento necessidade, impõe-se que a restrição imposta pelo fisco à liberdade de planejamento tributário seja a mais precisa e acurada possível, de modo que haja uma menor limitação no âmbito da livre iniciativa do contribuinte (PONTES, 2000, p. 193). Por fim, no que se refere à proporcionalidade *stricto sensu*, exige-se, na busca da otimização da capacidade econômica, que o Estado escolha aqueles meios que causem uma menor oneração à liberdade econômica, na medida em que, além dos interesses arrecadatórios, existem outros valores e garantias consagrados no ordenamento jurídico em prol dos contribuintes (PONTES, 2000, p. 194).

---

146. [...] con su tres máximas parciales de la adecuación, necesidad (postulado del médio más benigno) y la proporcionalidad en sentido estricto (el postulado de ponderación propriamente dicho) [...].

147. A pertinência tem por escopo buscar a adequação do meio ao fim perseguido. Já a necessidade impõe que se eleja a medida menos severa ao indivíduo para a consecução de determinado resultado e por fim, a proporcionalidade *stricto sensu* trabalha fazendo a ponderação entre os sacrifícios impostos e os fins colimados (BONAVIDES, 2004, p.396-398).

Portanto, a proporcionalidade, como um mecanismo de controle das ações estatais, "[...] é hoje axioma do Direito Constitucional, corolário da constitucionalidade e cânone do Estado de Direito, bem como regra que tolhe a ação de poder do Estado no quadro de juridicidade de cada sistema legítimo de autoridade." (BONAVIDES, 2004, p. 436).

Aliás, como bem adverte Alexy (1993, p. 112, tradução nossa)[148] "[...] a máxima da proporcionalidade resulta no fundo já da própria essência dos direitos fundamentais." Até porque é por meio dela que o Judiciário, principal órgão responsável pela realização, efetivação e construção interna dos princípios, protegerá, na maior medida do possível, os direitos fundamentais dos indivíduos contra qualquer pretensão estatal de fazer valer os interesses da maioria por meio da praticabilidade, transformando as minorias em meros instrumentos úteis para a felicidade coletiva.

Nesse ponto, torna-se imperativo saber quais são, expressamente, esses limites às ações positivas dos órgãos estatais no recurso à praticabilidade passíveis de controle negativo pelos órgãos do Judiciário, o que será visto, com mais vagar, na seção a seguir.

5.3. Limitações aos órgãos de poder no emprego da praticabilidade

A praticabilidade é uma instituição-coisa instrumental que serve como um trunfo para que o Estado suplante a complexidade premente, fática ou jurídica, do próprio subsistema tributário e, com isso, dê exequibilidade coerente e eficiente a outra instituição-coisa, no caso, a regra de direito, e aos grandes princípios fundantes a ela pressupostos. Todavia, não pode o Executivo ou o Legislativo, únicos detentores de confiança sistêmica para o seu uso, num juízo positivo ($Pr_1 = Pr_2$),

---

148. [...] la máxima de la proporcionalidad resulta en el fondo ya de la propia esencia de los derechos fundamentales.

TEORIA INSTITUCIONAL DA PRATICABILIDADE TRIBUTÁRIA

recorrer a essa subinstituição com um escopo unicamente utilitário, no sentido de dar aplicação a uma regra-matriz de incidência tributária.

A discrição desses órgãos de poder, no recurso à praticabilidade, encontra limites na moral política, pressuposta por princípios compartilhados comunitariamente, os quais limitam a sua economia da confiança. A ordem constitucional de 1988, ao estabelecer um Estado Democrático de Direito de vertente social, personificou a comunidade brasileira, exigindo integridade nas ações de confiança (Pr_2) e de desconfiança (Pr_1) do Legislativo e do Executivo em relação aos indivíduos e aos outros entes federativos, de forma que o seu agir deve ser pautado sempre com coerência, ficando vedada qualquer conduta hipócrita e puramente utilitária, nos moldes preconizados, por exemplo, na comunidade benthamista. A atual quadra constitucional também não pactua com uma comunidade estritamente garantista, presa unicamente às amarras do libertarismo, refletido num legalismo cego, que torne o Estado ineficiente. O primado da eficiência administrativa é uma *policy* da qual não se pode nunca afastar.

Portanto, a discricionariedade no uso de abstrações generalizantes ou padronizantes pelo Executivo ou pelo Legislativo numa comunidade personificada, como a do Estado Democrático de Direito brasileiro, encontrará sempre os seus primeiros limites, passíveis de controle pelo Judiciário, seja na eficiência administrativa, seja na integridade da legislação.

Todavia, além da integridade e da eficiência, amplamente discutidas e detalhadas nas seções 4.3 e seguintes deste trabalho, Humberto Ávila traçou outros pressupostos para o uso dessas abstrações padronizantes pelos órgãos de poder organizado, os quais funcionariam como verdadeiros limites à praticabilidade quando se fizer referência ao uso de padronizações pelo Estado.

O primeiro pressuposto, segundo Ávila, para o recurso a essas padronizações seria a **necessidade**. Por ela, por força do

389

disposto no artigo 145, §1º, da Constituição Federal, haveria sempre a prevalência da observância da capacidade contributiva real dos contribuintes e, somente quando isso não for possível, é que se estaria autorizado a recorrer às padronizações. Segundo o declinado tributarista, "A exceção é o modelo de igualdade geral, a ser utilizado para usar a linguagem constitucional – quando não for possível adotar o modelo de igualdade particular." (ÁVILA, 2009, p. 94).

Na mesma toada, Regina Helena Costa também procura demonstrar a necessidade de se observar, sempre que possível, a capacidade contributiva concreta como pressuposto subjetivo à tributação, restringindo essas padronizações "[...] às hipóteses nas quais a Administração encontrar evidentes dificuldades probatórias." (COSTA, 2007, p. 218).

Na verdade, o pressuposto de limitação da necessidade nada mais é do que aquilo que a doutrina tradicional convencionou chamar de estado de necessidade administrativo, que seria a justificativa mais plausível para se recorrer à praticabilidade, quando se tornar demasiadamente onerosa a fiscalização ou a aplicação individual da regra-matriz de incidência tributária, "[...] porque sua consideração causaria – pela falta de previsão, controle, coordenação, modicidade e conhecimento – mais generalização do que individualização [...]." (ÁVILA, 2009, p. 95).

Por isso, Misabel Derzi ressalta que a necessidade de criar tais padrões para suplantar esse estado de necessidade administrativo impõe o dever de a própria administração não poder se afastar deles, devendo lhes dar ampla publicidade, de modo que não passem a "[...] constar de orientações internas secretas." (DERZI, 2007, p. 341).

Todavia, no que toca à necessidade, tendo em vista que o direito tributário tornou-se, hodiernamente, um verdadeiro direito de massas, o estado de necessidade administrativo, no âmbito desse subsistema, deixou de se caracterizar pela sua situação de excepcionalidade. A necessidade de recurso às

TEORIA INSTITUCIONAL DA PRATICABILIDADE TRIBUTÁRIA

padronizações é, atualmente, algo premente ao próprio funcionamento da tributação, sendo que, na verdade, o que se observa é que a utilização de tal pressuposto torna-se cada vez mais corriqueira e usual, pois tal necessidade caracteriza-se como algo bem mais imperativo nesse subsistema jurídico, como bem se pode notar, por exemplo, no aspecto quantitativo da regra-matriz de incidência do ICMS, no qual a base de cálculo presumida vem se tornando a regra, e não a exceção.

Outro pressuposto que, segundo Humberto Ávila, funcionaria limitando a praticabilidade seria a **generalidade**. Os padrões não podem ser estabelecidos arbitrariamente pelo Estado, eles devem obedecer e respeitar a média dos acontecimentos refletidos nos fatos imponíveis.

Segundo o autor em comento (ÁVILA, 2009, p. 95),

> O padrão legal deve ser adequado para a maior parte dos contribuintes, ainda que não fique exato para alguns, justamente porque o padrão deve servir para a maioria, sem a necessidade de ajustes freqüentes pelo aplicador. Um padrão, porém, que seja inadequado para a maioria dos contribuintes simplesmente não serve como tal: primeiro, porque exige precisamente aquilo que o uso do padrão quer evitar – o custo excessivo do reajuste contínuo, por ser impossível ou extremamente oneroso; segundo, porque não corresponde à média das operações efetivamente realizadas.

Portanto, a exigência de observância da média dos casos reais para as padronizações, que a generalidade impõe, impede que tais padrões sejam fruto de um querer arbitrário e utilitário qualquer do Estado, claramente limitando a sua discrição no recurso a essa forma de praticabilidade, pois os efeitos desiguais que eles provocarão serão meramente acidentais, insignificantes e marginais, ao se levar em conta a totalidade dos contribuintes.

Exatamente em razão disso, Misabel Derzi, citando Isensee, adverte que tais padrões devem "[...] limitar-se a uma tributação pela média dos valores, vedando-se que o método se transforme em instrumento de política fiscal, de

EDUARDO MORAIS DA ROCHA

redistribuição de renda ou de benefícios e isenções tributárias [...]" (DERZI, 2007, p. 341), acrescentando, ainda, que, desse declinado dever de generalidade decorre o fato de que essa padronização deve "[...] estabelecer critérios uniformes que não podem variar de repartição para repartição." (DERZI, 2007, p. 341).

Outro pressuposto limitativo às padronizações, de acordo com Humberto Ávila, é a **compatibilidade**. Ela permite que, nesses casos, mesmo prevalecendo a igualdade geral, não se deixe de lado, também, a observância da igualdade particular, tanto antes quando depois da formação do padrão.

Isso porque, nas lições do declinado professor (ÁVILA, 2009, p. 97),

> Deve existir compatibilidade com a igualdade particular antes da formação do padrão porque deve haver vinculação com a realidade mediante existência de um suporte empírico considerável que permita a comprovação da correspondência do padrão ao valor médio efetivo da maioria dos casos. Deve haver compatibilidade com a igualdade particular depois da formação do padrão, porque o contribuinte deve poder controlar a existência de discrepâncias entre o valor presumido e o efetivamente ocorrido.

Portanto, não somente no momento da formação das padronizações há uma necessidade de se compatibilizarem os padrões com a realidade pelas médias dos acontecimentos. Também posteriormente o contribuinte deve ter a possibilidade de demonstrar que a discrepância do seu caso individual não é acidental e, por isso, meramente insignificante, mas sim o suficientemente bastante e desproporcional para macular a igualdade particular, com a qual a padronização deve também manter vínculos mínimos que sejam.

A compatibilidade imposta entre a igualdade geral dos padrões e a igualdade individual, refletida na capacidade contributiva do contribuinte, impõe, nas lições de Misabel Derzi, na medida do possível, "[...] a tendência acentuada em transformar os padrões, somatórios e pautas de valores em

TEORIA INSTITUCIONAL DA PRATICABILIDADE TRIBUTÁRIA

presunções *juris tantum* que admitem a prova em contrário para os casos atípicos." (DERZI, 2007, p. 341).

E o controle dessa compatibilidade poderá ser feito, inclusive, pelo próprio contribuinte perante o Poder Judiciário, se o recurso às vias administrativas mostrar-se inócuo, pois, apesar de haver economia de confiança sistêmica suficiente para que, por meio de lei, o Estado opere tais padrões, a verificação da atuação positiva nunca fugirá do jugo judicial naquele juízo chamado de negativo.

Além disso, Humberto Ávila também ressalta o pressuposto limitativo da **neutralidade** que os padrões não podem deixar de observar. Todavia, antes de demonstrar o que seja tal pressuposto para as padronizações, o jurista gaúcho deixa claro que a expressão jurídica neutralidade tem um caráter polissêmico, que faz com que ela admita diversas significações. Exatamente por isso, ele adverte que a neutralidade não pode ser compreendida no seu sentido mais simplório, convencionalmente aceito no meio jurídico, de, através da tributação, não se influenciar o exercício das atividades econômicas do contribuinte, "[...] pois tanto os tributos com finalidade fiscal, quanto aqueles com finalidade extrafiscal influem no comportamento dos contribuintes [...]" (ÁVILA, 2009, p. 97), seja indiretamente, no primeiro caso, ou diretamente, no segundo, estimulando ou desestimulando condutas a serem praticadas por eles.

Por esse motivo, a concepção de neutralidade, aqui compreendida por Ávila, é aquela que visa impedir que as padronizações influenciem de forma não justificada, ou arbitrária, a atuação econômica dos sujeitos passivos tributários, ou seja, "[...] ser neutro é não exercer influência imotivada na atividade dos contribuintes." (ÁVILA, 2009, p. 98). E, ao dar esse significado à neutralidade, o mencionado jurista aproxima a neutralidade "[...] da própria igualdade na sua conexão com o princípio da liberdade de concorrência, notadamente no aspecto negativo da atuação estatal." (ÁVILA, 2009, p. 99).

EDUARDO MORAIS DA ROCHA

Assim, as padronizações impostas, nessa forma de tributação, não podem impedir que o sujeito passivo desenvolva normalmente determinada atividade econômica, na medida em que as distorções entre a base de cálculo presumida e o valor efetivo da operação realizada podem prejudicar a livre concorrência entre os contribuintes, em especial, aqueles com menor poder econômico, que serão compelidos a aumentar os preços praticados, em situação francamente prejudicial a esses pequenos empresários, principalmente quando comparados aos grandes grupos econômicos, que têm maior poder de fogo para absorver, nos seus custos operacionais, essas eventuais discrepâncias.

A autonomia privada daqueles pequenos e médios contribuintes-empresários deve ser respeitada, pois ela "[...] envolve a liberdade de tomar decisões e de competir num mercado livre, especialmente pelo poder de fixar uma política ou estratégia comercial, intimamente relacionada com a livre fixação de preços." (ÁVILA, 2009, p. 100). Todavia, deve-se ressaltar que "[...] sempre que o contribuinte ficar numa situação de distorcida diferenciação relativamente a outros contribuintes deve haver uma justificativa objetiva e razoável para isso." (ÁVILA, 2009, p. 103).

Não havendo essa justificativa plausível, maculada estará a livre concorrência e, consequentemente, a neutralidade exigida das imposições tributárias padronizadas, já que o pequeno e médio contribuintes terão afetadas, injustificadamente, as suas tomadas de decisões empresariais e solapada a sua autonomia privada, principalmente quando comparados à atuação dos grandes contribuintes, empresários de grandes conglomerados econômicos.

Outro exemplo em que essas padronizações presuntivas também maculavam essa imperativa exigência de neutralidade, afetando arbitrariamente a livre concorrência, podia ser observado na antiga sistemática de regulamentação dos chamados preços de transferência pelo método do preço de revenda menos lucro (PRL), que estava disciplinado no artigo

TEORIA INSTITUCIONAL DA PRATICABILIDADE TRIBUTÁRIA

18, II, da lei n. 9.430/96 (BRASIL, 1996), com as alterações da lei n. 9.959/00 (BRASIL, 2000), que definia o preço de revenda de bens ou direitos nas importações, antes da vigência da atual lei n. 12.715/12 (BRASIL, 2012), que sanou em parte esse terrível problema.

Em resumo, o método do PRL, disciplinado na antiga legislação, estatuía um critério para a apuração do preço nas operações de importação entre pessoas vinculadas, por meio da média aritmética dos preços de revenda, deduzidos os descontos incondicionais concedidos, os impostos e contribuições incidentes sobre as vendas, as comissões e as corretagens pagas, bem como a margem de lucro que, por presunção legal, seria fixa em sessenta ou vinte por cento. A margem de sessenta por cento era observada na situação dos bens importados como insumos, enquanto a de vinte por cento aplicavase no caso de a importação ocorrer para a posterior revenda do próprio produto.

O método acima declinado, de apuração do preço de transferência entre pessoas vinculadas, bem como os demais métodos de preços de transferência, por força do artigo 21, §2º, da lei n. 9.430/96 (BRASIL, 1996), aceitavam prova em sentido contrário, ou seja, que o contribuinte comprovasse margens de lucro diversas dos métodos impostos nessa antiga legislação de regência. Tal prova, porém, deveria ser baseada em publicações, pesquisas ou relatórios elaborados de acordo com outros métodos de apuração de lucro internacionalmente aceitos e contemporâneos à apuração do imposto de renda da empresa que fosse domiciliada no Brasil.

Todavia, com o método do preço de revenda menos lucro (PRL), ao contrário dos demais métodos constantes na lei n. 9.430/96, era nítida a maculação de princípios como os da livre concorrência e do *arm's length*, como se preferir, que afetavam a neutralidade exigida desse método presuntivo. Isso porque, ao serem estatuídas margens fixas de lucro para a determinação do preço de transferência, elas podiam não se adequar razoavelmente à natureza daquele mercado e nem à atividade

395

econômica desenvolvida pelo sujeito passivo tributário, pois os métodos presumidos aplicavam-se, genericamente, a todos aqueles que importam mercadorias para revenda ou mesmo como matéria prima a ser agregada a outro produto final.

Com isso, na sistemática daquela legislação, deixavam de ser observados os valores agregados e as margens de lucro específicas de cada setor econômico, que não podiam ser sempre, respectivamente, fixas em sessenta ou vinte por cento, como queria a lei n. 9.430/96. Com esses percentuais criados por essa legislação no cálculo do preço parâmetro, independentemente da atividade empreendida pela empresa, a margem presumida a ser deduzida nunca variava, afetando, necessariamente, a neutralidade da tributação padronizada e, consequentemente, a livre concorrência, na medida em que o preço arbitrado poderia não ter correspondência ao preço de mercado.

Se o escopo do *arm's length*, nos preços de transferência, é impedir que pessoas de um mesmo grupo econômico maculem a livre concorrência por meio de um ajuste artificial de preços – por tal motivo considerando-as com personalidades independentes, para que os preços praticados entre tais empresas sejam similares àqueles acordados num regime de livre mercado –, como ficará a situação dos contribuintes enquadrados nas margens fixas do preço de revenda menos lucro (PRL)?

Como resposta provisória, poder-se-ia invocar, na regência da lei n. 9.430/96 (BRASIL, 1996), o seu artigo 21, §2º, que permitia ao contribuinte fazer prova em contrário para utilizar margem de lucro diferente compatível com outro método internacionalmente admitido. Todavia, tal dispositivo não solucionava completamente essa intrincada questão jurídica, pois a sua aplicação era restrita à situação em que a margem de lucro era inferior à presumida pela lei, não resolvendo os casos em que o contribuinte tinha, em sua atividade econômica, uma margem superior àquela fixada naquele diploma legal.

396

TEORIA INSTITUCIONAL DA PRATICABILIDADE TRIBUTÁRIA

A utilização, pelo Legislativo, da praticabilidade, ao editar o artigo 18, II, da lei n. 9.430/96 (BRASIL, 1996), antiga lei de regência dos preços de transferência, para tornar prática a sua aplicação e a fiscalização pelo Executivo nas operações de importação de bens e direitos para revenda, estabelecendo margens de lucro fixas para apuração desses preços, não poderia ter o condão de torná-los divorciados dos praticados pelo mercado, sob pena de afetar a sua neutralidade. O método legal (PRL) utilizado deveria espelhar-se, ou pelo menos aproximar-se, do preço existente num regime de livre concorrência entre pessoas independentes, o que não ocorre quando se adota margens fixas uniformes, válidas para todas as empresas, sem observar a natureza diferente de cada uma das atividades econômicas desenvolvidas pelos respectivos importadores.

A Medida Provisória n. 563/2012, convertida na lei n. 12.715/2012 (BRASIL, 2012), sanou em parte esse problema, pois alterou a redação do art. 18, II, da lei n. 9.430/96 e acrescentou o §12, que estabeleceu novas margens de lucro – de quarenta por cento, trinta por cento ou vinte por cento – de acordo com o setor da atividade econômica.

Por isso, Alessandra Brandão Teixeira assevera que o estabelecimento desses métodos para a apuração do preço de transferência não se justificava como um fim em si mesmo, já que o seu desiderato precípuo tinha como objetivo alcançar um preço próximo àquele praticado no mercado, não afetando a sua neutralidade, o que não poderia ser perseguido com o uso de margens fixas de lucro. Nesse sentido são as suas palavras (TEIXEIRA, 2007, p. 27):

> As regras relativas à determinação dos preços de transferência devem ser compreendidas em uma relação de causalidade entre meio e fim, sendo que esse é a determinação do preço de mercado, e os meios utilizados para a sua realização são os métodos.
>
> Portanto, as seguintes indagações acerca dos métodos, mostram-se pertinentes: os métodos permitem que seja apurado um preço de mercado? Com relação à utilização dos métodos sim, mas no

que tange às margens fixas não. Tal afirmação se justifica no fato de que as margens fixas não estão comprometidas com as regras de mercado, adotando percentuais fixo e uniformes para todos os setores da economia.

A mencionada tributarista, fazendo um profundo estudo do direito comparado, assevera que os demais países estrangeiros seguiam as recomendações da OCDE, de forma a exigir dos fiscos a utilização de métodos que respeitassem os preços praticados num regime de livre concorrência, para que esses padrões presuntivos observassem a neutralidade deles exigida, ressaltando, ainda, que "[...] não se observa, na legislação estrangeira, a utilização de margens de lucro fixas, tal como foi adotado pela legislação brasileira." (TEIXEIRA, 2007, p. 27).

Desse modo, observa-se que o Legislativo brasileiro, durante a vigência da lei n. 9.430/96, ao contrário dos outros países, estava em posição isolada ao estabelecer margens fixas em somente vinte e sessenta por cento. Assim, naquele período, ao invés de concretizar o *arm's length* e a consequente neutralidade exigida – constante das recomendações da OCDE, da qual o Brasil, embora não fosse subscritor era observador –, o país fazia com que os contribuintes tivessem de, compulsoriamente, praticar preços de transferência artificiosos, em prejuízo da exigência de neutralidade e das regras de livre mercado, para, assim, poderem se enquadrar nas presunções estanques e uniformes estabelecidas naquela lei em questão.

Apesar de estar autorizado a usar a praticabilidade para uma aplicação mais cômoda e viável e que tornasse aquela legislação exequível através da massificação das relações tributárias, com um menor gasto e uma maior economia para o Estado, naquele caso, foi utilizada essa subinstituição-coisa para reduzir as complexidades de uma aplicação individualizada da lei, na desconfiança de que, em regra, todos os agentes econômicos agem de má-fé, em detrimento da neutralidade que é exigida desses padrões. Com isso, alterou-se o objetivo dessa tributação padronizada de facilitar a aplicação e a

TEORIA INSTITUCIONAL DA PRATICABILIDADE TRIBUTÁRIA

fiscalização em massa da regra de direito, dentro das premissas imperativas de neutralidade, para torná-la apenas um mecanismo de arrecadação de recursos para os cofres públicos.

Assim, ao invés de ser um meio para reduzir as complexidades do ambiente e tornar viável a execução e a fiscalização das operações de importação pelo fisco, tal subinstituição-coisa foi utilizada pela lei n. 9.430/96 desprezando o seu dever de neutralidade. O exemplo em tela, do método do preço de revenda menos lucro (PRL), foi colacionado para demonstrar a importância da observância da neutralidade nas tributações orientadas pela padronização, para que não se solape o núcleo duro da livre concorrência e, com isso, não fiquem tais preços bastante dissociados daqueles praticados pelo mercado numa situação de normalidade econômica.

Pode-se citar, ainda, outra exigência limitativa que se coloca à tributação padronizada, aludida por Humberto Ávila, atinente à **não-excessividade** desses padrões. Tal restrição, já discutida com ênfase na seção anterior e na seção 4.3.2.4, tem o seu fundamento jurídico de validade na perspectiva de que os direitos fundamentais individuais limitadores do poder de tributar, para serem restringidos, "[...] não podem ser atingidos no seu núcleo essencial, sendo esse núcleo definido como aquela parte do conteúdo de um direito sem a qual ele perde a sua mínima eficácia e, por isso, deixa de ser reconhecível como um direito fundamental." (ÁVILA, 2009, p. 104). Desse modo, Regina Helena Costa (2007, p. 217) entende que se respeitará "[...] o mínimo existencial bem como a vedação da utilização de tributo com efeito de confisco, a significar que a exigência fiscal não poderá traduzir a absorção total ou substancial da propriedade privada."

Por isso mesmo, a tributação padronizada deve, segundo Misabel Derzi (2007, p. 341), "[...] restringir-se ao mínimo necessário, proibindo-se excessos [...], de forma [...] a respeitar os direitos fundamentais, baseando-se em tipos que se formam de acordo com a representação daquilo que for normal."

Aliás, a chamada não-excessividade não é outra coisa que não o próprio postulado da proporcionalidade, no sentido de poder ser ajustada, individualmente, às restrições que os padrões podem, eventualmente, causar ao núcleo essencial dos direitos fundamentais do contribuinte e que servem de limite ao poder de tributar do próprio Estado.

E, exatamente para impedir essa excessividade dos padrões, que Humberto Ávila estatui um último pressuposto limitativo a eles, que é a possibilidade da sua **ajustabilidade,** por meio do que o autor chama "[...] de cláusulas que permitam ajustá-la aos casos concretos." (ÁVILA, 2009, p. 105).

Desse modo, se a desigualdade que o padrão provoca for de diminuta extensão (bagatela), não sendo contínua e nem relevante entre os contribuintes, e se o seu alcance não atingir um número considerável de indivíduos, nem a sua intensidade for tão excessiva que macule o núcleo essencial de direitos fundamentais, ele será abstratamente válido e não se terá de fazer ajuste algum nele (ÁVILA, 2009, p. 105). Todavia, se concretamente, em relação a alguns contribuintes, seus efeitos desiguais se revelarem de alcance e intensidade significativas, que desnaturem o núcleo essencial dos seus direitos fundamentais, deve ela, segundo Ávila, "[...] ter cláusulas de abertura ou eqüidade (*Härteklauseln*), que possam evitar determinados rigorismos e proporcionar uma diferenciação concretamente justa." (ÁVILA, 2009, p. 105).

Isso porque, sem essa cláusula de abertura que permite ao padrão ajustar-se concretamente aos casos individuais significativamente desiguais, ele poderia ser utilizado com um veio nitidamente utilitário, por meio do qual uma minoria sacrificada pela tributação padronizada serviria de instrumento para a felicidade coletiva de uma maioria, que não seria afetada por ela, o que, definitivamente, não se compatibiliza com uma comunidade personificada pela integridade, como a que se nota na ordem do Estado Democrático de Direito de cunho social imposta pela Constituição Federal de 1988.

A comunidade benthamista não tem vez na ordem constitucional brasileira, de modo que a igualdade geral refletida pela tributação padronizada somente terá cabimento se ela não provocar, além de efeitos desiguais de diminuta extensão, uma desigualdade concreta de intensidade não significativa e, portanto, não excessiva, cabendo a palavra final, na definição do que seja bagatela ou não, ao Poder Judiciário, pois, no que atine à praticabilidade, ele exerce, com prevalência, o controle negativo em relação aos demais órgãos de poder.

Por isso, esses casos marginais de uma minoria de contribuintes não podem ser deixados de lado, como se eles não tivessem importância e utilidade para a comunidade, devendo, nessas situações, ser estabelecidos procedimentos para a devolução do excesso cobrado que não seja tido como mera bagatela, fazendo-se com que os direitos deles não sejam maculados utilitariamente em nome do bem-estar coletivo de uma maioria.

Nas padronizações, prevalece a igualdade geral. Mas em casos marginais de efeitos desiguais, com intensidade excessiva, há de se ter mecanismos que permitam, efetivamente, a equalização desses custos excessivos impostos a uma minoria para que o utilitarismo hipócrita não tenha lugar nessas ações estatais, prevalecendo a conduta íntegra da comunidade, com coerência e respeito aos direitos daqueles indivíduos minoritários. A eficiência na arrecadação – a que essa tributação padronizada serve de instrumento – não pode ser o desiderato único de todas as ações estatais, pois, como muito bem observa Onofre Alves Batista Júnior (2012, p. 20), "O maior de todos os receios está na possibilidade de se confundir a ideia de eficiência administrativa [...] com os testes de eficiência propostos por Richard Posner ou mesmo com ideias do pragmatismo utilitarista."

Pugnando pela restituição pela via da cláusula de retorno, quando a quantia cobrada no padrão, embora respeitando os casos medianos, provocar efeito desigual anormal para determinado contribuinte, Humberto Ávila exemplifica bem a questão, nos seguintes termos (ÁVILA, 2009, p. 111):

> Porém, mesmo válida, por que necessária e compatível com a igualdade particular, a padronização ainda pode deixar de ser aplicada, tanto por causar um efeito desigual anormal relativamente a determinado contribuinte, quanto por restringir excessivamente algum direito fundamental seu. Esse caso sucede quando o valor de pauta ou de preço máximo sugerido pelo fabricante ao consumidor, conquanto reflita a média, provoca efeitos desiguais relativamente a um comerciante que, em virtude de uma situação particular protegida pelo direito de liberdade de exercício da atividade econômica ou de concorrência (por exemplo, seu modo eficiente de produção ou seu modo inovador de distribuição), é anormalmente prejudicado na sua política de preços pela tributação uniforme. Exatamente por isso, a padronização deve ter cláusulas de retorno para os casos em que esse efeito desigual anormal acontecer. A padronização, portanto, não perde a validade quando deixa de prever a devolução das diferenças entre o valor presumido e o real em todas as situações. Ela fica privada de legitimidade, não obstante, quando carece de previsão para restituir, se as diferenças entre o valor real e o presumido forem anormais.

Com isso, apesar de a tributação padronizada ter a obrigação de generalidade para refletir a média dos fatos imponíveis em nome da igualdade geral, ela não pode jamais deixar de ter cláusulas de retorno à igualdade particular que permitam, em situações excepcionais de custos excessivos e anormais para determinado contribuinte, que sejam procedimentalmente devolvidas tais quantias, sob pena de confisco e ofensa utilitária à própria necessidade de justiça material e de abertura à igualdade individual, corolários da integridade na legislação.

É em virtude disso que Eduardo Maneira (MANEIRA, 2000) defendeu, há mais de uma década, não ser inflexível o entendimento do Supremo Tribunal Federal na ADI n. 1.851/AL, podendo, diante de uma situação concreta de excessividade do padrão, ser demonstrada a dissociação significativa entre a base de cálculo real e a presumida. Até porque, de

TEORIA INSTITUCIONAL DA PRATICABILIDADE TRIBUTÁRIA

acordo com o declinado professor, as presunções, considera-das abstratamente, são sempre absolutas, somente podendo se relativizar diante de uma circunstância concreta de one-rosidade excessiva que não poderia ser aferível em sede de ação direta de inconstitucionalidade, que é um processo de natureza objetiva, sem provas e nem mesmo lide.

Nesse sentido são as suas lições (MANEIRA, 2000, p. 214-215):

> No que se refere ao exame da definitividade da base de cálculo, a posição do STF deve ser apreciada em razão das circunstâncias em que se deu o julgamento. Uma coisa é o exame da matéria em sede de controle concentrado, no julgamento de uma ação direta de inconstitucionalidade; diverso é o seu exame em sede de con-trole difuso, isto é, no julgamento de um recurso extraordinário, em que se aprecia um caso concreto.
>
> Em sede de ADIn seria, em tese, possível admitir que os critérios estabelecidos em lei para se chegar ao valor da base de cálculo presumida sejam razoáveis e proporcionais ao conteúdo econô-mico do fato gerador. Se a lei se utiliza, por exemplo, de tabela de preços ao consumidor final sugerida pelo fabricante, seria di-fícil para o Tribunal, em tese, julgar inconstitucional o critério legal adotado. Aliás, as presunções no plano abstrato são sempre absolutas, somente no caso concreto é que se diferenciam entre absolutas e relativas, posto que as últimas admitem prova em contrário.
>
> Outra coisa seria, em sede de recurso extraordinário, haven-do farta prova de que a base de cálculo presumida encontra-se distanciada da realidade, o STF considerar, assim mesmo, de-finitiva a presunção somente para preservar o mecanismo da substituição.
>
> É que a presunção absoluta só é admitida naqueles casos em que o fato real não tem relevância para aquela situação jurídica. E, definitivamente, não se aplica ao direito tributário.

Assim, comunga-se do entendimento de Eduardo Maneira no sentido de que o contribuinte possa demonstrar, procedimentalmente, por algum tipo de cláusula de retorno, a dissociação excessiva entre a base de cálculo real e a presumi-da, de modo que o padrão presuntivo refletido na igualdade

403

geral se ajuste a sua capacidade contributiva real, reflexo da igualdade individual.

Aliás, outra não foi a posição do STF no julgamento do RE n. 603.191 (BRASIL, 2011), em sede de recurso repetitivo, corroborando esse entendimento acerca da necessidade de, nas padronizações, principalmente na substituição tributária progressiva, haver aberturas desses padrões para realidade, de forma a não se extrapolar, desproporcionalmente, as suas bases econômicas, permitindo-se, com isso, a sua ajustabilidade em situações marginais de onerosidade excessiva. Até porque, ao contrário do controle abstrato de normas, que é um típico processo objetivo, em sede de controle difuso, torna-se possível e mesmo viável ao Judiciário aferir se o ente tributante transgrediu as normas de competência e os princípios superiores que, sendo verdadeiras garantias dos contribuintes, efetivamente limitam o poder de tributar.

A igualdade e a capacidade contributiva, por terem a natureza de princípio, não podem ser, aprioristicamente, excluídas dessas situações marginais em caso de onerosidade excessiva de um padrão, devendo, por isso, ser aplicadas no contexto específico desse caso concreto, pois, conforme adverte Jürgen Habermas (1997, p. 306), "As normas de princípio, que ora perpassam a ordem jurídica, exigem uma interpretação construtiva do caso concreto, que seja sensível ao contexto e referida a todo o sistema de regras."

Os órgãos de poder organizados, premidos pela própria complexidade fática e jurídica do subsistema tributário, podem, validamente, criar padrões ou esquemas legais para funcionar como critério de igualdade geral, de forma a simplificar a execução de uma determinada regra-matriz de incidência. Contudo, é inaceitável que, utilitariamente, se impeça que o contribuinte, num caso concreto marginal e anômalo à média dos acontecimentos, demonstre, perante a própria administração ou órgãos judiciais competentes, que a base de cálculo presumida não corresponda à realidade por diferença de bagatela, sendo-lhe demasiadamente onerosa.

TEORIA INSTITUCIONAL DA PRATICABILIDADE TRIBUTÁRIA

Existem outras formas para o Estado aprimorar, efetivamente, os mecanismos de atuação da fiscalização tributária que, sem criar empecilhos para as cláusulas de retorno – aliando a igualdade geral dos padrões à igualdade individual dessas situações excepcionais –, possibilitem que os contribuintes tenham respeitada a sua verdadeira capacidade econômica e, consequentemente, a sua capacidade contributiva como direito de defesa.

A norma que estabelece padrões não pode, numa comunidade personificada e, portanto, não benthamista, macular os princípios da igualdade, da justiça individual e da capacidade contributiva, como direitos de defesa que servem para dar integridade às ações dos órgãos de poder organizados. Tampouco pode impossibilitar ao sujeito passivo da relação jurídico-tributária, no caso concreto, demonstrar, por meio de cláusulas de retorno, a excepcionalidade da sua situação, fato que, consequentemente, não o tornará mero instrumento para o bem-estar da maioria e ainda dará maior força normativa aos direitos fundamentais do cidadão-contribuinte, como já preconizava Konrad Hesse (1991, p. 24-27).

Portanto, os pressupostos de necessidade, generalidade, compatibilidade, neutralidade, não-excessividade e ajustabilidade funcionam, claramente, como limites claros a todos os órgãos de poder organizado que recorrem às abstrações padronizantes, podendo, em caso de sua não observância pelos órgãos estatais, dar azo a que os indivíduos judicializem as suas pretensões para que o Judiciário, dentro do seu âmbito de competência, exerça lidimamente seu juízo negativo de controle.

Por fim, além dos pressupostos limitativos acima declinados, a forma de limitação mais importante, para essa tributação orientada por padronizações, é que tais padrões sejam estabelecidos, preferencialmente, por lei, já que, como visto na seção 5.2.1.1, a margem de confiança sistêmica que se extrai para o Legislativo é sempre maior do que aquela atribuída ao Executivo.

E é por isso que Misabel Derzi é uma defensora da legalização dessas padronizações, pois o padrão "[...] cria presunções que não são meras interpretações, mas retificação e modificação da própria lei, enfraquecendo-se o Poder Legislativo, que perde o monopólio da produção legislativa." (DERZI, 2004b, p. 181).

No mesmo diapasão, Regina Helena Costa defende que se recorra ao legislador para a "[...] adoção de presunções e ficções, dentre outros meios, com a finalidade de alcançar a desejada praticabilidade." (COSTA, 2007, p. 57). E isso porque, segundo a declinada jurista, "[...] afigura-se-nos indiscutível ser a lei o instrumento de praticabilidade por excelência [...]." (COSTA, 2007, p. 61).

Apesar disso, na prática, embora fosse o desejável, não é o que se verifica, pois o Executivo muitas vezes lança mão desses padrões presuntivos para, modificando-os, facilitar a aplicação da lei. Isso pode ser observado – para ficar somente no exemplo já citado dos preços de transferência – nas margens de lucro fixas no método do preço de revenda menos lucro (PRL), em que o Executivo também não se fez de rogado e, no ano de 2002, por meio da Secretaria da Receita Federal (SRF), editou a instrução normativa (IN) n. 243 (BRASIL, 2002) ato normativo infralegal, para, a pretexto de regulamentar, alterar os critérios de apuração do preço de transferência estabelecidos no artigo 18, II, da lei n. 9.430/96.

Com esse expediente do Executivo, o método para o cálculo do preço, nas operações de importação entre pessoas vinculadas, de bens e de direitos para transformação e incorporação em outros produtos e posterior revenda, passou a considerar não apenas os parâmetros da já citada lei n. 9.430/96, com as alterações empreendidas pela lei n. 9.959/00, ato normativo primário, mas, também, os da aludida instrução normativa, ato normativo secundário.

Dessa forma, até 2002, a base de cálculo das transações de revenda de mercadorias importadas era a média aritmética dos valores da venda ao consumidor final, subtraídos os descontos oferecidos, os impostos incidentes nessa venda, as comissões pagas, além da malfadada margem de lucro fixa de sessenta ou vinte por cento, conforme o caso. A partir da edição da IN n. 243/02 da SRF, em detrimento da lei, teria havido alteração do critério legal, relativo à dedução do valor agregado na forma de calcular a média de preços de revenda e, através de tal expediente, o fisco teria indiretamente aumentado a base de cálculo do IRPJ e da CSLL dos importadores, majorando a exação.

Esse fato levou os contribuintes a questionar, na justiça, os limites dessa instrução normativa, ou seja, se ela deveria se limitar a regulamentar a lei ou se poderia avançar em seara afeta a ato normativo primário, ao majorar, presuntivamente, a base de cálculo dos tributos em tela por meio de uma instrução normativa. No ano de 2010, o Tribunal Regional Federal da 3ª Região, num dos poucos pronunciamentos de tribunais acerca da questão, já que ainda não houve deliberação definitiva das Cortes Superiores sobre o tema, teve a oportunidade de enfrentá-lo e, por maioria, vencido o relator, julgou a causa em favor dos contribuintes. No julgamento, considerou-se que a mudança de critério para a apuração do preço ajustado não poderia ter sido procedida por meio ato normativo infralegal do fisco, pois o caso demandava a presença de lei não somente em sentido material, mas também formal (BRASIL, 2010).

O voto-vista condutor, no caso acima, foi do desembargador federal Márcio Moraes, que garantiu ao contribuinte a utilização do critério de apuração do PRL previsto no artigo 18, II, da lei n. 9.430/96, sem a aplicação das presunções introduzidas pela instrução normativa n. 243/02, da SRF, podendo o fundamento do seu julgado ser sintetizado pela seguinte passagem (BRASIL, 2010):

> Não descuramos, como sustenta o eminente Relator, que a Secretaria da Receita Federal tem por função a expedição de instruções normativas. Nesse afazer, contudo, deve centrar-se à disciplina, à interpretação do texto legal em cuja esteira foi o

ato editado, na medida exata para permitir a estrita observância. Não se concebe que nesse mister a SRF termine por legislar, e assim criar novas obrigações ao contribuinte, metamorfoseando expressão de comando contido na legislação de regência. Tanto mais no caso sob exame, em que a própria lei cuidou em fornecer todos os critérios necessários à operacionalização do método PRL, não carecendo a aplicabilidade de regulamentação alguma.

Em tal cenário, ao reverso do que sustenta o insigne Relator, é verdadeiramente plausível a ocorrência, *in casu*, de ofensa ao princípio da reserva da lei formal, dado que, como já sinalizado, a modificação empreendida trará repercussão na apuração quer do imposto de renda, quer da contribuição social sobre o lucro, ao descartar os valores que restaram agregados no Brasil, em contraposição ao que se vislumbrava no texto legal.

Apesar dos argumentos acima, o entendimento do relator do acórdão, juiz federal convocado Roberto Jeuken, voto vencido, foi em sentido diametralmente oposto. Em sua visão, a exigência de se dar operacionalidade à lei n. 9.430/96, bem como a dificuldade de fiscalização dessas operações e a necessidade de evitar a prática lesiva ao erário e à livre concorrência por via da manipulação de preços, mediante ajuste de empresas do mesmo grupo econômico, justificariam as alterações advindas com a instrução normativa n. 243/2002 da SRF. Por outras palavras, argumentos em favor da praticabilidade na fiscalização pelo fisco dessas transações tributárias, na desconfiança de que os contribuintes agiriam sempre de má-fé, seriam sempre o principal substrato em prol da expedição de tal normativo infralegal, fato que, por si, utilitariamente, o legitimaria.

Nesse sentido, a seguinte passagem do declinado voto (BRASIL, 2010):

> Este universo de considerações interliga-se com as inovações controvertidas nestes autos, na medida em que a exposição de motivos do projeto que veio a transformar-se na Lei n. 9.430/96 consignava, já em 1996, que as normas contidas nos arts. 18 a 24 representam significativo avanço da legislação nacional face ao ingente processo de globalização experimentado pelas economias contemporâneas, possibilitando ao mecanismo ora em

TEORIA INSTITUCIONAL DA PRATICABILIDADE TRIBUTÁRIA

exame o controle dos denominados preços de transferência, de forma a evitar a prática, lesiva aos interesses nacionais, de transferência de recursos para o Exterior, mediante manipulação dos preços pactuados nas importações ou exportações de bens, serviços ou direitos, em operações com pessoas vinculadas, residentes ou domiciliadas no exterior, conforme averba a inicial no terceiro parágrafo de fls. 05 destes autos.

Bem por isso, não se poderia dar prevalência aos argumentos tangidos em prol dos malefícios que a IN-SRF 243 estaria substanciando em desfavor da indústria nacional, na medida em que as atividades de transformação estariam a receber tratamento desfavorável em relação aos importadores que se limitam à revenda dos itens importados sem qualquer agregação de valor.

De fato, como visto, o foco do legislador foi o de exatamente coibir abusos na chamada transferência de preços (para o exterior) entre empresas nacionais, ditas vinculadas, a fornecedoras do exterior (não raras vezes, ostentando a mesma denominação social), donde restar conciliadas as alterações do referido normativo, vez que orientadas à busca efetiva do custo a ser deduzido na base dimensível da CSSL, mediante neutralização dos efeitos que a mais valia destes produtos finais, refletida na parcela composta pelos insumos importados e que até então não se desagregavam do resultado final a ser deduzido, o que certamente contribuiu para aperfeiçoar o mecanismo fiscal imposto pelo legislador com a edição da Lei n. 9.430/96.

Não há como concordar com tal argumentação,[149] porque

---

149. Infelizmente, todavia, acabou por prevalecer, em posteriores julgamentos do mesmo Tribunal Regional Federal da 3ª Região, o entendimento sufragado naquele voto vencido do juiz federal convocado Roberto Jeuken, no sentido de que a instrução normativa n. 243/02 não estaria em confronto com o texto da lei n. 9.430/96, conforme se vê em alguns julgamentos, dentre os quais se destaca a seguinte ementa (BRASIL, 2011):
TRIBUTÁRIO - TRANSAÇÕES INTERNACIONAIS ENTRE PESSOAS VINCU-LADAS - MÉTODO DO PREÇO DE REVENDA MENOS LUCRO-PRL-60 - APU-RAÇÃO DAS BASES DE CÁLCULO DO IRPJ E DA CSLL - EXERCÍCIO DE 2002 - LEIS Nº S. 9.430/96 E 9.959/00 E INSTRUÇÕES NORMATIVAS/SRF Nº S. 32/2001 E 243/2002 - PREÇO PARÂMETRO - MARGEM DE LUCRO - VALOR AGREGADO - LEGALIDADE - INOCORRÊNCIA DE OFENSA A PRINCÍPIOS CONSTITU-CIONAIS - DEPÓSITOS JUDICIAIS. 1. Constitui o preço de transferência o controle, pela autoridade fiscal, do preço praticado nas operações comerciais ou financeiras realizadas entre pessoas jurídicas vinculadas, sediadas em diferentes jurisdições tributárias, com vista a afastar a indevida manipulação dos preços praticados pelas empresas com o objetivo de diminuir sua carga tributária. 2. A

EDUARDO MORAIS DA ROCHA

apuração do lucro real, base de cálculo do IRPJ, e da base de cálculo da CSLL, segundo o Método do Preço de Revenda menos Lucro - PRL, era disciplinada pelo art. 18, II e suas alíneas, da Lei n. 9.430/96, com a redação dada pela Lei n. 9.959/00 e regulamentada pela IN/SRF n. 32/2001, sistemática pretendida pela contribuinte para o ajuste de suas contas, no exercício de 2002, afastando-se os critérios previstos pela IN/SRF n. 243/2002. 3. Contudo, ante à imprecisão metodológica de que padecia a IN/SRF n. 32/2001, ao dispor sobre o art. 18, II, da Lei n. 9.430/96, com a redação que lhe deu a Lei n. 9.959/00, a qual não espelhava com fidelidade a exegese do preceito legal por ela regulamentado, baixou a Secretaria da Receita Federal a IN/SRF n. 243/2002, com a finalidade de refletir a mens legis da regra-matriz, voltada para coibir a evasão fiscal nas transações comerciais com empresas vinculadas sediadas no exterior, envolvendo a aquisição de bens, serviços ou direitos importados aplicados na produção. 4. Destarte, a IN/SRF n. 243/2002, sem romper os contornos da regra-matriz, estabeleceu critérios e mecanismos que mais fielmente vieram traduzir o dizer da lei regulamentada. Deixou de referir-se ao preço líquido de venda, optando por utilizar o preço parâmetro daqueles bens, serviços ou direitos importados da coligada sediada no exterior, na composição do preço do bem aqui produzido. Tal sistemática passou a considerar a participação percentual do bem importado na composição inicial do custo do produto acabado. Quanto à margem de lucro, estabeleceu dever ser apurada com a aplicação do percentual de 60% sobre a participação dos bens importados no preço de venda do bem produzido, a ser utilizada na apuração do preço parâmetro. Assim, enquanto a IN/SRF n. 32/2001 considerava o preço líquido de venda do bem produzido, a IN/SRF n. 243/2002, considera o preço parâmetro, apurado segundo a metodologia prevista no seu art. 12, §§ 10, e 11 e seus incisos, consubstanciado na diferença entre o valor da participação do bem, serviço ou direito importado no preço de venda do bem produzido, e a margem de lucro de sessenta por cento. 5. O aperfeiçoamento fez-se necessário porque o preço final do produto aqui industrializado não se compõe somente da soma do preço individuado de cada bem, serviço ou direito importado. À parcela atinente ao lucro empresarial, são acrescidos, entre outros, os custos de produção, da mão de obra empregada no processo produtivo, os tributos, tudo passando a compor o valor agregado, o qual, juntamente com a margem de lucro de sessenta por cento, mandou a lei expungir. Daí, a necessidade da efetiva apuração do custo desses bens, serviços ou direitos importados da empresa vinculada, pena de a distorção, consubstanciada no aumento abusivo dos custos de produção, com a consequente redução artificial do lucro real, base de cálculo do IRPJ e da base de cálculo da CSLL a patamares inferiores aos que efetivamente seriam apurados, redundar em evasão fiscal. 6. Assim, contrariamente ao defendido pela contribuinte, a IN/SRF n. 243/2002, cuidou de aperfeiçoar os procedimentos para dar operacionalidade aos comandos emergentes da regra-matriz, com o fito de determinar-se, com maior exatidão, o preço parâmetro, pelo método PRL-60, na hipótese da importação de bens, serviços ou direitos de coligada sediada no exterior, destinados à produção e, a partir daí, comparando-se-o com preços de produtos idênticos ou similares praticados no mercado por empresas independentes (princípio arm's length), apurar-se o lucro real e as bases de cálculo do IRPJ e da CSLL. 7. Em que pese a incipiente jurisprudência nos Tribunais pátrios sobre a matéria, ainda relativamente recente em nosso meio, tem-na decidido o Conselho Administrativo de Recursos Fiscais - CARF, do Ministério da Fazenda, não avistando o Colegiado em seus julgados

TEORIA INSTITUCIONAL DA PRATICABILIDADE TRIBUTÁRIA

a tributação orientada por padronizações, além de ser exceção à igualdade individual, deve respeitar aqueles padrões já estabelecidos pelo legislador, que extraiu do sistema jurídico uma maior margem de confiabilidade do que aquela do Executivo, que não pode inovar na criação ou na ampliação de padrões presuntivos para modificar a apuração da base de cálculo de tributos quando já venham estabelecidos em lei. Além disso, não é crível que o Estado, por meio de mera instrução normativa, mesmo premido por exigências de cunho econômico e de desconfiança em relação aos agentes econômicos, esteja autorizado a utilizar essa minoria de contribuintes como meros instrumentos para o bem-estar da maioria da coletividade quando se está diante de uma comunidade personificada pela integridade. Isso porque essa sociedade exige respeito e coerência aos princípios compartilhados comunitariamente e não aceita que seus membros tenham seus direitos fundamentais solapados utilitariamente, como ocorre numa comunidade utilitária de cunho benthamista.

---

administrativos qualquer eiva na IN/SRF n. 243/2002. Confira-se a respeito o Recurso Voluntário n. 153.600 - processo n. 16327.000590/2004-60, julgado na sessão de 17/10/2007, pela 5ª Turma/DRJ em São Paulo, relator o conselheiro José Clovis Alves. No mesmo sentido, decidiu a r. Terceira Turma desta Corte Regional, no julgamento da apelação cível n. 0017381-30.2003.4.03.6100/SP, Relator o e. Juiz Federal Convocado RUBENS CALIXTO. 8. Outrossim, impõe-se destacar não ter a IN/SRF n. 243/2002, criado, instituído ou aumentado os tributos, apenas aperfeiçoou a sistemática de apuração do lucro real e das bases de cálculo do IRPJ e da CSLL, pelo Método PRL-60, nas transações comerciais efetuadas entre a contribuinte e sua coligada sediada no exterior, reproduzindo com maior exatidão, o alcance previsto pelo legislador, ao editar a Lei n. 9.430/96, com a redação dada pela Lei n. 9.959/2000, visando coibir a elisão fiscal. Referida Instrução Normativa encontra-se em perfeita consonância com os comandos emanados da regra-matriz, os quais já se prenunciavam na Medida Provisória n. 2.158-35, de 24/08/2001, editada originalmente sob o n. 1.807, em 28/01/99, ao reportar-se ao método da equivalência patrimonial, e mesmo, anteriormente, na Lei n. 6.404/76, quando alude às demonstrações financeiras da sociedade, motivo pelo qual também não se há falar ter a mencionada IN/SRF n. 243/2002 ofendido a princípios constitucionais, entre eles, os da legalidade, da anterioridade e da irretroatividade. 9. As questões relativas a eventuais depósitos efetuados nestes autos deverão ser apreciadas pelo juízo de origem ao qual se encontram vinculados, após o trânsito em julgado da decisão definitiva. 10. Sentença recorrida reformada. Apelação e remessa oficial providas.
(AMS 00061259020034036100, Desembargador Federal Mairan Maia, TRF3 - Sexta Turma, e-DJF3 de 01/09/2011).

Aliás, tanto foi assim que, para a sua conduta tornar-se coerente com tais princípios, que dão integridade às ações do Estado, o legislador, para pôr fim a essa celeuma, nessa situação específica, legalizou a padronização estabelecida na instrução normativa n. 243/02, na medida em que, como afirmam Juliano Rotoli Okawa e Christiane Araújo Maia Raimundo (2012): "As alterações trazidas pela Lei 12.715, além de vestir de legalidade a interpretação dada pela Receita Federal do Brasil, também serviu para unificar o método do PRL."

Com isso, a lei n. 12.715/12 satisfez a exigência de legalização da padronização, decorrente do método do PRL, para a apuração dos preços de transferência que eram empreendidos pelo fisco na instrução normativa n. 243/02, fazendo com que o Executivo fosse enquadrado dentro de suas margens de confiabilidade sistêmica, sempre mais restritas e limitadas que as do Legislativo para, em nome da praticabilidade, poder operar, num juízo positivo, tais padrões.

De todo modo, a praticabilidade, em si, como uma instituição-coisa instrumental que serve para dar exequibilidade à regra-matriz de incidência tributária, não se esgota somente nessas padronizações, embora elas sejam os seus meios mais usuais. Há outras formas de abstrações generalizantes que esses órgãos de poder podem utilizar e que não se confundem com padrões presuntivos, como, por exemplo, os conceitos indeterminados, as cláusulas gerais e as normas em branco, dentre outros recursos válidos de praticabilidade que precisam, de alguma forma, também encontrar peias para que se impeça a sua utilização numa perspectiva puramente utilitária, o que é terminantemente vedado na comunidade personificada.

É inegável que os conceitos indeterminados, as cláusulas gerais e as normas em branco, por exemplo, servem como mecanismos institucionais úteis para que os órgãos de poder organizados tornem as diversas regras de direito praticáveis, principalmente aqueles responsáveis pela sua execução, e, assim, superem a insuficiência do sistema jurídico para abarcar

TEORIA INSTITUCIONAL DA PRATICABILIDADE TRIBUTÁRIA

todos os dados da realidade fática. Aliás, aqui cabe a advertência, já feita por Misabel Derzi, no sentido de que o buraco do real, existente no plano do dever-ser para o mundo do ser, era fenômeno do qual o próprio Hans Kelsen já tinha também se dado conta (DERZI, 2013, p. 401-402).

No mesmo diapasão, Regina Helena Costa ressalta (2007, p. 182) "[...] não ser possível olvidar que a indeterminação é qualidade inerente aos conceitos empregados na linguagem jurídica – e, portanto, ineliminável."

Por isso, a declinada jurista defende (COSTA, 2007, p. 183):

> Desse modo, a utilização de conceitos jurídicos indeterminados pode traduzir a praticabilidade no âmbito tributário, na medida em que tais conceitos, por sua elasticidade, habilitam a lei, mediante uma única hipótese, a comportar múltiplas situações, bem como, por vezes, ensejam o exercício de discricionariedade administrativa.

Mesmo para Niklas Luhmann (1991-1992, p. 1433), para quem o sistema jurídico é autopoiético, ou seja, operacionalmente fechado em relação aos outros sistemas, do ponto de vista semântico, ele sempre se abre para o ambiente exterior, por meio de acoplamentos estruturais, já que as regras jurídicas, por exemplo, podem ser repletas de conceitos indeterminados e normas ambíguas ou obscuras que, de alguma forma, abram a sua especificação conceitual. Tal abertura, no plano da linguagem, permitirá a ocorrência de acoplamentos estruturais que, enquanto informações novas, apesar de causarem irritações e perturbações no sistema jurídico, permitem que ele mesmo as absorva e, pelos seus próprios elementos, as selecione e as reinterprete, de modo a obter uma resposta diversa para os problemas introduzidos.

Por isso, Misabel Derzi (2009, p. 54), ao fazer alusão à concepção sistêmica funcional de Luhmann, ressalta que, embora o sistema jurídico seja operacionalmente fechado e autorreferencial em relação ao ambiente, já que o administrador tem o dever de colher as informações e selecioná-las a partir de elementos do próprio sistema jurídico, do ponto de vista cognitivo e semântico ele sempre será aberto. E essa abertura é feita porque as regras de direito, postas pelo legislador para serem aplicadas pelo fisco, podem estar repletas de conceitos indeterminados, cláusulas gerais e normas em branco, como se observa naquelas do SAT, por exemplo, para que tenham condições de exequibilidade e possam, desse modo, ser executadas adequadamente e de forma mais prática e eficiente pelo Executivo.

Todavia, essa abertura do sistema jurídico, em nome da praticabilidade, no que se refere à semântica, não o torna alopoiético, na medida em que o Executivo não absorve as informações diretamente do ambiente como novas informações, mas as seleciona e as reinterpreta por meio de elementos existentes dentro do próprio sistema.

A abertura que os conceitos indeterminados, as cláusulas gerais e as normas em branco proporcionam não podem flexibilizar, de modo algum, a prevalência da especificidade conceitual própria do textualismo do *planners method*, no qual, segundo Shapiro (2011, p. 345), predomina a impressão de confiabilidade dos elaboradores do plano, e não a dos seus próprios executores, o que é típico de *authority systems*, como o direito tributário.

Em verdade, o fechamento operacional do sistema é necessário para que a abertura provocada por esse enfoque da praticabilidade não abra brechas, no subsistema tributário, ao vale-tudo do utilitarismo, de forma que o Executivo aja com coerência em relação à integridade dos princípios da comunidade personificada e, com isso, fique totalmente tolhido de colher informações diretamente do ambiente externo (ou seja, em outros subsistemas, como o econômico, o social ou o político), por estar, ao contrário do Legislativo, situado no ponto central do sistema jurídico.

Dessa forma, o Executivo fica impedido de agir de modo hipócrita ao criar, sob pretexto de integrar tais conceitos indeterminados ou cláusulas gerais, tributo novo por meio de analogia ou da interpretação extensiva, como muito bem adverte Misabel Derzi (2013, p.409):

> Ora, o Direito Tributário está iluminado por valores e princípios como segurança jurídica (e seus desdobramentos no Estado de Direito), que impedem a completabilidade de suas normas, como se dá no Direito dos contratos. Ao contrário, as normas tributárias são incompletas (em relação à realidade) e incompletáveis por meio do uso da analogia ou da extensão criativa. Razões de segurança jurídica inspiram esse tratamento diferente, de tal modo que a boa-fé objetiva não pode ser utilizada como cláusula geral, em detrimento dos direitos do contribuinte.

No direito tributário, prevalece a impressão de confiabilidade dos elaboradores dos planos, ínsita à maior especificação conceitual natural do *planners method*, sendo que a aceitação dos planos decorre da autoridade planejadora (*autorithy systems*), justamente para que esse subsistema jurídico aloque poder na medida adequada ao fisco, de forma suficiente para que a questão da exequibilidade da regra-matriz seja resolvida, mas não tanto ao ponto de permitir o abuso, a exploração e o desvio que se verificam na comunidade benthamista em nome de uma concepção utilitária de direito.

Por isso, Misabel Derzi não admite que, sob qualquer pretexto de praticabilidade, "[...] a mera transposição de regras e cláusulas gerais, sem a observância dos princípios gerais e superiores da Constituição – Estado de Direito e garantias fundamentais – de um ramo jurídico para outro, causem desvios e aberrações." (DERZI, 2013, p. 411).

Em razão disso, apesar de ser aceito o recurso aos conceitos indeterminados, cláusulas gerais e normas em branco como forma de dar exequibilidade às regras de direito em matéria tributária, a exemplo do SAT, não se admite, por seu turno, que a praticabilidade, nessa seara, seja utilizada pelo órgão Executivo para, complementando uma determinada lei impositiva, ampliar as hipóteses de incidência de uma regra-matriz tributária, como por meio da malsinada cláusula geral antielisiva.

Isso porque a declinada cláusula geral "[...] acarreta necessariamente a complementação do Direito por meio da aplicação analógica e desloca a competência legislativa para o Poder Executivo." (DERZI, 2013, p. 412). Tal conduta amplia a esfera de competência desse órgão fora do espeque de confiança sistêmica traçado para ele pelos planejadores do sistema na Constituição Federal, maculando princípios inerentes ao Estado Democrático de Direito, como os da segurança jurídica, da legalidade e da separação de poderes, que funcionam como verdadeiros direitos de defesa para aqueles contribuintes em situação contramajoritária.

A abertura semântica das regras de direito promovida pelo legislador para lhes dar uma maior exequibilidade não pode servir ao propósito de, com ela, dar-se um cheque em branco para o Executivo, pois não se extrai confiança sistêmica da Constituição Federal para que esse órgão promova a sua integração analógica e, assim, amplie as hipóteses de incidência de uma regra-matriz. Até mesmo porque o Código Tributário Nacional, no seu artigo 108, expressamente veda o uso da analogia para a criação de tributo novo.

É imperativo, para que se tenha segurança jurídica na seara tributária, que as normas jurídicas respectivas, produto da atuação do Executivo e do Legislativo, respeitem a sua fonte de produção jurídica, dentro de um âmbito de atuação próprio e delimitado especificamente na Constituição Federal, como faz notar Heleno Taveira Torres (2011, p. 345):

> Portanto, não é qualquer espécie de poder que justifica a condução do agir das pessoas ou do próprio Estado. Somente aquelas regras expedidas por agentes previamente habilitados com título legítimo para produzir atos normativos (órgãos), segundo os critérios prévios de ação possível para exercício de regulação de condutas (competências), e dês que agindo mediante um encadeamento de atos necessários (processos ou procedimento), podem

TEORIA INSTITUCIONAL DA PRATICABILIDADE TRIBUTÁRIA

> receber a qualificação de "normas jurídicas" e, por conseguinte, desencadearem efeitos típicos de produção de deveres e direitos subjetivos e conferirem amparo jurídico aos interesses visados.
>
> Nisso consiste a garantia de segurança jurídica das fontes de produção normativa do Estado mediante órgãos, pela *parametricidade material* das normas criadas segundo os pressupostos constitucionais entabulados para a funcional manifestação de vontade e da capacidade decisória estatal.

A meta política do Estado de eficiência na arrecadação e no combate à sonegação fiscal, impedindo-se a fraude e a evasão fiscal – que o planejamento tributário pode provocar e a cláusula geral antielisiva busca evitar –, não tem anteparo na confiança sistêmica outorgada pelos planejadores do sistema ao fisco como fonte para a sua produção normativa. Assim é porque, além da incompletude do subsistema tributário não ser passível de integração analógica, há ainda outro fator importante a ser considerado, qual seja "[...] o tempo de criação pelo legislador dos tributos jamais coincide com a geração de riqueza nova, por isso o descompasso já existente entre o tempo do ambiente externo e o tempo do sistema tributário [...]." (DERZI, 2013, p. 414).

Dessa forma, em não sendo simulado – e, portanto, fraudulento – o ato ou o fato jurídico praticado, não pode o fisco pretender tributar aquele signo presuntivo de riqueza sem que ele esteja, expressa e previamente, previsto na hipótese de incidência de uma regra-matriz positivada qualquer, pois, no subsistema tributário, prevalece a legalidade rígida, expressa pela especificidade conceitual, onde os resíduos tipológicos são exceções.

Por isso mesmo, se o Estado pretender tributar tal fato ou ato jurídico, por nele se revelar, objetivamente, capacidade contributiva, deverá o órgão do Legislativo que tiver confiança sistêmica para tanto integrar, para o futuro, a hipótese da regra-matriz de incidência tributária, complementando-a, mas nunca o Executivo, que, em agindo desse modo, teria conduta não íntegra, fora de suas atribuições constitucionais, e, portanto, não coerente com a sua margem de confiabilidade sistêmica.

No geral, são esses os principais limites à atuação positiva dos órgãos de poder no recurso à praticabilidade, tanto no que diz respeito às abstrações padronizantes quanto às demais generalizantes. E, para tal mister, cabe ao Poder Judiciário, como efetivo garante dos contribuintes no subsistema tributário, exercer, num juízo negativo, o efetivo controle desses limites, pois a razão de ser precípua desse órgão de poder é fazer valer os argumentos de princípio, que existem como trunfos para garantir direitos contramajoritários em face de quaisquer ações estatais que, instrumentalmente ou finalisticamente, extrapolem de sua margem de confiabilidade sistêmica e, com isso, pretendam corrompê-los.

6. CONCLUSÃO

Nas constantes postulações de reforma tributária da legislação constitucional e infraconstitucional, o discurso corrente nos meios políticos e jurídicos é de que, para isso se tornar viável, necessita-se, com a máxima urgência, simplificar o sistema de arrecadação, fiscalização e cobrança de tributos.

Na verdade, a complexidade que se observa é não somente jurídica – aferível nas constantes (re)formulações do enorme cipoal de emendas constitucionais, leis, medidas provisórias, resoluções, regulamentos e instruções normativas que integram a legislação tributária –, mas, também, de ordem fática, com o aumento exponencial de contribuintes e responsáveis tributários, além do emaranhado de obrigações acessórias a eles impostas, tornando-se quase impossível ao fisco, diante desse quadro calamitoso, exercer, com eficiência, o seu múnus de otimizar a arrecadação tributária e evitar a evasão e a sonegação fiscal.

Por isso, nesse contexto de complexidade premente desse subsistema jurídico, não há como o Estado-legislador e administrador, além das propaladas reformas simplificadoras do sistema tributário, deixar de lançar mão, positivamente, da ideia, objetivada na praticabilidade de, racionalmente, facilitar a execução e a fiscalização da regra-matriz de incidência, com a observância dos princípios que lhe são superpostos, pois os fiscos não dispõem de recursos técnicos, administrativos ou de pessoal suficientes para, satisfatoriamente, dar a

419

todos os fatos imponíveis a atenção individual que eles realmente merecem. A tributação individualizada, embora seja a meta utópica e ideal desejada para respeitar a capacidade contributiva subjetiva dos contribuintes, em grande parte dos casos, possibilita a fraude, a evasão e a sonegação fiscal, de forma que esse conjunto de fatores justifica a tributação massificada, refletida na praticabilidade, em detrimento da sua aplicação individual.

Todavia, apesar de o recurso à ideia objetivada na praticabilidade ser inevitável, no que tange a sua natureza jurídica, ela não pode ser compreendida como uma mera técnica, já que os seus efeitos se irradiam por vários ramos jurídicos do direito, não se restringindo somente à seara tributária, como ocorre, por exemplo, com a técnica da não cumulatividade. Não bastando isso, se fosse técnica, a praticabilidade teria de definir, aprioristicamente, todos os seus critérios de aplicação, o que nem sempre acontece, já que ela, muitas vezes, não fica restrita a uma forma de tributação padronizada, mas pode, ainda, trazer consigo uma carga de conceitos indeterminados, cláusulas gerais, normas em branco ou resíduos tipológicos outros que, diferentemente dos padrões, não se cerram em parâmetros de contornos totalmente fechados.

Nem mesmo se pode atribuir à praticabilidade a natureza de uma *policy*, por ser, tão somente, um meio instrumental para alcançar uma meta política de eficiência administrativa na busca da equalização entre a tributação real e a potencial, mas nunca um fim em si mesma para a consecução de tal mister. A praticabilidade é um método institucionalizado e racionalmente instrumental, enquanto a policy tem um nítido conteúdo finalístico de meta coletiva.

Também dentro do marco teórico de Ronald Dworkin, adotado nesta pesquisa e que serve de controle metodológico para os resultados apresentados, os princípios existem para tutelar direitos, sendo verdadeiros "trunfos" contramajoritários dos indivíduos contra as políticas estatais, e não um meio para alcançar metas coletivas da sociedade. No caso

TEORIA INSTITUCIONAL DA PRATICABILIDADE TRIBUTÁRIA

da praticabilidade, no contexto do modelo adotado, isso não ocorre, já que ela não existe para tutelar direitos, mas, pelo contrário, muitas vezes opera justamente os restringindo, de uma forma não utilitária, em prol do interesse de toda a comunidade.

Por tal motivo, dentro do outro marco teórico complementar, qual seja a teoria da instituição de Maurice Hauriou, optou-se, para a solução dos problemas que justificaram esta pesquisa, pelo enquadramento da praticabilidade não como um princípio ou uma simples técnica, como o faz a uníssona doutrina, mas como uma subinstituição-coisa, que tem como desiderato servir racionalmente de meio para dar exequibilidade a outra instituição-coisa, no caso, à regra de direito e aos grandes princípios que a ela se sobrepõem. Por isso, também, a praticabilidade não pode ser confundida com os princípios na concepção dworkiana aqui adotada, pois estes se superpõem às regras jurídicas, enquanto aquela existe somente instrumentalmente e abaixo das regras e dos princípios, tendo como desiderato único lhes dar exequibilidade coerente e eficiente para que, assim, o Estado supere a complexidade fática ou jurídica do subsistema tributário e nada mais.

Sendo uma instituição instrumental, a praticabilidade integra-se no sistema jurídico como mais uma forma de racionalizar, coerentemente, as complexidades existentes no ambiente para potencializar os efeitos simplificadores sistêmicos e, desse modo, refletindo uma ideia em estado objetivo construída comunitariamente, poder, nitidamente, absorver mecanismos funcionais outros de redução da complexidade, como a confiança e a desconfiança sistêmicas. Com isso, fazendo parte das regras institucionalizadas do sistema jurídico, a praticabilidade, como um modo de pensar, é passível de incorporação tanto de uma quanto de outra, embora no subsistema tributário, bem como no do direito penal, predominem nitidamente as ações de desconfiança.

Todavia, apesar de, no ramo tributário, preponderarem ações de desconfiança em relação ao contribuinte e demais responsáveis tributários, ao recorrer à praticabilidade, o Estado não é levado tão somente a desconfiar, pois, muitas vezes, por circunstâncias fáticas e falta de aparato técnico ou administrativo, ele, por uma relação de dependência, pode, também, confiar no contribuinte, numa operação de inversão do risco. Por isso, não se deve dar à praticabilidade uma perspectiva unidimensional, quando, na verdade, o enfoque tem de ser bidimensional, já que, no recurso a essa subinstituição, o Estado poderá adotar tanto ações de desconfiança [$Pr_1 = (R_i + D_s) \cdot C_o$] as mais visíveis, quanto de confiança [$Pr_2 = (R_i + C_s) \cdot C_o$], em relação ao sujeito passivo tributário, para dar uma execução mais eficiente a uma regra de direito.

Para ficar no âmbito do subsistema tributário, não se olvida que, por exemplo, quando o Estado adota a substituição tributária progressiva ou os preços de transferência, sua ação incorpora, nitidamente, uma ação de desconfiança em relação ao contribuinte. Ocorre, todavia, que, ao se utilizar da substituição tributária regressiva, do Simples ou do lançamento por homologação, dentre outros, o poder público, claramente, adota, por razões diversas já demonstradas no desenvolvimento desta pesquisa, uma ação de confiança diante desse contribuinte ou responsável tributário.

Tal ideia – ou, como querem os alemães, tal "modo de pensar" – é comungada pela sociedade tanto nos casos que exigem desconfiança quanto naqueles que impõem confiança, pois a comunidade tem interesse em que as leis sejam executadas de forma mais econômica e eficiente possível.

Contudo, o Estado Democrático de Direito de cunho social, encampado pela Constituição Federal de 1988, não se compatibiliza com aqueles valores da comunidade benthamista, por exemplo, que busca, com a praticabilidade, benefícios utilitaristas globais, de caráter consequencialista, e que poderiam aproximá-la daqueles valores advindos do pragmatismo decorrente da análise econômica do direito, no qual conceitos morais como justiça e igualdade material são subjugados em nome de outros critérios preponderantes, como

TEORIA INSTITUCIONAL DA PRATICABILIDADE TRIBUTÁRIA

a economicidade e a eficiência na arrecadação tributária. Apesar disso, a atual quadra constitucional não pactua, também, com a ineficiência própria de um garantismo exacerbado, pois a eficiência é uma meta política coletiva da qual não se pode abdicar, até mesmo porque está positivada no artigo 37, *caput*, da Carta Magna.

Todavia, a eficiência não pode funcionar como um critério único de justiça, por estar a comunidade brasileira personificada por princípios que lhe dão integridade e impõem uma atuação estatal íntegra, e não hipócrita, que, além da eficiência, preze pelas demais virtudes da justiça, da equidade e do devido processo legal adjetivo. Por isso, não há cabimento, no Brasil, para o uso utilitário da praticabilidade, pois, em se tratando de qualquer medida restritiva de direitos fundamentais, o seu núcleo essencial deve sempre ser respeitado, não podendo uma minoria de contribuintes ser utilizada como mero instrumento para o bem-estar utilitarista de uma maioria, pois do direito sempre se espera observância àquele mínimo moral.

Assim, no atual Estado Democrático de Direito de vertente social, a eficiência é uma meta política, para cuja implementação a praticabilidade é um instrumento institucionalmente eficaz ao otimizar a arrecadação tributária e diminuir as possibilidades de fraude e de evasão fiscal, equalizando, com isso, a tributação real e a potencial. Todavia, esse primado somente pode ser atingido respeitando-se a dignidade da pessoa humana por meio de uma conduta íntegra, e não utilitária, dos órgãos de poder organizados, que alie eficiência à integridade, observando, na restrição aos direitos fundamentais dos contribuintes, o seu núcleo essencial refletido em princípios contramajoritários que tutelam, em regra, as partes mais fracas na relação jurídico-tributária. Por isso, no recurso à ideia objetiva de praticabilidade, esses órgãos de poder estatal sempre encontrarão limites, mesmo que a sua meta política seja a otimização eficiente dos recursos disponíveis e da arrecadação tributária.

EDUARDO MORAIS DA ROCHA

Por esse motivo, o Judiciário, por exemplo, por ser o órgão de poder responsável, em regra, pela justiça individual no caso concreto, não poderá, jamais, massificar as suas decisões em nome da praticabilidade. Esse poder estatal estará sempre preso à "senda da casuística", em virtude de princípios que lhe são pressupostos e compartilhados comunitariamente, ficando tolhido, definitivamente, de qualquer tentativa de recurso a essa subinstituição-coisa num juízo estritamente positivo.

A eficiência judicial, meta política esculpida no artigo 5º, LXXVIII, da Constituição Federal de 1988 pela Emenda Constitucional n. 45/2004, que impõe ao Judiciário o dever da razoável duração do processo, bem como de celeridade processual, não pode, como muitos querem, ser confundida como uma outorga constitucional "em branco" a esse órgão de poder para a padronização das suas decisões, pois ele jamais poderá recusar a investigação esgotante do caso concreto e nem mesmo deixar de lado a colheita das provas que, porventura, sejam de difícil demonstração – fato que, aliás, foi corroborado, expressamente, pelo artigo 489 do novo Código de Processo Civil (lei n. 13.105/2015).

A *policy* da eficiência judicial, que é uma importante meta política da coletividade, encontra um limite claro na integridade, que se revela no princípio contramajoritário da justiça, o qual não pode ter o seu núcleo essencial solapado a ponto de o Judiciário abdicar do seu dever de fazer a justiça individual em nome de um uso utilitário da praticabilidade – o que não se coaduna com o seu múnus de aplicar a justiça casuisticamente, esse, sim, seu fim precípuo.

Instrumentos como a súmula vinculante, a súmula impeditiva de recurso, a repercussão geral, dentre outros mecanismos que procuram concretizar a meta política da eficiência judicial, de modo a imprimir-lhe mais celeridade, não podem ser empregados, num juízo positivo, por meio da praticabilidade. Isso porque, nesse processo, a sua aplicação não pode ser feita de forma mecânica e padronizada, na medida em que

424

TEORIA INSTITUCIONAL DA PRATICABILIDADE TRIBUTÁRIA

o juiz deverá sempre ter o encargo extra de, na sua fundamentação, fazer a analogia do caso concreto com a *ratio decidendi* da súmula para, então, aferir a sua compatibilidade. Deve, ainda, se for o caso, proceder ao *distinguish*, verificando que ela não se subsume integralmente, mas, apenas, aparentemente, ao caso *sub judice*. Portanto, como se nota, não há qualquer outorga de economia de confiança dos planejadores do sistema ao Judiciário para, operando positivamente a subinstituição-coisa praticabilidade, tornar mais prática a aplicação da instituição-coisa regra de direito no caso concreto.

Na verdade, os órgãos de poder que dispõem de margem de confiabilidade sistêmica outorgada para operar, num juízo positivo, a praticabilidade são somente o Legislativo e o Executivo, mesmo assim com graus de discrição e limites distintos. E isso porque o legislador, por se encontrar na periferia do sistema, seleciona de outros sistemas sociais, como o econômico e o político, as informações e as recodifica dentro dos binômios próprios do sistema jurídico, para que o administrador, que está no seu centro, possa operá-las. A atuação legislativa é voltada para *output*, enquanto a executiva, para o *input*. Em virtude disso, a margem de confiabilidade para recorrer à praticabilidade, outorgada pelos planejadores do sistema, será sempre maior para aquele e menor para este.

Arquitetado dessa forma, o sistema aloca poder na medida certa para que, no emprego dessa instituição-instrumental, os órgãos competentes não abusem dos meios utilizados, nem extrapolem, utilitariamente, o seu mister. Isso é particularmente importante em se tratando do subsistema tributário, onde prevalece o pensamento conceitual sobre o tipológico e a aceitação dos planos deriva mais da autoridade planejadora do sistema (*authority systems*) do que em outros sistemas, como o subsistema contratual, por exemplo, em que a sua aceitação decorre muito mais do conteúdo do plano (*opportunistic systems*).

Por isso, a interpretação mais adequada, no ramo do direito tributário, será aquela que levar em consideração a impressão de confiabilidade dos elaboradores do plano (*planners method*) posta em conceitos altamente especificados, e não aquela que, prevalentemente, leva em conta a impressão de confiabilidade dos próprios intérpretes (*God's-eye method*). Desta feita, o administrador estará, nessa seara, na maior parte dos casos em que recorrer à praticabilidade e onde não se observarem resíduos tipológicos, preso aos conceitos altamente especificados pelo legislador, postos na lei, sendo que ambos, por sua vez, estarão vinculados à rígida repartição de competências tributárias estabelecida na Constituição.

Essa rigorosa repartição de competências e a alta especificação conceitual própria de *authority systems*, em que prevalecem os *planners method*, restringem bastante a outorga de confiança sistêmica para o Executivo empregar, positivamente, a praticabilidade, embora não lhe tolham essa possibilidade por completo, principalmente nos locais do subsistema tributário em que subsistem resíduos tipológicos, como se verifica no SAT.

Porém, mesmo o Legislativo, que tem uma maior margem de confiabilidade sistêmica para operar a praticabilidade, também encontrará, nas abstrações padronizantes, limites claros ao seu grau de discrição legislativa. E isso porque, ao estabelecer padrões, o legislador deverá sempre observar, na sua meta de eficiência, além da integridade, limites refletidos na imperativa necessidade, generalidade, compatibilidade, neutralidade, não excessividade e ajustabilidade deles, como amplamente debatido no desenvolvimento desta pesquisa.

Mas não somente na tributação padronizada, como também em outras formas de abstrações generalizantes, que visam tornar mais prática a aplicação da regra de direito, como se verifica nos conceitos indeterminados, nas cláusulas gerais e nas normas em branco, o Estado também encontrará limites claros ao seu grau de discrição, já que as normas tributárias, embora, por vezes, incompletas frente à realidade fática, não poderão ser complementadas para criar tributo sem lei, por meio da analogia ou da interpretação extensiva. Em razão disso, não há espaço para, usando a praticabilidade como pretexto, por exemplo, pretender implantar a cláusula geral antielisiva. Não se pode estender a incidência de um tributo a um fato que não se subsuma integralmente a ele, pois, em assim se agindo, altera-se a rígida repartição constitucional de competências e transfere-se a atribuição legislativa para o Executivo.

A exigência de integridade da legislação requer que cada órgão de poder aja de forma coerente com a competência que lhe foi confiada pelos planejadores do sistema, de maneira que princípios como os da segurança jurídica e da especificidade conceitual, que prevalecem no direito tributário e no penal impondo a cognoscibilidade e a previsibilidade aos indivíduos, impedem o uso criativo da analogia pelo Executivo.

O tempo do sistema jurídico é diferente do tempo do ambiente externo a ele, de modo que o legislador chegará sempre com atraso em relação ao surgimento de novos negócios e empreendimentos do mundo econômico, que são verdadeiros signos presuntivos de riqueza. Contudo, o administrador não poderá recorrer à praticabilidade e nem o legislador delegar a ele esse poder, pois é notável a incompletude do sistema para abarcar todos os dados da realidade. Esse descompasso entre o sistema jurídico e a realidade somente poderá ser completado pelo Legislativo, dentro da sua esfera própria de competência tributária, mas nunca pelo Executivo, cujo grau de confiabilidade sistêmica para operar tal subinstituição-coisa é bem mais restrito e limitado.

E é nessa seara das limitações ao recurso da praticabilidade que o Judiciário, por meio de um juízo negativo, mostrará toda a sua pujança no que se refere a essa subinstituição-coisa. Isso porque, controlando e limitando, proporcionalmente, as intervenções estatais operadas por meio dela no âmbito de proteção dos direitos individuais, os órgãos judiciais, dentro de sua esfera própria de competência, realizarão – construindo e concretizando os princípios comunitários – e revelarão a integridade do direito, respeitando a pretensão implícita de justiça de toda ordem jurídica normativo-institucional.

Com isso, a praticabilidade satisfez os três requisitos exigidos pelo publicista francês Maurice Hauriou para ser enquadrada como instituição-coisa, quais sejam: uma ideia objetivamente construída de racionalidade instrumental na aplicação coerente do direito; uma comunidade que dela comungue e a legitime, não utilitariamente, mas pela integridade aliada à eficiência; e, por fim, órgãos de poder organizados, com graus de confiabilidade distintos, que a ela recorrem, positiva ou negativamente, para dar exequibilidade às regras de direito institucionalizadas e aos grandes princípios comunitários que a elas se superpõem.

Desse modo, fica demonstrada a tese de que a natureza jurídica da praticabilidade é melhor enquadrada do ponto de vista institucional do que principiológico ou de simples técnica, como entende a uníssona doutrina tanto nacional quanto estrangeira. Isso porque a abordagem, sob esse prisma institucional, permitiu resolver conjuntamente, de forma juridicamente plausível, os problemas apontados neste trabalho, afetos ao emprego da praticabilidade, como:

a) o motivo pelo qual o Estado, racionalmente, imprime, no seu uso, ora ações de desconfiança, ora ações de confiança em relação aos contribuintes e a outros entes federativos;

b) a razão pela qual algumas comunidades exacerbadamente garantistas não a podem legitimar, enquanto outras o fazem, mas de maneira completamente diversa, seja como meio utilitário para alcançar metas políticas de eficiência, sem considerar direitos individuais, seja, de outro modo, aliando eficiência à integridade;

c) e, por fim, o porquê de o Legislativo e o Executivo terem graus de discrição e de economia da confiança distintos para operá-la num juízo positivo, ao passo que o Judiciário dela não pode, de modo algum, fazer uso positivamente, mas somente num juízo eminentemente negativo, como órgão de limite e também de controle dos demais órgãos de poder.

O enfoque como princípio alexyano ou como técnica, pelo contrário, por não ter os mesmos requisitos que compõem a instituição de Hauriou, não permitiu a resolução conjunta das questões acima aventadas, ao passo que o enquadramento institucional do tema o fez adequadamente, permitindo que cada um dos três elementos que integram a anatomia de uma instituição – (*i*) uma ideia a realizar, (*ii*) a legitimação por uma determinada comunidade e (*iii*) a existência de órgãos de poder organizados para a sua execução – resolvesse, respectivamente, de forma conjunta, cada um dos problemas que suscitaram este ensaio.

Conclui-se, portanto, que a praticabilidade tributária é uma instituição instrumental que integra o sistema jurídico com o desiderato de, racionalmente, por razões de eficiência ou de economicidade, tornar coerente a execução das regras-matrizes de incidência em geral, sem tolher a dignidade da pessoa humana, sendo passível de incorporação não somente da desconfiança, mas, também, da confiança sistêmica, as quais operam, funcionalmente, potencializando os seus efeitos simplificadores para, assim, superar a complexidade premente do hodierno subsistema tributário.

REFERÊNCIAS BIBLIOGRÁFICAS

ALEXANDRE, Ricardo. *Direito tributário esquematizado*. 7. ed. Rio de Janeiro: Forense, 2013.

ALEXY, Robert. *Teoria da argumentação jurídica*. Tradução Zilda Hutchinson Schild Silva. São Paulo: Landy, 2001.

_____. *Teoria de los derechos fundamentales*. Madri: Centro de Estudios Constitucionales, 1993.

_____. *A fórmula peso*. In: HECK, Luis Afonso (Organizador e Tradutor). *Constitucionalismo discursivo*. Porto Alegre: Livraria do Advogado, 2007.

ANDRADE, Fábio Martins de. *Modulação em matéria tributária* (O argumento pragmático ou consequencialista de cunho econômico e as decisões do STF). São Paulo: Ed. Quartier Latin, 2011.

ARNDT, Hans Wolfgang. *Praktikabilitat und effizenz*. 1. ed. Köln: Dr. Peter Deubner Verlag. Dr. Otto Schmidt KG, 1983.

AUSTIN, John. *Lectures on jurisprudence or the philosophy of positive law*. 15. ed. London: John Murray, Albemarle Street, 1911. v. 1.

ÁVILA, Humberto. *Teoria dos princípios: da definição à aplicação dos princípios jurídicos*. 14. ed. São Paulo: Malheiros editores, 2013.

_____. *Teoria da igualdade tributária*. 2. ed. São Paulo: Malheiros editores, 2009.

BALEEIRO, Aliomar. *Direito tributário brasileiro*. Atualizado por

Misabel de Abreu Machado Derzi. 11. ed. Rio de Janeiro: Forense, 2003.

BARRETO, Paulo Ayres. *Imposto sobre a renda e preços de transferência*. São Paulo: Dialética, 2001.

BATISTA JÚNIOR, Onofre Alves. As transações administrativo-tributárias e o risco do "legalismo estéril" dos órgãos de controle. In: DERZI, Misabel de Abreu Machado (Coord.), *Separação de poderes e efetividade do sistema tributário*. Belo Horizonte: Del Rey, 2010.

_____. *O Outro Leviatã e a Corrida ao Fundo do Poço*. São Paulo: Almedina Brasil, 2015.

_____. *O princípio constitucional da eficiência administrativa*. 2. ed. Belo Horizonte: Fórum, 2012.

BATISTA JÚNIOR, Onofre Alves; SANTOS, Amanda Duque dos. *A legitimidade ativa do contribuinte de fato do ICMS (energia elétrica) para pleitear repetição de valores pagos a maior ou indevidamente* – uma breve análise crítica da jurisprudência do STJ. Revista Dialética de Direito Tributário. São Paulo: Dialética, n. 214, p. 7-21, jul. 2013.

BECKER, Alfredo Augusto. *Teoria geral do direito tributário*. 3. ed. São Paulo: Lejus, 2002.

BENTHAM, Jeremy. *An introduction to the principles of morals and legislation*. Kitchener: Batoche Books, 2000.

BERNARDES, Flavio Couto. O Aspecto Espacial da Norma Tributária do Imposto sobre Serviços em Face da Lei Complementar n. 116/03. *Revista Internacional de Direito Tributário*, Belo Horizonte: Del Rey, v. 1, p. 73-88, jan/jun. 2004.

BONAVIDES, Paulo. *Curso de Direito Constitucional*. 15. ed. São Paulo: Malheiros Editores, 2004.

BOUCAULT, Carlos Eduardo de Abreu; RODRIGUEZ, José Rodrigo. *Hermenêutica plural*: possibilidades jusfilosóficas em contextos imperfeitos. 2. ed. São Paulo: Martins Fontes, 2005.

BRANCO, Paulo Gustavo Gonet. Aspectos de teoria geral dos direitos fundamentais. In: MENDES, Gilmar Ferreira; COÊLHO, Inocêncio

Mártires; BRANCO, Paulo Gustavo Gonet. *Hermenêutica constitucional e direitos fundamentais*. Brasília: Brasília Jurídica, 2002, p. 103-196.

BRASIL. Constituição da República Federativa do Brasil de 1988. *Diário Oficial da União*, Brasília, 05 out. 1988. Disponível em: <http://www.planalto.gov.br/ccivil_03/ constituicao/constituicaocompilado.htm> Acesso em 12 jun. 2015.

_____. Decreto-Lei n. 406, de 31 de dezembro de 1968. Estabelece normas gerais de direito financeiro, aplicáveis aos impostos sôbre operações relativas à circulação de mercadorias e sôbre serviços de qualquer natureza, e dá outras providências. *Diário Oficial da União*, Brasília, 31 dez. 1968. Disponível em: <http://www.planalto.gov.br/ccivil_03/decreto-lei/del0406.htm> Acesso em 12 jun. 2015.

_____. Departamento Nacional de Registro do Comércio – DNRC. Instrução Normativa N. 37, de 24 de abril de 1991. Institui modelo de contrato simplificado com cláusulas padronizadas para facilitar a constituição de sociedades por cotas de responsabilidade limitada. *Diário Oficial da União*, Brasília, 25 abr. 1991. Disponível em <http://www.juntacomercial.pr.gov.br/arquivos/File/2014/LEGISLACAO_REGISTRO_MERC/IN_DNRC_37.pdf>. Acesso em 12 jun. 2015.

_____. Emenda Constitucional n. 45, de 30 de dezembro de 2004. *Diário Oficial da União*, Brasília, 31 dez. 1988. Disponível em: <http://www.planalto.gov.br/ccivil_03/ Constituicao/Emendas/Emc/emc45.htm> Acesso em 12 jun. 2015.

_____. Lei Complementar n. 116, de 31 de julho de 2003. Dispõe sobre o Imposto Sobre Serviços de Qualquer Natureza, de competência dos Municípios e do Distrito Federal, e dá outras providências. *Diário Oficial da União*, Brasília, 1º ago. 2003. Disponível em: <http://www.planalto.gov.br/ccivil_03/leis/lcp/lcp116.htm> Acesso em 12 jun. 2015.

_____. Lei Complementar n. 123, de 14 de dezembro de 2006. Institui o Estatuto Nacional da Microempresa e da Empresa de Pequeno Porte; altera dispositivos das Leis n. 8.212 e 8.213, ambas de 24 de julho de 1991, da Consolidação das Leis do Trabalho - CLT, aprovada

EDUARDO MORAIS DA ROCHA

pelo Decreto-Lei n. 5.452, de 1º de maio de 1943, da Lei n. 10.189, de 14 de fevereiro de 2001, da Lei Complementar n. 63, de 11 de janeiro de 1990; e revoga as Leis n. 9.317, de 5 de dezembro de 1996, e 9.841, de 5 de outubro de 1999. *Diário Oficial da União*, Brasília, 15 dez. 2006. Disponível em: <http://www.planalto.gov.br/ccivil_03/leis/lcp/lcp123.htm> Acesso em 12 jun. 2015.

_____. Lei Complementar n. 147, de 7 de agosto de 2014. Altera a Lei Complementar n. 123, de 14 de dezembro de 2006, e as Leis n. 5.889, de 8 de junho de 1973, 11.101, de 9 de fevereiro de 2005, 9.099, de 26 de setembro de 1995, 11.598, de 3 de dezembro de 2007, 8.934, de 18 de novembro de 1994, 10.406, de 10 de janeiro de 2002, e 8.666, de 21 de junho de 1993; e dá outras providências. *Diário Oficial da União*, Brasília, 8 ago. 2014. Disponível em: <http:// www.planalto.gov.br/ccivil_03/leis/lcp/lcp116.htm> Acesso em 12 jun. 2015.

_____. Lei n. 5.172, de 25 de outubro de 1966. Dispõe sobre o Sistema Tributário Nacional e institui normas gerais de direito tributário aplicáveis à União, Estados e Municípios. *Diário Oficial da União*, Brasília, 27 out. 1966. Disponível em: <http:// www.planalto.gov.br/ccivil_03/leis/L5172.htm> Acesso em 12 jun. 2015.

_____. Lei n. 5.869, de 11 de janeiro de 1973. Institui o Código de Processo Civil. *Diário Oficial da União*, Brasília, 17 jan. 1973. Disponível em: <http://www.planalto .gov.br/ccivil_03/leis/l5869compilada.htm> Acesso em 12 jun. 2015.

_____. Lei n. 7.292, de 19 de dezembro de 1984. Autoriza o Departamento Nacional de Registro do Comércio a estabelecer modelos e cláusulas padronizadas destinadas a simplificar a constituição de sociedades mercantis. *Diário Oficial da União*, Brasília, 20 dez. 1984. Disponível em: <http://www.planalto.gov.br/ccivil_03/leis/1980-1988/L7292.htm> Acesso em 12 jun. 2015.

_____. Lei n. 8.212, de 24 de julho de 1991. Dispõe sobre a organização da Seguridade Social, institui Plano de Custeio, e dá outras providências. *Diário Oficial da União*, Brasília, 25 jul. 1991. Disponível em: <http://www.planalto.gov.br/ccivil_03/ leis/l8212cons.htm> Acesso em 12 jun. 2015.

_____. Lei n. 9.250, de 26 de dezembro de 1995. Altera a legislação do imposto de renda das pessoas físicas e dá outras providências. *Diário Oficial da União*, Brasília, 27 dez. 1995. Disponível em: <http://www.planalto.gov.br/ccivil_03/Leis/L9250.htm> Acesso em 12 jun. 2015.

_____. Lei n. 9.317, de 5 de dezembro de 1996. Dispõe sobre o regime tributário das microempresas e das empresas de pequeno porte, institui o Sistema Integrado de Pagamento de Impostos e Contribuições das Microempresas e das Empresas de Pequeno Porte - SIMPLES e dá outras providências. *Diário Oficial da União*, Brasília, 6 dez. 1996. Disponível em: <http://www.planalto.gov.br/ccivil_03/leis/L9317.htm> Acesso em 12 jun. 2015.

_____. Lei n. 9.430, de 27 de dezembro de 1996. Dispõe sobre a legislação tributária federal, as contribuições para a seguridade social, o processo administrativo de consulta e dá outras providências. *Diário Oficial da União*, Brasília, 30 dez. 1996. Disponível em: <http://www.planalto.gov.br/ccivil_03/leis/L9430.htm> Acesso em 12 jun. 2015.

_____. Lei n. 9.718, de 27 de novembro de 1998. Altera a legislação tributária dederal. *Diário Oficial da União*, Brasília, 28 nov. 1998. Disponível em: <http://www.planalto.gov.br/ccivil_03/leis/L9718compilada.htm> Acesso em 12 jun. 2015.

_____. Lei n. 9.959, de 27 de janeiro de 2000. Altera a legislação tributária federal e dá outras providências. *Diário Oficial da União*, Brasília, 28 jan. 2000. Disponível em: <http://www.planalto.gov.br/ccivil_03/leis/l9959.htm> Acesso em 12 jun. 2015.

_____. Lei n. 11.343, de 23 de agosto de 2006. Institui o Sistema Nacional de Políticas Públicas sobre Drogas – Sisnad; prescreve medidas para prevenção do uso indevido, atenção e reinserção social de usuários e dependentes de drogas; estabelece normas para repressão à produção não autorizada e ao tráfico ilícito de drogas; define crimes e dá outras providências. *Diário Oficial da União*, Brasília, 24 ago. 2006. Disponível em: <http://www.planalto.gov.br/ccivil_03/_ato2004-2006/2006/lei/l11343.htm> Acesso em 12 jun. 2015.

_____. Lei n. 12.469, de 26 de agosto de 2011. Altera os valores constantes da tabela do Imposto sobre a Renda da Pessoa Física e altera as Leis n. 11.482, de 31 de maio de 2007, 7.713, de 22 de dezembro de 1988, 9.250, de 26 de dezembro de 1995, 9.656, de 3 de junho de 1998, e 10.480, de 2 de julho de 2002. *Diário Oficial da União*, Brasília, 29 ago. 2011. Disponível em: <http://www.planalto.gov.br/ ccivil_03/_ ato2011-2014/2011/lei/l12469.htm> Acesso em 12 jun. 2015.

_____. Lei n. 12.715, de 17 de setembro de 2012. Altera a alíquota das contribuições previdenciárias sobre a folha de salários devidas pelas empresas que especifica; institui o Programa de Incentivo à Inovação Tecnológica e Adensamento da Cadeia Produtiva de Veículos Automotores, o Regime Especial de Tributação do Programa Nacional de Banda Larga para Implantação de Redes de Telecomunicações, o Regime Especial de Incentivo a Computadores para Uso Educacional, o Programa Nacional de Apoio à Atenção Oncológica e o Programa Nacional de Apoio à Atenção da Saúde da Pessoa com Deficiência; restabelece o Programa Um Computador por Aluno; altera o Programa de Apoio ao Desenvolvimento Tecnológico da Indústria de Semicondutores, instituído pela Lei n. 11.484, de 31 de maio de 2007; altera as Leis n. 9.250, de 26 de dezembro de 1995, 11.033, de 21 de dezembro de 2004, 9.430, de 27 de dezembro de 1996, 10.865, de 30 de abril de 2004, 11.774, de 17 de setembro de 2008, 12.546, de 14 de dezembro de 2011, 11.484, de 31 de maio de 2007, 10.637, de 30 de dezembro de 2002, 11.196, de 21 de novembro de 2005, 10.406, de 10 de janeiro de 2002, 9.532, de 10 de dezembro de 1997, 12.431, de 24 de junho de 2011, 12.414, de 9 de junho de 2011, 8.666, de 21 de junho de 1993, 10.925, de 23 de julho de 2004, os Decretos-Leis n. 1.455, de 7 de abril de 1976, 1.593, de 21 de dezembro de 1977, e a Medida Provisória n. 2.199-14, de 24 de agosto de 2001; e dá outras providências. *Diário Oficial da União*, Brasília, 18 set. 2012. Disponível em: <http://www.planalto.gov.br/ccivil_03/_ ato2011-2014/2012/lei/l12715.htm> Acesso em 12 jun. 2015.

_____. Lei n. 13.105, de 16 de março de 2015. Código de Processo Civil. *Diário Oficial da União*, Brasília, 17 mar. 2015. Disponível em: <http://www.planalto.gov.br/ ccivil_03/_Ato2015-2018/2015/Lei/ L13105.htm> Acesso em 12 jun. 2015.

TEORIA INSTITUCIONAL DA PRATICABILIDADE TRIBUTÁRIA

BRASIL. Secretaria da Receita Federal. Instrução Normativa SRF n. 243, de 11 de novembro de 2002. *Diário Oficial da União*, Brasília, 13 nov. 2002. Disponível em: <http://normas.receita.fazenda.gov.br/sijut2consulta/link.action?visao=anotado&idAto=15119> Acesso em 12 jun. 2015.

_____. Superior Tribunal de Justiça. Agravo regimental. Embargos de divergência em Agravo. ISSQN. Competência. Fato gerador ocorrido na vigência da LC n. 116/2003. Consultoria e assessoria econômica e financeira. Local da sede do prestador do serviço. Acórdão embargado de acordo com repetitivo. Enunciado n. 168 da súmula desta corte. Agravo Regimental nos Embargos de Divergência em Agravo n. 1.272.811/MG. Relator Ministro César Asfor Rocha. Brasília, *Diário da Justiça Eletrônico*, 1 fev. 2012.

_____. Superior Tribunal de Justiça. Súmula 160, de 12 de junho de 1966, *Diário da Justiça*, 19 jun. 1996.

_____. Superior Tribunal de Justiça. Súmula 436, de 14 de abril de 2010, *Diário da Justiça Eletrônico*, 13 maio 2000.

_____. Superior Tribunal de Justiça. Tributário. Embargos de Divergência. ISS. Competência. Local da prestação de serviço. Precedentes. Embargos de Divergência em Recurso Especial n. 130.792/CE. Relator Ministro Ari Pargendler, Relatora para o Acórdão Ministra Nancy Andrighi. Brasília, *Diário da Justiça*, 12 jun. 2000.

_____. Superior Tribunal de Justiça. Tributário. ISS. Fato gerador. Município. Competência para exigir o tributo. Embargos de Divergência em Recurso Especial n. 160.023/CE. Relator Ministro Paulo Gallotti. Brasília, *Diário da Justiça*, 03 nov. 1999.

_____. Superior Tribunal de Justiça. Tributário. Recurso Especial. ISS. Laboratório de análises clínicas. Coleta de material. Unidades diversas. Local do estabelecimento prestador. Recurso especial conhecido e não provido. Recurso Especial n. 1.439.753/PE. Relator Ministro Benedito Gonçalves. Brasília, *Diário da Justiça Eletrônico*, 12 dez. 2014.

_____. Superior Tribunal de Justiça. Tributário. Recurso especial. ISS. Lista de serviços. Taxatividade. Interpretação extensiva.

437

Possibilidade. Recurso Especial n. 121.428/RJ. Relator Ministro Castro Meira. Brasília, *Diário da Justiça*, 16 ago. 2004.

_____. Supremo Tribunal Federal. Constitucional. Tributário. ISS. Lei Complementar: lista de serviços: caráter taxativo. Lei Complementar 56, de 1987: serviços executados por instituições autorizadas a funcionar pelo Banco Central: exclusão. Recurso Extraordinário n. 361.829. Relator Ministro Carlos Velloso, Brasília, *Diário da Justiça*, 24 fev. 2006.

_____. Supremo Tribunal Federal. Direito tributário. Substituição tributária. Retenção de 11% art. 31 da lei 8.212/91, com a redação da lei 9.711/98. Constitucionalidade. Recurso Extraordinário n. 603.191. Relatora Ministra Ellen Gracie, Brasília, *Diário da Justiça Eletrônico*, 05 set. 2011.

_____. Supremo Tribunal Federal. Segundo agravo regimental no recurso extraordinário. ICMS. Pauta de valores. Segundo Agravo Regimental em Recurso Extraordinário n. 278.348, Relator Ministro Dias Toffolli, *Diário da Justiça Eletrônico* 26 abr. 2013.

_____. Supremo Tribunal Federal. Tributário. ICMS. Substituição tributária. Cláusula segunda do convênio 13/97 e §§ 6.º e 7.º do art. 498 do Dec. n.º 35.245/91 (redação do art. 1.º do dec. n.º 37.406/98), do estado de Alagoas. Alegada ofensa ao § 7.º do art. 150 da CF (redação da EC 3/93) e ao direito de petição e de acesso ao judiciário. Ação Direta de Insconstitucionalidade n. 1.851. Relator Ministro Ilmar Galvão, Brasília, *Diário da Justiça*, 13 dez. 2002.

_____. Tribunal Regional Federal da 3ª Região. Apelação cível n. 0034048-52.2007.4.03.6100/SP. Apelante: Delphi Diesel Systems do Brasil Ltda. Apelada: União Federal (Fazenda Nacional). Relator: Juiz Federal convocado Roberto Jeuken. Diário Eletrônico da Justiça Federal da 3ª Região, São Paulo, 13 set. 2010.

_____. Tribunal Regional Federal da 3ª Região. Apelação em mandado de segurança n. 0006125-90.2003.4.03.6100/SP. Apelante: União Federal (Fazenda Nacional). Apelada: Janssen Cilag Famacêutica Ltda. Relator: Desembargador Federal Marian Maia. *Diário Eletrônico da Justiça Federal da 3ª Região*, São Paulo, 01 set. 2011.

BRIGAGÃO, Gustavo. Competência tributária relativa à incidência do ISS volta a ficar incerta. *Conjur*, 22 abr. 2015a. Disponível em: <http://www.conjur.com.br/2015-abr-22/competencia-tributaria-incidencia-iss-volta-ficar-incerta> Acesso em 12 jun. 2015.

_____. Competência tributária relativa à incidência do ISS volta a ficar incerta (Parte 2). *Conjur*, 27 maio 2015b. Disponível em: <http://www.conjur.com.br/2015-mai-27/consultor-tributario-competencia-tributaria-municipios-incerta-parte> Acesso em 12 jun. 2015.

BRIGAGÃO, Gustavo. Lista de Serviços não pode extrapolar seus limites. *Conjur*, 25 set. 2013. Disponível em: <http://www.conjur.com.br/2013-set-25/consultor-tributario-lista-servicos-nao-extrapolar-limites> Acesso em 12 jun. 2015.

BUSTAMANTE, Thomas da Rosa de. Interpreting plans: a critical view of Scott Shapiro's planning theory of law. *Australian Journal of Legal Philosophy*, Melbourne: Australian Society of Legal Philosophy, v. 37, p. 219-250, 2012a.

_____. Súmulas, praticidade e justiça: um olhar crítico sobre o direito sumular e a individualização do direito à luz do pensamento de Misabel de Abreu Machado Derzi. In: COÊLHO, Sacha Calmon Navarro (Org.). *Segurança jurídica: irretroatividade das decisões judiciais prejudiciais aos contribuintes*. Rio de Janeiro: Forense, 2013.

_____. Teoria do precedente judicial: a justificação e a aplicação de regras jurisprudenciais. São Paulo: Noeses, 2012b.

BUSTAMANTE, Thomas da Rosa de Bustamante; DERZI, Misabel de Abreu Machado. A Análise Econômica de Posner e a Ideia de Estado de Direito em Luhmann: Breves Considerações Críticas. *Revista da Faculdade de Direito da Universidade Federal de Minas Gerais*, número especial: em memória do Professor Washington Peluso Albino de Souza, Belo Horizonte, p. 327-352, 2013.

CALIENDO, Paulo. *Direito Tributário e Análise Econômica do Direito*. Rio de Janeiro: Ed. Elsevier, 2009a.

_____. *Direito Tributário: três modos de pensar a tributação: elementos para uma teoria sistemática do direito tributário*. Porto Alegre: Livraria do Advogado Editora, 2009b.

CANARIS, Claus-Wilheln. *Pensamento Sistemático e Conceito de Sistemas na Ciência do Direito*. 3. ed. Tradução Menezes Cordeiro. Lisboa: Fundação Calouste Gulbenkian, 2002.

CANOTILHO, J. J.Gomes. *Direito constitucional*. 6. edição, Coimbra: Almedina, 1993.

CHUEIRI, Vera Karam de. Dworkin, Ronald, 1931. In: BARRETTO, Vicente de Paulo (Coord.). *Dicionário de Filosofia do Direito*. Rio de Janeiro: Livraria Editora Renovar, 2009.

COELHO, Fábio Ulhoa. Manual de direito comercial: direito de empresa. 22. ed. São Paulo: Saraiva, 2010.

COÊLHO, Sacha Calmon Navarro. *Comentários à Constituição de 1988* – Sistema Tributário. 9. edição. Rio de Janeiro: Forense, 2005.

_____. *Curso de direito tributário*. Rio de Janeiro: Forense, 2002.

COSTA, Judith Martins. *A boa-fé no direito privado* – Sistema e tópica no processo obrigacional. São Paulo: RT, 1999.

COSTA, Regina Helena. *Praticabilidade e justiça tributária*. São Paulo: Malheiros, 2007.

DECAT, Thiago Lopes. *Racionalidade, valor e teorias do Direito*. Belo Horizonte: Editora Plácido, 2015.

DERZI, Misabel de Abreu Machado. A praticidade e o papel institucional do Poder Judiciário. A separação dos Poderes em jogo. In: DERZI, Misabel de Abreu Machado; MANEIRA, Eduardo; TORRES, Heleno Taveira (Coord.). *Direito Tributário e a Constituição*. São Paulo: Quartier Latin do Brasil, 2012.

_____ (Coord). *Competência tributária*: XV Congresso Internacional de Direito Tributário da Associação Brasileira de Direito Tributário – ABRADT – em homenagem ao Professor e Jurista Alberto Pinheiro Xavier. Belo Horizonte: Del Rey, 2011.

_____. *Direito tributário, Direito penal e tipo*. São Paulo: Revista dos Tribunais, 2007.

TEORIA INSTITUCIONAL DA PRATICABILIDADE TRIBUTÁRIA

_____. *Modificações da jurisprudência no direito tributário*: proteção da confiança, boa-fé objetiva e irretroatividade como limitações constitucionais do poder judicial de tributar. São Paulo: Noeses, 2009.

_____. O planejamento tributário e o buraco do real: contraste entre a completabilidade do direito civil e a vedação da completude no direito tributário: em homenagem a Alberto Pinheiro Xavier, o grande jurista luso-brasileiro que transita em qualquer área do direito e, por isso, compreende o direito tributário a partir da segurança e da igualdade. In: FERREIRA, Eduardo Paz (Coord.); TORRES, Heleno Taveira (Coord.); PALMA, Clotilde Celorico (Coord.). *Estudos em homenagem ao Professor Doutor Alberto Xavier*. Coimbra: Almedina, 2013, p. 399-414.

DERZI, Misabel de Abreu Machado. Pós-Modernismo e tributos: complexidade, descrença e corporativismo. *Revista Dialética de Direito Tributário*, São Paulo: Oliveira Rocha, n. 100, jan. 2004a.

_____. Praticidade. ICMS. Substituição tributária progressiva, "para frente". In: _____ (Coord.). *Construindo o direito tributário na Constituição*: uma análise da obra do Ministro Carlos Mário Velloso. Belo Horizonte: Del Rey, 2004b, p. 169-238.

_____. Princípio da praticabilidade do direito tributário: segurança jurídica e tributação. *Revista de Direito Tributário*, n. 47. São Paulo: Malheiros, p. 166-179, jan./mar. 1989.

DERZI, Misabel de Abreu Machado; COÊLHO, Sacha Calmon Navarro; BUSTAMANTE, Thomas da Rosa de. Mar Territorial, plataforma continental, competência tributária e royalties do petróleo: uma análise da contribuição do professor Raul Machado Horta. *Revista Brasileira de Estudos Políticos* – Série "Estudos Sociais e Políticos" Edição Comemorativa dos 120 anos da Faculdade de Direito da UFMG (1892-2012). Belo Horizonte, n. 40, p. 235-262, 2012.

DWORKIN, Ronald. *A virtude soberana: a teoria e a prática da igualdade*. Tradução Jussara Simões. 2. ed. São Paulo: Martins Fontes, 2011.

_____. *Domínio da vida*: aborto, eutanásia e liberdades individuais. São Paulo: Martins Fontes, 2003.

441

EDUARDO MORAIS DA ROCHA

_____. *Levando os direitos a sério*. Tradução Nelson Boeira, São Paulo: Editora Martins Fontes, 2002.

_____. *O império do direito*. Tradução Jefferson Luiz Camargo. São Paulo: Martins Fontes, 1999.

_____. *Uma questão de princípio*. Tradução de Luís Carlos Borges, São Paulo: Martins Fontes, 2001.

ESSER, Josef. *Principio y norma en la elaboración jurisprudencial del derecho privado*. Trad. Eduardo Valentí Fiol. Barcelona: Bosch, 1961.

FERNADES, Bernardo Gonçalves. *Curso de direito constitucional*, 5. ed. Salvador: Editora JusPODIVM, 2013.

FERNANDES, Bruno Rocha Cesar. Praticidade no direito tributário: Princípio ou Técnica? Uma Análise à Luz da Justiça Federal. *Revista de Estudos Tributários*, n. 56, p. 96/108, jul./ago. 2007.

FERREIRA, Aurélio Buarque de Holanda. *Novo dicionário da língua portuguesa*. 2. ed. Rio de Janeiro: Nova fronteira, 1986.

FERREIRO LAPATZA, José Juan. La privatización de la gestión tributária y las nuevas competencias de los tribunales econômico-administrativos, *Revista española de Derecho Financeiro*. Navarra: Civitas, n. 37, p. 81-94, 1983.

FLEISCHAKER, Samuel. *Uma breve história da justiça distributiva*. Tradução Álvaro de Vita. São Paulo: Martins Fontes, 2006.

GADAMER, Hans-Georg. *A razão na época da ciência*. Tradução Ângela Dias. Rio de Janeiro: Tempo Brasileiro, 1983.

GADAMER, Hans-Georg; FRUCHON, Pierre (Org.). *O problema da consciência histórica*. Tradução Paulo César Duque Estrada. Rio de Janeiro: Editora Fundação Getúlio Vergas, 1998.

GRAU, Eros Roberto. *O direito Posto e Direito Pressuposto*. 8. ed. São Paulo: Malheiros, 2011.

GRECO, Marco Aurélio. *A não cumulatividade das contribuições COFINS/PIS*. Revista de estudos tributários, n. 41. Porto Alegre: Síntese, jan./fev. 2005.

TEORIA INSTITUCIONAL DA PRATICABILIDADE TRIBUTÁRIA

GRECO, Rogério. *Curso de direito penal* – parte geral. 10 ed. Rio de Janeiro: Impetus, 2008.

GREGORIO, Ricardo Marozzi. *Preços de transferência* – Arm's length e praticabilidade. São Paulo: Quartier Latin, 2011 (Série Doutrina Tributária – Vol. V).

GUSTIN, Miracy Barbosa de Sousa; DIAS, Maria Tereza *(Re)pensando a pesquisa jurídica*: teoria e prática. 4. ed. Belo Horizonte: Del Rey, 2013.

HABERMAS. Jürgen. *Direito e democracia entre a facticidade e validade*. Rio de Janeiro: Edições Tempo Brasileiro, 1997. v. 1.

_____. *Racionalidade e Comunicação*. Lisboa: Edições 70, 1996.

HARET, Florence. *Teoria e prática das presunções no direito tributário*. São Paulo: Noeses, 2010.

HART, H. L. A. *O conceito de direito*. Tradução brasileira de A. Ribeiro Mendes. 3. ed. Lisboa: Fundação Calouste Gulbenkian, 2001.

HAURIOU, Maurice. *Teoria da instituição e da fundação* – ensaio de vitalismo social. Tradução José Ignácio Coelho Mendes Neto. Porto Alegre: Sergio Antonio Fabris, 2009.

HEIDEGGER. Martin. *Ser e tempo*. Tradução de Márcia de Sá Cavalcante Schuback. Petrópolis: Vozes, 2006.

HESSE, Konrad. *A força normativa da Constituição*. Porto Alegre: Fabris, 1991.

HOLMES JR, Oliver Wendell. *The Common Law*. City: Cambridge: The Belknap Press of Harvard University Press, 2009.

ISENSEE, Josef. *Die typisierende verwaltung*. 1. ed. Berlin: Duncker & Humblot, 1976.

JUNTA COMERCIAL DO ESTADO DE MINAS GERAIS. *Roteiro para registro de atos constitutivos de sociedade limitada*. Disponível em: <http://www.jucemg.mg.gov. br/arquivos/file/passo-a-passo-contituicao-ltda.pdf>. Acesso em 04 jul. 2013.

443

KANT, Immanuel. *Fundamentação da metafísica dos costumes e outros escritos*. Tradução brasileira de Leopoldo Holzbach. São Paulo: Martin Claret, 2006.

KELSEN, Hans. *Teoria geral das normas*. Porto Alegre: Fabris, 1986.

_____. *Teoria pura do direito*. 2. ed. São Paulo: Martins Fontes, 1987.

LARA, Fabiano Teodoro de Rezende. A análise econômica do direito como método e disciplina. *Revista Científica do Departamento de Ciências Jurídicas, Políticas e Gerenciais do UNI-BH*, v. 1, n. 1, p. 1-17, nov. 2008.

LARENZ, Karl. *Metodologia da Ciência do Direito*. 3. ed. Tradução de José Lamego. Lisboa: Fundação Calouste Gulbenkian, 1997.

LIMA, Aloysio Augusto Paz de. Bentham, Jeremy, 1748-1832. In: BARRETTO, Vicente de Paulo (Coord.). *Dicionário de Filosofia do Direito*. Rio de Janeiro: Livraria Editora Renovar, 2009, p. 94-96.

LUHMANN, Niklas. *Confianza*. Barcelona: Anthropos, 1996.

_____. *Operational closure and structural coupling*: the differentiation of the legal system. Cardozo Law Review, New York, v. 13, p. 1419-1441, 1991-1992.

MACCORMICK, Neil. *Argumentação Jurídica e a Teoria do Direito*. Tradução de Waldéa Barcellos. São Paulo: Martins Fontes, 2006.

_____. *Instituciones del Derecho*. Tradução de Fernando Atria y Samuel Tschorne. Madri: Marcial Pon Ediciones Jurídicas y Sociales S.A, 2011.

MACHADO, Hugo de Brito. *Curso de direito tributário*. 12. ed. São Paulo: Malheiros, 1997.

MANEIRA, Eduardo. *Base de cálculo presumida*. 2000. Tese (Doutorado) – Faculdade de Direito da Universidade Federal de Minas Gerais (UFMG), Belo Horizonte.

_____. O princípio da praticidade no direito tributário (substituição tributária, plantas de valores, retenções de fonte, presunções e ficções, etc.): sua necessidade e seus limites. In: VIII Congresso de Direito Tributário da ABRADT, 23 jun. 2004, Belo Horizonte. Revista

Internacional de Direito Tributário – Associação Brasileira de Direito Tributário – ABRADT. Belo Horizonte: Del Rey, v. 2, n. 2, p. 51-60, jul./dez. 2004.

MARINS, Jaime. *Direito processual tributário brasileiro.* 5. ed. São Paulo: Dialética, 2010.

MARTINS, Ives Gandra da Silva. Presunções no direito tributário. *Caderno de Pesquisas Tributárias*, São Paulo: Resenha Tributária, n. 9, p. 42-43, 1984.

MEIRELLES, Hely Lopes. *Direito administrativo brasileiro.* 15. ed. São Paulo: Revista dos Tribunais, 1990.

MENDES, Gilmar Ferreira. Os direitos individuais e suas limitações: breves reflexões. In: _____; COÊLHO, Inocêncio Mártires; BRANCO, Paulo Gustavo Gonet. *Hermenêutica constitucional e direitos fundamentais.* Brasília: Brasília Jurídica, 2002a, p. 197-209.

_____. Os limites dos limites. In: _____; COÊLHO, Inocêncio Mártires; BRANCO, Paulo Gustavo Gonet. *Hermenêutica constitucional e direitos fundamentais.* Brasília: Brasília Jurídica, 2002b, p. 241-314.

MIRANDA, Jorge. *Manual de Direito Constitucional*, Tomo IV, 5. ed., Coimbra: Coimbra editora. 2014.

MORAIS, Carlos Blanco de. *Curso de Direito Constitucional*: teoria da Constituição em tempo de crise. Tomo 2, 2º volume. Coimbra: Coimbra editora. 2014.

MOREIRA, André Mendes. *A não-cumulatividade dos tributos.* 1. Ed. São Paulo: Noeses, 2010.

MORRISON, Wayne. *Filosofia do direito: dos gregos ao pós-modernismo.* Tradução: Jefferson Luiz Camargo. São Paulo: Martins Fontes, 2006.

MURPHY, Liam; NAGEL, Thomas. *O mito da propriedade: os impostos e a justiça. Tradução Marcelo Brandão Cipolla.* São Paulo: Martins Fontes, 2005.

MUZZI FILHO, Carlos Victor. *O Consentimento do Contribuinte como Técnica de Segurança Jurídica e Praticabilidade no Estado Democrático de Direito.* 2013. Tese (Doutorado) – Faculdade de Direito da Universidade Federal de Minas Gerais (UFMG) Belo Horizonte.

NEVES, Marcelo. A constitucionalização simbólica. São Paulo: Acadêmica, 1994.

_____. *Entre Têmis e Leviatã: uma relação difícil.* São Paulo: Martins Fontes, 2006.

NORONHA, Luana. Breves considerações sobre a relação entre a praticabilidade tributária e a capacidade contributiva. *Revista Tributária e de Finanças Públicas*, São Paulo: Editora Revista dos Tribunais, ano 18, n. 91, p. 250-280, mar./abr. 2010.

NOVAIS, Jorge Reis. *Em Defesa do Tribunal Constitucional.* Coimbra: Almedina. 2014.

NUNES, Dierle José Coelho. *Processo Jurisdicional Democrático.* Curitiba: Juruá, 2008.

OCDE. *Model Tax Convention on Income and on Capital.* Disponível em: <http://www.oecd.org/ctp/treaties/oecd-model-tax-convention -available-products. htm>. Acesso em 23 jun. 2015.

OKAWA, Juliano Rotoli; RAIMUNDO, Christiane Araújo Maia. MP convertida em lei regulamenta preços de transferência. *Conjur*, 21 dez. 2012 Disponível em: <http:// www.conjur.com.br/2012-dez-21/ mp-alterou-regras-preco-transferencia-convertida-lei> Acesso em 12 jun. 2015.

OMMATI, José Emílio Medauar. A teoria Jurídica de Ronald Dworkin: O Direito como integridade. In: OLIVEIRA, Marcelo Andrade Cattoni de (Coord.). *Jurisdição e hermenêutica constitucional no Estado democrático de direito.* Belo Horizonte: Mandamentos, 2004.

PAULSEN, Leandro. *Curso de direito tributário completo.* 4. ed. Porto Alegre: Livraria do Advogado Editora. 2012.

PERELMAN. Chaim. *Juízos de valor, justificação e argumentação.* Retóricas. Tradução Maria Ermantina de Almeida Prado Galvão. São Paulo: Martins fontes, 2004.

TEORIA INSTITUCIONAL DA PRATICABILIDADE TRIBUTÁRIA

PISCITELLI, Tathiane dos Santos. *Argumentando pelas conseqüências no direito tributário*. São Paulo: Noeses, 2011.

_____. *Os limites à interpretação das normas tributárias*. São Paulo: Quartier Latin, 2007.

PLATÃO. *A República*. Tradução J. Guinsburg. São Paulo: Difusão Européia do Livro, 1965, v. 2.

PONTES, Helenílson Cunha. O princípio da praticidade no Direito Tributário (substituição tributária, plantas de valores, retenções de fonte, presunções e ficções, etc.): sua necessidade e seus limites. In: VIII Congresso de Direito Tributário da ABRADT, 23 jun. 2004, Belo Horizonte. *Revista Internacional de Direito Tributário* – Associação Brasileira de Direito Tributário – ABRADT. Belo Horizonte: Del Rey, v. 1, n. 2, p. 51-60, jul./dez. 2004.

_____. *O Princípio da Proporcionalidade e o Direito Tributário*. São Paulo: Dialética, 2000.

POSNER, Richard A. *Economic Analysis of Law*. Boston: Little Brown, 1997.

_____. *How judges think*. Cambridge: Harvard University Press, 2008.

_____. *Law, pragmatism and democracy*. Cambridge: Harvard University Press, 2003.

_____. *Problemas de filosofia do direito*. Tradução Jefferson Luiz Camargo. São Paulo: Martins Fontes, 2007.

QUEIROZ, Cristina. *O Princípio da Não Reversibilidade dos Direitos Fundamentais Sociais*. Coimbra: Coimbra Editora, 2006.

QUEIROZ, Mary Elbe. *Imposto de renda e proventos de qualquer natureza*. São Paulo: Manole, 2002.

RAWLS, John. *Uma Teoria da Justiça*. 2. ed. São Paulo: Martins Fontes. 2002.

RAZ, Joseph. *O conceito de sistema jurídico: uma introdução à teoria dos sistemas jurídicos*. Tradução: Maria Cecília Almeida. São Paulo: Martins Fontes, 2012.

447

REIS, Élcio Fonseca. O Estado democrático de direito. Tipicidade tributária. Conceitos indeterminados e segurança jurídica. *Revista Tributária e de Finanças Públicas*, São Paulo: Editora Revista dos Tribunais, ano 8, n. 34, p. 157-168, set./out. 2000.

ROCHA, Paulo Victor Vieira da. *Substituição tributária e proporcionalidade*: entre capacidade contributiva e praticabilidade. São Paulo: Quartier Latin, 2012.

ROMANO, Santi. L'ordinamento giuridico. 3. ed. Firenze: Nuova Biblioteca. 1977.

ROUSSEAU, Jean-Jacques. *O contrato social*. Tradução: Antonio de Pádua Danesi. 3. ed. São Paulo: Martins Fontes, 1996.

SANDEL, MICHAEL J. Justiça – *O que é fazer a coisa certa*. Tradução Heloísa Matias e Maria Alice Máximo. 12. ed. Rio de Janeiro: Civilização Brasileira, 2013.

SANTIAGO, Igor Mauler. A interminável questão do local de pagamento do ISS. *Conjur*, 8 ago. 2012. Disponível em: <http://www.conjur.com.br/2012-ago-08/ consultor-tributario-interminavel-questao-local-pagamento-iss> Acesso em 12 jun. 2015.

_____. ADI sobre despesas com educação está pronta para análise do STF. *Conjur*, 4 jun. 2014. Disponível em: <http://www.conjur.com.br/2014-jun-04/adi-despesas-educacao-pronta-analise-stf> Acesso em 12 jun. 2015.

SCALIA, Antonin. *A matter of interpretation*. Pricenton: Princeton University Press, 1997.

SHAPIRO, Scott. *Legality*. London: The Belknap Press of Harvard University Press, 2011.

SILVA, Paulo Roberto Coimbra. *Direito tributário sancionador*. São Paulo: Quartier Latin, 2007.

STRECK, Lenio Luiz. *Verdade e consenso, hermenêutica e teorias discursivas da possibilidade à necessidade de respostas corretas em direito*. Rio de Janeiro: Lúmen Juris, 2009.

TEORIA INSTITUCIONAL DA PRATICABILIDADE TRIBUTÁRIA

_____. Hermenêutica e Possibilidades Críticas do Direito: ensaio sobre a cegueira Positivista. *Revista da Faculdade de Direito da Universidade Federal de Minas Gerais*, Belo Horizonte, v. 52, p. 127-162, 2008.

_____. O pan-principiologismo e o sorriso do lagarto. *Conjur*, 22 mar. 2012. Disponível em: <http://www.conjur.com.br/2012-mar-22/senso-incomum-pan-principiologismo-sorriso-lagarto> Acesso em 12 jun. 2015.

STRECK, Lenio Luiz. Ativismo judicial não é bom para a democracia. Entrevista concedida ao *Conjur*, 15 mar. 2009. Disponível em: <http://www.conjur.com.br/2009-mar-15/ entrevista-lenio-streck-procurador-justica-rio-grande-sul> Acesso em 12 jun. 2015. Entrevista concedida a Aline Pinheiro

TEIXEIRA, Alessandra Machado Brandão Teixeira. A disciplina dos preços de transferência no Brasil: uma avaliação. *Revista Internacional de Direito Tributário*, Belo Horizonte: Del Rey, v. 8, p.5-27, jul./dez. 2007.

TIPKE, Klaus; LANG, Joachim. *Direito tributário*. Tradução Luiz Dória Furquim. Porto Alegre: Sergio Antonio Fabris Editor, 2008.

TIPKE, Klaus; YAMASHITA, Douglas. *Justiça fiscal e princípio da capacidade contributiva*. São Paulo: Malheiros, 2002.

TORRES, Heleno Taveira. *Direito constitucional tributário e segurança jurídica*: metódica da segurança jurídica do sistema constitucional tributário. São Paulo: Revista dos Tribunais, 2011.

VIEIRA, Robson Nunes. Breves considerações sobre a análise econômica do direito (law and economics). *Revista do Curso de Direito da Faculdade de Ciências Humanas de Itabira da Fundação Comunitária de Ensino Superior de Itabira*, v. 3 e 4, n. 1, Itabira: Funcesi, p. 59-78, 2006.

VILHENA, Paulo Emílio Ribeiro de. A súmula 90: o TST e a constituição. *Revista de Informação Legislativa*. Brasília, v. 22, n. 87, p. 359-362, jul./set. 1985.

WENNRICH, Eberhard. *Die typisierende betrachtungsweise im steuerrecht*. 1. ed. Düsseldorf: Instituts der Wirtschaftsprüfer, 1963.

449

Tel.: (11) 2225-8383
www.markpress.com.br